उन्नत भेड़ पालन

अरूण कुमार, विनीत भसीन,
एस एम के नकवी एवं आर एस गांधी

भारतीय कृषि अनुसंधान परिषद
केन्द्रीय भेड़ एवं ऊन अनुसंधान संस्थान,
अविकानगर

Today & Tomorrow's Printers and Publishers
4436/7, Ansari Road, Daryaganj, New Delhi - 110 002
Ph : 23242621; 23241021; Fax 23242621;
E-mail: ttpp@vsnl.net, ttppindia@gmail.com
Web : www.ttpp.in

उन्नत भेड़ पालन

अरूण कुमार, विनीत भसीन, एस एम के नकवी एवं आर एस गांधी

सहयोगी

वेद प्रकाश, आर एस भट्ट, देवेन्द्र कुमार, गोपाल गोवने,
सी पी स्वर्णकार, एस सी शर्मा

कम्प्यूटर व भाषा सहयोग

श्री मुरारी लाल गुप्ता व मदन लाल जांगिड़

ISBN 81-7019-531-0 (India)
ISBN 1-55528-386-6 (USA)

Published by
Today and Tomorrow's Printers and Publishers
4436/7, Ansari Road, Daryaganj,
New Delhi - 110 002 (India)
Ph : 23242621; 23241021; Fax 23242621;

भारतीय कृषि अनुसंधान परिषद

कृषि भवन, नई दिल्ली – 110001

संदेश

राष्ट्रीय आय में पशुओं से होने वाली आय के दिनों–दिन बढ़ते अंश को देखते हुए, पशुपालन एक व्यवसाय के रूप में स्थापित हो चुका है। पशु पालन व्यवसाय में भेड़ बकरी पालन का महत्वपूर्ण स्थान है जो विकट परिस्थितियों जैसे अकाल, औलावृष्टि, बाढ़ आदि से फसल के नष्ट होने की परिस्थितियों में सीमान्त तथा लघु किसानों के लिए एक सफल जीवन रेखा का काम करता है। इनका छोटा आकार, शारीरिक आवश्यकता तथा बहुपयोगी होना, पशु धन में विशेष महत्व रखता है। भेड़ पालन भारतीय परिपेक्ष्य में छोटे व सीमान्त किसानों, भूमिहीन मजदूरों एवं ग्रामीण महिलाओं के लिए जीविकोपार्जन का एक अद्वितीय साधन होने के साथ–साथ वर्षभर रोजगार के अवसर प्रदान कराता हैं। भेड़ पालकों के लिए भेड़ें चलते–फिरते बैंक; (एटीएम) स्वरूप होती हैं। जब कभी उसे पैसे की आवश्यकता होती है तो वह आवश्कतानुसार भेड़ों को बेचकर अपने परिवार की जरूरतों को पूरा कर लेता है।

लगभग 70 प्रतिशत देशी भेडों की अज्ञात नस्ल अर्थात अवर्णित किस्म की हैं जिनका उत्पादन बहुत ही कम हैं। इन अनुपयोगी व अनार्थिक भेडों की उत्पादन क्षमता बढ़ाना आज हमारे देश की प्रमुख समस्या है। भेड़ पालन के क्षेत्र में नित नए अनुसंधान व प्रयोग हो रहे हैं इनके परिणामों व उत्पन्न तकनीकों का लाभ भेड़ पालकों तक पहुँचाना एवं देश के विकास को गति प्रदान करना है। यह तभी संभव हो सकता है जब नवीनतम तकनीकों की जानकारी को पशुपालकों तक उनकी सरल भाषा में उपलब्ध हो।

भारतीय कृषि अनुसंधान परिषद द्वारा ***"उन्नत भेड़ पालन"*** के प्रकाशन हेतु लिया गया निर्णय व इसको वर्तमान स्वरूप तक लाने में दिया सहयोग काफी सराहनीय है। भेड़ पालन को अधिक लाभदायक बनाने के लिए जिन पहलुओं पर ध्यान देने की आवश्यकता है उन सभी विषयों का इस पुस्तक में काफी सरल भाषा में वर्णन किया गया है ताकि भेड़ पालक इनसे भरपूर लाभ कमा सकें।

मैं इस अथक एवं प्रशंसनीय प्रयास के लिए सभी लेखकों एवं सहयोगियों को धन्यवाद देता हूँ और आशा करता हूँ कि यह पुस्तक अपना उद्देश्य अवश्य पूरा करेगी तथा पशुपालक, प्रशिक्षकों एवं भेड़ व्यवसाय से जुड़े सभी जरूरतमन्दों के लिए अत्यन्त उपयोगी सिद्ध होगी।

हार्दिक शुभकामनाओं सहित।

प्रो कृष्ण मुरारी लाल पाठक
उपमहानिदेशक (पशु विज्ञान)

दो शब्द

पशुधन विकास के बिना ग्रामीण विकास संभव नही है। अनुपजाऊ एवं बंजर भूमियों या घास–पात को भेडों से ज्यादा कोई और पशु प्रयोग में नहीं ले सकता। प्रति व्यक्ति भूमि का क्षेत्रफल घटने के फलस्वरूप सीमान्त और लघु किसानों की वृद्धि हो रही है। इन किसानों के निर्वाह के लिए भेड़ बकरी पालन रूपी व्यवसाय का महत्व दिन–प्रतिदिन बढ़ रहा है। हमारी आर्थिक स्थिति में जहाँ किसी भी व्यवसाय को प्रारम्भ करने के लिए पूँजी सदैव बाधक होती है वहाँ कम पूँजी वाला भेड़–बकरी पालन व्यवसाय उपयुक्त रहता है। भेड़ बकरी पालन को बढ़ावा देने से समाज के आर्थिक रूप से गरीब तबके में सुधार की प्रबल संभावना है जिसके फलस्वरूप इनका तथा सामाजिक और आर्थिक सुधार होगा। गरीबी उन्मूलन कार्यक्रमों में यह एक सही दिशा में उठाया गया कदम साबित हो सकता है।

राजभाषा हिन्दी के प्रचार–प्रसार एवं इसके माध्यम से पशुपालन के क्षेत्र में वैज्ञानिकों द्वारा विकसित नई तकनीकों एवं अनुसंधान परिणामों को आमजन तक पहुचाने के लिए प्रकाशित की जा रही ***"उन्नत भेड़ पालन"*** हिन्दी पुस्तक एक अतुल्य प्रयास है। इस पुस्तक को लिखने, प्रकाशित कराने व वर्तमान स्वरूप तक लाने में दिए गए हर तरह के सहयोग और मार्गदर्शन के लिए मैं सभी लेखकों एवं सहयोगियों का आभारी हूँ। पुस्तक में भेड पालन के सभी व्यवहारिक पहलुओं पर अनुभवी वैज्ञानिकों की सहायता एवं संस्थान द्वारा पूर्व प्रकाशित सामग्री की मदद से लिखे गएं लेखों को शामिल किया गया है, उन सब के प्रति मैं आभार व्यक्त करता हूँ। भेड़ पालन को अधिक लाभदायक बनाने के लिए जिन पहलूओं पर ध्यान देने की आवश्यकता है उन सभी विषयों का इस पुस्तक में काफी सरल भाषा में वर्णन किया गया है ताकि भेड़ पालक व अन्य इच्छुक व्यक्ति इनसे भरपूर लाभ उठा सकें। लेखकगण इस पुस्तक के वर्तमान स्वरूप तक आने के लिए केन्द्रीय भेड़ एवं ऊन अनुसंधान संस्थान, अविकानगर के उन सभी वैज्ञानिक, कर्मचारियों एवं अन्य साथियों का हार्दिक आभार व्यक्त करते हैं। पुस्तक के विभिन्न अध्यायों की रूपरेखा तैयार करने में डॉ. ए. साहू, डॉ. धीरेन्द्र सिंह, डॉ. राजीव गुलयानी, डॉ. ए के शिंदे, डॉ. आर सी शर्मा, डॉ. सांख्यान, डॉ. एल. एल. प्रिन्स तथा डॉ डी बी शाक्यवार से प्राप्त सहयोग के लिए आभार व्यक्त करते हैं। इसके अतिरिक्त पुस्तक के टंकण एवं कम्प्यूटर ले–आउट के लिए श्री मुरारी लाल गुप्ता, मदन लाल जांगिड़, मेवा राम सोलंकी एवं विकास का सहयोग सराहनीय हैं तथा इन सभी का आभार व्यक्त करते हैं।

हमें आशा ही नहीं अपितु पूर्ण विश्वास है कि यह पुस्तक अपना उद्देश्य अवश्य पूरा करेगी। पुस्तक के प्रकाशन में पूर्ण सावधानी बरती गई है तदापि पाठकों के सुझाव व प्रतिक्रियाएँ सहर्ष आमंत्रित करते हैं जो प्रेरणा स्त्रोत व मार्गदर्शन का कार्य करेंगें जिससे आगामी अंक में इनका सुधार किया जा सके, ऐसा मेरा विश्वास है।

अरूण तोमर,

विषय सूची

सामान्य परिचय

भेड़	Sheep
भेड़	संघ Phylum : (Chordata) वर्ग Class : ममेलिया (Mammalia) गण Order : Artiodactyla परिवार Family : बोविड़ी (Bovidae) Genus : ओविस (Ovis)
भेड़ का वैज्ञानिक नाम (Scientific name)	ओविस एरिस (*Ovis aries*)
भेड़ के पर्यायवाची (Synonyms of sheep)	अवि, अविक, घटोर, एड़क, गड्डर, अज, ऊर्णायु,, मेष, उरभ्र, शृंगी, पोहा, दब्बू, मेमना, भेड़ी
नस्लों की संख्या (Number of breed)	42
प्रकार (Type of sheep)	Apparel wool, carpet wool, mutton type
गुणसुत्र संख्या (Chromosome number)	54
उपयोग (Use)	ऊन, दूध, मांस, खाल, खाद (Wool, mutton, milk, skin, manure)
जन्म भार (Birth weight)	2.5-3.0 किग्रा.
दैनिक वृद्धि दर (जन्म से 6 माह) Daily growth rate (Birth to six month)	70-100 ग्राम
आवास स्थान का क्षेत्रफल (Floor space requirement)	1.8 m^2

शरीर का तापमान (Body temperature)	101.3-104.0ºF
श्वास दर (Respiration rate)	12-20 प्रति मिनट
नाड़ी दर (Pulse rate)	70-80 प्रति मिनट
हीमोग्लोबीन (Hemoglobin)	8-15 ग्रा. प्रतिशत
यौवन की आयु (Age at puberty)	10-12 महीने
मद चक्र (Estrous cycle)	16-17 दिन
मदकाल अवधि (Duration of estrus)	24-48 घण्टे
सर्वाधिक अनुकूल, प्रजनन काल (Optimum breeding season)	जुलाई–सितम्बर
गर्भाधान का उचित समय (Optimum service time)	मध्य से अंतिम भाग (Mid-late estrus)
गर्भावधि (Gestation period)	150±5 दिन
ब्यात पश्चात मद (Post partum estrus)	45-60 दिन
प्रथम ब्यांत आयु (Age at first lambing)	20-22 माह
प्रथम ब्यांत शरीर भार (Weight at first lambing)	28-30 किग्रा.
परिपक्वता आयु (Age at maturity)	15-18 महीने
वीर्य की मात्रा (Semen volume)	1.0-1.2 मिली.
शुक्राणु सांद्रता (Sperm concentration)	3000-4000 मिलियन प्रति मिली.
जीवित शुक्राणु (Live sperm)	80-90%
शुक्राणु की लम्बाई (Sperm length)	55µ
औसत दुग्धकाल (Lactation length)	90 दिन
औसत दुग्धोत्पादन प्रति दुग्धकाल (Average Milk yield / Lactation)	65 किग्रा.
वसा (Fat)	8.0%
प्रोटीन (Protein)	5.3%

लैक्टोज (Lactose)	5.5%
वसा रहित ठोस (Solid not Fat/SNF)	11.0%
कुल ठोस मात्रा (Total solid)	17.3%
छमाही ऊन उत्पादन (Six monthly greasy fleece yield)	400-700 ग्राम
सालाना ऊन उत्पादन (Annual greasy fleece yield)	800-1500 ग्राम
वध भार (Slaughter weight)	23-25 किग्रा.
वध आयु (slaughter age)	6 महीने
लोथ का भार (Dressing yield)	45-50%
आहार परिवर्तन क्षमता (Feed conversion efficiency)	10-12%
मांस की संरचना (Meat carcass composition)	60-63% मांस, 7-10% वसा, 14-15% हड्डी

पशुपालन व्यवसाय भारत में किसानों की आजीविका का महत्वपूर्ण स्त्रोत है। पशुपालन व्यवसाय में भेड़ एवं बकरी पालन का महत्वपूर्ण स्थान है। संस्कृति एवं पशुपालन के इतिहास में भेड़ का स्थान अत्यंत महत्वपूर्ण है। मौफलोन नामक जंगली भेड़ से उत्पन्न भेड़ों की नस्लें तुर्कमेनिस्तान से पश्चिमी ईरान तक सर्वप्रथम पालतू पशु के रूप में पाली गई। हजारों वर्ष पहले आज जहाँ इराक बसा है, वहाँ मानव ने भेड़ को व्यवसाय के अभिन्न अंग के रूप में स्वीकारा। हजारों वर्षों से भेड़ यात्रा निरंतर चल रही है और भेड़ ने अपना नाम स्वर्णाक्षरों में अंकित किया है। इस मूक पशु का मानव जाति के विकास में महत्वपूर्ण योगदान है, क्योंकि यह समाज के उस हिस्से को आर्थिक और सामाजिक रूप से ऊपर उठाने की क्षमता रखता है जिसे सरकार भी चाहकर सशक्त नहीं बना सकी। मानव विकास के विविध मोड़ों पर भेड़ (अवि) ने अपनी उपयोगिता बनाई रखी है और आशा है कि भविष्य में भी इसका योगदान असाधारण होगा।

भेड़ पालन के इतिहास के बारे में अगर समझें तो पता चलता है कि लगभग 10,000 वर्ष पहले निओलीथीक आदमी ने जंगली भेड़ को पालने की कोशिश की थी। मेसोपोटामिया, ईरान के पहाड़ी क्षेत्र, तुर्की एवं बलुचिस्तान में भेड़ को हिब्रू चरवाहों ने पालना शुरू किया। आज से लगभग 1200 से 10,000 वर्ष पूर्व बालों वाली जंगली भेड़ को पहाड़ियों से पठारों में लाया गया और लगभग आज से 6000 वर्ष पूर्व तक उन्हें ऊन के लिए चयनित किया गया। इसके पश्चात एक से दो हजार सालों में मेसोपोटामियां में ऊन वाली एवं बालों वाली भेड़ों को पालना शुरू किया गया।

आर्थिक तथा सामाजिक रूप से मनुष्य को प्रगति के पथ पर ले जाने वाला पशु "भेड़" अपनी पहचान धर्मग्रंथों में भी रखने से नहीं चूका। बाईबिल में येशू को एक अच्छा चरवाहा कहा गया है। भेड़ ने इसाई, जुडैजम तथा इस्लाम में समान रूप से अपना महत्व बनाए रखा है। यह सुखद संयोग कि बात है कि पश्चिम–पूर्व एशिया में इन तीनों धर्मों की शुरूआत लगभग उसी समय हुई जब भेड़ पालन एक गौरव पूर्ण व्यवस्था हुआ करता था। भेड़ एक ऐसी इकाई है जो हमें इन तीनों धर्मों की एकता के बारे में सीख देती है। जो लोग भविष्य देखने में विश्वास रखते हैं उन्हे यह भी ज्ञात होगा कि बारह राशियों में सर्वप्रथम मेष राशि आती हैं जो कि भेड़ के आकार के तारा समूह से नामांकित की गई है।

भेड़ों में सबसे खास चीज अगर कोई है तो वह है उनका समूह में रहना। कई विशेषज्ञ का मानना है कि भेड़ अपने बचाव के लिए समूह में रहती है। यह भी देखा गया है कि सबसे ताकतवर भेड़ अपना स्थान समूह के मध्य में बनाए रखती है। सही मायने में देखा जाए तो यह एक ऐसा गुण है जो भेड़ को ज्यादा दिन जीवित रखने में सहायक सिद्ध होता है। पशु के विकास के दौर में हर जीव ने प्रकृति के नियमों से कुछ सीख ली है जिसके चलते गुणसूत्रों में कुछ इस तरह बदलाव हुआ कि भेड़ ने समूह की जीवनशैली को अपने आचरण में ढ़ाल लिया है।

भारत में भेड़ पालन प्रायः गरीब लोगों का व्यवसाय रहा है। सामान्यतः भेड़ मांस एवं ऊन के उत्पादन के लिए जानी जाती है। वर्ष में

दो ब्यांत से एक से चार बच्चे पैदा करने वाली भेड़, गरीबों के लिए वरदान साबित हो सकती है। एक किसान अपने भेड़ समूह को सिर्फ पशु के नजरिये से न देखकर बीमे के नजरिये से भी देखता है। कई बार यह भी देखा गया है कि किसान कठिन समय में अपनी भेड़ों को बेचकर जीवन निर्वाह करता है। मांस और ऊन के अलावा भेड़ का दूध भी काफी मात्रा में उपयोग में लाया जाता है। भेड़ के दूध से बनाया गया चीज विश्व की श्रेष्ठ चीज की श्रेणी में आता है। फ्रांस में इसे रोकफोर्ट, कोर्सिका में ब्रोकीन, इटली में पेकोरीनों तथा ग्रीस में इसे फेटा कहा जाता है। ये उत्पाद विश्व बाजार में काफी ग्राहक आकर्षित करते हैं।

जीव तकनीकी विज्ञान में क्लोंनिंग द्वारा तैयार किए जाने वाला प्रथम स्तनधारी पशु भेड़ ही था। इसके दिमाग की संरचना मनुष्य के दिमाग से काफी मिलती–जुलती है। यही कारण है कि कई कठिन प्रयोग जो मनुष्य के लिए लाभकारी सिद्ध हो सकते हैं, सर्वप्रथम भेड़ में किए जाते हैं। मानव मस्तिष्क की जटिलताओं को सुलझाने के लिए भेड़ एक महत्वपूर्ण रूपक सिद्ध हो सकती है। भविष्य में ऐसे कई अवसर आयेंगें जब भेड़ मनुष्य की समस्याओं को सुलझाने के लिए अपना बलिदान देने में हमेशा तत्पर रहेगी। भारत के शुष्क, अर्धशुष्क एवं पर्वतीय क्षेत्रों में सदियों से कृषकों की जीविका का मुख्य आधार भेड़ पालन ही रहा है। भेड़ का छोटा आकार, शारीरिक आवश्गकता तथा बहुपयोगी होना, पशुधन में विशेष महत्व रखता है। देश की ग्रामीण अर्थव्यवस्था में भेड़–बकरी का उल्लेखनीय योगदान है क्योंकि इन पशुओं से निर्धन किसान जुड़े हुए हैं। खेती के साथ–साथ भेड़–बकरी पालन न केवल आर्थिक रूप से लाभदायक है बल्कि अच्छा पर्यावरण बनाए रखने में भी सहायक है। अनुपजाऊ एवं बंजर भूमि या घास–पत्ती को भेड़ों से ज्यादा कोई और पशु काम में नहीं ला सकता।

परम्परागत रूप से पशुओं का भरण–पोषण एवं प्रबंधन स्वयं या परिवार की महिलाओं एवं बच्चों द्वारा सामुदायिक चरागाहों पर, वनभूमि और फसलों की कटाई के बाद बचे अवशेषों की चराई करके किया जाता है। इसके अलावा भेड़–बकरी पालक अपने पशुओं को चारे की कमी के

समय पेड़ों व झाड़ी से पत्तियाँ काटकर खिलाते हैं। स्थानीय रूप से उपलब्ध समस्त चारा संसाधनों का दोहन करने के बावजूद देश के पश्चिमी क्षेत्रों के पशुपालक कम और लम्बी दूरी यहाँ तक कि पड़ोसी राज्यों में भी अपने पशुओं के साथ विषम परिस्थितियों जैसे ग्रीष्मकाल में निष्क्रमण करते हैं और अनुकूल परिस्थितियाँ होने पर वे वापस अपने घर लौटते हैं। इसी प्रकार हिमालय की पहाड़ियों के तली में रहने वाले गद्दी और भाकरवाल अपने पशुओं के साथ ग्रीष्मकाल में सघन चरागाहों वाले क्षेत्रों में निष्क्रमण करते हैं और परिस्थितियाँ अनुकूल होने पर अपने मूल क्षेत्रों में वापस आ जाते हैं।

विदेशी भेड़ों से 4–5 किलोग्राम तक ऊन प्राप्त होती है जबकि भारतीय भेड़ों से प्रतिवर्ष लगभग 1–1.5 किलोग्राम ऊन प्राप्त होती है। अच्छी ऊन से गाँव में ऊन व्यवसाय से जुडे लोगों के रहन सहन के स्तर में सुधार होता है तथा उनको वर्ष भर रोजगार प्राप्त होता है। परन्तु यह बात सत्य है कि भेड़पालक को अधिक आमदनी मांस से होती है। भेड़ पालक के लिए भेड़ें चलते–फिरते बैंक स्वरूप होती है, जब कभी उसे पैसे की आवश्यकता होती है तो वह भेड़ों को बेचकर अपने परिवार की जरूरत की चीजें खरीद लेता है। बाजार में जो मांस बिकता है वह अनुत्पादक भेड़ों या नर मेमनों से मिलता है, जिन्हें 4 माह से एक वर्ष तक की उम्र पर कभी भी बेचा जा सकता है। देशी मेमनों का 5–6 माह की आयु पर 15–20 किग्रा. शरीर भार होता है जबकि इनका पालन पोषण गाँवों के आस–पास अविकसित चरागाहों पर किया जाता है तथा उनको किसी प्रकार का अतिरिक्त चारा व दाना नहीं दिया जाता। अनुसंधानों से ज्ञात हुआ है कि देशी मेमनों की सघन खिलाई करके कम समय में अधिक शारीरिक भार और उत्तम मांस प्राप्त किया जा सकता है।

भेड़ों की जनसंख्या एवं आर्थिक योगदान

भारत एक कृषि प्रधान देश है। आर्थिक आँकलन से यह पाया गया है कि कृषि एवं कृषि पूरक व्यवसाय देश में 48.9% रोजगार दिलाते हैं। देश के सकल घरेलू उत्पाद (GDP) में पशुपालन 4.1% से ज्यादा योगदान देता है जिसका अर्थ हैं कृषि का सकल विकास दर GDP में

29.5% योगदान। भेड़ पालन पशुपालन का महत्वपूर्ण व्यवसाय हैं जो विकट परिस्थितियों जैसे फसल के नष्ट होने की परिस्थितियों में एक सफल जीवन रेखा का काम करता है। पिछले कई वर्षों में फसल विफलता से आंध्र प्रदेश के किसानों की आत्महत्या के दु:खद परिणामों के बाद देखा गया है कि आज वहाँ भेड़, बकरी पालन जीवनरेखा के तौर पर अपनाया जाने लगा है जिसके चलते आत्महत्या जैसी घृणित घटनाओं को रोका जा सका है।

भारत में भेड़ों की संख्या लगभग 6.5 करोड़ है तथा विश्व में इसका तीसरा स्थान है। सन् 1951 में भेड़ों की संख्या 3.91 करोड़ थी। इन 61 वर्षो में भेड़ों की जनसंख्या में 66.24 प्रतिशत की वृद्धि हुई है। देश की इन भेड़ों द्वारा 441.0 मिलियन किग्रा. मांस, 46.1 मिलियन किग्रा ऊन एवं 56300 मेट्रिक टन चमड़े का उत्पादन होता है। ऊन से बने उत्पादों की बिक्री से लगभग रू. 30 करोड़ की वार्षिक आय होती है। देश के कुल मांस उत्पादन में भेड़ के मांस की हिस्सेदारी 7 प्रतिशत हैं तथा विदेशों में निर्यात किए जाने वाले मांस में 8 प्रतिशत है। भेड़ और बकरियों की क्रमशः 33 और 37 प्रतिशत की निष्कासन दर से प्रतिवर्ष लगभग 341.6 एवं 876.1 लाख भेड़ एवं बकरियो का वध किया जाता है। प्रति भेड़ एवं बकरी से औसतन 12.97 एवं 10.74 किलोग्राम मांस प्राप्त होता है। प्रत्येक भेड़ से एक वर्ष में औसतन 750 ग्राम ऊन प्राप्त होती है। किन्तु यह आश्चर्यजनक बात है कि किसानों को ऊन की तुलना में खाद या मेंगनी से अधिक आय होती है। प्रति भेड़ प्रति वर्ष लगभग 100 रूपये की खाद की दर से हमें प्रतिवर्ष 6 अरब रू. की खाद केवल भेड़ों से प्राप्त होती है। इसके अलावा भेड़ों से हमें प्रतिवर्ष 2.06 और 0.70 अरब रूपये क्रमशः खाल एवं दूध से प्राप्त होते हैं। भेड़ और बकरियों के उत्पादों से हमें प्रतिवर्ष 28.56 और 96.41 अरब रूपये की आय होती है। यद्यपि सामाजिक अर्थव्यवस्था और ग्रामीण सम्पन्नता के संदर्भ में भेड़–बकरियों का ग्रामीण अर्थव्यवस्था में योगदान को कम आँका जाता रहा है, जबकि इन पशुओं का छोटा आकार जैवीय और आर्थिक प्रबंधन में सार्थक रूप से सहायक होता है। इसलिए ग्रामीण गरीबों का आर्थिक स्तर सुधारने हेतु भावी पशुधन विकास कार्यक्रमों में भेड़–बकरियों के आशाजनक अवसर प्रतीत होते हैं।

सबसे अधिक भेड़ें दक्षिणी क्षेत्र में पायी जाती हैं। भेड़ों की संख्या एवं भेड़ पालन व्यवसाय की दृष्टि से उत्तर पश्चिमी क्षेत्र देश में तीसरा स्थान रखता हैं। इस क्षेत्र में लगभग 2.15 करोड़ भेड़ें पाली जाती हैं जो कुल भेड़ों की संख्या का 42 प्रतिशत है। इनसे लगभग 2.8 करोड़ किग्रा. ऊन का उत्पादन होता हैं। भेड़ पालन में देश में प्रथम स्थान आंध्रप्रदेश (40 प्रतिशत), दूसरा स्थान कर्नाटक (15 प्रतिशत) तथा तीसरा स्थान राजस्थान का (14 प्रतिशत) है। 2012 की पशु गणना के अनुसार राजस्थान में भेड़ों की संख्या 90,70,000 थी जिसका 99 प्रतिशत भाग गांवों में ही रहता हैं। राज्य में लगभग 2.5 लाख परिवार सीधे ही भेड़ व्यवसाय पर तथा इतनी ही संख्या में इनसे प्राप्त उत्पाद जैसे– ऊन, मांस, चमड़ा के विपणन व उन पर आधारित उद्योगों पर आश्रित है। भेड़ों से राजस्थान में करीब 200 लाख किलों ऊन, 400 लाख किलों मांस व 57 लाख नग चमड़ा मिलता है। राजस्थान में पिछले पाँच सालों में भेड़ों की संख्या में 18.86 प्रतिशत कमी हुई है।

19वीं पशु जनगणना (2012) के आँकड़े

भेड़ पालन में अव्वल राज्य

राज्य	संख्या ('000)	हिस्सा (प्रतिशत)
आंध्रप्रदेश	26,060	40.57
कर्नाटक	9,339	14.73
राजस्थान	9,007	13.95
तमिलनाडू	4,470	7.36
जम्मू कश्मीर	3,284	5.21
महाराष्ट्र	2,533	3.97
गुजरात	1,641	2.62
अन्य	8,726	13.41
कुल	65,062	100

सभी प्रकार की नकारा भेड़–बकरियाँ, नर मेमनों एवं प्रजनन आवश्यकताओं से अधिक मेंढ़ों/बकरों का मांस के उद्देश्य से वध किया

जाता है। जिससे प्रतिवर्ष क्रमशः 206 और 475 लाख खालें अंतिम उपयोग हेतु उपलब्ध होती है। इसके अतिरिक्त मरे हुए पशुओं से 100 लाख खालें उपलब्ध होती हैं। प्रत्येक खाल की अनुमानित औसत कीमत 100 रूपये मानें तो प्रतिवर्ष लघु रोमन्थी खाल के रूप में सकल घरेलू उत्पाद में 781 करोड़ रू. का योगदान देते हैं। कच्ची खाल के प्रसंस्करण एवं उपयोग के लिए उत्पाद तैयार करने में समाज के काफी लोगों को रोजगार मिलता है।

BAHS (2013) के आँकड़े

ऊन उत्पादन में अव्वल राज्य			भेड़ माँस उत्पादन में अव्वल राज्य		
राज्य	**ऊन** ('000 ग्राम में)	**हिस्सा** (प्रतिशत)	**राज्य**	**मांस** (मिलीयन किग्रा.)	**हिस्सा** (प्रतिशत)
राजस्थान	14,007	30.41	आंध्रप्रदेश	198.82	45.07
कर्नाटक	8,020	17.14	कर्नाटक	35.09	7.95
जम्मू कश्मीर	7,681	16.67	राजस्थान	34.89	7.91
आंध्रप्रदेश	5,030	10.92	महाराष्ट्र	33.86	7.68
गुजरात	2,664	5.78	तमिलनाडू	31.44	7.12
हिमाचल प्रदेश	1,649	3.58	प. बंगाल	27.20	6.17
महाराष्ट्र	1,502	3.26	उत्तर प्रदेश	19.66	4.45
अन्य	5501.87	11.97	अन्य	60.18	13.64
कुल	46,054.84	100	कुल	441.14	100

सन 2012–13 में भारत में भेड़ और बकरी से अनुमानित मांस उत्पादन क्रमशः 4410 एवं 9410 लाख किलोग्राम आकां गया (DAHD 2013)। भारत से भेड़ एव बकरी के मांस का निर्यात 22,608.96 मेट्रिक टन रिकॉर्ड किया गया जिसमें सबसे ज्यादा निर्यात सयुक्त अरब अमीरात, सऊदी अरब एवं कतर देशों में किया गया (APEDA 2014)।

भारत से भेड़ एवं बकरी माँस आयात करने वाले देश

श्रेणी	देश	मात्रा (मैट्रिक टन)	कीमत (रू. लाख)
1	सयुक्त अरब अमीरात	10716.17	36,093.17
2	सऊदी अरब	5763.36	19,609.26
3	कतर	1613.42	5,530.78
4	पाकिस्तान	1554.00	505.74
5	कुवैत	1150.49	3,925.37
6	ओमान	563.39	1,686.29
7	वियतनाम	253.00	431.8
8	बहरीन	153.64	523.05
9	सेनेगल	142.00	218.58
10	सीरिया	84.00	126.93

हमारे देश की भेड़ों व बकरियों की उत्पादकता विकसित देशों की अपेक्षा काफी कम है। उत्पादन क्षमता कम होने का कारण अनियंत्रित प्रजनन और नस्लों का अन्तःमिश्रण, अनुचित रख–रखाव, वर्ष के अधिकांश समय में पोषण का निम्न स्तर, विभिन्न रोगों के बचाव एवं उपचार की कमी, अधिक मृत्युदर, अच्छें चरागाहों की कमी, और उनकी वहन क्षमता की तुलना में पशुधन का अपेक्षाकृत अधिक घनत्व आदि है। भेड़–बकरी पालकों का पोषण करने वाले दलालों को बढ़ावा देने वाली असंगठित विपणन संरचना भी इस व्यवसाय में बाधा उत्पन्न करती है। हमारी भेड़ों के उत्पादन में कई गुणा वृद्धि सम्भव है। उन्नत तकनीकों को अपनाकर हमारे भेड़पालक रेवड़ की उत्पादन क्षमता में आशातीत वृद्धि करके इस व्यवसाय को अधिक लाभदायक बना सकते हैं। किसान भेड़ों में उचित प्रजनन, आहार व्यवस्था, प्रतिकूल वातावरण से बचाव, स्वास्थ्य व्यवस्था, उचित चराई तथा अकाल के समय उचित पशु प्रबन्ध आदि अपनाकर उत्पादन बढ़ा सकते हैं जिसके परिणामस्वरूप किसान को अधिक आय प्राप्त हो सकती है।

भेड़ पालन की प्रचलित विधियाँ

भूमि का क्षेत्रफल प्रति व्यक्ति घटने के फलस्वरूप सीमान्त और लघु किसानों की संख्या में वृद्धि हो रही है। इन किसानों के निर्वाह के लिए लघु रोमन्थी उत्पादन आधारित व्यवसाय का महत्व दिन–प्रतिदिन बढ़ रहा है। लघु रोमन्थियों के उत्पादन को बढ़ावा देने से समाज के आर्थिक रूप से गरीब तबके में सुधार की प्रबल संभावना है जिसके फलस्वरूप इनका चहुँमुखी सामाजिक और आर्थिक सुधार होगा। गरीबी उन्मूलन कार्यक्रमों में यह एक सही दिशा में उठाया गया कदम साबित हो सकता है। हमारी आर्थिक स्थिति में जहाँ किसी भी व्यवसाय को प्रारम्भ करने के लिए पूँजी सदैव बाधक होती हैं वहाँ कम पूँजी वाला भेड़–बकरी पालन व्यवसाय उपयुक्त रहता है। इसके अलावा यह व्यवसाय ग्रामीण बेरोजगार गरीबों और परिवार के निर्भर सदस्यों को वर्षभर रोजगार दिलाता है। विस्तृत रूप से प्रचलित भेड़–बकरियों से उत्पादन की पद्धतियों में किसी विशेष दक्षता, खर्चीली मूलभूत संरचना, प्रजनन और खिलाई पिलाई प्रबंधन की आवश्यकता नहीं होती क्योंकि किसान पीढ़ियों से प्राप्त हो रहे परम्परागत ज्ञान को अपनाकर बिना किसी विशेष प्रशिक्षण के भेड़–बकरी पालन करता है। लघु रोमन्थियों से शिल्पकारों को रोजगार मिलता है जिनकी अर्थव्यवस्था एवं निर्वाह इन्हीं प्रजातियों के उत्पादों पर निर्भर होता है। इसके अतिरिक्त ऊन, मांस, खाल और हड्डियों आदि को मुख्य रूप से कच्चे माल के रूप में औद्योगिक उत्पादन में प्रयोग किया जाता है। हमारे देश में निम्न प्रकार से भेड़–बकरी को पाला जा रहा हैः–

(क) विस्तृत पद्धति

यह पद्धति सघन पद्धति के बिल्कुल विपरीत है, इसमें भेड़–बकरियों को दिन भर चरागाहों पर रखकर पाला जाता है तथा चरागाह में ही वे अपना पेट भरती हैं एवं शाम के वक्त उन्हे बाड़े में छोड़ दिया जाता है। इस प्रकार की पद्धति उन जगहों पर अधिकतर अपनाई जाती हैं जहाँ पर बीहड़ एवं अनुपजाऊ भूमि हो तथा अधिक वृक्ष व झाड़ियाँ उपलब्ध हों। इस प्रकार के भेड़–बकरी पालन में बाड़े पर, पशुओं को कुछ भी नहीं दिया जाता, जिससे उनकी उचित देखभाल नहीं हो पाती है। हमारे देश के

चरागाह वर्ष में अधिकांश समय वीरान रहते हैं या उनमें नाम मात्र के लिए कंटीली झाड़ियाँ व ऊँचे पेड़ होते हैं जिनमें भेड़–बकरियाँ दिन भर चरकर अपना उचित पालन–पोषण करने में असमर्थ होती हैं तथा उनका उत्पादन भी प्रभावित होता है। यह कम लागत कम उत्पादन वाली पद्धति है।

(ख) अर्धसघन पद्धति

भेड़–बकरी पालन की यह विधि सही व वैज्ञानिक है इसमें भेड़–बकरी पालन की अन्य पद्धतियों (सघन एवं विस्तृत) की कमियों को दूर किया गया है। आजकल अधिकतर भेड़–बकरी पालक इस विधि द्वारा भेड़ पालते हैं तथा कम लागत से अधिक लाभ प्राप्त करते हैं। यह पद्धति सघन एवं विस्तृत ढंग के बीच की है। इस पद्धति में भेड़–बकरियों को कम से कम 6–8 घण्टों के लिए चरागाह में चरने के लिए भेजा जाता है और शाम के वक्त बाड़े पर वापस लाकर आवश्यकतानुसार अतिरिक्त हरा चारा एवं दाना मिश्रण उपलब्ध कराया जाता है जिससे पशु अपने पोषक तत्वों की कमी को पूरा कर लेते हैं। इस पद्धति को अपनाने से भेड़–बकरी पालकों को अधिक लाभ प्राप्त होता है।

(ग) सघन पद्धति

इस पद्धति में भेड़–बकरियों को बाड़े में ही रखकर पाला जाता है। बाड़ों में भेड़–बकरियों को इच्छानुसार चारा, दाना व पानी उपलब्ध कराया जाता है। यह पद्धति अधिकतर उन क्षेत्रों में उपयोगी होती हैं जहाँ पर चरागाह की कमी होती है। इस प्रकार के भेड़–बकरी पालन में कम स्थान में अधिक भेड़–बकरियाँ पाली जा सकती हैं और अधिक उत्पादन लिया जा सकता है। इस पद्धति में पशुओं पर नियमित निगरानी रखी जाती है और इस प्रकार व्यक्तिगत निगरानी से इनके स्वास्थ्य एवं उत्पादन में वृद्धि की जा सकती है। इस पद्धति में श्रम, बाड़ा बनवाने तथा चारे दाने की व्यवस्था में अधिक खर्च आता है। कम आय वाले लोग इस प्रकार से भेड़–बकरी पालने में असमर्थ होते हैं।

भेड़ों का जीवन एवं व्यवहार

भेड़ जुगाली करने वाला छोटा पशु है। यह घास–पात खाता है

जिससे ऊन और मांस बनता है। सामान्यतः अधिक वर्षा भेड़ों के लिए अच्छी नहीं होती। शुष्क और कम वर्षा के साथ ठंडा जलवायु भेड़ों को स्वस्थ रखने में सहायक होता है। 30 इंच से कम वर्षा वाले क्षेत्रों में सबसे अधिक संख्या में भेड़ें पाली जाती हैं। अधिक वर्षा वाले स्थानों में भेड़पालक बरसात के दिनों में शुष्क क्षेत्रों में चले जाते हैं और बरसात समाप्त होने के बाद चरागाहों में वापस आ जाते हैं। जो भेड़ पालक बरसात के दिनों में बाहर न जा कर वहीं चराते हैं, उन्हे भेड़ों के लिए सुरक्षित स्थान का प्रबंध करना पड़ता है और वे दिन में जब भी वर्षा हल्की होती है उस समय भेड़ों को चराने के लिए छोड़ देते हैं। जिन स्थानों में वर्षा लगातार होती रहती है वहाँ भेड़ों को किफायत के साथ नहीं पाला जा सकता। भेड़ें कीचड़, आदि पसंद नहीं करती हैं। जिन भेड़ों को पानी भरे निचले क्षेत्रों में पाला जाता है उन्हे अनेक रोग लग जाते हैं। भेड़ें हरी मुलायम घास पसंद करती है परन्तु ऐसी घास उनको सूखी जगहों में मिलनी चाहिए। मनुष्य जिन पशुओं को अपने फायदे के लिए पालता है उनमें से भेड़ें कम बुद्धि वाली समझी जाती हैं। इसका कारण यह है कि पालतू पशुओं में भेड़ अत्यधिक सीधी होती है। जब भेड़ों को धमकाया या डराया जाता है तब सुरक्षा के तौर पर वे झुंड बना लेती हैं। भेड़ों में अपने मालिक के पीछे–पीछे चलने की स्वाभाविक आदत होती है और भेड़ पालक खेतों और चरागाहों में उनको इकट्ठा आदि करने में उनकी इस आदत से लाभ उठाते हैं।

भेड़ निष्क्रमण (माइग्रेशन)

भेड़ों में निष्क्रमण/स्थानान्तरण (माइग्रेशन) एक आम प्रक्रिया है। भेड़ पालन का कार्य मुख्य रूप से समाज के आर्थिक दृष्टि से कमजोर तबके के लोगों, जिसमें ज्यादातर राइका, खटीक, गुर्जर, बंजारे, अहीर आदि जाति के द्वारा किया जाता है। चरवाहा संस्कृति का अर्थ है वातावरण के अनुरूप चरवाहों द्वारा अपनाई जाने वाली जीवन शैली। चरवाहा वह पशुपालक है जिनकी आर्थिक अवस्था अपने पशुओं के झुण्ड या रेवड़ पर आधारित रहती है। राजस्थान के शुष्क एवं अर्ध शुष्क इलाकों में चरवाहे या पशुपालकों का एक स्थायी आवास होता है और पशुओं के

झुंड अपने चरवाहे के साथ चराई क्षेत्रों के आस–पास घूमते रहते हैं। इनके लिए कृषि गौण है। इसके विपरीत गुजरात के सौराष्ट्र प्रांत में रहने वाले चरवाहे जिनमें भारवाड़ एवं रेबारी जाति के पशुपालक हैं, उनका आवास स्थायी नहीं होता। वह पशु/भेड़पालक बरसात के समय सौराष्ट्र, सुरेन्द्रनगर में रहते हैं और जब चारे की कमी होती है तो अहमदाबाद के क्षेत्रों में आते हैं। इससे उन के दो कार्यों की पूर्ति होती है। एक बरसात में पथरीली जमीन पर रहने से पैर की बीमारी से बचाव होता है और दूसरा गर्मी में अहमदाबाद के आस–पास वाले क्षेत्र में पानी की प्रचुर मात्रा रहने से चारे की कमी नहीं आती। चरवाहों की एक और परिभाषा है–जीवन निर्वाह की ऐसी परंपरा या पद्धति जिसमें पशुपालन, प्रजनन के प्रबंध और दूध एवं मांस का उपयोग शामिल है। इस प्रकार के पशुपालकों का आधार है गाय, भेड़, बकरी और ऊंट। राजस्थान के शुष्क एवं अर्धशुष्क भागों में निष्क्रमण दीवाली के बाद शुरू होता है इसके बाद चारे की कमी बढ़ जाती है और अगले 6 से 9 माह तक पशु गुजरात, मध्य प्रदेश, उत्तर प्रदेश, हरियाणा और पंजाब के अधिक उपजाऊ भागों में ले जाए जाते हैं और अपने गाँवों में बरसात के मौसम में लौटते हैं।

निष्क्रमण प्रवास

निष्क्रमण के दौरान भेड़ पालक को ध्यान रखना चाहिए कि रेवड़ एक दिन में अधिक दूरी तय करके थके नहीं तथा रेवड़ से बूढ़े एवं बीमार पशुओं को समय रहते बेच देना चाहिए। इससे वह रेवड़ में मृत्युदर से होने वाली हानि से बच सकता है। दिन के समय रेवड़ को छायादार वृक्ष के नीचे आराम कराना चाहिए तथा सुबह व रात्रि को देर तक चराते हुए आगे बढ़ाना चाहिए। रेवड़ को स्वच्छ पानी उपलब्ध कराना चाहिए तथा समयानुसार बीमारी से बचने के लिए टीकाकरण अवश्य करा देना चाहिए क्योंकि रेवड़ निष्क्रमण के दौरान एक स्थान से दूसरे स्थान

को जाते रहते हैं जिससे रेवड़ को मिलने वाला चारा, पानी एवं हवा बदलती रहती है तथा रेवड़ में बीमारियाँ होने का खतरा अधिक रहता है।

चरवाहा जातियाँ एवं चराई पद्धतियाँ

भारत में लगभग तीस चरवाह जातियाँ हैं जो मुख्यतया देश के उत्तरी एवं पश्चिमी भागों में स्थित हैं जिनमें जम्मू–कश्मीर, हिमाचल प्रदेश, उत्तर प्रदेश, हरियाणा, राजस्थान और गुजरात सम्मिलित है। यह दक्षिणी राज्यों जैसे आन्ध्र प्रदेश, तमिलनाडु एवं कर्नाटक में भी पायी जाती है। महाराष्ट्र एवं मध्य प्रदेश में भी कुछ ऐसी ही जातियाँ है। निष्क्रमण में घुम्मकड जातियाँ एक निश्चित मौसमी अथवा सामयिक प्रणाली पर स्थान बदलती रहती हैं जिसके आधार पर चराई पद्धतियाँ स्थापित की गई हैं जिनमे पूर्ण भ्रमणकारी, अर्ध भ्रमणकारी व आंशिक भ्रमणकारी आती हैं।

पूर्ण भ्रमणकारी (बंजारा) – इस पद्धति में पशु पालक का कोई स्थायी आवास नहीं होता है। वह किसी प्रकार की नियमित खेती नहीं करते और उनका परिवार पशुओं के साथ–साथ पानी एवं चारे की खोज में घूमता रहता है। इनका भ्रमण नियम स्थानों एवं निश्चित पद्धति का होता है। पहले अनेक चरवाहा जातियाँ ऐसी थी जो भ्रमणकारी थी परन्तु अब अधिकांश स्थायी आवास बनाकर रहने लगी है और खेती भी करती है। कश्मीर घाटी के गुज्जर, भोट और खंडवाल, राजस्थान के बंजारे, राठी और सिन्धी मुसलमान जैसे खराल, बलोच, गोपेरा, जलूका, पंवार और परिहार आदि, मध्य प्रदेश के भेड़ पालक, गुजरात के भारवाड एवं रेबारी और आन्ध्र प्रदेश के बंजारे पूर्ण भ्रमणकारी हैं। वह अपने पशुओं के झुंड के साथ एक स्थान से दूसरे स्थान तक घूमते रहते हैं। इन जातियों की विशिष्ट पहचान बनाए रखने के लिए मध्य प्रदेश सरकार ने उच्चतर चराई लाईसेन्स शुल्क नियत किया है।

प्रवास

अर्ध भ्रमणकारी – इस प्रणाली में पशु पालक का एक स्थायी आवास होता है जिसके आस–पास वह पूरक खेती करता है परन्तु वर्ष के अधिकतर हिस्से में वे अपने झुंड के साथ दूर के चराई वाले इलाकों में जाते हैं। अभी भी कई ऐसी जातियाँ है जो अर्ध भ्रमणकारी हैं जैसे हिमाचल प्रदेश के किन्नौरी एवं गुज्जर, उत्तर प्रदेश के कुमाऊंनी, जाधा, मर्द्धा और खास, राजस्थान के राइका और खारी, महाराष्ट्र के धनगर तथा आन्ध्र प्रदेश और कर्नाटक के गोला, कुरबा और लंबाड़ा।

आंशिक भ्रमणकारी – जो किसान स्थायी ठिकानों पर रहते हैं वे अपने पशुओं को समीप ही रखते हैं। ऐसी कई जातियाँ हैं जो आंशिक भ्रमणकारी है जैसे उत्तर प्रदेश, मध्य प्रदेश और राजस्थान के गड़रिये, अहीर और गुज्जर, बिहार, गुजरात और महाराष्ट्र के अहीर, मध्य प्रदेश के भील, तमिलनाडू के टोड़ा, उड़ीसा के गौढ़ा आदि। गाँवों की चराई प्रणाली भी इसी श्रेणी में रखी जा सकती है। जिसमें पशु समीप में ही रखे जाते हैं। मध्य प्रदेश के बुन्देलखण्ड भाग में ग्रामीण अपने पशुओं को समीप के ऊँचे एवं पहाड़ी भागों में भेज देते हैं जहाँ बरसात के दौरान हरियाली सर्वाधिक होती है। राजस्थान में अधिकांश गुर्जर कृषक हैं परन्तु उनमें से पहाड़ी भागों में रहने वाले चरवाहे हैं।

भेड़ दिन में चरते–चरते 15–20 किलोमीटर चल पाती है। कुछ भेड़ें तो कम अवधि के लिये निष्क्रमण पर जाती हैं और कुछ लम्बी अवधि के लिए। निष्क्रमण को प्रदेश के अनुसार दो भागों में बाँटा जा सकता है। मैदानी क्षेत्रों में व पहाड़ी क्षेत्रों में। मैदानी क्षेत्रों में निष्क्रमण सर्दी में वर्षा न होने पर होता है या जानवरों की संख्या अधिक हो जाने के कारण होता है। राजस्थान में हर वर्ष 15 लाख भेड़ें निष्क्रमण पर जाती हैं जिनमें से 6 लाख तो लगातार भ्रमण पर ही रहती हैं। यह निष्क्रमण दीपावली के बाद शुरू होता है। यदि अच्छी वर्षा हो जाए तो निष्क्रमण मार्च में फसल कटने के बाद शुरू हो सकता है। चराई जातियाँ पूर्वी भागों को छोड़कर पूरे देश में फैली हुई है। अधिकांश राज्यों में उनका प्रवसन उनके अपने राज्य तक ही सीमित है। बर्फ से ढ़के पहाड़ों के कारण हिमालय भाग की जातियाँ समानान्तर एवं लम्बरूप से प्रवसन करती हैं

क्योंकि उन्हे शीतकाल में नीचे एवं गर्मियों और बरसात में ऊपर जाना पडता है। पश्चिमी राजस्थान में बार–बार सूखा और अकाल के कारण मानव एवं पशु जनसंख्या का अन्य राज्यों मे प्रवसन होता है। इसी प्रकार बड़ी संख्या में पशु गुजरात से मध्य प्रदेश की ओर प्रवसन करते हैं परन्तु राज्य सरकारों द्वारा लगाए गये प्रतिबन्धों एवं भूमि उपयोग पद्धति में बदलाव के कारण अब उन्हें कुछ परेशानियों का सामना करना पड रहा है। अब वह समय आ गया है जब गडरियों को अपने ही राज्य के चरागाहों एवं अन्य चराई के क्षेत्रों पर निर्भर रहना पडेगा।

पशुओं का प्रवसन राजस्थान के शुष्क एवं अर्धशुष्क भागों की एक मुख्य विशिष्टता है। यह सूखे व अकाल से निबटने का एक सुधारात्मक उपाय माना जाता है और पीढ़ियों से पशु पालकों द्वारा अपनाया जाता रहा है। परंपरागत भेड़ एवं बकरी पालक जातियाँ परिस्थितिकीय रूप से अधिक सूखे व गर्म भागों में कृषि को आजीविका का साधन बनाने के लिए एक विशिष्ट तकनीकी स्तर तक योग्य हो गए हैं। भ्रमणकारी चरवाहे इन्हीं साधनों का इस प्रकार से अपनी आजीविका के लिए उपयोग करते हैं।

निष्क्रमण की प्रकृति, मार्ग एवं सीमाएँ

निष्क्रमण/स्थानान्तरण दीवाली के बाद नवंबर से ही प्रारंभ होता है चूँकि उसके बाद चारे की कमी बढ़ जाती है और अगले छः से नौ माह तक पशु गुजरात, मध्य प्रदेश और पंजाब के अधिक उपजाऊ भागों में ले जाए जाते हैं और अपने गाँवों में अगले बरसात के मौसम में लौटते हैं। राजस्थान के अधिक शुष्क भागों में प्रवसन मार्च या अप्रैल से शुरू होता है। रेवड़ इंदिरा गांधी नहर एवं पंजाब के अधिक उपजाऊ इलाकों में जाते हैं। जहाँ मध्य अप्रैल में रबी की कटाई के समय पहुचते हैं और कोई निश्चित मार्ग तय नहीं करते हैं परन्तु भीड़–भाड़ से बचा जाता

चरवाहे के साथ भेड़ों का रेवड़ (पहाड़ी क्षेत्र)

है और किसी भी स्थान पर रूकने की अवधि मार्ग में तय करते हैं। सुरक्षा की दृष्टि से अनेक पशु पालक कई बार एक साथ प्रवसन करते हैं और सम्मिलित रूप से रखे गए चरवाहों का सहयोग लेते हैं। बहुत से रेवड़ जालोर व जोधपुर से मध्य प्रदेश व गुजरात की ओर, बाडमेर व जैसलमेर से उत्तर प्रदेश की ओर तथा सीकर, चूरू व बीकानेर से हरियाणा तथा दिल्ली की ओर निष्क्रमण पर जाते हैं। राजस्थान से निकलने के बाद वह घुमावदार रास्ते पकड़ते है जहा पानी व चारा पर्याप्त मात्रा में उपलब्ध हो। जाते समय उन्हें 4 से 6 माह तक लगते हैं परन्तु आने में छोटे मार्ग से आते हुए 1 से 2 माह ही लगते हैं। निष्क्रमण पद्धति में पशुओं की अच्छी नस्लों के होने के बावजूद पशु पालकों की आर्थिक स्थिति कमजोर व अस्थिर रहती है। इसका कारण यह है कि प्रवसन पद्धति में पशु पालकों को अनेक कठिनाइयों का सामना करना पड़ता है अतः इस प्रणाली से पशु उत्पादकता नहीं बढ़ा पाते हैं।

निष्क्रमण के दौरान कुछ पशु भूख के कारण मर जाते हैं और कुछ बहुत ही कम कीमतों पर दैनिक खर्चे के लिए बेच दिए जाते हैं। अनेक अध्ययनों से यह पता चला है कि चराई क्षेत्रों में अधिक चराई के कारण चराई क्षेत्र के खराब होने, चराई प्रबंधन की त्रुटियों और चारे की उत्पादकता में कमी के कारण प्रवसन में लगातार बढ़ोत्तरी होती जा रही है। पारिस्थितिकीय वातावरण में प्रवसन दो प्रकार का होता है– एक महीने से कम अवधि का और एक महीने से अधिक अवधि का। इसे ''चौमासा'' और ''उन्धयाला'' नामक दो भागों मे बाँटा जा सकता है। चौमासा बरसात के समय को और उन्धयाला गर्मी के मौसम को कहते हैं। गर्मियों मे पशु चारे की कमी के कारण प्रवसन करते हैं जबकि बरसात में चराई क्षेत्रों की कमी के कारण प्रवसन होता है क्योंकि अधिकांश क्षेत्र कृषि के काम में लिया जाता है। पशुओं के प्रवसन में गृहस्वामी या परिवार का मुखिया, पुत्र रिश्तेदार और किराये पर लगाए गए मजदूर जाते हैं। पशुओं के साथ प्रवसन करने वाली जातियों में राईका, गुज्जर, सिंधी, मुसलमान और घासी प्रमुख हैं जिनके पश्चात् राजपूत, जाट, और विश्नोई है।

निष्क्रमण के समय एक झुण्ड़ प्रतिवर्ष 600 से 1000 किलोमीटर तक सफर तय करता है। हर झुण्ड़ के साथ गधे या ऊँटगाड़ी होती है जो कि सामान तथा नवजात मेमनों को ढ़ोने के लिए प्रयोग किए जाते हैं। भ्रमणशील भेड़ों में प्रजनन नियंत्रित रखा जाता है व जिस काल में प्रजनन नहीं कराना होता हैं उसमें मेंढ़ों के मूत्रद्वार सूतली या धागे से बाँध दिया जाता है। वर्षा ऋतु के शुरू होते ही भेड़ अपने–अपने गाँव लौट आती है तथा उस समय तक भेड़ें दो से तीन महीने तक की ग्याभिन होती है।

पहाड़ी क्षेत्रों में भेड़ें ग्रीष्म ऋतु के शुरू होते ही भ्रमण पर निकल जाती है। ये चरती–चरती पहाड़ों पर चढ़ती हैं और 3000 से 4500 मीटर की ऊँचाई तक चली जाती हैं और शरद ऋतु के शुरू होने के साथ नीचे आने लगती हैं। प्रत्येक झुण्ड में 400 से 500 तक भेड़ें होती हैं जो कि 3 से 5 रेवड़ों को मिलाकर बनाया जाता है। स्थानान्तरण के समय डेढ़ से दो माह के मेमनें रेवड़ के साथ ही चले जाते हैं। भेड़ पालक अपना खाना स्वयं ही बनाते हैं। वह अपने साथ तिरपाल ले जाते हैं जिसका तम्बू बना कर रात को आराम करते हैं। भेड़ों को हफ्ते में एक बार तथा मेमनों को दो बार नमक खिलाया जाता है व भेड़ों को 2 से 3 दिन तक पानी नहीं पिलाया जाता है। भेड़पालकों का विचार है कि ऐसा करने पर हरी घास अधिक चरते हैं। मेंढ़े प्रायः वर्ष भर ही भेड़ों के साथ रखे जाते हैं। वर्षा ऋतु शुरू होने के साथ–साथ रेवड़ मैदानी इलाकों में आ जाते हैं।

भेड़ खरीदते समय भेड़ों का चुनाव

नस्ल के अनुरूप पूर्ण विकसित और स्वस्थ भेड़ पालना भेड़ पालक के लिए गौरव की बात होती है। भेड़ का चुनाव इसलिए भी अधिक महत्वपूर्ण है क्योंकि उससे संतति पैदा होती है जो कि भेड़पालक की अमूल्य सम्पत्ति है। भेड़ों की बनावट एक समान होनी चाहिए और वे मेमनें उत्पन्न करने में काफी सक्रिय होनी चाहिए। अच्छी भेड़ों का शरीर लम्बा, कद ऊँचा, पिछले पैरों के बीच में काफी स्थान और अच्छा अयन होता है। उसमें अच्छी तरह खाने की आदत और मेमनों को खिलाने और रक्षा करने की मातृत्व भावना जैसी महत्वपूर्ण विशेषताएँ होनी चाहिए। एक अच्छा भेड़ पालक भेड़ को मांसल देखने के बजाय यह देखता है कि वह

पूर्ण विकसित मेमनें कैसे उत्पन्न करती है। देखने में अच्छी भेड़ें हमेशा ही अच्छे मेमने उत्पन्न नहीं करती है। ऊन के लिए पाली जाने वाली नस्लों की रेशे के गुण का बहुत महत्व है। क्योंकि ऊन की अधिकांश मात्रा भेड़ों से ही मिलती है। ऊन उत्पन्न करने की विशेषता मेमनों को भेड़ों से ही प्राप्त होती है। सफल भेड़ पालन के लिए सबसे आवश्यक बात है कि मेमने शीघ्र और अच्छी तरह बढ़े, इसके लिए जरूरी है कि भेड़ों में दूध की अधिकता होनी चाहिए।

विशेष क्षेत्र के अनुकूल नस्ल का चुनाव करने के बाद आपको यह निश्चय करना चाहिए कि आप कितनी भेड़ें पालेंगे और किस अवस्था की भेड़ खरीदेंगें। भेड़ों की संख्या इस बात पर निर्भर करती है कि भेड़पालक कितने बड़े समूह का पालन–पोषण अच्छी तरह कर सकता है और उसके पास चरागाह की सुविधा कैसी है। भेड़ पालक अपने परिवार के सदस्यों की मदद से 50 से 60 भेड़ पाल सकता है। एक परिश्रमी भेड़पालक 100 भेड़ें आराम से पाल सकता है। जब परिवार के सदस्यों की संख्या अधिक हो, उस हाल में भेड़ों को समूहों में बाँट दिया जाता है। अवकाश के समय सहायक धंधे के रूप में किसान 20 से 30 भेड़ें पालते हैं और उनकी देखभाल का काम परिवार के छोटे सदस्यों को सौंप देते हैं। कुछ मिली–जुली खेती में किसान छः से दस भेड़ें पालते हैं। मिली–जुली खेती के अन्तर्गत कम और उत्तम भेड़ें पालने की प्रथा है ताकि उनसे अधिक से अधिक ऊन और मांस मिल सके।

नयी भेड़ें खरीदते समय भेड़ों का चुनाव सावधानी से करना चाहिए। कोई भी भेड़ पालक आपको सबसे अच्छी भेड़ नहीं बेचेगा क्योंकि विकसित भेड़ें उसकी सालों की अथक मेहनत का परिणाम है। वह अस्थायी आर्थिक लाभ के लिए अच्छी भेड़ें नहीं बेचेगा। इसलिए दूध पीना छोड़ने के तुरंत बाद ही मेमनों को खरीदना सबसे अच्छा रहता है। बाद में इनमें से अच्छी भेड़ों का चुनाव कर सकते हैं और कम आयु वाली नयी भेड़ें अधिक आयु वाली प्रौढ़ भेड़ों की अपेक्षा अपने आपको नयी परिस्थितियों के अनुकूल जल्दी बदल लेती है। यदि कोई चुनी हुई भेड़ बेच रहा हो तो ढाई से तीन वर्ष की आयु वाली या चार दाँत वाली अवस्था की भेड़ों को

चुनना अच्छा रहता है। चतुर भेड़ पालक जो अधिक पैसा खर्च नहीं करना चाहता, अच्छे मेमने देने वाली वृद्ध भेड़ें खरीद कर उनसे बच्चे लेने के बाद उन्हे तुरंत बेच देता है।

भेड़ पालन के लिए कई बार अनेक तथ्यों का पता होने के बाद भी इस बात से कई लोग अनभिज्ञ रहते हैं कि आखिरकार जब यह व्यवसाय शुरू करना हो, या फिर व्यवसाय के मध्य में भेड़ खरीदनी हो तो कैसे खरीदें? भेड़ खरीदने के लिये प्रायः निम्नलिखित बातों का ध्यान रखना चाहिए।

पूर्व तैयारी करें – पूर्व तैयारी में महत्वपूर्ण चीज यह है, कि भेड़ें किस जगह से, किनसे और किस कारण से खरीद रहे हैं। किसी भी परियोजना में जब भेड़ें खरीदनी होती है तो उसके कुछ कारण होते हैं। कई बार रेवड़ की गुणवत्ता बढ़ाना, रेवड़ का आकार बढ़ाना जैसे मुख्य कारक भेड़ें खरीदने के लिये मजबूर करते हैं। जब भेड़ खरीदना लगभग तय हो गया हो तो आपको चाहिए कि इसके लिए सारी जरूरी तैयारी कर लें। सामान्यतः एक वयस्क भेड़ की औसत कीमत (जो कि जगह, प्रजाति एवं उपयोग अनुसार बदलेगी) रु. छः हजार (रु. 6000/–) होती है। अगर हमें 50 भेड़ें खरीदनी है तो कम से कम रु. 3,00,000/– (रु. तीन लाख) हमारे पास होने चाहिये। जब भेड़ें खरीदने की बात हो तो उन्हें रखने के लिये पर्याप्त जगह, बाड़ा, पानी, चराने की जगह एवं दाना हमारे पास होना जरूरी है। इतना ही नहीं बल्कि जब भेड़ें खरीदी जानी हैं, तो उन्हें सीधे रेवड़ में मिलाने से पहले कुछ हफ्ते अलग रखकर जाँच करना भी जरूरी होता है जिससे उनमें गुप्त रूप से छुपी बीमारियों का पता चल सके ताकि समय रहते उन भेड़ों को रेवड़ से निकाला जा सके।

क्या साथ लें:–

जब खरीददारी की बात आती है तो पैसा साथ में होना जरूरी है और पैसा संभालकर रखना अपने आप में एक कला है। भेड़ें खरीदते समय प्राथमिक पशु चिकित्सा बक्सा साथ रखना जरूरी है जिसमें प्रायः अक्सर प्रयोग में आने वाली दवाईयाँ हो– जैसे टिंचर आयोडीन, एंटीबायोटिक, दर्द निवारक दवाएँ, हिमेक्स क्रिम, बीटाडीन, डेक्सामिथाजोन, एंटीपायरेटीक

एक स्वस्थ वयस्क भेड़

इंजेक्शन आदि। भेड़ खरीदना जोखिम भरा काम है, इसलिए अगर पशु चिकित्सक या पशु चिकित्सा सहायक साथ हो तो काफी मदद होती है। पानी पिलाने की बाल्टी, टब, साथ में दो–तीन टॉर्च, रस्सी, चाकू, कैंची, लकड़ी इत्यादि का साथ होना भी काम में आता है। जब इस काम पर जाना हो तो एक के बजाय तीन से चार आदमी साथ होना अच्छा होता है जो कि पैसा, पशु चयन तथा परिवहन में अपनी भूमिका निभा सके।

कैसे चयन करे?

भेड़ खरीदते समय यह ध्यान रखें कि एक ही रेवड़ से सारे पशु ना खरीदें। जिस प्रदेश या क्षेत्र में भेड़ खरीदने जा रहे हैं वहाँ उपलब्ध पशु चिकित्सक, पशु चिकित्सा सहायक से मिलकर वार्ता करें जिससे रेवड़ की उपलब्धता, अगर कोई बीमारी या संक्रमण हो तो उसका पता चलेगा हीं साथ ही भेड़ों की कीमत के बारे में भी अंदाजा आ जाता है। पशु चिकित्सक या उनके किसी स्टाफ के साथ रहने से पशु चयन तथा खरीददारी में काफी सहायता मिलती है। जिस रेवड़ में से भेड़ें खरीदते हैं उस रेवड़ की स्थिति अच्छी होनी चाहिए। रेवड़ के सारे पशु लगभग स्वस्थ हो। रेवड़ में गर्भपात की कोई खबर ना हो। साथ ही रेवड़ में पशुओं के बीच समानता हो जैसे एक ही रंग और प्रजाति के पशु हों। जब पशु चयन की प्रक्रिया शुरू हो तो निम्नलिखित बातों पर ध्यान दें।

- भेड़ एक से दो साल या ज्यादा से ज्यादा तीन साल (दो से चार दाँत) की हो।
- जननांग की जाँच कर, वही भेड़ ले जो स्पष्ट रूप से प्रजनन कर सके।

- अतिवयस्क एवं न ब्याई हुई भेड़ ना खरीदें।
- छः दाँत, टूटे हुए दाँत वाली भेड़ ना खरीदें।
- लंगडी, ऊन गिराने वाली, उदास भेड़ ना खरीदें।
- अगर ताजा ब्याई हुई भेड़ हो तो उसे बच्चे के साथ ही खरीदें।
- भेड़ों की आँखों की जाँच कर लें, ताकि अंधी भेड़ ना आए।
- भेड़ों के थन को हाथ लगाकर जाँच करें जिससे थनैला जैसी बीमारी की पहचान हो एवं अच्छी मादा की भी पहचान हो।
- भेड़ दिखने में एवं घूमने फिरने में चंचल हो।

खरीदी गई भेड़ को कैसे लेकर आएँ:–

कई बार भेड़ खरीदने के लिए हमें बहुत लंबी दूरी तय करनी होती है। उदाहरण के लिए अगर जयपुर स्थित किसान या संस्था गुजरात से देशी पाटनवाडी जैसी भेड़ खरीदना चाहता है तो उन्हें छः से सात सौ किलोमीटर की दूरी एक तरफ से तय करनी होती है। नजदीक की दूरी तो पैदल भी पूरी की जा सकती है लेकिन ज्यादा दूरी के लिए निम्न बातों का ध्यान रखना जरूरी होता है।

- पचास से साठ भेड़ों के लिये एक ट्रक जिसकी लंबाई 19 फीट हो तय करें।
- ट्रक ड्राइवर के सारे कागज ठीक हों। प्रायः ट्रांसपोर्ट कंपनी से बात करने पर ठीक गाड़ी मिल सकती है।
- भेड़ों को खिलाकर एवं पानी पिलाकर ही ट्रक में चढ़ाएँ।
- ट्रक में नीचे सूखा चारा अधिक मात्रा में डालें जिससे उनके गद्दे एवं खाने का भी इंतजाम हो सके।
- फाटा या रस्सी लगाकर ट्रक का पिछला हिस्सा बंद करें।
- बारिश हो तो ऊपर से त्रिपाल का उपयोग करें वरना त्रिपाल ना लगाएँ। गर्मी में त्रिपाल के उपयोग से भेड़ों की जान जा सकती

है।

- भेड़ों के साथ एक आदमी का टॉर्च लेकर रहना जरूरी है ताकि गिरने वाली भेड़ों को उठा सके।
- रास्ते के लिए हरे चारे की व्यवस्था करें।
- ट्रक की रफ्तार ज्यादा तेज या ज्यादा धीमी ना रखें, साथ ही एकदम से ब्रेक ना लगाएँ।
- जब मौका मिले रास्ते में भेड़ों को पानी जरूर पिलाएँ।
- बीच–बीच में गाड़ी रोककर भेड़ों को देखें एवं कुछ गड़बड़ी हो तो उसे दूर करें। जरूरत होने पर दवाई का प्रयोग करें।
- अपने गंतव्य पर पहुँचने के बाद जानवरों को बहुत संभालकर एवं सावधानी पूर्वक उतारें। जानवरों को कूदने के लिए मजबूर ना करें।
- वाहन में जानवर उतारते समय फाटे (लकड़ी के तख्तों) को ढालनुमा लगाने से जानवरों को एक–एक करके उतारने में असानी रहेगी।
- थके हारे जानवर जब बाड़े में पहुँचे तब उन्हे तुरंत सूखा दाना ना दें। क्योंकि भूखे जानवर ज्यादा खाकर आफरा जैसे विकार से ग्रस्त हो सकते हैं। उन्हें पानी दें एवं सूखा तथा हरा चारा दें और फिर बाद में दाना दें।
- जब भेड़ें आपके पास पहुँच जाए तो उनको पशु चिकित्सक की निगरानी में अलग रखें तथा दो से तीन सप्ताह तक उसकी अलग चराई करें एवं कुछ विशिष्ट बीमारी जैसे ब्रुसेला, पी.पी.आर व अन्य रोगों के लिए जाँच करवाएँ। परजीवी कीट नाशक औषधि सारे नए पशुओं को पिलाएँ।
- सिर्फ पूरी तरह स्वस्थ पशुओं को ही रेवड़ में शामिल करें।

ऊपर दर्शायी गई बातों का अच्छी तरह से पालन करने पर उच्च

गुणवत्ता की भेड़ों का चयन तथा खरीद कर पाना आसान होगा। इससे रेवड़ की गुणवत्ता में सुधार तथा आमदनी में वृद्धि होना तय है।

भेड़ों की आयु ज्ञात करना

भेड़ों के खरीदने और बेचने हेतु उनकी आयु का ज्ञात होना अति–आवश्यक है। जिन भेड़ों को पर्याप्त मात्रा में संतुलित आहार मिलता है, वे स्वस्थ दिखाई देती हैं तथा सामान्य से कम आयु की महसूस होती है। रोगी भेड़ कमजोर होने पर अधिक आयु की महसूस होती है। भेड़ों की आयु की जानकारी उनके दाँतों की संख्या तथा स्थिति को देखकर की जा सकती है।

दाँतों के प्रकार:–

अ. दाँतों के निकलने के समयानुसार: ये दो प्रकार के होते हैं।

- **अस्थाई या दूध के दाँत:** ये दाँत या तो जन्म के समय उपस्थित होते हैं या कुछ माह की आयु में निकल आते हैं। ये बाद में गिर जाते हैं तथा इनके स्थान पर स्थाई दाँत निकल आते हैं। इनका रंग श्वेत या दूधिया तथा आकार लगभग तिकोना होता है।
- **स्थाई दाँत:** ये अस्थाई दाँतों के बाद एवं एक निश्चित आयु में निकलते हैं तथा काफी समय तक रहते हैं। इनका रंग पीलापन लिए हुए सफेद तथा आकार आयताकार होता है।

ब. दाँतों के आकार एवं स्थिति के आधार पर

1 कृन्तक दाँत: होठों द्वारा ढ़के दाँतों को कृन्तक दाँत कहते हैं। ये भेड़ों में सिर्फ निचले जबड़े में ही पाए जाते हैं, ऊपरी जबड़े में नहीं होते। वहाँ पर इनके स्थान पर एक कठोर कास्थिक गद्दी पाई जाती है। इनका कार्य भोजन को काटना या कुतरना है। भेड़ों में इनकी संख्या 8 (चार जोड़ा) होती है। कृन्तक दाँतो को केंद्र से बाहर की तरफ क्रमशः निम्न नामों से जाना जाता है:–

- केंद्रीय या पहला जोड़ा

- मध्य या दूसरा जोड़ा
- पार्श्विक या तीसरा जोड़ा
- किनारे वाला या चौथा जोड़ा

2. कील दंत: ये मांसाहारी पशुओं में ही पाए जाते हैं, भेड़ में नहीं पाए जाते हैं।

3. कपोल दंत: गालों के अंदर उपस्थित दाँतों को कपोल दंत कहते हैं। ये दो प्रकार के होते हैं–

- **अग्रदाढ़ (प्रीमोलर्स)** : ये भेड़ में किनारे वाले कृन्तक दाँतों के पीछे स्थित होते हैं। इनका कार्य भोजन को चबाना है। ये पहले अस्थाई होते हैं तथा बाद में स्थाई हो जाते हैं।
- **दाढ़ (मोलर्स)** : ये अग्रदाढ़ के ठीक बाद में स्थित होते हैं तथा हमेशा स्थाई होते हैं।

भेड़ों की आयु ज्ञात करने की विधियाँ

1. दाँतों द्वारा भेड़ की आयु ज्ञात करना

भेड़ों की औसत आयु 10 से 12 वर्ष तक होती है परन्तु रेवड़ में 6 वर्ष की आयु के बाद उनकी उत्पादन क्षमता में कमी आ जाती है। भेड़ों की आयु का अनुमान उनके दाँतो की संख्या व उनकी दशा से लगाया जा

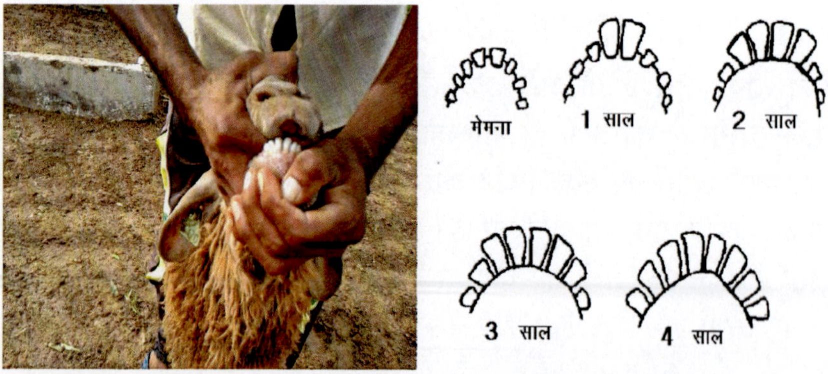

भेडों के दाँत देखकर आयु का अनूमान लगाना

सकता है। वयस्क भेड़ों में आठ दाँत और 24 दाढ़ें होती हैं। दाँत केवल निचले जबड़े में होते हैं जबकि ऊपरी जबड़ा सख्त चिकने मांस का होता है। मेमनों के आगे के आठ दाँत काटने वाले होते हैं और ये दाँत जन्म के एक–दो माह बाद ही निकल आते हैं। कुछ मेमनों के दाँत जन्म के समय भी उपस्थित रहते हैं। मेमनों के दाँत अस्थाई प्रकृति के होते हैं जिन्हे दूध के दाँत कहते हैं। दूध के दाँत 11–12 माह की आयु में टूटने लगते हैं। सर्वप्रथम दो बीच के दूध के दाँतो के स्थान पर बड़े और गोल स्थाई दाँत निकल आते हैं जो स्थाई प्रकार के कृन्तक दाँत होते हैं। इस अवस्था में भेड़ की आयु 13 से 14 माह की होती है। जैसे–जैसे भेड़ बड़ी होने लगती है वैसे–वैसे दो आगे के स्थाई दाँतो के दोनों तरफ के दूध के दाँत गिर जाते हैं एवं इनके स्थान पर दो स्थाई दाँत निकल आते हैं। चार स्थाई दाँत निकलने पर भेड़ की आयु करीब दो वर्ष होती है। तीन से साढ़े तीन वर्ष की आयु तक छः स्थाई दाँत निकल आते हैं। भेड़ के आगे के आठ स्थाई कृन्तक दाँत निकलने पर वह पूरे दाँत की हो जाती है तथा इस समय भेड़ की आयु चार से साढ़े चार वर्ष की होती है। उसके बाद भेड़ की अनुमानित आयु और उसकी उपयोगिता का निर्णय करने के लिए यह बात देखी जाती है कि उसके पहले दो दाँत और बाद के स्थाई दाँत कितने घिसे हैं। दाँतों की बनावट में परिवर्तन से भेड़ की आयु का अनुमान हो जाता है।

यह ठीक से बताना कठिन है कि भेड़ों के दाँत कब तक ठीक व उपयोगी रहते हैं। साढ़े पाँच से साढ़े छः वर्ष की आयु में दाँत गिरने लगते हैं परन्तु कुछ भेड़ों में 8 से 10 वर्ष की आयु तक भी दाँत ठीक रहते हैं। मसूड़े सिकुड़ने के कारण दाँतों की जड़ें दिखने लगती है। जब भेड़ के एक से अधिक कृन्तक दाँत गिर जाएँ तो उसे ब्रोकन माऊथ कहते हैं। जब सभी दाँत टूट जाए तो उसे गमर कहते हैं। इस प्रकार की भेड़ें ठीक से नहीं चर पाती हैं जिससे वे अंत में कमजोर हो जाती हैं। इस अवस्था पर भेड़ों को रेवड़ से निकाल देना चाहिए।

उम्र	विवरण
• जन्म के समय	केंद्रीय दाँतों का अस्थाई जोड़ा।
• 1 माह	सभी अस्थाई दाँत निकल आते है। केंद्रीय जोड़ा सबसे बड़ा होता है।
• एक वर्ष की आयु	दो अस्थाई कृन्तक के स्थान पर केन्द्र में दो स्थाई दाँत
• दो वर्ष की आयु	दो अतिरिक्त स्थाई दाँत आने से कुल चार स्थाई दाँत
• तीन वर्ष की आयु	छः स्थाई दाँत, इनमें से दो वर्ष पुराने दाँतों की दोनों ओर दो दाँत
• चार वर्ष की आयु	आठ स्थाई दाँतों का पूर्ण समुच्चय

2. अभिलेखों द्वारा आयु ज्ञात करना

यह सबसे उत्तम विधि है। इससे भेड़ की वास्तविक आयु का पता चलता है, क्योंकि मेमना पैदा होते ही उसकी जन्म तिथि रिकार्ड में लिख दी जाती है। यह विधि केवल सरकारी या बड़े–बड़े फार्मों तक ही सीमित है।

3. शारीरिक आकृति देखकर

इस विधि में भेड़ों की सामान्य शारीरिक रचना आकार आदि देखकर आयु का अनुमान लगाते हैं।

भेड़पालन का भविष्य

भारत में स्वस्थ आहार में आत्म–निर्भरता केवल कृषि के विकास से प्राप्त नहीं हो सकेगी। अनाज और दालें जो इस देश के लोगों का मुख्य आहार है उसको दूध, मांस और फल जैसे रक्षक और पौष्टिक आहारों द्वारा पूरा करना आवश्यक है। इस समय लोगों की शक्ति और उनका ध्यान खेती से उद्यानों की अधिक से अधिक उपज प्राप्त करने में लगा हुआ है। विभिन्न प्रदेशों में वार्षिक फसल प्रतियोगिताओं से यह सिद्ध हुआ है कि इस देश के किसान बहुत अधिक उपज प्राप्त कर सकते हैं।

बड़े पैमाने पर की जाने वाली सिंचाई की योजना के आरम्भ होते ही कृषि प्रथाओं में आमूल परिवर्तन आ जाएगा। जिन भूमियों से थोड़ा उत्पन्न हो रहा है वे बड़ी भूमियों में परिवर्तन हो जाएंगी और फिर उनमें भी खाद्यान्न बहुतायत से पैदा होने लगेगा। इस परिवर्तन के साथ–साथ कुशल पशु पालन में भी परिवर्तन होना चाहिए। अन्य पशुओं के साथ भेड़ों को भी अधिक उत्पादन के लिए पालना होगा। अत्यधिक विकसित पशुधन के बिना कृषि उत्पादनों का पूरा उपयोग नहीं हो सकेगा।

अनुसंधान केन्द्रों एवं प्रक्षेत्र में किये गये विभिन्न प्रयोगों से यह साबित हो चुका है कि चयन एंव प्रजनन द्वारा ऊन की किस्म में काफी सुधार किया जा सकता है। बारीक ऊन वाली भेड़ों को हिमालय के पहाड़ों के समशीतोष्ण प्रदेशों में और दक्कन प्रायद्वीप के दक्षिणी भाग के शुष्क क्षेत्रों में पाला जा सकता है। भेड़ों की उचित खुराक और उचित चुनाव द्वारा ऊन का उत्पादन दुगुना किया जा सकता है। एक समय मेरिनो और अन्य बढ़िया ऊन वाली किस्म की भेंड़ों को पालना असम्भव समझा जाता था। अब यह बात निश्चित रूप से सिद्ध हो चुकी है कि बाहर से लायी गयी भेड़ों को यहां बहुत अच्छी अवस्था में रखा जा सकता है तथा उत्तम और अधिक ऊन उत्पन्न करने वाली मजबूत बड़ी भेड़ें पैदा करने के लिए उनसे स्थानीय भेड़ों को प्रजनित कराया जा सकता है।

अब तक मनुष्यों ने पशुओं का पालन मांस, दूध, अंडे, ऊन, बाल, खाल, हड्डियाँ, सींग, खुर व खाद आदि प्राप्त करने के लिए किया है। समय के साथ कुछ पशुओं की उपयोगिता बदलती रही हैं किन्तु पशु पालन में निहित मूल भावना आज भी उतनी ही सार्थक है जितनी प्राचीन काल में थी। उत्पादन लेने के अतिरिक्त मनुष्य ने पशुओं का उपयोग कृषि कार्यों, युद्ध, भारवाहन, सवारी तथा सहचर के रूप में भी किया है। पशु पालक को यह जानकारी अवश्य होनी चाहिए कि कौन सा पशु किस प्रयोजन हेतु पाला जाता है। क्या वह पशु अपनी उपयोगिता के अनुसार उत्पादन दे रहा है या नहीं तथा मनुष्य की आवश्यकता हेतु पाले जा रहे पशु पर्यावरण असंतुलन का कारण तो नहीं बन रहे हैं या क्षेत्र विशेष में पालतू पशुओं की संख्या आवश्यकता से अधिक तो नहीं हो रही है। इन

तथ्यों की ओर ध्यान न देने पर पशुओं की दैनिक व्यवस्था, उनकी उचित देखभाल, आहार असंतुलन एवं स्वास्थ्य संबंधी अनेक समस्याएँ खड़ी हो जाती हैं। इसलिए यह आवश्यक होता है कि व्यवसायिक पशु पालन प्रारंभ करने के पूर्व स्थानीय पर्यावरण, क्षेत्रीय नस्ल, पशुओं की संख्या, उपलब्ध संसाधनों एवं पशु पालन के आर्थिक पक्ष का आँकलन कर लेना चाहिए।

वैज्ञानिक दृष्टिकोण से विभिन्न पालतू पशुओं को उनकी उपयोगिता के अनुसार समूहबद्ध किया गया है। चार आमाशय वाले पशु तथा गाय, भैंस, ऊँट, भेड़, बकरी, हिरण आदि रोमन्थी समूह में आते हैं जबकि एक आमाशय वाले पशु यथा शूकर, घोड़ा, आदि अरोमन्थी कहलाते हैं। कोई पशु जीवनपर्यन्त आर्थिक रूप से उपयोगी नहीं रहता है आयु बढ़ने के साथ उसकी उत्पादकता भी कम होती जाती है। इसलिए पशुओं की उत्पादनशीलता के अनुसार ही मानव समाज में उसकी उपयोगिता आँकी जाती हैं।

भेड़–बकरी पालन हमारे देश के विकास में महत्वपूर्ण भूमिका निभा रहा है। इनके उत्पादन न सिर्फ घरेलू माँग को पूरा कर रहे हैं बल्कि विदेशी मुद्रा अर्जित करने में भी योगदान कर रहे हैं। इस प्रकार भेड़–बकरी पालन छोटे और लघु किसानों का मुख्य जीविका का साधन बने हुए हैं।

भेड़–बकरी पालन अन्य पालतू जानवर से निम्न प्रकार लाभकारी है:–

- यह जानवर शुष्क एवं पहाड़ी स्थानों में आसानी से पाले जाते हैं। ये जानवर इन क्षेत्रों में पाई जाने वाली वनस्पतियों, घास, पौधे आदि को आसानी से खाते हैं जिन्हे अन्य जानवर नहीं खाते हैं।
- इन जानवरों को पालने का व्यवसाय करने में कम पूँजी की जरूरत होती है। ये जानवर अकाल के समय भी कम पोषण पर भी जीवित रहने में सक्षम हैं।
- दुधारू जानवरों के खाने के लिए उत्तम प्रकार की घास तथा दाना

आवश्यक होता है, जिसके लिए उपजाऊ भूमि की आवश्यकता होती है। इस प्रकार यह जानवर मानव के भोजन उगाने में प्रतियोगी की भूमिका में होते हैं जबकि भेड़–बकरी बची हुई घास आदि पर निर्भर होती है। अतः मानव के भोजन से प्रतियोगता नहीं होती है।

- इन जानवरों से आय जल्दी और आसानी से आती है। इनके बच्चे 3 माह से लेकर 9 माह मे बेच दिये जाते हैं तथा एक वर्ष की उम्र में भेड़ या बकरी बच्चे पैदा करने लगती है, जबकि अन्य जानवरों में इसके लिए 4 वर्ष का समय लगता है।
- इन जानवरों से प्राप्त खाद काफी अच्छी मानी जाती है तथा चराई के दौरान खेतों में इनके मलमूत्र आसानी से बिना किसी प्रयास के पूरे क्षेत्र में समान रूप से बिखर जाती है।

भेड़–बकरी पालन से जुड़ी भ्रांतियाँ एवं स्पष्टीकरण

भेड़–बकरी पालन से कुछ भ्रांतियाँ जुड़ गयी हैं। कुछ लोगों का ऐसा मानना है कि बकरी एवं भेड़ पर्यावरण असंतुलन वृक्षरण के लिए उत्तरदायी हैं। इन पशुओं के पालने से वन एवं चरागाहों को गम्भीर नुकसान पहुँचता है तथा भूमि क्षरण की प्रक्रिया तेज होने से मरूस्थलीकरण को बढ़ावा मिलता है। यह भ्रामक मान्यता केवल इन दोनों पशुओं पर कतिपय विशेषज्ञों द्वारा थोपने का प्रयास है।

वास्तव में देखा जाए तो पशु प्रत्यक्ष रूप से अपना भोजन घास, झाड़ियों एवं वनस्पतियों से ही प्राप्त करते हैं। इन पशुओं में से प्रत्येक पशु के चरने का अपना प्राकृतिक ढ़ंग होता है। कुछ पशु जमीन से जुड़े चारे को नजदीक से चरते हैं जैसे– भेड़, गोपशु व भैंस आदि जबकि कुछ पशु जमीन पर उगी हुई झाड़ियों व पेड़ों की शाखाओं से अपना आहार प्राप्त करते हैं जैसे– बकरी, ऊँट आदि। भूमि पर चारे के अभाव में लगभग सभी पशु झाड़ियों एवं पेड़ों की शाखाओं से अपना आहार प्राप्त करने का प्रयास करते हैं। विगत दशकों के दौरान मनुष्य द्वारा वन सम्पदा के अनियंत्रित दोहन से पहुँचे नुकसान का स्पष्टीकरण जब कुछ नहीं बन पड़ा तो उसने

हानि के लिए पशुओं में सबसे निरीह पशु भेड़ व बकरी को जिम्मेदार ठहराया। जबकि देखा जाए तो यह पर्यावरण असंतुलन मनुष्य द्वारा प्राकृतिक स्रोतों के अव्यवस्थित एवं अनियंत्रित दोहन का ही परिणाम है। बढ़ती हुई जनसंख्या, पर्यावरण सन्तुलन के प्रति लोगों में जागरूकता की कमी जैसी स्थितियों ने स्थिति को और गम्भीरता प्रदान की है।

इस सम्बन्ध में फैली भ्रांतियों के अध्ययन एवं निवारण हेतु वर्ष 1987 में भारत सरकार द्वारा गठित कमेटी ने अपनी अनुशंसा स्पष्ट शब्दों में देते हुए भेड़ एवं बकरी पर लगे इस लांछन को सिरे से निरस्त करते हुए संगतिपूर्ण तथ्यों से स्पष्ट किया है। इन प्रजातियों की उपस्थिति में वनस्पतियों के पुनः उत्पन्न होने एवं पनपने की सम्भावना अधिक होती है। भेड़ एवं बकरी द्वारा विसर्जित मेंगनी न केवल भूमि को उपजाऊ करने में योगदान करती है बल्कि बीजों के विकिरण में भी सहायक है।

भेड़–बकरी पालन के विरोधी पक्ष हैं:

- भेड़–बकरियों को वनों को नुकसान पहुँचाने वाला माना जाता है जिसके कारण वन क्षेत्रों में उनकी चराई में व्यवधान आने लगा है।
- सिंचाई के साधन व साथ–साथ जनसंख्या बढ़ने के फलस्वरूप कृषि योग्य भूमि बँटी है जिसके परिणामस्वरूप चरागाह कम हुए हैं। फलस्वरूप इस व्यवसाय के बढ़ने की संभावनाएँ कम हो गई है।
- विगत वर्षों में भेड़–बकरियों की संख्या में भी अप्रत्याशित वृद्धि हुई है जिसके कारण चरने योग्य भूमि प्रति जानवर कम हुई है। इन कारणों से भी जानवरों को उचित मात्रा में आहार नहीं मिल पाता है। इस प्रकार इन जानवरों से भरपूर उत्पादन नहीं ले पा रहे हैं।
- इस व्यवसाय को निम्न स्तर का माना जाता है जिस कारण आज के शिक्षित नौजवान इसे अपनाने के लिए आसानी से तैयार नहीं होते हैं। इस कारण इस रोजगार के प्रति आकर्षण कम हुआ है।

- इस व्यवसाय से प्राप्त उत्पादों को सरकार की ओर से समर्थन मूल्य नहीं मिला है जबकि कृषि ऊपजों जैसे गेहूँ, चावल, दलहन, गन्ना, कपास आदि को सरकार हमेशा ही समर्थन मूल्य पर खरीद करती रहती है। इस कारण इनसे प्राप्त होने वाले उत्पादों को खुले बाजार में प्रतियोगिता का सामना करना पड़ता है तथा विपणन में बिचौलियों के कारण भेड़ पालकों को उनके उत्पाद का पूरा लाभ नहीं मिल पाता है।
- भेड़–बकरियों में विभिन्न प्रकार की जानलेवा बीमारियों का प्रकोप होने की संभावना रहती है।
- इस व्यवसाय से जुड़े लोगों में शिक्षा के अभाव के कारण नई तकनीकों की जानकारी एवं उन्हें अपनाने में परेशानी का सामना करना पड़ता है।

उपर्युक्त कारकों के अलावा भेड़–बकरी पालन व्यवसाय में बाधाएँ

- हमारे देश में पाई जाने वाली भेड़ों की उत्पादकता विदेशी भेड़ों से कम है। विदेश में पायी जाने वाली भेड़ प्रतिवर्ष लगभग 5–6 किग्रा. ऊन पैदा करती है जबकि भारतीय भेड़ प्रतिवर्ष 1–1.5 किग्रा. ऊन उत्पादन करती है।
- विदेशों में पाई जाने वाली अधिकांश भेड़ें बारीक ऊन पैदा करती हैं जबकि भारतीय भेड़ें मोटी ऊन पैदा करती हैं। विदेशी भेड़ से प्राप्त होने वाली ऊन से उच्च गुणवत्ता वाले वस्त्र बनते हैं जबकि हमारे देश में पैदा होने वाली ऊन मोटे उत्पाद जैसे कालीन, दरी एवं नमदा इत्यादि बनाने में उपयोग की जाती है।
- विदेशों में पाली जाने वाली भेड़ों का वजन अधिक होता है जबकि हमारे देशी भेड़ों का वजन काफी कम होता है। इसके अतिरिक्त मांस का उत्पादन भी कम होता है। भारतीय भेड़ औसतन 10 से 12 किग्रा. मांस उत्पादन करती है जबकि विदेशी भेड़ें औसतन 25–30 किग्रा. मांस उत्पादन करती है।

- विदेशों में भेड़–बकरी पालन संगठित उद्योग के रूप में विकसित हो रहा है जबकि हमारे देश में यह मात्र असंगठित क्षेत्र में गरीब किसान द्वारा पाले जाने वाले व्यवसाय के रूप में पनप रहा है।
- बीमारियों से बचाव के लिए समुचित साधन नहीं है।
- भेड़–बकरी को चराने के लिए समुचित चरागाह नहीं है।

उपर्युक्त समस्त कारक भेड़–बकरी व्यवसाय को बढ़ने से रोकते हैं। इन कारणों को दूर करने के उद्देश्य से केन्द्रीय सरकार ने राज्य सरकार एवं विभिन्न केन्द्रीय एवं राज्य कृषि अनुसंधान संस्थानों एवं विश्वविद्यालयों के माध्यम से विभिन्न विकास एवं अनुसंधान योजनाएँ लागू की है। इन योजनाओं का प्रमुख उद्देश्य इस रोजगार को और अधिक लाभकारी बनाना है। जिससे नवयुवक किसान इस रोजगार की ओर आकर्षित हों। इन योजनाओं के तहत मुख्य रूप से भेड़–बकरी में उन्नत नस्ल विकसित की गई है तथा उनसे अधिक बच्चे पैदा करने के लिए विशेष अनुसंधान किये जा रहे हैं। समुचित आहार उत्पादन हेतु नई चारा फसलों का विकास किया जा रहा है। फसलों से प्राप्त उत्पादों को भेड़–बकरी में खाने योग्य बनाने के लिए ऐसे अनुसंधान किये जा रहे है जिससे पौष्टिक आहार प्राप्त हो सके। इन्हीं कार्यक्रमों के तहत अधिक ऊन उत्पादन करने वाली भेड़ों को विकसित किया गया है। साथ में ऐसी भेड़–बकरी की नस्लें विकसित की गई है जो ज्यादा माँस एवं दूध का उत्पादन करती है। भ़ेड–बकरियों की बीमारियों से निजात पाने के लिए अनुसंधान कर नयी दवायें एवं टीके उपलब्ध कराये जा रहे हैं। इन समस्त अनुसंधानों को भेड़ व बकरी पालक तक पहुँचाने के लिए केन्द्र व राज्य सरकार के द्वारा विभिन्न प्रकार के प्रसार कार्यक्रम चलाए जा रहे हैं। भेड़ पालक इन सभी उच्च तकनीकों को अपने रेवड़ों में प्रयोग करके अधिक लाभ कमा सकता है।

भेड़ों की प्रमुख नस्लें

भारत में जैव विविधता प्रचुर मात्रा में है। यहाँ छोटे–बड़े सभी पशुओं की अनेक नस्लें पायी जाती हैं। भेड़ की लगभग 42 नस्लें हमारे देश में मौजूद है जिनका वर्गीकरण क्षेत्रीय आधार, शारीरिक गुणों की विशेषता, उनकी उपयोगिता इत्यादि मापदंडों के आधार पर किया गया है। हमारें देश में भेड़ पालन सूखे व पहाड़ी स्थानों पर ज्यादातर होता है। भेड़ पालन अधिकांश ऐसे लोगों के हाथ में हैं जिनके पास कृषि भूमि नहीं के बराबर या बहुत थोड़ी है जो वर्ष में केवल कुछ ही दिन काम उपलब्ध कराती है। हमारी भेड़ों का ऊन और मांस उत्पादन विदेशी भेड़ो की अपेक्षा काफी कम है। इस कम उत्पादन क्षमता का मुख्य कारण उनका अनुचित प्रजनन एवं प्रबंधन, अपर्याप्त और असंतुलित भोजन सामग्री एवं चिकित्सा सुविधाओं की कमी है। वैज्ञानिक अनुसंधानों से ज्ञात हुआ है कि हमारी भेड़ों के उत्पादन में कई गुणा वृद्धि संभव है।

भारत में पायी जाने वाली भेड़ की नस्लें

क्षेत्र	नस्ल
उत्तर का ठंडा क्षेत्र	गद्दी, रामपुर बुशेर, भकरवाल, पूँछी, करनाह, गुरेज, कश्मीर मेरिनो, चाँगथांगी।
उत्तर–पश्चिमी क्षेत्र	चोकला, नाली, मगरा, मारवाड़ी, जैसलमेरी, पूगल, मालपुरा, सोनाड़ी, पाटनवाडी, मुजफ्फरनगरी, जालौनी।
दक्षिणी क्षेत्र	दक्कनी, नेलौर, बेलारी, हासन, मेचेरी, किलाकरसल, वेम्बूर, कोयम्बटूर, नीलगिरि, रामनाद–व्हाइट, मद्रास रेड, त्रिचि ब्लैक, केन्गयूरी।
पूर्वोत्तर क्षेत्र	छोटा नागपुरी, शाहाबादी, बालांगिर, गंजम, तिब्बतन, बोनपाला, गैरोल।

भेड़ की विशिष्ट नस्लें एवं उनके गुण

नस्ल	विशेषता
मगरा	चमकीली ऊन का उत्पादन
चाँगथांगी	ऊँचे पर्वतों की मुलायम ऊन वाली नस्ल
गैरोल	सुन्दरवन क्षेत्र की उच्च जनन क्षमता वाली नस्ल
मारवाड़ी, जैसलमेरी एवं चोकला	कठिन जलवायु में पाई जाने वाली सहनशील नस्ल
चोकला	सर्वोत्तम कालीन ऊन उत्पादक नस्ल

विभिन्न जलवायु क्षेत्रों में पाई जाने वाली भेड़ों की ऊन एवं रेशे की विशेषताएँ

क्षेत्र	ऊन/रेशे की लम्बाई (सेंमी)	ऊन/रेशे का व्यास (माइक्रॉन)	मेडुलेशन (प्रतिशत)
उत्तर का ठंडा क्षेत्र	5–11	24–35	5–18
उत्तर–पश्चिमी क्षेत्र	6–8	28–52	16–85
दक्षिणी क्षेत्र	5–7	26–55	10–65
पूर्वी क्षेत्र	4–5	60–68	85–90

उत्तर पर्वतीय क्षेत्र की भेड़ की नस्लें

हमारे देश के उत्तरी भाग के पर्वतीय अंचल इस क्षेत्र में आते हैं, इनमें प्रमुख हैं जम्मू एवं कश्मीर, हिमाचल प्रदेश व उत्तराखंड के पर्वतीय क्षेत्र। उत्तम कोटि की ऊन उत्पादन करने वाली 8 से 10 भेड़ की नस्लें इस क्षेत्र में पाई जाती हैं। पर्वतीय अंचल में होने के कारण जाड़ों में यहाँ का तापमान काफी नीचे गिर जाता है। ज्यादातर रेवड़ं का पालन इस क्षेत्र के गड़रिये ही करते हैं जो कि जाड़े के समय अपने रेवड़ को तलहटी में लाकर चराते हैं व जाड़ा कम हो जाने पर पर्वत के ऊपरी भागों में चराई करते हैं। कृषि की सीमित संभावना के चलते इस क्षेत्र में भेड़ पालन आय

का एक प्रमुख स्रोत है। रामपुर बुशेर, गद्दी, करनाह, पूँछ एवं भकरवाल इस क्षेत्र की प्रमुख नस्लें हैं।

गद्दी

भेड़ की यह नस्ल देश के उत्तरी पर्वतीय अंचल के काफी फैले भू–भाग पर पाई जाती है इनमें जम्मू क्षेत्र की भदरवाह व किश्तवार तहसील, जम्मू एवं कश्मीर के रामनगर और ऊधमपुर, हिमाचल प्रदेश की कुल्लू एवं काँगड़ा घाटियाँ तथा उत्तराखण्ड के देहरादून, नैनीताल, टिहरी गढ़वाल तथा चमोली जिले प्रमुख हैं। यह एक मजबूत गठन वाली मध्यम आकर की नस्ल है, जिसका रंग मुख्य रूप से सफेद होता है। कभी–कभी ये काले, भूरे व लाल रंग के मिश्रण में भी पाई जाती है। नरों में सींग पाया जाता है। मादा प्रायः सींग रहित होती है। केवल 10–15 प्रतिशत मादाओं में सींग होता है। इसकी पूँछ पतली एवं छोटी तथा कान भी छोटे आकार के होते हैं। इनकी ऊन अपेक्षाकृत गोटी होती है लेकिन संकरण प्रक्रिया द्वारा इसमें सुधार की प्रबल संभावनाएँ हैं। एक वर्ष में एक भेड़ से लगभग 1.5 किग्रा. तक ऊन मिल जाती है। गठीला एवं शारीरिक संरचना चुस्त रहने के कारण यह अच्छी मात्रा में मांस उत्पादन करती है।

गद्दी

रामपुर–बुशेर

भेड़ की यह नस्ल हिमाचल प्रदेश के शिमला, किन्नौर, नाहन, बिलासपुर, सोलन, लाहुल एवं स्पीति जिलों में तथा उत्तराखण्ड के देहरादून, ऋषिकेश, चकराता एवं नैनीताल जिलों में पायी जाती है। यह एक मध्यम आकार की नस्ल है जिसका रंग मुख्यतय सफेद होता है। कभी–कभी इनके शरीर पर भूरे, काले व लाल रंग के धब्बे भी पाये जाते

रामपुर–बुशेर

हैं। इनकी नाक रोमनी होती है तथा चेहरे पर भूरे या हल्के काले धब्बे पाये जाते हैं। नरों में सींग होता है जबकि मादा प्रायः सींग रहित होती है। वयस्क नर का शारीरिक भार 40–45 किग्रा. व मादा का भार 35–40 किग्रा. तक होता है। इनकी ऊन उम्दा किस्म की होती है, जिसका पर्वतीय क्षेत्र के कुटीर उद्योगों में व्यापक उपयोग होता है। एक भेड़ से एक वर्ष में लगभग 1 किग्रा. तक ऊन मिल जाती है।

भकरवाल

इस नस्ल का नाम इन्हे पालने वाले घुमन्तू जनजाति से लिया गया है यह उत्तर के पर्वतीय क्षेत्रों में मिलती है। इसका कोई मूल क्षेत्र नहीं है क्योंकि ये भेड़ें घुमन्तू हैं तथा इनका बराबर स्थान परिवर्तन होता रहता है। यह एक मध्यम आकार की नस्ल है तथा पर्वतीय क्षेत्रों के कठिन वातावरण में खूब वृद्धि करती है। इसकी नाक रोमनी होती है तथा कान बड़े, चौड़े व नीचे की ओर लटकते रहते हैं। इनके नरों में सींग पाया जाता तथा मादा प्रायः सींग रहित होती है। इनके रंग में भिन्नता पाई जाती है किन्तु जम्मू की कैकवा व राजौरी तहसील में इनका रंग सफेद होता है। इनसे प्राप्त ऊन अपेक्षाकृत मोटी तथा खुरदरी होती है जिसका उपयोग कालीन बनाने में किया जाता है।

भकरवाल

पूँछी

भेड की यह नस्ल जम्मू के राजौरी जिले में पाई जाती है। यह

पूँछी

नस्ल गद्दी नस्ल से मिलती–जुलती है किन्तु यह गद्दी की अपेक्षा छोटे कद की होती है। इसका कान मध्यम आकार का तथा पूँछ पतली व छोटी होती है। टाँगें छोटी होने के कारण यह देखने में दूर से ही छोटी लगती है। इसका रंग सफेद होता है। कभी–कभी इसके शरीर पर भूरे तथा हल्के काले धब्बे भी पाये जाते हैं। इससे प्राप्त ऊन महीन व मुलायम होती है।

करनाह

भेड़ की यह नस्ल जम्मू के पर्वतीय तहसील करनाह एवं कश्मीर के उत्तरी भाग में पायी जाती है। यह एक बड़े आकार की नस्ल है। इनकी नाक उभरी हुई होती है। नरों में मुड़े सींग पाये जाते हैं। इनके ऊन का रंग सामान्यतया सफेद होता है जो कि गुण में मुलायम व महीन होती है। एक वर्ष में एक भेड़ से लगभग 2.30 किग्रा. तक ऊन प्राप्त होती है।

करनाह

गुरेज

भेड़ की यह नस्ल कश्मीर के उत्तरी भाग के गुरेज क्षेत्र में पाई जाती है। जम्मू एवं कश्मीर में पाई जाने वाली नस्लों में यह सबसे बड़ी नस्ल है। इनकी पूँछ छोटी एवं चौड़ी होती है तथा कान लम्बे, पतले व नुकीले होते हैं। नर व मादा प्रायः सींगरहित होते हैं। कभी–कभी इनमें

छोटे व नुकीले सींग पाये जाते हैं। यह दूध भी अधिक मात्रा में देती है। एक वर्ष में एक भेड़ से लगभग 1 किग्रा. तक ऊन का उत्पादन होता है जोकि बारीक व मुलायम होती है।

गुरेज

चाँगथांगी

भेड़ की यह नस्ल लद्दाख क्षेत्र के चाँगथांग इलाके में पाई जाती है। इस नस्ल की भेड़ मजबूत कद काठी की होती है। इनका रंग समान्यतया सफेद होता है। इनके शरीर पर बारीक तथा मुलायम ऊन होती है जिसका रेशा काफी बड़ा होता है। उत्तम ऊन के गुणों वाली इस नस्ल के विकास पर तत्काल ध्यान देने की आवश्यकता है, जिससे दुर्गम पर्वतीय अंचल में इनसे अधिक उत्पादन लिया जा सके।

चाँगथांगी

कश्मीर मेरिनो

भेड़ की यह नस्ल मुख्यतः जम्मू एवं कश्मीर के पर्वतीय क्षेत्रों में पायी जाती है। पर्वतीय क्षेत्र की गद्दी, भकरवाल व पूँछी नस्लों को आस्ट्रेलियन मेरीनो द्वारा संकरित कराकर इस नस्ल को विकसित किया गया है। इसके संकरण को दूसरी पीढ़ी तक सीमित रखा गया तथा फार्म पर मेढ़ों/भेड़ का चुनाव उनके शारीरिक भार, ऊन उत्पादन एवं ऊन की गुणवत्ता के आधार पर किया गया है। इसके फलस्वरूप समान गुणधर्म रखने वाले पशुओं का बड़ी संख्या में विकास सम्भव हो पाया हैं। यह

कश्मीर मेरिनो

उत्तम ऊन उत्पन्न करने वाली भेड़ की नस्ल है जो कि कश्मीर के विभिन्न हिस्सों में पाई जाती है। वयस्क नर का शारीरिक भार लगभग 54 किग्रा. तथा मादा का भार लगभग 48 किग्रा. तक दर्ज की गई है। एक वर्ष में एक भेड़ से 3.50 किग्रा. तक ऊन का उत्पादन होता है। जिसके रेशे की लम्बाई लगभग 5.5 सेंमी व व्यास 19.7 माइक्रॉन तक होता है। इस नस्ल का प्रयोग राज्य की देशी भेड़ों को सुधारने में भी किया जाता है।

उत्तर पश्चिमी शुष्क एवं अर्द्ध–शुष्क क्षेत्र की भेड़ की नस्लें

यह क्षेत्र देश के उत्तर पश्चिमी प्रदशों को संगठित करता है। इस क्षेत्र के मुख्य राज्यों में राजस्थान, पंजाब, हरियाणा, पश्चिमी उत्तर प्रदेश, मध्य प्रदेश तथा गुजरात के मैदानी भाग आते है। यह क्षेत्र शुष्क से अर्ध–शुष्क क्षेत्रों मे पाई जाने वाली घासों, झाड़ियों, चारा एवं वृक्षों से भरा हुआ है। इन वनस्पतियों में मुख्य रूप से खेजड़ी, अरडू, नीम, बबूल, कीकर, बरगद, बेरी, झड़बेरी आदि वृक्षों की अधिकता है। इस क्षेत्र की प्रमुख नस्लें मालपुरा, मगरा, चोकला, नाली, जैसलमेरी, पूगल, सोनाड़ी, मारवाड़ी, जालौनी, खेरी, मुजफ्फनगरी एवं पाटनवाड़ी है।

मालपुरा

इस नस्ल की भेड़ का नाम राजस्थान के टोंक जिले की मालपुरा तहसील के नाम पर पड़ा है। यह मुख्य रूप से मांस उत्पादक नस्ल है, जिसकी ऊन मोटी किस्म की होती है। मालपुरा नस्ल की भेड़ें मुख्य रूप से जयपुर, टोंक एवं अजमेर जिलों में पाई जाती है। इस नस्ल के पशुओं का चेहरा हल्के भूरे रंग का होता है। इनके कान छोटे व मुड़े हुए तथा पूँछ पतली और मध्यम लम्बाई की होती है। नर व मादा दोनों सींग रहित

मालपुरा

होते है। इनके पेट, मुँह व टाँगों पर ऊन नहीं होती। वयस्क नर का शारीरिक भार 33–40 तथा मादा का 24–30 कि.ग्रा. होता है। बच्चों का औसत जन्म भार 2.6–3.5 कि.ग्रा. होता है। वयस्क नर की लम्बाई व ऊँचाई क्रमशः 68–74 तथा 67–72 सेमी तक होती है। मादा की लम्बाई 61–65 तथा ऊँचाई 60–64 सेंमी. तक होती है। इस नस्ल के नर व मादा क्रमशः 18 व 14 माह की आयु पर प्रजनन योग्य हो जाते हैं। इन भेड़ों से प्रतिवर्ष लगभग 1.2–1.6 किग्रा. ऊन प्राप्त होती है। इनकी मादाओं में दूध की मात्रा अच्छी होती है जिससे अपने बच्चों का ठीक से पालन कर लेती है। इनके नर बच्चों को मांस के लिए पाला जाता है तथा सघन खिलाई से 6 माह की आयु पर इनका शरीर भार लगभग 29 किग्रा. तक हो जाता है।

मगरा

इस नस्ल को बीकानेरी, बीकानेरी चोकला तथा चाकरी के नाम से भी जाना जाता है। इस नस्ल की भेड़ें मुख्य रूप से राजस्थान के बीकानेर, जैसलमेर, नागौर एवं चूरू जिलों में पाई जाती है। इनका चेहरा सफेद रंग का तथा आँखों की गोलाई पर हल्के भूरे रंग के धब्बे होते हैं जो इस नस्ल की मुख्य पहचान है। इन भेड़ों के कान मध्यम लंबाई के तथा मुड़े हुए होते है। इन भेड़ों की टाँगे मध्यम लंबाई की तथा खुर सख्त एवं सफेद रंग के होते है। इस नस्ल के वयस्क नर एवं मादा

मगरा

का औसत शारीरिक भार 20–23 तथा 18–20 कि.ग्रा. होता है जबकि परिपक्व नर व मादा का भार 34–36 तथा 27–30 कि.ग्रा. तक पहुँच जाता है। वयस्क नर की लम्बाई व ऊँचाई क्रमशः 62–68 तथा 62–54 सेमी तक होती है तथा मादा की 62–66 तथा 60–62 सेमी तक होती है। बच्चों का औसतन जन्म भार 2.6–2.9 किग्रा. होता है। इस नस्ल के नर व मादा पशु क्रमशः 16 व 18 माह की आयु पर प्रजनन योग्य हो जाते हैं। मगरा से प्राप्त ऊन विश्व में गलीचे निर्माण के लिए उत्तम मानी जाती है। इन भेड़ों से प्रतिवर्ष लगभग 1.8–2.3 कि.ग्रा. ऊन प्राप्त होती है। इनसे प्राप्त ऊन मध्यम श्रेणी की, चमकदार व सफेद रंग की होती है। साधारणतया इन भेड़ों से वर्ष में तीन बार ऊन काटी जाती है।

चोकला

यह नस्ल छापर एवं शेखावटी के नाम से भी जानी जाती है। इस नस्ल की भेड़ें मुख्य रूप से राजस्थान के शेखावटी इलाके चुरू, झुंझुनू, सीकर, नागौर, बीकानेर एवं जयपुर जिलों के रेगिस्तानी क्षेत्रों में पाई जाती है। इस नस्ल के पशु साधारणतया मध्यम एवं वर्गाकार होते हैं। इन भेड़ों का मुँह गहरे भूरे रंग का होता है जो सिर तथा नीचे आधी गर्दन तक फैला रहता है। इनके कान छोटे व मुड़े हुए तथा पूँछ पतली और मध्यम लम्बाई की होती है। नर व मादा दोनों सींग रहित होते हैं। इस नस्ल के वयस्क नर एवं मादा का औसत शारीरिक भार 30–40 तथा 22–32 कि.ग्रा. होता है। इन भेड़ों की लम्बाई व ऊँचाई समान होती है जिससे पशु वर्गाकार दिखाई देता है। नर पशु की लम्बाई व ऊँचाई क्रमशः 65–70 तथा 58–62 सेमी तक होती है। बच्चों का औसतन जन्म भार 2.2–2.8 कि.ग्रा. होता है। मादाओं में दूध की मात्रा कम होती है जिसके कारण मेमने कमजोर तथा छोटे कद के होते हैं। इस नस्ल को

चोकला

राजस्थान की मेरिनो कहा जाता है क्योंकि अन्य राजस्थानी भेड़ों की तुलना में इस नस्ल की ऊन सर्वाधिक मुलायम एवं बारीक होती है। इस नस्ल की भेड़ से प्रतिवर्ष 2.0–2.5 किग्रा. ऊन प्राप्त होती है।

मारवाड़ी

राजस्थान के मारवाड़ क्षेत्र में अधिकता पाई जाने वाली भेड़ की नस्ल को मारवाड़ी कहा जाता है। मारवाड़ी नस्ल राजस्थान की कुल भेड़ संख्या का 40 प्रतिशत है। यह भेड़ मुख्य रूप से जोधपुर, पाली, नागौर, जालोर, बाड़मेर तथा सिरोही में पाई जाती है। इस नस्ल के पशु मध्यम आकार के होते हैं। इन भेड़ों के मुँह का रंग काला होता है तथा गर्दन के निचले भाग तक फैला रहता है। इन भेड़ों के कान काफी छोटे तथा अंदर की तरफ मुडे हुए होते हैं। दोनों लिंग सींग रहित होते हैं। इनकी पूँछ पतली और मध्यम लम्बाई की होती हैं। इस नस्ल के नर एवं मादा का औसत शारीरिक भार 28–35 तथा 25–30 किग्रा. होता है। नर पशु की लम्बाई व ऊँचाई क्रमशः 68–74 तथा 58–64 सेमी तक होती है जबकि मादा की लम्बाई व ऊँचाई क्रमशः 66–70 तथा 56–60 सेमी होती है। इनका शरीर सुगठित एवं मजबूत तथा इनकी टाँगे लम्बी व मजबूत होती हैं जिसके कारण ये दूसरी नस्ल की भेड़ों की तुलना में अधिक दूरी तक चलने में सक्षम होती हैं। इस नस्ल के नर व मादा पशु क्रमशः 18 व 14 माह की आयु पर प्रजनन योग्य हो जाते हैं। भेड़ें एक बार में एक ही मेमनें को जन्म देती हैं। मेमनों का जन्म भार 2.7–3.2 कि.ग्रा. होता है। इस नस्ल की भेड़ से प्रतिवर्ष 1.5–2.0 कि.ग्रा. सफेद व अधिक मोटी श्रेणी की ऊन प्राप्त होती है।

मारवाड़ी

नाली

इस नस्ल की भेड़ें राजस्थान के गंगानगर, चुरू तथा झुन्झुनू और

हरियाणा के हिसार व रोहतक जिलों के दक्षिणी भागों में पाई जाती है। यह नाली क्षेत्र कहा जाता हैं क्योंकि यहाँ का धरातल नीचा है। यह मध्यम से बड़े आकार की नस्ल है जिसका शरीर मजबूत होता है। इन भेड़ों का मुँह हल्का भूरे रंग का तथा खाल का रंग गुलाबी होता है। इन भेड़ों के कान लम्बे व पत्तीनुमा होते हैं। दोनों लिंग सींग रहित होते हैं। टाँगे छोटी तथा खुर पीले रंग के होते हैं। इनकी पूँछ पतली व लंबाई में मोटी होती हैं। इन भेड़ों के शरीर का सर्वाधिक भाग ऊन से ढ़का रहता है। इस नस्ल के नर एवं मादा का औसत शारीरिक भार 35–40 तथा 25–30 कि.ग्रा. होता है। नर पशु की लम्बाई व ऊँचाई क्रमशः 65 तथा 67 सेमी तक होती है जबकि मादा की लम्बाई व ऊँचाई क्रमशः 64 तथा 66 सेंमी. होती है। मेमनों का जन्म भार 2.6–3.4 कि.ग्रा. होता है। इस नस्ल की भेड़ से प्रतिवर्ष 2.0–3.5 कि.ग्रा. सफेद व मध्यम से निम्न (खुरदरी) किस्म की ऊन प्राप्त होती है।

नाली

सोनाड़ी

इस नस्ल की भेड़ें राजस्थान के उदयपुर, डूंगरपुर, भीलवाड़ा, चित्तौड़गढ़ तथा गुजरात के उत्तरी भागों में पाई जाती हैं। इस नस्ल की भेड़ों का शरीर लम्बा, सुदृढ़, ऊँचा तथा गर्दन लम्बी होती है। इनका चेहरा सफेद या गले तक हल्के भूरे रंग का होता है। इन पशुओं के कान लम्बे तथा लटकते हुए होते हैं जो चरते समय धरती पर रेंगते हैं। इस नस्ल के नर एवं मादा का औसत शारीरिक

सोनाड़ी

भार 34–40 तथा 26–30 कि.ग्रा. होता है। नर पशु की लम्बाई व ऊँचाई क्रमशः 66–70 तथा 68–71 सेमी तक होती है जबकि मादा की लम्बाई व ऊँचाई क्रमशः 58–62 तथा 60–62 सेमी होती है। इस नस्ल की भेड़ से प्रतिवर्ष 0.8–1.3 कि.ग्रा. सफेद व निम्न श्रेणी (खुरदरी) किस्म की ऊन प्राप्त होती है। राजस्थान की यह भेड़ अन्य नस्ल की भेड़ों से अधिक दुधारू है। भेड़ें प्रतिदिन लगभग 1.0–1.5 कि.ग्रा. दूध देती हैं तथा दूध में अधिक वसा होती है जिससे इनके मेमनें शीघ्र बड़े होते हैं।

पूगल

इस नस्ल का उद्भव राजस्थान के बीकानेर जिले के पूगल क्षेत्र में हुआ जिसके नाम पर इसका नाम पूगल रखा गया। पूगल क्षेत्र से यह नस्ल पूरे बीकानेर एवं जैसलमेर जिलों में फैल गयी। कुछ संख्या में यह नस्ल नागौर तथा जोधपुर में भी पाई जाती है। इस नस्ल की भेड़ों की शारीरिक बनावट सुदृढ़ एवं कद मध्यम होता है। इनका चेहरा काला तथा जबड़े का रंग भूरा होता है जो कि नीचे गर्दन तक फैला रहता है। इस नस्ल की भेड़ों के नाक के दोनों ओर से आँखों के ऊपर तक भूरी धारियों का घेरा होता है जो इस नस्ल की मुख्य पहचान है। इनके कान छोटे, पूँछ पतली एवं मध्यम से छोटी लंबाई की होती हैं। पशुओं की टाँगे मध्यम लंबाई की तथा खुर काले रंग के होते है। इनकी त्वचा का रंग सफेद होता है। इस नस्ल के नर एवं मादा का औसत शारीरिक भार 30–34 तथा 25–30 किग्रा. होता है। नर पशु की लम्बाई व ऊँचाई क्रमशः 66–70 तथा 62–66 सेमी तक होती है जबकि मादा की लम्बाई व ऊँचाई क्रमशः 62–67 तथा 60–64 सेमी होती है। इस नस्ल के नर व मादा क्रमशः 15 व 18 माह की आयु पर प्रजनन योग्य हो जाते हैं। भेड़ें एक बार में एक ही मेमने को जन्म देती हैं। मेमनों का जन्म भार 2.4–3.0 किग्रा.

पूगल

होता है। इस नस्ल की भेड़ से प्रतिवर्ष 1.5–2.2 किग्रा. मध्यम श्रेणी की तथा सफेद रंग की ऊन प्राप्त होती है।

जैसलमेरी

इस नस्ल का नाम राजस्थान के जैसलमेर जिले के नाम पर रखा गया है जो कि इस नस्ल का जन्म स्थान है। यह नस्ल जैसलमेर के अलावा जोधपुर तथा बाड़मेर जिलों की पश्चिमी सीमाओं पर भी पाई जाती है। राजस्थान की अन्य सभी भेड़ नस्लों से यह अधिक बड़े आकार की होती है। इनकी शारीरिक बनावट सुदृढ़, हष्टपुष्ट एवं वर्गाकार होती है। इन पशुओं का सिर कुछ बड़ा तथा नाक रोमन प्रकार की होती है। इनका चेहरा काला अथवा गहरे भूरे रंग का होता है और यह गर्दन के नीचे आधे भाग तक फैला रहता है। इनके कान लम्बे व खम्बदार लटके हुए होते हैं। इन भेड़ों के सींग नही होते हैं तथा पूँछ मध्यम से लम्बे आकार की होती है जिसकी लम्बाई लगभग 28 सेमी होती है। इस नस्ल के नर एवं मादा का औसत शारीरिक भार 32–45 तथा 30–36 कि.ग्रा. होता है। नर पशु की लम्बाई व ऊँचाई क्रमशः 68–75 तथा 66–91 सेंमी. तक होती है जबकि मादा की लम्बाई व ऊँचाई क्रमशः 66–67 तथा 43–66 सेमी होती है। इस नस्ल के नर व मादा पशु क्रमशः 16 व 20 माह की आयु पर प्रजनन योग्य हो जाते हैं। भेड़ें एक बार में एक ही मेमने को जन्म देती हैं। इस नस्ल की भेड़ से प्रतिवर्ष 1.8–3.2 कि.ग्रा. मध्यम श्रेणी की तथा सफेद रंग की ऊन प्राप्त होती है। ऊन के तन्तु की लंबाई 6–9 सेमी, व्यास 32–39 माईक्रॉन तथा मेडूलेशन 60–70 प्रतिशत होता है।

जैसलमेरी

खेरी

भेड़ों की यह नस्ल राजस्थान के भेड़ पालकों द्वारा काले मुँह (मारवाड़ी/जैसलमेरी) भेड़ों के देशी/मालपुरा भेड़ों से निश्क्रमण के दौरान संकरण से उत्पन्न हुई है। भेड़ पालकों के अनुसार इस नस्ल की उत्पत्ति का कारण काले मुँह की भेड़ों में निश्क्रमण क्षमता अधिक होना है। अकाल व चराई के लिए अधिक दूरी तक चलने में इस तरह की भेड़ें सक्षम रहती हैं। इस नस्ल की भेड़ें पाली, जोधपुर, नागौर, अजमेर, टोंक, सवाईमाधोपुर तथा करौली में अधिक पाई जाती हैं। इनका शरीर सुगठित तथा मजबूत होता है। इनके कान लम्बे तथा लटके हुए होते हैं। इनका चेहरा काले रंग का होता है। इनकी आँखों के आस–पास काले धब्बे तथा माथे पर सफेद धारियां भी पाई जाती हैं। इन भेड़ों के सींग नहीं होते हैं तथा पूँछ मध्यम से लम्बे आकार की होती है। इस नस्ल के नर एवं मादा का औसत शारीरिक भार 35–40 तथा 26–30 किग्रा. होता है। मेमनों का जन्म भार 2.8–3.5 किग्रा. होता है। इस नस्ल की भेड़ से प्रतिवर्ष 1.2–1.8 कि.ग्रा. मध्यम श्रेणी की तथा सफेद रंग की ऊन प्राप्त होती है। ऊन के तन्तु की लम्बाई 5–7 सेमी, व्यास 35–40 माईक्रॉन तथा मेडूलेशन 60–70 प्रतिशत होता है। इन भेड़ों में मालपुरा नस्ल की अपेक्षा कम दूध होता है जिससे इनके मेमने देर से बड़े होते है। वर्ष में तीन बार इनकी ऊन काटी जाती है।

खेरी

पाटनवाड़ी

इस नस्ल को कच्छी, काठियावाड़ी, चडौतरी तथा वाधीयावाड़ी आदि नामों से भी जाना जाता है। इसका नाम गुजरात के पाटन क्षेत्र पर रखा गया है। यह नस्ल गुजरात के राजकोट, भावनगर, जामनगर, अमरोली तथा कच्छ क्षेत्रों में अधिकता में पाई जाती है। इस नस्ल के पशु

पाटनवाड़ी

कुछ संख्या में मेहसाना, बनासकांठा तथा राजस्थान के दक्षिणी भागों में भी पाये जाते हैं। यह नस्ल शारीरिक बनावट में सुदृढ़, मजबूत तथा मधयम से बड़े आकार की होती है। पशु का चेहरा एवं सिर काला तथा गहरे भूरे रंग का होता है जो छोटे–छोटे बालों से ढ़का रहता है। इन पशुओं की नाक बीच से उठी हुई रोमन आकृति की होती है। इन भेड़ों के सींग नही होते हैं तथा पूँछ मध्यम से लम्बे आकार की होती है। इस नस्ल की टाँगे लम्बी तथा खुर गहरे रंग के होते हैं। इस नस्ल के नर एवं मादा का औसत शारीरिक भार 30–35 तथा 24–30 कि.ग्रा. होता है। नर पशु की लम्बाई व ऊँचाई क्रमशः 58–62 तथा 63–66 सेमी तक होती है जबकि मादा की लम्बाई व ऊँचाई क्रमशः 58–60 तथा 59–60 सेमी होती है। भेड़ें एक बार में एक ही मेमने को जन्म देती हैं। मेमनों का जन्म भार 2.8–3.2 किग्रा. होता है। ऊन के तन्तु की लम्बाई 6–9 सेमी, व्यास 28–34 माईक्रॉन तथा मेडूलेशन 26–30 प्रतिशत होता है। पाटनवाड़ी (देशी) भेड़ को उसके बड़े आकार एवं अधिक दुग्ध उत्पादन क्षमता के चलते बहुअजता त्रिसंकर भेड़ परियोजना (अविकानगर) में मातृत्व प्रभाव के लिये उपयोग में लिया जा रहा है। अनुसंधान से यह भी पाया गया है कि पाटनवाड़ी (देशी) भेड़ का मातृत्व प्रभाव संकर बहुप्रज भेड़ में उत्तरजीवितता तथा शारीरिक भार वृद्धि में एक महत्वपूर्ण सकारात्मक भूमिका अदा करता है।

मुंजल

मुंजल भेड़ों की उत्पत्ति पंजाब, हरियाणा एवं राजस्थान के भेड़ पालकों द्वारा नाली तथा लोही भेड़ों के संकरण करने से हुई है। यह एक मांस उत्पादक नस्ल है। मुंजल भेड़ें हरियाणा के हिसार, अंबाला, करनाल, राजस्थान के गंगानगर तथा पंजाब के पटियाला व भटिंडा के आस–पास

के क्षेत्रों में भी पाई जाती हैं। यह नस्ल बड़े तथा लम्बे शरीर की होती है। इनका सिर लम्बा तथा नाक रोमन प्रकार की होती है। भेड़ों के चेहरे का रंग हल्का या गहरा भूरा होता है जो कि गर्दन तक फैला रहता है। इस नस्ल के कान लंबे, पत्तीनुमा तथा लटके हुए होते हैं। इनकी पूँछ

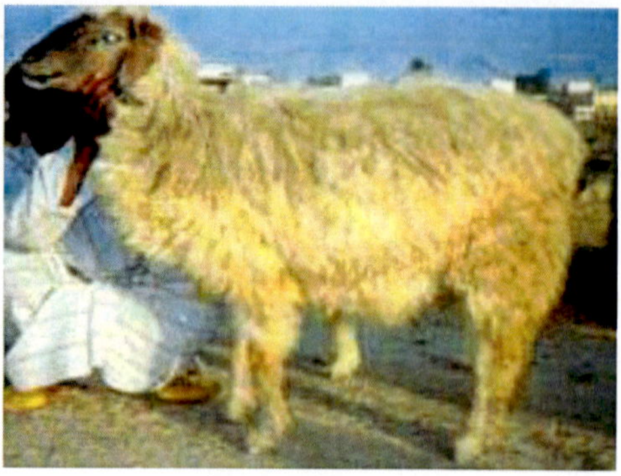

मुंजल

लंबी होती है जिसकी औसत लंबाई 35–40 सेमी होती है। इस नस्ल की टाँगे लम्बी तथा खुर गहरे रंग के होते हैं। इस नस्ल के नर एवं मादा का औसत शारीरिक भार 50–80 तथा 35–55 कि.ग्रा. होता है। नर पशु की लम्बाई व ऊँचाई क्रमशः 80–84 तथा 76–80 सेमी तक होती है जबकि मादा की लम्बाई व ऊँचाई क्रमशः 72–76 तथा 60–70 सेमी होती है। भेड़ें एक बार में एक ही मेमने को जन्म देती हैं तथा 5 प्रतिशत तक जुडवाँ बच्चे भी देती हैं। इस नस्ल की भेड़ से प्रतिवर्ष 2.2–3.2 कि.ग्रा. सफेद से हल्के पीले रंग की ऊन प्राप्त होती है। ऊन के तन्तु की लम्बाई 8–11 सेमी, व्यास 48–55 माईक्रॉन तथा मेडूलेशन 60–67 प्रतिशत होता है।

मुज्जफरनगरी

भेड़ की यह नस्ल बुलंदशहरी के नाम से भी जानी जाती है। इस नस्ल का नाम उत्तर प्रदेश के मुज्जफरनगर जिले के नाम पर रखा गया है जो इसका मूल स्थान है। यह नस्ल मुज्जफरनगर, मेरठ, सहारनपुर, बिजनौर, बुलंदशहर तथा उत्तराखण्ड के देहरादून जिले में मुख्य रूप सें पाई जाती है। इसके अलावा यह भेड़ कम संख्या में दिल्ली तथा हरियाणा में भी पाई जाती है। यह नस्ल

मुज्जफरनगरी

मध्यम से बड़े आकार की भारी तथा मांसल शरीर की होती है। इनका रंग सफेद होता हैं लेकिन कुछ पशुओं के कान, चेहरा, गर्दन तथा सिर पर काले तथा भूरे रंग के धब्बे देखने को मिलते हैं। भेड़ों का सिर बड़ा व कान लंबे तथा लटके हुए होते है। नर व मादा दोनों सींग रहित होते है। नर पशुओं में कभी–कभी रूडीमेन्टरी (अवशेष) सींग निकल आते है। इनकी पूँछ काफी लम्बी होती है जिसकी लम्बाई 50–60 सेमी होती है। इस नस्ल के नर एवं मादा का औसत शारीरिक भार 40–50 तथा 32–40 कि.ग्रा. होता है। इनके मेमनों का जन्म भार 3.3–4.5 कि.ग्रा. और एक वर्ष की आयु तक लगभग 34 कि.ग्रा. वजन प्राप्त कर लेते हैं। ऊन के तन्तु की लम्बाई 3.0–4.5 सेमी, व्यास 42–48 माईक्रॉन तथा मेडूलेशन 65–72 प्रतिशत होता है। प्रथम प्रजनक आयु इन पशुओं में 15–18 माह की होती है। इनके मेमनों मे अधिक शीघ्र बढ़वार तथा अधिक मांस होता है।

जालौनी

इस नस्ल का नाम उत्तर प्रदेश के जालौन जिले के नाम पर पड़ा है जो इसका मूल स्थान है। इस नस्ल की भेड़ मुख्यतः उत्तर प्रदेश के जालौन, ललितपुर एवं झांसी जिलों में पाई जाती है। इन पशुओं का शरीर मध्यम आकार का होता है। इस नस्ल के पशुओं का रंग सफेद होता है तथा मुँह और आँखों के चारों ओर काले या लाल धब्बे भी देखने को मिलते है। नर व मादा सींग रहित होते हैं। इनके कान लंबे, चपटे, पत्तीनुमा तथा लटके हुए होते हैं। इनकी पूंछ की लंबाई लगभग 20–24 सेमी होती है। इस नस्ल के नर एवं मादा का औसत शारीरिक भार 35–40 तथा 26–32 किग्रा. होता है। नर पशु की लम्बाई व ऊँचाई क्रमशः 72 (68–75) तथा 64.5 (62–66) सेमी होती है। इस नस्ल की भेड़ से प्रतिवर्ष 0.9–1.4 किग्रा. निम्न श्रेणी की सफेद ऊन प्राप्त होती है। ऊन के

जालौनी

तन्तु की लम्बाई 3–4 सेंमी, व्यास 40–45 माईक्रॉन तथा मेडूलेशन 75–80 प्रतिशत होता है। मादा प्रतिदिन लगभग 350 ग्राम दूध देती है। इस नस्ल में दो बच्चे देने की क्षमता 5–20 प्रतिशत तक होती है।

दक्षिणी क्षेत्र की प्रमुख नस्लें

इस क्षेत्र में सम्मिलित राज्यों में केरल, तमिलनाडू, कर्नाटक, महाराष्ट्र, आन्ध्र प्रदेश आदि मुख्य है। इस क्षेत्र की प्रमुख नस्लों में बेल्लारी, कोयम्बटूर, दक्कनी, हसन, केंगुरी, किलाकरसल, मद्रास रेड, मान्डया, मचेरी, नेलौर, नीलगिरी, रामानन्द व्हाइट, त्रिचीब्लैक एवं बेम्बुर है। इस क्षेत्र की नीलगिरी नस्ल की ऊन उत्तम एवं पतली होती है, बेल्लरी और कोयम्बटूर मांस एवं ऊन उत्पादन योग्य है और अन्य सभी नस्लें सिर्फ मांस का ही उत्पादन करती हैं। चूँकि इस क्षेत्र की अधिकांश नस्लें मांस उत्पादन करती है अतः इनका चयन 6 महीने के वजन के आधार पर किया जाता है। अधिक वजन वाले नेलौर एवं मांडया के नर से भेड़ों का प्रजनन करके नस्ल को सुधारा जा सकता है।

दक्कनी

भेड़ की यह नस्ल मूलतः महाराष्ट्र की है लेकिन यह नस्ल आंध्रप्रदेश तथा कर्नाटक में भी पर्याप्त संख्या में पायी जाती है। यह मध्यम आकार की नस्ल है। इसका चेहरा पतला व काले रंग का तथा नाक रोमनी होती है। इसके कान मध्यम आकार के चपटे तथा नीचे की ओर लटके रहते हैं। इसकी पूँछ छोटी (8 सेंमी.) होती है। इसका रंग काला होता है जिस पर सफेद धारियाँ पायी जाती हैं। दक्कनी भेड़ की कई अन्य प्रभेद भी इस क्षेत्र में पाई जाती हैं जो उनके रंग एवं स्थान से पहचानी जाती हैं। इनमें मुख्य है– शीलापुरी, मडग्याल, संगमनेरी, कोल्हापुरी

दक्कनी

तथा लोनाड़। इस भेड़ का प्रयोग संकर बहुप्रजता भेड़ परियोजना में किया गया था। इसके परिणामस्वरूप नारी–सुवर्णा बहुप्रजनक भेड़ का विकास फलटन के NARI (नारी) संस्था में किया गया। वयस्क नर का शारीरिक भार 35–40 किग्रा. व मादा 25–30 किग्रा. तक होती है। एक वर्ष में एक भेड़ से प्रति क्लिप 0.35 किग्रा. ऊन प्राप्त होता है। यह मांस उत्पादन के लिए उपयुक्त पाई गई है।

नेलौर

यह नस्ल आंध्र प्रदेश के नेलौर, प्रकाशम तथा ओंगोल जिले में पाई जाती है। देश में पाई जाने वाली नस्लों में से यह एक ऊँचे कद वाली नस्ल है। इसके तीन प्रभेद मिलते हैं:– (1) सफेद/भूरे रंग में सींग वाली (2) लाल रंग में सींग वाली तथा (3) सींग रहित लाल रंग में। मेढ़ों में सींग होते हैं किन्तु मादा भेड़ बहुधा सींग रहित मिलती है। इसकी प्रमुख पहचान इसके गले के पास दो कालंगी का होना है जो कि 86 प्रतिशत भेड़ों में पायी जाती है। इसके कान लम्बे व नीचे की ओर गिरे हुए रहते हैं तथा पूँछ पतली व छोटी होती है। वयस्क नर का शारीरिक भार 36–40 किग्रा. व मादा 25–30 किग्रा. तक होती है। यह प्रमुखतः एक माँस उत्पादक नस्ल है तथा इससे प्राप्त ऊन/रेशा काफी मोटा होता है जिसका उपयोग सीमित है।

नेलौर

मान्ड्या

यह भेड़ मांसोत्पादन के लिए अच्छी मानी जाती है। भेड़ की यह नस्ल कर्नाटक के मान्ड्या जिले में पाई जाती है। इसे वन्नूर के नाम से भी जाना जाता है। यह एक मध्यम आकार की नस्ल है। अधिकांश भेड़ों के गले के पास कालंगी होती है। इसके माथे पर भूरे रंग का धब्बा पाया

जाता है जो कि गर्दन व कन्धे तक फैला रहता है। पिछले पुठ्ठे से आगे गर्दन तक इनका शरीर यू आकार में गठित होता है। इनके कान लम्बे, पत्ती आकार वाले व नीचे की ओर गिरे हुए होते हैं। इनकी नाक रोमनी व पूँछ पतली एवं छोटी होती है। वयस्क नर का शारीरिक भार

मान्ड्या

35–40 किग्रा. व मादा 28–30 किग्रा. भार की होती है। इसके ऊन का रंग सफेद होता है जो कि काफी मोटा होता है तथा इसमें बालों का प्रतिशत अधिक होता है। अधिकांशतः यह मांस उत्पादन हेतु पाली जाती है। इसका मांस उत्तम गुणवत्ता वाला होता है।

वेल्लारी

यह नस्ल कर्नाटक राज्य के वैल्लोर जिले में पायी जाती है। तुगभंद्रा नदी के दक्षिणी हिस्से में इसकी संख्या अधिक है। यह दक्कनी नस्ल से काफी मिलती–जुलती है। इसका आकार मध्यम होता है तथा इसके कान मध्यम आकार के चपटे व नीचे की ओर गिरे हुए होते हैं जिसमें कभी–कभी काले रंग का मिश्रण भी पाया जाता है। पचास प्रतिशत भेड़ों में सींग पाया जाता है। मादा भेड़ें बहुधा सींग रहित होती है।

वेल्लारी

वयस्क नर का शारीरिक भार 32–35 किग्रा. व मादा का वजन 25–28 किग्रा. होता है। यह एक मांस उत्पादक नस्ल है। इससे प्राप्त ऊन काफी मोटी होती है जिसमें बालों का प्रतिशत अधिक होता है जिसके कारण इसका उपयोग सीमित है।

हासन

भेड़ की यह नस्ल कर्नाटक के हासन जिले में बहुलता से मिलती है। यह एक मध्यम आकार की नस्ल है। इसके कान मध्यम व नीचे की ओर लटके हुए रहते हैं। लगभग 39 प्रतिशत भेड़ों में सींग पाया जाता है जबकि मादा प्रायः सींग रहित होती है। इसकी नाक रोमनी होती है। यह सफेद रंग की होती है जिस पर कभी–कभी हल्के भूरे व काले धब्बे भी पाये जाते हैं। वयस्क नर का शारीरिक भार 23–25 किग्रा. व मादा 19–22 किग्रा. वजन की होती है। ऊन का रंग सफेद होता है जो कि काफी मोटी होता है। इसके पेट के निचले भाग व टाँगों पर ऊन नहीं पाई जाती है। यह भी एक मांस उत्पादक नस्ल है।

हासन

मेचेरी

यह नस्ल तमिलनाडु के सेलम व कोयम्बटूर जिलों में पाई जाती है। यह एक मध्यम आकार की नस्ल है। इसका रंग हल्का भूरा होता है। कान मध्यम आकार के व पूँछ पतली व छोटी होती है तथा नर व मादा प्रायः सींग रहित होते हैं। इनका पूरा शरीर छोटे बालों की परत से ढका रहता है जिसे उतारा नहीं जाता है। वयस्क नर का शारीरिक भार 30–35 किग्रा. व मादा का भार 18–22 किग्रा. तक होता है। इसका उपयोग मांस उत्पादन हेतु किया जाता है। यह उच्च गुणवत्ता के मांस एवं खाल के लिए प्रसिद्ध है।

मेचेरी

कोयम्बटूर

भेड़ की यह नस्ल तमिलनाडु के कोयम्बटूर व मदुरै जिलों में पाई जाती है। यह एक मध्यम आकार वाली नस्ल है। इसके शरीर का रंग सफेद होता है और शरीर पर कभी–कभी काले व भूरे धब्बे भी पाए जाते हैं। इसके कान मध्यम आकार वाले ऊपर की ओर मुड़े हुए होते हैं। पूँछ पतली व छोटी होती है। करीब 30 प्रतिशत नर सींग रहित होते हैं। वयस्क नर का शारीरिक भार 20–25 किग्रा. व मादा का भार 18–20 किग्रा. तक होता है। शरीर पर मोटी ऊन की परत होती है जिसमें बालों का प्रतिशत अधिक होता है। एक भेड़ से प्रतिवर्ष करीब 800 ग्राम तक ऊन प्राप्त होती है। इस नस्ल में भार वृद्धि की अच्छी क्षमता है। इसका विकास करके इससे अच्छा मांस उत्पादन किया जा सकता है।

कोयम्बटूर

मद्रास रेड

यह नस्ल तमिलनाडु के चेन्नई व चिंगलपेट जिलों में पाई जाती है। यह एक मध्यम आकार की नस्ल है जो मुख्यतया भूरे रंग की होती है। कभी–कभी यह हल्के व कहीं पर गाढ़ा भूरा रंग लिए हुए होती है। कुछ भेड़ों के माथे पर सफेद निशान भी होते हैं जो कि जाँघों व पेट के निचले हिस्से तक फैले हुए रहते हैं। इनके कान मध्यम आकार के व नीचे की ओर गिरे रहते हैं। पूँछ पतली व छोटी होती है। मेढ़ों में मोटा और मुड़ा हुआ सींग पाया जाता है। मादा भेड़ें प्रायः सींग रहित होती है।

मद्रास रेड

इनके वयस्क नर का शारीरिक भार 32–40 किग्रा. व मादा का भार 20–25 किग्रा. तक होता है। इनके शरीर पर ऊन नहीं होती है, अतः इसका उपयोग मांस उत्पादन के लिए किया जाता है।

नीलगिरि

यह नस्ल तमिलनाडु के कोयम्बटूर व नीलगिरी पर्वत श्रृंखला के क्षेत्रों में पाई जाती है। यह नस्ल 19 वीं शताब्दी में संकरण द्वारा विकसित की गई थी। संकरण हेतु इस क्षेत्र की मोटी ऊन वाली नस्ल को तस्मानिया मेरिनो/सोवियत/साउथडाउन नामक विदेशी नस्लों के संकरणों द्वारा विकसित किया गया। इस नस्ल की भेड़ मध्यम आकार की होती है। इनका रंग सफेद होता है। कभी–कभी चेहरे व शरीर पर भूरे धब्बे भी पाए जाते हैं। इसकी नाक रोमनी होती है तथा कान चौड़े, चपटे और नीचे की ओर गिरे हुए होते हैं। नरों में छोटे सींग पाए जाते हैं जबकि मादा प्रायः सींग रहित होती है। पूँछ पतली एवं मध्यम आकार की होती है। इनका पूरा शरीर महीन ऊन से ढ़का हुआ होता है। यह दक्षिण भारत की एकमात्र उत्तम ऊन उत्पादन करने वाली नस्ल है। वयस्क नर का औसत शारीरिक भार 25–30 किग्रा. व मादा का भार 20–25 किग्रा. तक होता है। इस नस्ल से प्रतिवर्ष औसतन 1.5 किग्रा. ऊन प्राप्त होती है।

नीलगिरी

किलाकरसल

यह नस्ल तमिलनाडु के रामनाथपुरम, मदुरै, तंजावुर तथा रामनाद जिलों में पाई जाती है। यह एक मध्यम आकार की नस्ल है जिसका रंग गहरा भूरा होता है। सिर, पेट व पैरों पर काले धब्बे पाए जाते हैं। इसके कान मध्यम आकार के होते हैं तथा पूँछ पतली एवं छोटी होती है। नरों

में मुड़े हुए सींग पाए जाते है तथा अधिकांश भेड़ों में कलंगी होती है जो कि गले के दोनों ओर लटकी हुई रहती है। वयस्क नर का शारीरिक भार 25–30 किग्रा. व मादा का भार 18–22 किग्रा. तक होता है। शरीर पर ऊन की मात्रा नहीं के बराबर होती है। अतः इस नस्ल का उपयोग मांस उत्पादन हेतु किया जाता है।

किलाकरसल

वेम्बुर

यह नस्ल तमिलनाडु के बेम्बुर, मेलाखरान्डी, नागलपुरम, अच्छनगुलाम नामक गाँवों में पाई जाती है। यह एक बड़े आकार की नस्ल है, जिसका रंग सफेद होता है। कभी–कभी लाल व भूरे धब्बे भी इसके शरीर पर पाए जाते हैं। इनके कान मध्यम आकार के व नीचे की ओर लटके हुए होते हैं। पूँछ पतली एवं छोटी होती है। नरों में सींग पाया जाता है जबकि मादा प्रायः सींग रहित होती है। इनके वयस्क नर का औसत शारीरिक भार 34 किग्रा. व मादा का भार 27 किग्रा. तक होता है। शरीर पर ऊन की मात्रा नगण्य होती है। यह प्रमुखतः एक मांस उत्पादक नस्ल है।

वेम्बुर

केन्गूरी

यह नस्ल कर्नाटक के रायपुर जिले में पाई जाती है। इनका आकार मध्यम होता है। शरीर का रंग गहरा भूरा होता है। कभी–कभी ये

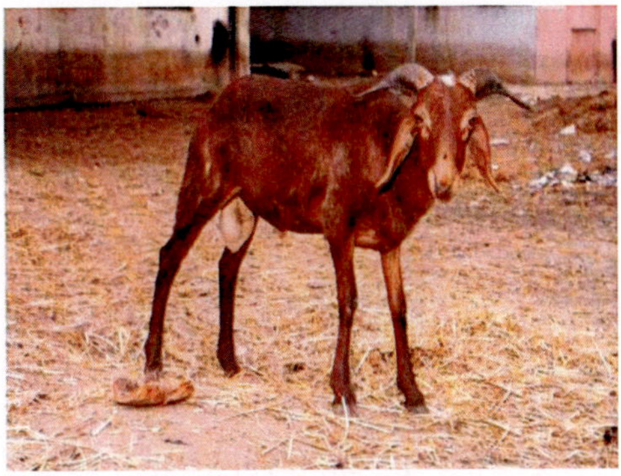

केन्गूरी

सफेद व काले रंगों में भी मिलती है। इनके नरों में सींग होता है किन्तु मादा सींग रहित होती है। वयस्क नर का औसत शारीरिक भार 32 किग्रा. व मादा का भार 26 किग्रा. तक होता है। शरीर पर ऊन नहीं होती है अतः इनको मांस उत्पादन हेतु पाला जाता है।

पूर्वी क्षेत्र की प्रमुख भेड़ नस्लें

पूर्वी क्षेत्र में मुख्यतः बिहार, प0 बंगाल, उड़ीसा, असम, मेघालय, अरुणाचल प्रदेश, मिजोरम, मणिपुर, त्रिपुरा, नागालैण्ड व सिक्किम राज्य आते हैं। यहाँ की जलवायु गर्म तथा आर्द्र है, किन्तु पूर्वोत्तर के पहाड़ी अंचलों में जलवायु समशीतोष्ण व आर्द्र होती है। इस क्षेत्र में भेड़ की करीब 6–7 नस्लें पायी जाती है। शाहाबादी, गंजम, गैरोल व बोनपाला आदि इस क्षेत्र की प्रमुख नस्ले हैं।

शाहाबादी

भेड़ की यह नस्ल बिहार राज्य के शाहाबाद, पटना व गया जिलों में पाई जाती है। यह एक मध्यम आकार की तथा पतली टाँगों वाली नस्ल है। इनका रंग सफेद होता है तथा इनके चेहरे पर काले या भूरे रंग के धब्बे पाए जाते हैं। इनकी नाक रोमनी व कान मध्यम आकार के तथा नीचे की ओर लटके रहते हैं। इनकी पूँछ पतली व काफी लम्बी (40 सेमी) होती है। नर व मादा सींग रहित होते हैं। वयस्क नर का शारीरिक

शाहाबादी

भार 25–30 किग्रा. व मादा का भार 20–25 किग्रा. तक होता है। इनके शरीर पर पाई जाने वाली ऊन काफी मोटी किस्म की होती है। एक वर्ष में एक भेड़ से लगभग 250 ग्राम तक मोटी ऊन प्राप्त हो जाती है। यह प्रमुखतः एक मांस उत्पादक नस्ल है किन्तु इसके ऊन से कालीन भी बनाए जाते हैं।

बलान्गीर

भेड़ की यह नस्ल उड़ीसा के पश्चिमोत्तर जिलों बलान्गीर, सेवलपुर व सुन्दरगढ़ में पायी जाती है। यह एक मध्यम आकार की नस्ल है। इनका रंग सफेद या हल्का भूरा होता है। कभी–कभी यह मिश्रित रंगों में भी मिलती है। इसके कान छोटे व नलिकाकार होते हैं। पूँछ पतली व मध्यम आकार की होती है। यह एक मोटी/कालीन ऊन उत्पादक नस्ल है तथा यह मांस हेतु भी पाली जाती है।

बलान्गीर

गंजम

यह नस्ल उड़ीसा में कोरापुत, फूलबनी व पुरी जिलों में पाई जाती है। यह एक मध्यम आकार की नस्ल है जिसका रंग भूरा या गहरा लाल होता है। कुछ भेड़ों के चेहरे व शरीर पर सफेद धब्बे भी पाए जाते हैं। इनके कान मध्यम आकार के व नीचे की ओर गिरे रहते हैं तथा नाक उभरी हुई होती है। पूँछ पतली व मध्यम आकार की होती है। इनके नरों में सींग पाए जाते हैं जबकि मादा प्रायः सींग रहित होती है।

गंजम

इनके शरीर पर पाए जाने वाले ऊन में बाल का प्रतिशत अधिक होता है, अतः इसका ज्यादातर उपयोग मांस उत्पादन में होता है।

छोटा नागपुरी

यह नस्ल बिहार के छोटा नागपुर जनजातीय क्षेत्र में पायी जाती है। यह एक छोटे आकार की नस्ल है। इसकी गर्दन लम्बी तथा टाँगे छोटी होती है। कान व पूँछ भी छोटे आकार के होते हैं। इसके शरीर का रंग पीलापन लिए हुए सफेद या हल्का धूसर होता है। यह एक मांस उत्पादक नस्ल है।

छोटा नागपुरी

बोनपाला

यह नस्ल सिक्किम के दक्षिणी भाग में पाई जाती है। यह एक बड़े आकार व मजबूत गठन वाली नस्ल है। इसके कान छोटे व नलिकाकार होते हैं। पूँछ पतली व छोटी होती है। इसकी ऊन का रंग सफेद या काला होता है। कभी–कभी सफेद व काले रंग के मिश्रण में भी यह मिलती है। इसके पेट व टाँग पर ऊन नहीं पाई जाती है। इसका ऊन अपेक्षाकृत महीन व रेशा खुरदरा होता है। पहाड़ी क्षेत्रों में इसके विकास की परम आवश्यकता है। यह एक मध्यम श्रेणी की कालीन ऊन देने वाली नस्ल है। एक भेड़ से प्रतिवर्ष लगभग 400 ग्राम तक ऊन मिल जाती है।

बोनपाला

तिब्बतन

भेड़ की यह नस्ल मूलतः तिब्बत देश की है लेकिन इससे लगे सीमावर्ती प्रदेश सिक्किम के उत्तरी भाग व अरुणाचल प्रदेश के जिलों में भी पाई जाती है। यह एक मध्यम आकार की नस्ल है जिसका रंग सफेद होता है तथा चेहरे का रंग काला या भूरा होता है। इसकी नाक रोमनी होती है तथा कान छोटे, चौड़े व नीचे की ओर गिरे रहते हैं। पूँछ पतली एवं छोटी होती है। नर व मादा दोनों में सींग पाए जाते हैं। इसके चेहरे, पेट व टाँगों पर ऊन नहीं होती है। ऊन बारीक, मुलायम व उच्च कोटि की होती है। पूर्वोत्तर के राज्यों में इसके विकास की अपार संभावनाएँ हैं। इसका प्रति भेड़ प्रतिवर्ष ऊन उत्पादन 800 ग्राम तक होता है।

तिब्बतन

गैरोल

भेड़ की यह नस्ल पश्चिम बंगाल के चौबीस परगना जिले के सुन्दरबन डेल्टा में पाई जाती है। इसे स्थानीय लोग गैरोल के नाम से पुकारते हैं। जनन क्षमता की दृष्टि से यह एक सर्वोत्तम नस्ल है। यह छोटे आकार वाली नस्ल है जिसका रंग हल्का भूरा होता है। इसके शरीर का गठन मजबूत तथा चौकोर होता है। इसके अलावा सिर छोटा, कान मध्यम आकार वाले तथा पूँछ पतली एवं छोटी होती है। नरों में सींग पाया जाता है। मादाएँ प्रायः सींग रहित होती है। वयस्क नर का

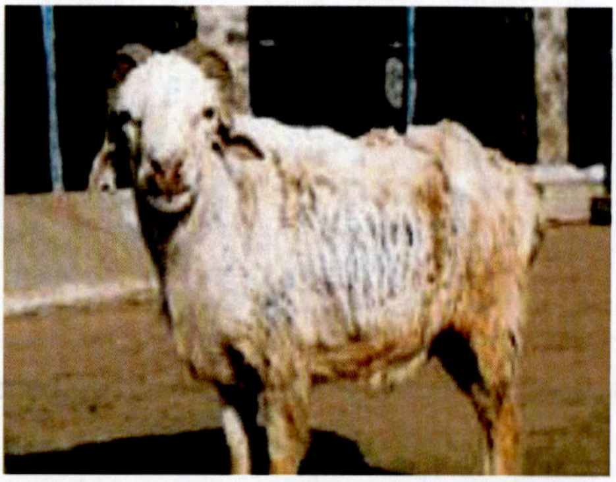

गैरोल

औसत भार 14.43 किग्रा. तथा मादा 14.14 किग्रा. वजन की होती है। मादा का अयन पूर्ण रूप से विकसित होता है तथा दूध की मात्रा भी पर्याप्त होती है जिससे ये अपनी जुड़वाँ सन्तानों का आसानी से पालन करती है। गैरोल भेड़ों की एक ब्यांत में जुड़वाँ एवं तीन संतानों की पैदाइश का औसत 53 एवं 8 प्रतिशत पाया गया है। कभी–कभी इस नस्ल से चार बच्चे भी प्राप्त हो जाते हैं। इसकी ऊन मोटी होती है तथा निम्न स्तर की गलीचा/कालीन बनाने के काम में आती है। एक भेड़ से औसतन 179 ग्राम ऊन प्राप्त होती है। उत्तम, फेक बी जीन वाहक एवं सीमित संख्या में होने के कारण इस नस्ल का संरक्षण एवं संवर्धन आवश्यक है। अविकानगर में चल रही बहुप्रजता परियोजना में इस भेड़ ने एक अहम भूमिका निभाई है। इस भेड़ से जीन का अंतर्गमन मालपुरा भेड़ में करके संकर बहुप्रजनक भेड़ का विकास किया गया है।

भेड़ों की नस्लों का संरक्षण

हमारा देश पशु आनुवंशिकीय संसाधन विविधता से भरा पड़ा है तथा इसमें कई प्रकार के लाभदायक गुण जैसे रोग प्रतिरोधकता, गर्म तथा आर्द्र वातावरण के प्रति सहनशीलता, विभिन्न प्रकार के वातावरणों तथा विभिन्न उत्पादन प्रबंधन तंत्रों के प्रति अनूकूलनता, मोटे रेशेदार चारा फसल अवशेश को उपभोग करने की क्षमता आदि विद्यमान हैं। हालांकि हमारे पशुधन की उत्पादन क्षमता काफी कम है लेकिन इसे कमी की तरह न देखते हुए अपितु यह सोचना चाहिए की हमारे पशुधन में सुधार की असीम क्षमता है। आज के समय में भविष्य के खाद्य सुरक्षा तथा आर्थिक विकास के लिए देशी नस्लों का संरक्षण अति आवश्यक हो गया हैं। केवल सांस्कृतिक तथा पारंपरिक मूल्यों के लिए ही नहीं अपितु देशी नस्लों में उपस्थित कई लाभदायक गुण जैसे रोगों से लड़ने की क्षमता, विभिन्न वातावरणों के प्रति सहनशीलता आदि संरक्षण को अवश्यम्भावी बना देते हैं।

नस्लों की संख्या में कमी के कारण–

- मूल नस्ल के क्षेत्रों में अनियंत्रित प्रजनन।

- देशी भेड़ की नस्लों का संकरण।
- देशी भेड़ की नस्लों के संरक्षण एवं विकास हेतु चरणबद्ध योजनाओं के क्रियान्वयन की धीमी गति।
- किसानों में नस्लों के प्रति जागरूकता का अभाव।
- ग्रामीण क्षेत्रों में अशिक्षा तथा संसाधनों की कमी।

भारतीय कृषि अनुसंधान परिशद, कृषि विश्वविद्यालय, पशुचिकित्सा विश्वविद्यालय आदि संगठन पशु आनुवंशिक संसाधनों के संरक्षण, प्रबंधन, उत्थान, स्वास्थ्य देखभाल आदि से संबंधित अनुसंधान तथा इस प्रकार के पशु संसाधन विकास से जुड़े हुए हैं। राज्य पशुपालन विभाग राज्य के पशुधन प्रजनन फार्म का संचालन करता है तथा राज्य के पशुधन विकास से जुड़ी गतिविधियाँ चलाता है। यद्यपि किसान/पशु पालक एवं गैर सरकारी संस्थाए भी इसके प्रबंधन तथा विकास में योगदान देती हैं परन्तु सर्वांगीण विकास तथा संरक्षण के लिए इनके अधिक सक्रिय सहभागिता की आवश्यकता है। सबसे पहली और बड़ी चुनौती पशु पालकों की सहभागिता बढ़ाने की ही हैं। पशु आनुवंशिक संसाधन के संरक्षण तथा सुस्थिर प्रबंधन में कई संस्थाएँ जुड़ीं हैं पर दुर्भाग्यवश इनमें समन्वय एवं परस्पर निगरानी का अभाव पशु संसाधन संरक्षण के राष्ट्रीय कार्यक्रम के लक्ष्यों को प्राप्त करने में कठिनाई पैदा करता है। राज्य के पशुपालन विभाग की सभी नीतियां इस प्रकार की होती है कि उनका पूरा ध्यान पशु उत्पादकता बढ़ाने पर रहता है जिससे वे कुछ ही नस्लों पर बहुत अधिक जोर देने लगते हैं। पशुपालक पर कोई निगरानी नहीं रहती तथा उनमें पशु संसाधनों के संरक्षण के प्रति जागरूकता का अभाव हमारी देशी नस्लों को खत्म करता जा रहा है। पशुपालक को इसके दीर्घकालिक प्रभावों के प्रति अज्ञानता तथा उन्हें संरक्षण के लिए किसी भी प्रकार का आर्थिक समर्थन प्राप्त न होना उन्हें संरक्षण के प्रति उदासीन बना देता हैं। अपर्याप्त बुनियादी ढ़ांचा तथा प्रशिक्षित लोगों की कमी भी इस कार्य में बाधा उत्पन्न करती है। अगर कोई प्रजनन नीति बनती भी है तो उसका निष्पादन पशुपालक के स्तर तक टेढ़ी खीर साबित होती है। जितने भी

पशु संसाधन संरक्षण के कार्यक्रम चल रहे हैं वे केवल सरकारी संस्थाओं द्वारा ही वित्त पोषित होते हैं, इनमें अभी भी किसानों तथा निजी क्षेत्रों की भागीदारी नगण्य हैं। पशुपालकों में जागरूकता का अभाव तथा किसी भी पशु प्रजनक संगठन का न होना भी नस्लों के संरक्षण संबंधित कार्यक्रमों के प्रभावशाली ढंग से लागु होने में बाधा लाता है।

सामाजिक परिवर्तन भी इसके लिए जिम्मेदार हैः विशेषकर लघु रोमांथियों के पालन में आज की पीढ़ी अपने पूर्वजों की चराई पद्धति को अपनाने में कठिनाई महसूस करती हैं। चराई के क्षेत्र सीमित होते जा रहे हैं। चरागाह के विकास तथा जंगल में चराई की नीतियों का अभाव आदि विभिन्न घटक भी नस्ल संरक्षण कार्यक्रमों को प्रभावित करते हैं। सभी प्रकार के भरसक प्रयासों के बावजूद भी कुछ मुख्य कमजोरियाँ जैसे अपर्याप्त संसाधन, ढुलमुल नीति, कानून का अभाव, पशु पालकों को आर्थिक मदद का अभाव, प्रशिक्षित कार्मिकों की कमी तथा पशुपालकों का सक्रिय भागीदारी का अभाव–पशु आनुवंशिक संसाधनों के संरक्षण संबंधित कार्यक्रमों की मुख्य चुनौतियाँ हैं।

संरक्षण की आवश्यकता

छोटे स्तर पर पशुधन रखने वालों ने सैंकड़ों सालों के प्रयास से नस्लों को विकसित किया है, जो कि उस वातावरण में जीवन व्यतीत करने को उपयुक्त होती हैं तथा अच्छा प्रदर्शन करती हैं। आज की आधुनिक कृत्रिम नस्ले जहाँ खर्चीलें रख–रखाव, उच्च क्षमता के खिलाई–पिलाई तथा गहन स्वास्थ्य देख रेख के बिना मुर्झा जाती हैं वहीं हमारी देशी नस्लें इन सब के बिना भी भली भाँति उत्पादन क्षमता को बनाये रखती हैं। इसके बावजूद भी देशी नस्लें खत्म होने के कगार पर हैं तथा आधुनिक उत्पादन तकनीकों तथा आधुनिक नस्लों की प्रतिस्पर्धा के कारण उत्पादन तंत्र से बाहर होती जा रही हैं। आधुनिक कृषि तथा पशुपालन ने विशिष्टीकृत नस्लों का विकास किया है जो विशिष्ट उत्पादन गुणों के लिए अनुकूलित की गयी हैं। इन सीमित ही उच्च उत्पादन वाली नस्लों का कुल उत्पादन में हिस्सा दिन प्रतिदिन बढ़ता जा रहा हैं। जिसके कारण आनुवंशिकीय आधार का संकीर्णीकरण होता जा रहा हैं।

पशु आनुवंशिकीय संसाधनों में विविधता मानव की मूलभूत जरूरतों को पूरा करने के लिए तथा जीवन सुरक्षा के लिए अति आवश्यक है। आनुवंशिक विविधता न केवल नस्ल के उत्पादन तथा कार्यिकी गुणों को अपितु विभिन्न प्रकार के जलवायु तथा वातावरणों के प्रति अनुकूलनता एवं भोजन पानी की उपलब्धता को परिभाषित करती हैं।

भारत में ऊन, दुग्ध, मांसोत्पादन को बढ़ाने के लिए लगभग सभी प्रजातियों की देशी नस्लों का विदेशी उच्च उत्पादन क्षमता वाली नस्लों से संकरण को प्रारंभ किया गया। इसमें मुख्यतः देशी नस्ल की मादाओं का विदेशी नस्ल के नर अथवा उसके वीर्य का कृत्रिम गर्भाधान द्वारा इस्तेमाल किया गया। अधिकारिक रूप से अपनाई गई प्रजनन नीति में अवर्णित पशुओं के संकरण द्वारा उनका उत्पादन बढ़ाने पर बल दिया गया था तथा यह भी सिफारिश की गई की विदेशी नस्ल का योगदान 50% से अधिक न हो। प्रारंभ में यह केवल पर्वतीय भूभागों जहाँ पर तापमान कम होता है अथवा केवल उच्च संसाधन क्षमता वाले क्षेत्रों में, तथा शहर के नजदीक जहाँ अवर्णित जानवरों की संख्या अधिक होती है, के लिए संकरण की नीति लाई गई थी। हमारी शुद्ध देशी नस्लों के संकरण की मंशा बिल्कुल भी नहीं थी परन्तु पशुपालकों में संकरण के त्वरित लाभ से आकर्शित हो कर इसे बड़े पैमाने पर यहाँ तक की देशी अच्छे उत्पादन क्षमता वाली नस्लों को भी विदेशी नस्लों से संकरित कराया। परिणाम स्वरूप आनुवंशिक तनुकरण तथा सुवर्णित नस्लों की संख्या में भारी कमी जैसे भीषण परिणाम देश को झेलने पड़े। आज हमारी अच्छी से अच्छी नस्लों की संख्या में कमी ने हमें भयप्रद स्थिति में ला दिया है। इससे पशु आनुवंशिक संसाधनों का संरक्षण अवश्याम्भावी हो गया है।

हमारे देश में भेड़ की 42 शुद्ध नस्लें पाई जाती हैं। इन मूल नस्लों के उचित संरक्षण एवं संवर्धन के अभाव में इनकी संख्या दिनों–दिन घट रही हैं जो कि चिन्ता का विषय है। देश में पाई जाने वाली बहुमूल्य जैव–विविधता का संरक्षण एक नैतिक तथा राष्ट्रीय कर्त्तव्य है। सैकड़ों

वर्षों के चयन एवं आनुवंशिक स्थिरीकरण के परिणामस्वरूप एक नस्ल का विकास होता है जिसमें एक विशेष प्रकार के उत्पादन की क्षमता सन्निहित होती है। इन नस्लों का संरक्षण करने हेतु भारत सरकार ने राष्ट्रीय पशु आनुवंशिकी संसाधन ब्यूरो, करनाल की स्थापना की है जो देश में पाए जाने वाले पशुओं के सरंक्षण की दिशा में महत्वपूर्ण योगदान कर रहा है। भेड़ की कुछ नस्लें विलुप्तता के कगार पर हैं इनका बचाव करना भी समय की माँग है।

नस्ल संरक्षण की विधियाँ

- **यथास्थल संरक्षण (इन सीटू विधि)** –इस विधि के द्वारा नस्ल विशेष के उत्तम पशुओं को फार्म तथा इनके मूल क्षेत्र में सरंक्षण एवं संवर्धन किया जाता है।
- **वहिःस्थल संरक्षण (एक्स सीटू विधि)** –इस विधि में नस्ल के उत्तम पशुओं के वीर्य, अण्डाणु, भ्रूण तथा डीएनए इत्यादि आनुवंशिक पदार्थों का प्रयोगशालाओं में हिमीकृत तरीकों से संरक्षण करते हैं। इन आनुवंशिक पदार्थों को संरक्षित रखकर वर्षों तक इनका उपयोग किया जा सकता है।

भेड़ों की प्रजनन व्यवस्था

प्रजनन के सिद्धांत सभी पशु प्रजातियों में लगभग एक समान होते हैं। प्रजनन विज्ञान के परिणाम आकस्मिक नहीं होते हैं, इसके लिए वर्षों की मेहनत, लगन और वैज्ञानिक सिद्धांतों का सही मिश्रण अत्यंत आवश्यक है। इसके द्वारा उपार्जित लाभ स्थायी रूप से रेवड़ में लम्बे समय के लिये बना रहता है। भेड़ एवं बकरियों की संख्या अधिक होने से तथा इनमें विस्तृत विविधता होने के कारण प्रजनन सिद्धांत विशेष रूप से लाभदायक साबित हो सकते है। भेड़ एवं बकरी पालन में किसान को आर्थिक लाभ पहुँचाने वाले सभी गुण जैसे मांस, दूध, ऊन इत्यादि में प्रजनन सिद्धांतों के सही उपयोग से सुधार लाया जा सकता है।

किसी भी गुण विशेष के सुधार के लिए आनुवंशिकी एवं प्रजनन विज्ञान में सबसे महत्वपूर्ण नियम है, कम गुणवत्ता वाले पशुओं की छँटनी तथा अच्छी गुणवत्ता वाले पशुओं का चयन। सामान्यतः किसी भी पशु समूह में एक विशेष गुण के लिए कुछ प्रतिशत विविधता रहती है। अगर हम जन्म भार के लिए छँटनी करना चाहते हैं तो हमें सर्वप्रथम यह ज्ञात होना चाहिए कि हमारे रेवड़ में जन्म भार की विविधता कितनी है। पशु व्यवसाय में अगर हम माँस उत्पादन के लिए प्रजनन कराना चाहते हैं तो हमें चाहिए कि अपने समूह में ऐसे पशु रखें जिनका जन्म भार औसत से ज्यादा हो। निम्न गुणवत्ता वाले पशुओं को हमें शीघ्राशीघ्र पशु समूह से बाहर निकालना चाहिए ताकि हमें ज्यादा आर्थिक क्षति न हो। मांस उत्पादन में छँटनी की यह प्रक्रिया तीन, छह, नौ माह तथा एक साल की उम्र पर भी की जा सकती है जिससे विविधता को संपूर्ण तरीके से परखा जा सकता है। इस प्रकार छँटनी करने से हमारे रेवड़ में केवल वही पशु रहेंगे जिनका आनुवंशिक बहुत ज्यादा योग्यता होगा और भविष्य में तैयार होने वाले पशु उत्पादन में ज्यादा सक्षम होंगे।

आनुवंशिकी एवं प्रजनन विज्ञान में एक और महत्वपूर्ण सिद्धांत है जिसका पालन रेवड़ का भविष्य निर्धारित कर सकता है, वह है अंतः प्रजनन। प्रायः यह पाया जाता है कि किसान कुछ ही मेढ़ों का प्रयोग प्रजनन के लिए बार–बार, साल–दर–साल करता रहता है। ऐसा करने से मेंढ़े के करीबी रिश्तेदारों जैसे भाई–बहन, बाप–बेटी एवं माँ–बेटे इत्यादि से प्रजनन की संभावना बढ़ जाती है। ऐसे प्रजनन से रेवड़ में जनकीय बीमारियों का प्रकोप हो सकता है जिसके फलस्वरूप उत्पादन में कमी, विकृत बच्चों का पैदा होना, ब्याँत में कठिनाई जैसी कई समस्याएँ पैदा हो सकती है। इसके लिए हमें चाहिए कि हम अच्छे मेढ़ों को ज्यादा से ज्यादा तीन साल तक ही प्रयोग में लाएँ उसके बाद दूसरे रेवड़ से बदल लें या बेच दें। हमें चाहिए कि हम समय–समय पर बाहर से अच्छे मेंढ़े खरीदकर अपने रेवड़ में इस्तेमाल करें। इससे अंतः प्रजनन की दर में बढ़ोत्तरी नहीं होती है और रेवड़ स्वस्थ बना रहता है। किसी भी पशु समूह में पशुओं की उत्पादन क्षमता बहुत मायने रखती है। ऊपर निर्देशित प्रजनन उपायों से हम रेवड़ में पशुओं की उत्पादन क्षमता बढ़ा सकते हैं और इसे निंरतर बनाए भी रख सकते हैं। पशु प्रजनन एक व्यवसाय है महान आनुवंशिकविद लश का यह कथन सत्य है हमें चाहिए कि पशु प्रजनन के सिद्धांतों के सही उपयोग तथा प्रबंधन से हम इसे एक फायदेमंद व्यवसाय बनाएँ।

नर तथा मादा पशुओं का सन्तानोत्पादन हेतु पारस्परिक सहवास करना, जो कि किन्हीं उद्‌देश्यों पर आधारित हो, प्रजनन कहलाता है। प्रजनन द्वारा पशुओं में इच्छित गुण लाने के लिए उन्हें अपने सम्बन्धियों अर्थात पूर्वजों या जाति के पशुओं से सहवास कराने के लिए अपनाए गए तरीकों को ही प्रजनन पद्धति कहते हैं। उन्नत पर्यावरण तथा प्रजनन की पद्धति पशुओं को उन्नत करने का प्रमुख यंत्र हैं। पर्यावरण तथा प्रजनन की पद्धति प्रमुख यन्त्र है जिसकी सहायता से पशुओं को उन्नत किया जा सकता है। पशु प्रजनक को प्रजनन पद्धति अपनाने से पहले सर्वप्रथम यह जान लेना अति आवश्यक है कि वह किन उद्देश्यों के लिए प्रजनन कराना चाहता है। पशु प्रजनन का मुख्य उद्देश्य वैसे पशुओं के समूह का विकास

करना है जो मानव जाति के लिए अत्यंत लाभकारी हों। यह सत्य है कि आहार तथा परिचर्या से पशु की उत्पादनशीलता उसकी आनुवंशिक क्षमता से अधिक नहीं ली जा सकती है। इस क्षमता में वृद्धि केवल प्रजनन पद्धतियों की समझ व व्यवस्थित उपयोग से ही संभव होती है।

भेड़ प्रजनन के उद्देश्य

- युवा पशुओं में वृद्धि की दर तीव्र हो एवं वे शीघ्र प्रजनन योग्य हों
- उत्तम ऊन और अधिक मात्रा में मांस मिलता हो
- रोग से बचने की शक्ति अधिक हो
- भेड़ बाह्य प्रतिकूल वातावरण से कम प्रभावित हो
- भेड़ स्वस्थ एवं अधिक भार वाली हो

भेड़ प्रजनन के नियम

भेड़पालक के पास उत्तम नस्ल और अधिक मात्रा में मांस एवं ऊन पैदा करने वाली भेड़ें होनी चाहिएँ। मेमनों को शीघ्र बढ़ कर जल्दी प्रौढ़ हो जाना चाहिए। इसके अलावा भेड़ों में उपलब्ध चारे को किफायत से खाने की आदत होनी चाहिए। स्वस्थ और अधिक ऊन उत्पादक भेड़ों के लिए अनेक पीढ़ीयों तक मेंढ़ों का चुनाव ठीक तरह से होना चाहिए और उनकी पैतृक विशेषताएँ भी विदित होनी चाहिए। प्रजनन विज्ञान अनुसरण उत्तम भेड पालने वाले सतर्क या साहसिक भेड़पालकों को करना चाहिए।

मेमने में भेड़ और मेंढ़े दोनों की विभिन्न विशेषताएँ आ जाती हैं। भेड़ के अण्डे और मेंढ़े के शुक्राणु मिलने पर मेमने का जन्म होता है। आकार–प्रकार, बढ़वार की मात्रा, वजन और बढ़िया ऊन उत्पन्न करना आदि गुण नई पैदा हुई मेमनों को माँ–बाप दोनों से हीं मिलती है। हर भेड़ और मेंढ़ा दोनों (माँ–बाप) चरित्र का पूर्ण विकास के लिए अपनी विशेषता का आधा या कुछ भाग मेमने को देते है।

भेड़ उत्पादन में वृद्धि के लिए जरूरी है कि हम उत्तम नस्ल का चयन करें और उसका उचित रख–रखाव तथा भरण–पोषण करें। प्रजनन

की उचित व्यवस्था भेड़ पालन में एक बहुत अहम और महत्वपूर्ण स्थान रखती है। नियमित पुनरोत्पत्ति ही भेड़–पालन का मूलाधार है। प्रजनन की क्रिया लैंगिक परिपक्वता के उपरान्त ही आरम्भ होती है। उपयुक्त समय पर प्रजनन न होने से उत्पादन क्षमता में कमी आती है तथा पशु की उत्पादकता उम्र भी कम हो जाती है। साथ ही साथ भेड़ पालक को आर्थिक हानि भी होती है। आज तक भेड़ उत्पादन में पारम्परिक तरीकों के द्वारा उत्पादन वृद्धि के प्रयास किए गए हैं। इसके द्वारा हमें उचित लाभ भी मिला है। आज हमारी आबादी बढ़ रही है, संसाधनों की कमी हो रही है, कृषि योग्य भूमि में निरंतर कमी आ रही है, जलवायु परिवर्तन प्रकृति चक्र को बुरी तरह से प्रभावित कर रहा है। इन विषम परिस्थितियों में पारम्परिक तकनीक को अपनाकर वांछित लाभ प्राप्त नहीं कर सकते हैं। अतः नई तकनीक का उपयोग करके पशु की उत्पादन की क्षमता बढ़ाना आज की सबसे बड़ी चुनौती है। भारत भेड़ों की संख्या के आधार पर विश्व में तीसरा स्थान रखता है लेकिन उनसे प्राप्त उत्पादन के आधार पर काफी पीछे है। भारतीय भेड़ों से प्रतिवर्ष लगभग 1–1.5 कि.ग्रा. प्रति भेड़ ऊन प्राप्त होती है जबकि विदेशी भेडों से प्रति भेड़ 4–5 किग्रा ऊन प्राप्त होती है। देशी नस्ल की भेड़ों का औसत वजन 25–30 कि.ग्रा. तथा मेंढ़ों का वजन लगभग 40–50 कि.ग्रा. होता है जबकि विदेशी मांस वाली नस्लों में भेड़ों का भार 80–110 कि.ग्रा. तक होता है।

उत्तम नस्ल के चुनाव के बाद भेड़ों के प्रबंधन व रख–रखाव पर ध्यान देना अति आवश्यक है। इन व्यवस्थाओं में किसी भी प्रकार की कमी होने पर उनके उत्पादन पर कुप्रभाव पड़ता है तथा आर्थिक हानि हो सकती है। पशु प्रजनन एवं प्रबंध में पशुओं के उत्पादन एवं पुनरूत्पादन का सही लेखा–जोखा रखना प्राथमिक महत्व की बात होती है। सही लेखा–जोखा रखने के लिए प्रत्येक जानवरों की पहचान जरूरी है। पहचान के लिए नाम या नम्बर का प्रयोग किया जा सकता है। पशुओं की संख्या, जन्म के समय वजन, दैनिक दूध उत्पादन, मासिक भार, छःमाही ऊन प्राप्ति आदि गुणों का विवरण निश्चित समय पर पक्के रजिस्टर में लिखा जाना अतिआवश्यक होता है। जानवरों के वंश से संबंधित जानकारियाँ जैसे माँ, बाप, भाई, बहन, दादा, दादी इत्यादि का विवरण भी जरूरी है

जो अच्छे पशु की पहचान में मदद करते हैं। ऐसा करने से हमारे रेवड़ की कमियों तथा अच्छाईयों का पता चलेगा व इन दस्तावेजों के आधार पर निकाले गए निश्कर्षों से हम पशुओं के लिए उचित प्रजनन का ढ़ाँचा बना सकते हैं।

वयस्क होने की आयु

पालन–पोषण की उचित दशा में भेड़ें औसत आयु के पहले ही वयस्क हो जाती है। भेड़ों में वयस्क होने की आयु लगभग 12–15 माह है लेकिन इनको 15–18 माह की आयु में गर्भित कराना ठीक रहता है। इस समय तक इनका जनन तंत्र पूर्ण रूप से विकसित हो जाता है तथा इस आयु तक भेड़ का वजन 22–25 किग्रा. हो जाता है। अध्ययनों से पता चला है कि कम शरीर भार वाली भेड़ से प्राप्त बच्चों का जन्म भार कम होता है तथा उनमें मृत्युदर भी काफी अधिक होती है। कम आयु व कम भार वाली भेड़ को गर्भित कराने पर उनमें असामान्य जनन होने की संभावना अधिक होती है तथा वे स्वस्थ बच्चे जनने में असमर्थ होती है। इसलिए भेड़ों को उचित आयु एवं शरीर भार प्राप्त करने पर ही गर्भित कराना चाहिए जिससे वे स्वस्थ बच्चों को जन्म दे सकें। प्रजनन के लिए ऐसा समय होना चाहिए जिसमें कि बच्चे पैदा होने के समय अच्छी चराई उपलब्ध हो तथा बरसात व ज्यादा ठण्ड का मौसम ना हो, इससे भेड़ का स्वास्थ्य ठीक रहने के साथ–साथ अधिक दूध उत्पन्न होने से बच्चे की शारीरिक वृद्धि ठीक होगी तथा बच्चों में मृत्युदर कम रहेगी। भेड़ प्रायः वर्ष भर ही ग्याभिन होती रहती हैं लेकिन उत्तरी पश्चिम क्षेत्रों में जुलाई से सितम्बर तथा फरवरी से मार्च में अधिक संख्या में गर्मी में आती है। भेड़ें प्रायः 24–25 घण्टे तक गर्मी में रहती हैं और प्रजननकाल के दौरान हर 16 से 18 दिन बाद गर्मी में आती है।

मादा में ऋतुकाल/मदकाल

मदकाल वह समय है जब मादा नर को सुगमता से संभोग हेतु सहयोग देती है। भेड़ बकरियों के गर्मी में आने के समय को मदकाल कहते हैं। यह मादा के जनन अंगों से निकलने वाले हारमोन्स के प्रभाव

से होते हैं। सभी भेड़ों में मदकाल के लक्षण समान नहीं होते हैं। किसी–किसी पशु में मदकाल के लक्षण तीव्र होते हैं किन्तु संकुचित स्वभाव की मादाओं में ये लक्षण स्पष्ट रूप से प्रकट नहीं होते हैं। ऋतुमयी मादा अपनी पूँछ को बार–बार हिलाकर अपनी कामेच्छा को प्रकट करती है। यह लक्षण बकरियों में भेड़ की अपेक्षा काफी प्रबल होता है। यदि रेवड़ में नर उपस्थित है तो ऋतुमयी मादा अपना मुँह बार–बार नर की ओर घुमाती है। चारा/दाना खाने की इच्छा में कमी आ जाती है। चराई के समय इधर–उधर नर की तलाश में घूमती रहती है। यदि नर दिखाई न देता हो तो ऐसी स्थिति में ऋतुमयी मादा बार–बार तेज आवाज निकालती है। मदकाल में आई मादा एक दूसरे को चाटती है तथा संभोग की तरह व्यवहार करती है। यदि नर ऊपर चढ़ता है तो उसे संभोग हेतू पूर्ण सहयोग देती है। ऋतुमयी मादा बार–बार मूत्र त्याग करती है जननाँगों के बाहरी हिस्से में सूजन, योनि के बाहरी हिस्से का नम हो जाना, बाह्य जननाँगों में निरन्तर संकोच पैदा होना, जिसके साथ कभी–कभी वे अपनी पूँछ को भी ऊपर–नीचे करती है तथा बेचैन दिखाई देती है। ऋतु/मद काल के लक्षण मदकाल के समाप्त हो जाने पर धीरे–धीरे कम होने लगते है। मदकाल की अवधि मुख्यतः भेड़ की नस्ल पर निर्भर करती है। बड़ी नस्लों की तुलना में छोटी नस्लों में मदकाल अवधि अधिक होती है।

ऋतुमयी भेड़ों की पहचान

नर को संभोग के लिए सहमति प्रदान करना, ऋतुमयी भेड़ों की प्रमुख पहचान है, किन्तु रेवड़ में इनकी अधिक संख्या हो जाने पर इसका सामूहिक रूप से पता करना अति आवश्यक है क्योंकि ऋतुकाल में समय से समागम हो जाने पर गर्भधारण की प्रक्रिया प्रारम्भ हो जाती है। अतः पशु पालक को अपने रेवड़ में नियन्त्रित एवं समयबद्ध जनन प्रक्रिया को संचालित करने के लिए ऋतुमयी मादा की पहचान करना आवश्यक है। इसकी निम्नांकित विधियाँ हैं।

नर के द्वारा–इस विधि में नर के लिंग को एप्रेन के माध्यम से ढ़ककर उसे रेवड़ में छोड़ देते हैं। नर पूरे रेवड़ में संभोग हेतु घूमता है परन्तु एप्रेन बंधा होने के कारण संभोग नहीं कर सकता। वह मादा को सूघंकर यह

पता कर देता है कि रेवड़ में कौन सी मादा ऋतुमयी है। ऋतुमयी मादा नर के साथ शान्ति से खड़ी रहती है जिसे देखकर पशुपालक उसे इच्छित नर से संभोग या कृत्रिम गर्भाधान हेतु रेवड़ से अलग कर लेता है।

नसबन्दी किए गए नर द्वारा – एप्रेन के प्रयोग में सावधानी न रखने से एप्रेन्ड नर द्वारा अवांछित गर्भाधान हो जाता है जिसे रोकने के लिए नसबन्दी किए गए नर का ऋतुमयी मादा की पहचान में प्रयोग किया जाता है। इसमें उत्तेजक नर की शुक्रवाहिनी नलिका को शल्य चिकित्सा द्वारा बाहर निकाल देते हैं जिससे शुक्राणुओं का प्रवाह बाहर नहीं आ पाता साथ ही नर संभोग क्रिया पर कोई खास फर्क नहीं पड़ता है। शुक्राणु वाहिनी नलिका को बाहर निकाल देने पर भी अण्डकोशों में टेस्टोस्टोरान हारमोन का उत्पादन होता रहता है जिससे कि नर में संभोग क्रिया की इच्छा बनी रहती है। नसबन्दी किया हुआ नर केवल ऋतुमयी मादा पर ही चढ़ता है।

एप्रेन लगे मेंढे से मद में आई भेड़ो की पहचान

मादा जनन व्यवहार

यौवनारम्भ एवं यौन परिपक्वता मादा भेड़ अथवा बकरी की वह अवस्था है जिसमें उनका शारीरिक विकास पूर्ण हो जाता है तथा जनन तंत्र क्रियाशील होकर मादा में मदकाल के लक्षण प्रकट करता है। मादा की डिम्बग्रन्थि में गुणात्मक परिवर्तन हो जाता है, साथ ही बाह्य जननांगों में भी इसके लक्षण प्रदर्शित होते हैं। यौवनारम्भ की अवस्था क्रमिक लय से आगे बढ़ती है। अनुसंधान से पता चला है कि मादा के शारीरिक भार व जनन अंगों के विकास में धनात्मक सह संबंध होता है शरीर वृद्धि के समय सोमेटोट्रॉपिक हारमोन का प्रभाव होता है। जब पिट्‌यूटरी ग्रन्थि से फॉलिकल स्टीमुलेटिंग हारमोन (एफ.एस.एच.) निकलने लगता है तो

इसका प्रभाव कम हो जाता है। एफ.एस.एच. हारमोन के प्रभाव से डिम्ब ग्रन्थि में ग्रैफियन फॉलिकल का विकास होता है। इन ग्रैफियन फालिकल्स में एस्ट्रोजन हारमोन होता है जो कि डिम्ब ग्रन्थि से निकलता है। इसके प्रभाव से आंतरिक जनन तंत्र के विकास में मदद मिलती है। एस्ट्रोजन हारमोन ही मादा के मदकाल को प्रेरित करने का कार्य करता है। मादा भेड़ अथवा बकरी में जब मदकाल नियमित हो जाता है उसे यौन परिपक्वता कहते हैं। पशु की नस्ल, प्रबन्ध व्यवस्था एवं पोशण का स्तर यौन परिपक्वता को प्रभावित करने वाले प्रमुख कारक है।

पशुओं के विभिन्न वर्गों में यौवनारम्भ में भिन्नता पाई जाती है। आयु के द्वारा यौवनारम्भ का आंशिक आकलन किया जा सकता है जबकि पशु की शरीर वृद्धि व शरीर भार यौवनारम्भ को पूर्ण रूप से प्रभावित करते हैं। नर के साथ–साथ रहने वाली मादा में यौन परपिक्वता जल्दी आ जाती है, साथ ही उसका यौन व्यवहार कम उम्र में भी प्रदर्शित होने लगता है। इसके विपरीत नर से दूर रखकर पालन करने पर मादा का आकर्षण होता है।

मदचक्र व मदकाल

वयस्क भेड़ और बकरी के निश्चित अवधि में ऋतुमयी होने की क्रिया को मदचक्र कहते हैं जो चार अवस्थाओं में विभाजित रहती है।

पूर्व मदकाल

भेड़ और बकरी में यह अवस्था मदचक्र के 13 व 14 वें दिन प्रारम्भ होती है इसमें एफ.एस.एच. हारमोन के प्रभाव से ग्राफियन फॉलिकल्स की वृद्धि होती है तथा उससे इस्ट्राडियाल अधिक मात्रा में उत्पन्न होता है। गर्भाशय तथा योनि के अग्रभाग से गाढ़ा तथा चिकना द्रव निकलता है। इस अवस्था के अन्तिम समय में मादा नर से मिलने को उत्सुक रहती है। भेड़ और बकरी में इस अवस्था में मादा नर से मिलने की स्वीकृति प्रदान कर देती है। इस अवस्था में ग्राफियन फॉलिकल्स पूर्णरूप से परिपक्व हो जाता है। योनि तथा ग्रीवा से श्लेश्मा का स्राव बहुत बढ़ जाता है तथा रक्त संचार बढ़ने के कारण योनि का रंग भी गाढ़ा हो जाता है।

अन्तः मदकाल

यह अवस्था मदकाल के बाद प्रारम्भ होती है। इस अवस्था में ग्राफियन फॉलिकल के फटने से डिम्बक्षरण होता है तथा पीतपिंड का निर्माण हो जाता है जिससे कि प्रोजेस्ट्रान नामक हारमोन निकलता है। प्रोजेस्ट्रान के प्रभाव से एफ.एस.एच. का उत्पादन बन्द हो जाता है। योनि से श्लेश्मा का स्राव बन्द हो जाता है। भेड़ और बकरी में यह काल 3–5 दिन की अवधि का होता है।

विश्रामकाल

यह मदकाल की सबसे लम्बी अवधि की अवस्था है। इस अवस्था में पीतपिंड पूर्ण रूप से बढ़ जाता है तथा प्रोजेस्ट्रान का उत्पादन भी अधिक होता है। इस अवस्था के अन्तिम काल में पीतपिंड में प्रतिगामी परिवर्तन होने लगते है तथा अन्दर से वाहिकामय होने लगता है। इसके बाद पूर्व मदकाल की अवस्था शुरू होती है। भेड़ और बकरी में यह अवस्था 7–10 दिन की होती है। जैसे–जैसे डिम्ब ग्रन्थि में फॉलिकाल की वृद्धि होती है, इनमें अधिक मात्रा में एस्ट्रोजन हारमोन निकलता है जो कि मादा के रक्त में इसकी मात्रा को बढ़ा देता है। ल्यूटिनाइजिंग हारमोन (एल.एच) के साथ एफ.एस.एच. हारमोन मिलकर फॉलिकल की आन्तर प्रावरक कोशिकाओं को उत्तेजित कर देते हैं जिसके कारण एस्ट्रोजन हारमोन का स्राव बढ़ जाता है। एल.एच. के कारण डिम्ब क्षरण होता है जिसकी परणिति कार्पसल्यूटियम पर होती है। डिम्ब (अंडाणु) उत्पादन के पश्चात कई दिन तक कार्पसल्यूटियम मुलायम रहता है और इसे नव कार्पसल्यूटियम कहते हैं। इसके बाद यह बहुत तीव्र गति से विकसित होता है और छूने पर कठोर होता प्रतीत होता है। इस दशा को परिपक्व कार्पसल्यूटियम कहते हैं। यदि गर्भधारण हो जाता है तो यह आकार में बढ़ता है और अंडाशय में गतिशील रहता है। इस समय इसको गर्भ काल का कार्पसल्यूटियम कहते हैं। यदि पशु गर्भित नहीं होता है तो तथाकथित कार्पसल्यूटियम आकार में कम होने लगता है और समय पाकर पूर्णतया समाप्त हो जाता है। इसके पश्चात दूसरी पुटिका को मदचक्र पूरा करने का अवसर मिल जाता है।

भेड़ और बकरी प्रत्येक ऋतु में मदचक्र प्रदर्शित करती है पर कुछ नस्लें एक ऋतुनिश्ठ भी होती है। भारतीय जलवायु में भेड़ों और बकरियरों का जनन चक्र तीन ऋतुओं में बाँटा जा सकता हैं। मार्च–अप्रैल, जून–जुलाई तथा अक्टूबर–नवम्बर, जिसमें गर्भाधारण एवं मेमने की संख्या अधिक होती है।

भेड़–बकरी, गाय, भैंस, घोडी, सूअरनी व कुतिया का जनन व्यवहार (औसत)

पशु प्रजाति	मद–चक दिन/माह	मदकाल घण्टे/ दिन	प्रजनन हेतु उत्तम समय गर्मी	पश्चात घण्टे गर्भकाल दिन	प्रथम प्रजनन योग्य आयु
भेड–बकरी	18–21	12–36	18–20	150	14–16 माह
गाय	18–21	15–20	10–12	280	2.5 से 3 वर्ष
भैंस	20–22	18–20	10–12	310	3 से 4 वर्ष
घोड़ी	18–22	4–8	3–4	340	18–24 माह
सुअरनी	20–31	30–40	20–30	120	6–8 माह
कुतिया	5–6	5–16	5–16	60	6–7 माह

गर्भ अवधि

मादा के गर्भधारण से ब्याने तक की अवधि को गर्भ अवधि कहते हैं। भेड़ और बकरी में गर्भकाल औसतन 150 दिन का होता है जो कि विभिन्न नस्लों में 144–155 दिन तक पाया जाता है। शीघ्र वयस्कता एवं प्रजननशील नस्लों में गर्भ की अवधि अपेक्षाकृत कम होती है। मादा की आयु, गर्भ में बच्चों की संख्या एवं बच्चों का लिंग भेद गर्भकाल को प्रभावित करते हैं। एक से अधिक मेमनों को पैदा करने वाली मादा का गर्भकाल सामान्य से अधिक या कम होता है। गर्भ की अवधि के आरम्भ में गर्भाशय ग्रीवा द्वार बन्द हो जाता है तथा गर्भ की धीरे–धीरे बढ़ोत्तरी होने लगती है। गर्भ अवधि में भेड़ और बकरी के रक्त में प्रोजेस्ट्रान हारमोन की मात्रा बढ़ जाती है।

बच्चे को जन्म देना (प्रसव)

गर्भकाल की अवधि पूरी होने के पश्चात बच्चे को जन्म देना प्रसव कहलाता है। प्रसव के समय मादा बेचैन हो जाती है और बार–बार उठती बैठती है तथा कम अन्तराल पर मूत्र त्याग करती है। इसके साथ ही मादा खाना–पीना छोड़ देती है तथा एकान्त पसन्द करती है। योनि के ऊपरी भाग में सूजन आ जाती है। भेड़ और बकरी में प्रसव के 12–14 घन्टे पहले रक्त में प्रोजेस्ट्रान की मात्रा बहुत कम हो जाती है तथा गर्भ में कोर्टिकोस्टिरोइड हारमोन का स्तर बढ़ जाता है। इसके फलस्वरूप मादा में प्रसव वेदना प्रारम्भ हो जाती है। प्रसव की सामान्यतः तीन अवस्थाएँ होती हैं।

ताजा ब्याई भेड़ व नवजात् मेंमने

प्रथम अवस्था–इस अवस्था के दौरान गर्भाशय की मांसपेशियों में लगातार संकुचन होता है तथा गर्भाशय ग्रीवा शिथिल हो जाती है। यह प्रक्रिया एस्ट्रोजन एवं ऑक्सीटोसीन का स्तर बढ़ने एवं प्रोजेस्ट्रान का स्तर गिरने के कारण होती है। इस अवस्था के अन्त में गर्भ दबाव के कारण गर्भ ग्रीवा से बढ़कर योनि में आ जाती है जिसके फलस्वरूप प्रसव वेदना प्रारम्भ हो जाती है।

द्वितीय अवस्था–इस अवस्था में भ्रूण का जनन नाल में प्रवेश, जरायु कोश का फटना, उदरीय संकुचन तथा भ्रूण का योनि से बाहर आना सम्मिलित है।

तृतीय अवस्था—यह अन्तिम अवस्था है इसमें अपरा या जेर बाहर निकलती है तथा गर्भाशय का प्रत्यावर्तन भी होता है। मेमने के निकलने के कुछ ही घन्टों में अपरा या जेर भी बाहर निकल जाती है परन्तु गर्भाशय प्रत्यावर्तन में 15–20 दिन का समय लग जाता है।

प्रसवोपरान्त मदकाल एवं जनन

भेड़ और बकरी में गर्भाशय प्रत्यावर्तन पूरा होने में 45–60 दिन का समय लगता है। इसके पश्चात करीब 75 प्रतिशत मादाएँ मदकाल प्रदर्शित करती हैं तथा इस अवस्था में पुनः प्रजनन कराने पर 50–60 प्रतिशत गर्भधारण कर लेती हैं। गर्भाशय प्रत्यावर्तन के दौरान प्रजनन कराने पर गर्भधारण की दर में काफी कमी आ जाती है क्योंकि इस अवस्था में मादा के गर्भाशय का वातावरण गर्भधारण के अनुकूल नहीं रहता है। पुनः प्रजनन की तकनीकी का इस्तेमाल करके बकरी और भेड़ से अधिक संख्या में मेमने प्राप्त किए जा सकते हैं। इससे पशुपालकों को प्रत्यक्ष रूप से आर्थिक लाभ मिल सकेगा।

मातृत्व प्रभाव का भेड़ प्रजनन में महत्व

भारत में पितृत्व प्रभाव को ध्यान में रखते हुए भेड़ प्रजनन से संबधित कई महत्वपूर्ण इकाईयों पर काफी कार्य हुआ हैं किन्तु मातृत्व प्रभाव को ध्यान में रखते हुए कार्य काफी कम हैं।

मातृत्व प्रभाव क्या है ? जन्मे हुए बच्चे में माता व पिता का योगदान समान होता है इसके अलावा कोई भी प्राणी विशेष अपनी मां के प्रभाव से भी काफी हद तक प्रभावित होता है। मुख्यतः इसका प्रभाव जीव के जन्म भार, क्रमागत उन्नति तथा अनुकूलन पर होता है। मातृत्व प्रभाव इसलिए भी जरूरी है क्योंकि माँ अपने हिसाब से होने वाले बच्चे का प्रभाव बदल सकती है। इसका एक मुख्य उदाहरण है, माँ को गर्भ काल के दौरान मिला हुआ खानपान और उसका बच्चे पर होने वाला प्रभाव। ऐसा करने से माँ अपने बच्चों में तत्कालीन वातावरण संबंधित जानकारी भी संचारित करती है। मातृत्व प्रभाव पशुओं को किसी भी वातावरण में सक्षमता को प्रभावित करता है।

पशु प्रजनन वैज्ञानिकों के लिए मातृत्व प्रभाव जाने पहचाने कारक हैं। माँ का आहार तथा बच्चों के वजन एवं आकार के बीच सहसंबंध मातृत्व प्रभाव को पहचानने के लिए सर्वप्रथम अध्ययन किए गए। फार्म पर रखे पशुओं में मातृत्व प्रभाव जन्म भार तथा माँ का दूध छोड़ने की आयु तक सभी गुणों पर पाया जाता है। जन्म के पश्चात माँ का अपने बच्चों के प्रति रवैया तथा उनकी देखभाल भी काफी हद तक मेमनों की वृद्धि को प्रभावित करती है। शरीर भार सम्बन्धित तथ्यों से यह भी पता चला है कि भेड़ों में मातृत्व प्रभाव माँ का दूध छोड़ने की आयु के बाद भी पाया जाता है। मातृत्व प्रभाव जो कि गर्भ काल एवं स्तनपान तक ही सीमित हैं, उसका प्रभाव बच्चों में पूर्ण जीवनकाल तक बना रहता है। इसको मध्य रखते हुए मातृत्व प्रभाव को वैज्ञानिक तरीके से समझना हमारी सर्वप्रथम प्राथमिकता होनी चाहिए।

प्रजनन हेतु चयन

रेवड़ की उत्पादन क्षमता को बढ़ाने के लिए चयन और छँटनी ही आवश्यक होते हैं। चयन वह प्रक्रिया है जिसके अर्न्तगत कुछ पशु भविष्य में प्रजनन के लिए रखे जाते हैं। इसके विपरीत कुछ पशु प्रजनन हेतु नहीं रखे जाते, इन पशुओं को रेवड़ से निकालने की प्रक्रिया को ही छँटनी कहते हैं। प्रतिवर्ष प्रजनन के लिए उत्तम नर व मादा चुनने चाहिएँ जिससे कि समूह का आनुवंशिक उत्पादन स्तर बढ़ाया जा सके। पशुओं को चुनते समय उनके रंग, रूप, बाहरी आकार, वजन, नस्ल की शुद्धता के साथ–साथ पशुओं की स्वयं की उत्पादन–क्षमता तथा उसके वंशज व संबंधियों की उत्पादन–क्षमता को भी ध्यान में रखना चाहिए। हर साल बेकार व कमजोर जानवरों को रेवड़ से निकाल देना चाहिए।

चयन क्या है ?–बाह्य तथा अन्तः गुणों एवं आनुवंशिकी के आधार पर बेहतर उत्पादन क्षमता वाले जानवर का प्रजनन हेतु अवसर प्रदान करना ही चयन है। **प्राकृतिक चयन** प्रकृतिजनित होता है जिसमें प्रजनन क्षमता एवं शारीरिक विकास एवं संघर्ष करने की क्षमता के आधार पर किसी विशेष प्रजाति को प्रकृति किसी खास प्राकृतिक परिवेश में विकसित होने का मौका प्रदान करती है। **कृत्रिम चयन** इसमें विशेषज्ञ द्वारा किसी

विशेष वांछित गुण, जाति एवं लक्षण के आधार पर नर एवं मादा का प्रजनन हेतु चयन करते हैं।

बच्चों में गुणवत्ता के आधार पर चयन

मानदंड	मेमना 1	मेमना 2	मेमना 3
6 माह का वजन	30.00 किग्रा	24.00 किग्रा	19.00 किग्रा
6 माह पर ऊन उत्पादन	700 ग्रा	600 ग्रा	560 ग्रा
चयन	√	X	X

प्रजनन हेतु चयन

चयन प्रणाली

उच्च गुणवत्ता हेतु चयन प्रणाली को तीन प्रकार से विभक्त किया गया है।

- **रेन्डम चयन प्रणाली**– इस प्रणाली के अर्न्तगत जानवर के किसी विशेष गुण का विकास हेतु एक समय में सिर्फ एक लक्षण का चुनाव करते हैं और तब तक उस लक्षण को विकसित करने की कोशिश करते हैं जब तक उसके विकास की संभावना खत्म नहीं हो जाती या विकास का परिणाम मिलना शून्य नहीं हो जाता है। इस प्रणाली में बहुत अधिक समय लगता है।
- **इन्डीपेन्डेन्ट कलींग प्रणाली**– इस प्रणाली के अर्न्तगत एक बार में एक से ज्यादा लक्षण को एक निर्धारित मापदण्ड के अनुसार विकास हेतु लेते हैं तथा निर्धारित मापदण्ड से नीचे के लक्षण वाले जानवर का चयन नहीं करते हैं। इस चयन प्रणाली को रेन्डम प्रणाली से बेहतर माना जाता है।
- **सूचकाँक / इन्डेक्स प्रणाली**– चयन की इस प्रणाली के अर्न्तगत प्रजनन विशेषज्ञ एक साथ बहुत सारे लक्षणों को लेकर इन्डेक्स तैयार करते हैं तथा बेहतर इन्डेक्स वाले जानवर का चयन करते हैं। इस प्रणाली को आर्थिक दृष्टिकोण से बेहतर प्रणाली माना

गया है जिसे चयन सूचकाँक पर आधारित चयन भी कहते हैं।

चयन का आधार

विभिन्न आँकड़ों पर आधारित चयन

- **बाह्य शारीरिक रूप एवं आकार पर चयन**– इस प्रकार के चयन में उच्च वंशागतित्व वाले लक्षण का चयन करते हैं जो अधिक मात्रा में पिता या माता से अगली पीढ़ी तक जा सके।
- **परिवार पर आधारित चयन**– इस प्रकार के चयन में किसी वांछित गुण के चयन हेतु पूरे परिवार का चयन परिवार के किसी विशेष लक्षण के औसत मात्रा के आधार पर किया जाता है जिसमें निम्न वंशागतित्व की क्षमता होती है।
- **परिवार के अन्दर किसी विशेष सदस्य का चयन**– चयन की यह प्रक्रिया पूरे परिवार के उत्पाद का औसत एवं चयन हेतु विशेष सदस्य के उत्पाद के औसत के अंतर पर आधारित होता है।

परिवार पर आधारित चयन के लाभ

- जब किसी जानवर का चयन उसकी छोटी उम्र में करते हैं तथा वांछित गुण को वह जानवर वयस्क होने पर ही प्रदर्शित करता है तो उस स्थिति में परिवार के आधार पर चयन श्रेयकर होगा।
- वांछित लक्षण जब जानवर के सिर्फ एक लिंग में प्रदर्शित हो रहा हो एवं दूसरे लिंग में प्रदर्शित नहीं हो रहा हो उस स्थिति में दूसरे जानवर का चयन परिवार के आधार पर करते हैं।
- चयन की इस प्रक्रिया से निम्न वंशागतित्व वाले लक्षण का चयन किया जा सकता है।

वंशावली पर आधारित चयन– यदि किसी पशु के उत्पादन क्षमता की जानकारी उपलब्ध न हो तो उसके पूर्वजों की उत्पादन क्षमता के आधार पर चयन किया जाता है। प्रायः वंशावली से हमारा तात्पर्य पूर्वजों के रिकार्डों से है। मात्र वंशावली, जिसमें माँ बाप आदि सम्बन्धियों के नाम का

पता चले, एक पशु प्रजनक के लिए कोई उपयोगी सिद्ध नहीं होगी जब तक कि उसके साथ उनकी उत्पादन क्षमता के बारे में कोई सूचना नहीं होगी। वंशावली द्वारा चयन के सिद्धांत के अनुसार पशु में उपस्थित गुणों का आधा भाग नर व आधा भाग मादा से आता है इसके अतिरिक्त सह–संबंधियों में भी बहुत सारे गुण एक जैसे होते हैं। अतः सह–संबंधियों व पूर्वजों की उत्पादन क्षमता से पशु की उत्पादन क्षमता की जानकारी प्राप्त होती है। पशु के किसी वांछित लक्षण का चयन उसके पीढ़ी के विभिन्न सदस्यों के प्रदर्शन के आधार पर करते हैं जिससे चयन में त्रुटि की संभावना कम हो जाती है।

इस प्रजनन पद्धति के निम्नलिखित लाभ है।

- जब उम्मीदवारों के वैयक्तिक अभिलेख उत्पन्न न हो तो इस विधि के आधार पर वरण संभव हो जाता है।
- इसके द्वारा कम आयु में या परिपक्वता से पहले भी नर या मादा का वरण किया जा सकता है।

नाते रिश्ते पर आधारित चयन– इस प्रकार के चयन में जानवर के उस विशेष लक्षण का चयन करते हैं जिस लक्षण की जानकारी जानवर के जीवित अवस्था में नहीं होती है इसलिए इस चयन में उस गुण का चयन उसके नजदीकी रिश्तेदार के प्रदर्शन के आधार पर करते हैं।

बच्चों के प्रदर्शन पर नर एवं मादा का चयन– इस प्रकार के चयन में नर एवं मादा का चयन उसके बच्चों के वांछित गुण के प्रदर्शन पर आधारित होता है। विशेषकर प्रजनन हेतु मेढों का चयन/वरण संतति परीक्षण द्वारा करना ही सर्वोत्तम विधि है। यह विधि विशेषकर ऐसे विशेषकों के लिए अधिक उपयुक्त है जो केवल एक ही लिंग के पशुओं में प्रदर्शित होती है। इस विधि का सर्वोत्तम लाभ सत्य सूचना है। इस विधि का दोष यह है कि संतति परीक्षण में कम पशु होने के कारण अधिक पशुओं की छंटनी नहीं कर सकते तथा इस परीक्षण द्वारा सूचना देर से मिलने के कारण दो ब्यांतों में अन्तराल बढ़ जाता है। जनक परीक्षण के लिये 5–10 संतति की उत्पादन क्षमता की उनकी मां की

उत्पादन क्षमता से तुलना करते हैं। भेड़ों में छोटा प्रजनन–चक्र होने के कारण संतति परीक्षण उपयोगी सिद्ध हो सकता है।

पशुओं की संतति प्रदर्शन क्षमता उनकी अनुवंशिकी की सबलता के प्रदर्शन का सबसे साधारण तरीका है। प्रत्यक्ष गुण का पता शरीर रचना के ज्ञान से व उनकी संभावित कीमत से लगा सकते हैं परन्तु लुप्त गुणों के लिए हमें जीन संरचना के समायोग तथा विभिन्न आर्थिक गुणों जैसे ब्याने की सहजता और बहु प्रजनन शक्ति आदि का पता लगाना चाहिए। इन चारों विधियों का अलग–अलग प्रयोग न करें। यदि सभी सूचनाओं को चयन हेतु प्रयोग किया जाए तो सर्वाधिक उपयोगी सिद्ध हो सकता हैं। यद्यपि ये अलग अलग भी अपना कार्य सिद्ध कर सकती हैं परन्तु सबको मिलाकर प्रयोग करने से उद्देश्य प्राप्ति उत्तम होगी। एक प्रकार से ये सभी विधियाँ जीवन के अलग अलग पहलुओं के लिए बनी है जैसे वंशावली से मिली सूचना पशु के जन्म से पहले प्रयोग की जा सकती है। व्यक्तिगत सूचना जन्म के बाद मिलती है। इसी प्रकार संतति परीक्षण की सूचना इससे भी देर से मिलती है। इसलिए यदि योजना इस प्रकार बनाई जाए कि पहले वरण वंशावली अनुसार दूसरी बार व्यक्तिगत सूचना अनुसार तथा उसके बाद सन्तति परीक्षण के आधार पर वरण किया जाए तो इस प्रकार प्रजनन सिद्धहस्त माना जाएगा।

प्रजनन प्रणाली

जानवरों के प्रजनन की कला भी मनुष्यों की भांति नर–मादा के पारस्परिक मिलन से प्रांरभ होती है अतः नर व मादा पशुओं की संतान की उत्पत्ति के लिये पारस्परिक मिलन ही पशु प्रजनन कहलाता है। इस मिलन के लिए अच्छे गुण वाले नर–मादा पशुओं का चुनाव बहुत आवश्यक है जिससे कि इस मिलन से उत्पन्न होने वाली संतान में अच्छे गुण आ सकें और उत्पादन अच्छा हो सके। फार्म पशुओं के विकास, नई नस्लों के निर्माण एवं शुद्व नस्लों के परिक्षण के लिए विभिन्न प्रकार की प्रजनन प्रणालियाँ अपनाई जाती है। फार्म पशुओं के प्रजनन प्रणालियाँ मुख्यतः दो प्रकार की होती हैः

- अन्तःप्रजनन (इनब्रीडिंग)
- बहिःप्रजनन (आउट ब्रीडिंग)

अन्तःप्रजनन

औसत की अपेक्षा नजदीकी सम्बन्धों वाले पशुओं का संगम अन्तःप्रजनन कहलाता है। संगमित नर तथा मादा दोनों के सम्बन्धी होने से अभिप्राय उनके एक–दो या अधिक पूर्वज का सम्मिलित होना है। अन्तःप्रजनन में अधिकतर 4–5 पीढ़ी के सम्बन्धियों का संगम कराया जाता है। अन्तःप्रजनन दो प्रकार का होता हैः 1. **निकट प्रजनन** (क्लोज ब्रीडिंग) 2. **अर्धनिकट प्रजनन** (लाईन ब्रीडिंग)

निकट प्रजनन

इस विधि में बिल्कुल सगे सम्बन्धियों का संगम कराया जाता हैं जैसे भाई–बहन, माँ–बेटा। इसे समप्रजनन भी कहा जाता है। इस विधि को तभी अपनाया जाता है जब नर व मादा के बहुत ही श्रेष्ठ गुण हों। फिर भी कभी–कभी इस विधि में अवांछनीय जीन संतान में समयुग्मज रूप में आ जाते हैं, इसलिए प्रक्षेत्र के पशुओं में इसे नहीं अपनाया जाता है।

निकट प्रजनन के लाभ

- अवांछनीय, अप्रभावी जीनों का पता लगाया जा सकता है तथा उस वंश क्रम में और आगे परीक्षण करके उन्हें लुप्त किया जा सकता है।
- इस विधि से उत्पन्न संतान किसी भी पद्धति के मुकाबले अधिक समान होता है।
- पशु समूह में विभिन्नता कम हो जाती है।
- शुद्ध लाइन या समान आनुवंशिकता वाले जानवर तैयार किए जा सकते हैं।

निकट प्रजनन की हानियाँ

- गुणसूत्र या जीन के प्रतिकूल पृथक्करण से अवांछनीय अभिलक्षण

ग्रहण हो जाते हैं।

- इस विधि द्वारा उत्पन्न संतान जल्दी रोग ग्रहण करती हैं।
- प्रजनन समस्याएँ तथा बांझपन की शिकायत अधिक बढ़ जाती है।
- प्रजनन की उस अवस्था का पता लगना कठिन होता है जिस पर इस पद्धति के बुरे प्रभावों को दूर रखने के लिए इसे बन्द करना चाहिए।

क्रमिक अन्तःप्रजनन या अर्धनिकट प्रजनन (लाईन ब्रीडिंग)

समप्रजनन के अतिरिक्त 4–5 पीढ़ी के सम्बन्धित नर–मादाओं का संगम अन्तवंश प्रजनन या क्रमिक अंतःप्रजनन या अर्धनिकट प्रजनन कहलाता है। इस पद्धति में निकट प्रजनन की अपेक्षा दूर के सम्बन्धियों का संगम कराया जाता है। इससे गुणों में एकरूपता की वृद्धि होती है। वांछित लक्षण भी उतनी जल्दी नहीं आते जितनी निकट प्रजनन में आते हैं तथा अवांछित लक्षण भी उतनी जल्दी विकसित नहीं होते। इस पद्धति द्वारा उत्कृष्ट नर या मादा के उत्कृष्टता का निर्धारण किया जाता है तथा इनसे उत्पन्न सन्तान को लाइनब्रेड या पूर्वजों के अर्धनिकट अंतःप्रजात कहा जाता है।

अर्धनिकट प्रजनन के लाभ

- समरूपता तथा समानता में वृद्धि होती है।
- निकट प्रजनन के घातक परिणामों को कम किया जा सकता है।

अर्धनिकट प्रजनन की हानियाँ

- इसकी मुख्य हानि यह है कि प्रजनन वंशावली के आधार पर चयन करेगा तथा व्यक्तिगत गुणों पर ध्यान नहीं देगा।
- कभी–कभी ऐसे संतान पैदा हो जाती है जिन्हें वंशावली के आधार पर चयन करने से कोई लाभ नहीं होता है।

अन्तः प्रजनन अपनाने की आवश्यकता

सामान्यतः अन्तःप्रजनन बहुत कम अपनाया जाता है परन्तु वैज्ञानिक विधियों एवं वरण को ध्यान में रखते हुए इसका प्रयोग किया जा सकता है। अन्तः प्रजनन को निम्नलिखित दशाओं में अपनाया जाता है।

- मूल जीन संख्या या सीड स्टाक को सुरक्षित रखने के लिए।
- वंशक्रम उत्पन्न करने के लिए
- घातक जीनों को छाँटने के लिए।

अन्तः प्रजनन के समय पशुपालक को निम्न सावधानियाँ बरतनी चाहिए

अन्तःप्रजनन हमेशा औसत से अच्छे पशुओं में ही अपनाना चाहिए अन्यथा उत्पादन क्षमता बहुत कम हो जाती है। अन्तःप्रजनन को अलाभकारी स्तर तक पहुँचाने से रोकने के लिए दो या अधिक मेंढ़ों वाला समूह रखना चाहिए, क्योंकि एक मेंढ़ें वाले समूह में जल्दी समयुग्मता आ जाती है जो हानिकारक होती है। पशुपालक को सम्भावित उत्पन्न खतरों एवं असामान्यताओं की अच्छी जानकारी रखनी चाहिए। क्रमोन्नत एवं व्यवसायिक समूह में इसको नहीं अपनाना चाहिए, क्योंकि इससे उनकी उत्पादन क्षमता कम हो जाती है। औसत से कम उत्पादन क्षमता वाले पशुओं में अन्तः प्रजनन नहीं करना चाहिए।

बहिः प्रजनन

असम्बन्धित अथवा दूर के सम्बन्धी नर तथा मादाओं का संगम बहिः प्रजनन कहलाता है। बहिः प्रजनन का उद्‌देश्य श्रेष्ठ परन्तु असम्बन्धित मेंढ़ों के गुणों को संतति में लाना है। इससे संतति में नवीन गुणों का समावेश किया जाता है एवं नई–नई नस्लें उत्पन्न करके पशुधन की उन्नति की जाती है।

बहिः प्रजनन की विधियाँ

1. बहिःसंकरण (आउट क्रॉसिंग)ः– इस विधि के अन्तर्गत एक ही शुद्ध

नस्ल के असम्बन्धित नर तथा मादाओं का संगम कराया जाता है। संगम पशुओं में 4 से 5 पीढ़ी तक कोई भी पूर्वज सम्मिलित नहीं होना चाहिए। कभी–कभी इस प्रकार के प्रजनन को अन्तःप्रजनन या शुद्ध वंशीय प्रजनन के अर्न्तगत भी रखा जाता है। क्योंकि नर तथा मादा एक ही नस्ल के होते हैं परन्तु अधिकतर विशेषज्ञों की राय में इसे बहिःप्रजनन के अर्न्तगत उचित माना गया है। इस प्रकार के संगम से उत्पन्न संतान को बहिःसंकर (आउट क्रॉस) कहते है।

इस विधि से प्रजनन द्वारा पशुओं की उत्पादन क्षमता, जीवनशक्ति एवं वृद्धि दर बढ़ती है। वरण को सही ढ़ंग से अपनाने पर आनुवंशिक प्रगति तीव्र गति से होती है तथा विशिष्ट नस्ल की शुद्धता भी कायम रहती है। अधिकतर फार्म पशुओं के समुहों के लिए यह उत्तम विधि मानी जाती है। औसत से कम उत्पादन क्षमता वाले पशु समूहों के विकास के लिए यह विधि अच्छी मानी जाती है। औसत से अधिक वंशागतित्व वाले गुणों के लिए भी यह विधि प्रभावशाली होती है।

2. संकरण (क्रॉस ब्रीडिंग):– दो भिन्न संस्थापित नस्लों या वंशाक्रमों के पशुओं का संगम कराना संकरण कहलाता है। इससें उत्पन्न संतान को संकर कहा जाता है। इस विधि का मुख्य उद्देश्य दो नस्लों मे उपस्थित लाभदायक गुणों से युक्त संकर पशु उत्पन्न कराना होता है। इसमें विभिन्न नस्लों के चुने हुए, श्रेश्ठ गुणों वाले नर तथा मादाओं का संगम कराया जाता है। इनसे उत्पन्न संतान में दोनों जनकों के अच्छे गुण आ जाते हैं। यह विधि व्यवसायिक रूप में बाजार के लिए अधिक उत्पादन क्षमता वाले पशु उत्पन्न करने के लिए अपनाई जाती है।

(क) क्रिस क्रॉसिंग: इस विधि में दो या दो से अधिक नस्लों के नर तथा मादाओं को एकान्तर रूप से संगम कराया जाता है। इसके प्रथम क्रॉस में जानवर को उसके माता या पिता से संगम कराते हैं तथा इस विधि को बैक क्रॉस कहते है। इसके फलस्वरूप उत्पन्न संतति में लगभग दो तिहाई आनुवंशिकता अपने तात्कालिक पिता के नस्ल से तथा एक तिहाई आनुवंशिकता दूसरी प्रयोग की जा रही नस्ल की होती है। इस विधि का प्रयोग माता तथा पुत्री दोनों के द्वारा संकर ओज का उपयोग करने के

लिए किया जाता है। यद्यपि इस विधि में दोनों नस्लों को आवर्ती रूप में किया जाता है परन्तु इस प्रकार के संकरण को आवर्ती संकरण न कहकर तिर्यक संकरण ही कहा जाता है।

(ख) त्रिसंकरण (ट्रिपल क्रॉसिंग): इस विधि में संकरण के लिए तीन नस्लों का प्रयोग किया जाता है। इसके फलस्वरूप जो संतान उत्पन्न होती है उसमें 50 प्रतिशत आनुवंशिकता तत्कालीन पिता के नस्ल की तथा 25–25 प्रतिशत अन्य दो नस्लों की होती है। इसका प्रयोग तीन नस्ल के श्रेष्ठ गुणों का उपयोग करने के लिए या तीनों के मिश्रण से नई नस्ल तैयार करने के लिए किया जाता है। इस विधि में दो से अधिक नस्ल के उपयोग से संकरण तथा तिर्यक संकरण से ज्यादा संकर ओज (हेट्रोसिस) प्राप्त होता है।

(ग) टेट्रा क्रॉसिंग: संकरण की तरह इस विधि में तीन के बजाय चार नस्लों के संगम से संकर पशु तैयार किए जाते हैं। पहले दो–दो नस्लों के संकरण से दो प्रथम संकर (एफ 1) उत्पन्न किया जाता है। प्रथम संकरों में सिर्फ दो नस्लों का मिश्रण होता है। इस विधि को द्विसंकरण भी कहते हैं।

संकरण के लाभ

- संकर पशुओं की उत्पादन क्षमता का अधिक होना।
- पशुओं की उत्पादन क्षमता में तीव्र वृद्धि
- नई जातियों का विकास किया जाता है।

संकरण से हानियाँ

- संकरण में स्थापित लक्षणों को तोड़ देने एवं लक्षणों के संयोजनों को नष्ट कर देने की प्रवृत्ति होती है जो शुद्ध प्रजनन की प्रणाली के अर्न्तगत विभेदों में बहुत समय से मौजूद है और संकरण में एकक लक्षणों की तरह आचरण करते हैं। उदाहरण के तौर पर भारतीय तथा विदेशी नस्लों के क्रॉस में कूबड़ गायब हो जाता है जो भारवाहक पशुओं का एक श्रेष्ठ गुण माना जाता है।

- इसे अपनाने के लिए पशुपालकों को विभिन्न नस्लों के नर–मादा पशु रखने पड़ते हैं जिनके पालन पोषण एवं प्रबन्ध में काफी कठिनाई उठानी पड़ती है। साथ ही यह कार्य खर्चीला भी पड़ता है। कभी–कभी विभिन्न नस्ल के पशुओं में असमानता के गुण अधिक होने के कारण उनकी प्रजनन क्षमता में कमी आ जाती है। इस प्रकार से उत्पन्न सन्तान प्रजनन योग्य नहीं रहती।
- संकरण से कभी–कभी ऐसे अनैच्छिक पशु पैदा हो जाते हैं जिनका बाजार में कोई मूल्य नहीं होता। यद्यपि ऐसे पशु उत्पन्न होने की संभावना बहुत कम होती है, फिर भी उनकी पैदाइश से इन्कार नहीं किया जा सकता।

3. क्रमोन्नतीकरण: क्रमोन्नतीकरण में किसी निश्चित नस्ल के मेंढ़ों को अज्ञात कुल की मादाओं और उनकी सन्तानों से पीढ़ी–दर–पीढ़ी संगम कराया जाता है। इसके फलस्वरूप 6–7 पीढ़ीयों में ही अशुद्ध पशुओं का झुण्ड बिल्कुल शुद्ध जैसा हो जाता है। इस विधि से उत्पन्न प्रथम पीढ़ी की सन्तान में 50 प्रतिशत शुद्धता, दूसरी में 75 प्रतिशत, इस प्रकार 6–7 पीढ़ीयों में लगभग शुद्ध नस्ल तैयार हो जाती है। प्रजनन की यह विधि उन्ही नस्लों के पशुओं में लागू की जाती है जो स्थानीय वातावरण में भली–भाँति घुल मिल गए हों।

पीढ़ी	शुद्ध नस्ल (प्रतिशत)	अज्ञात कुल (प्रतिशत)
0	0	100
1	50	50
2	75	25
3	87.5	12.5
4	93.75	6.25
5	96.87	3.13
6	98.44	1.56
7	99.22	0.78

क्रमोन्नतीकरण के लाभ

7वीं–8वीं पीढ़ी के बाद शुद्ध वंशज प्राप्त किए जा सकते हैं। शुद्ध वंशीय पशु खरीदने में बहुत धन की आवश्यकता पड़ती है परन्तु इस विधि से सस्ते में ही शुद्ध वंशीय झुण्ड तैयार किया जा सकता है। इस विधि से मेंढ़ों को अपनी शुद्धता सिद्ध करने में मदद मिलती है तथा उसका बाजार मूल्य बढ़ जाता है। नए पशुपालकों द्वारा शुरू करने के लिए अच्छी विधि है जो धीरे–धीरे शुद्ध नस्लीय पद्धतियाँ अपना सकते हैं।

क्रमोन्नतीकरण की हानियाँ

उपयोग के लिए क्रमोन्नतीकरण के फलस्वरूप तैयार पशु शुद्ध देशी नस्ल से हमेशा अच्छी नहीं होती। इससे उत्पन्न नर बच्चे हमेशा खराब समझे जाते हैं क्योंकि उनमें अनैच्छिक जीन अप्रभावी अवस्था में छिपे रहते हैं जो प्रजनन के द्वारा सन्तान में पहुँच सकते हैं। उत्पन्न बच्चे स्थान–स्थान के वातावरण के अनुसार एक–दूसरे से भिन्न होते है।

प्रजनक मेंढ़ों का चयन

किसी रेवड़ की आनुवंशिक प्रगति मुख्य रूप से मेंढ़ें पर निर्भर करती हैं क्योंकि एक मेंढ़े से ही सन्तानें होती हैं। इसलिए नर को रेवड़ का आधा भाग माना जाता है। अतः रेवड़ के लिए उन्नत नस्ल का मेंढ़ा चुनना अत्यन्त आवश्यक है। रेवड़ में 25–30 भेड़ों पर एक मेंढ़ा काफी होता है।

स्वस्थ प्रजनक मेंढा

रेवड़ के लिए उन्नत नस्ल का मेंढ़ा चुनना अत्यन्त आवश्यक है। मेंढ़ा शारीरिक रूप से पुष्ट एवं उच्च शारीरिक भार वाला, पूर्ण स्वस्थ, मजबूत और प्रजनन क्षमता में उच्चकोटि का होना चाहिए। रेवड़ के लिए मेंढ़े का चयन उत्तम नस्ल गुणों के तथा अधिक बढ़ोतरी वाले बच्चों में से जो अधिक दूध देने वाली भेड़ के हों, ही करना

चाहिए। शारीरिक पुष्टता के साथ–साथ प्रजनन काल में मेंढ़े के वीर्य का परीक्षण भी निकटस्थ प्रसार केन्द्र पर करवाना आवश्यक है जिससे असामान्य वीर्य वाले मेंढ़ें को समय पर रेवड़ से निकाला जा सके। कृत्रिम गर्भाधान के लिए उत्तम आनुवंशिक वरीयता वाले मेंढों का ही चयन करना चाहिए। मेंढ़ें स्वस्थ, उचित मैथुन क्षमता एवं नैसर्गिक कामप्रवृति वाले होने चाहिए। स्वास्थ्य एवं शारीरिक परीक्षण से यह जाँच लें कि दाता मेंढ़ों में जनन व प्रजनन संबधित विकार न हो तथा वे प्रजनन अंगों विशेष रूप से अंडकोश के आकार व रूप, शिश्न व मूत्रमार्ग की स्पर्श परीक्षा से जाँच कर लें।

रेवड़ में अन्तः प्रजनन न होने दें–

रेवड़ में अन्तः प्रजनन नहीं होने देना चाहिए क्योंकि इससे भेड़ों के उत्पादन स्तर व अन्य गुणों में कमी आ जाती हैं। अन्तः प्रजनन को कम करने के लिए रेवड़ में मेंढ़ें का चयन करते समय विशेष ध्यान देना चाहिए जिससे कि मेंढ़ें को उसकी मां से, चचेरे भाई–बहन से, उसकी पुत्री से कभी मिलान नहीं हों। रेवड़ में ऐसी स्थिति आने पर भेड़ पालक को चाहिए कि वह बाहर के रेवड़ से चयनित मेंढ़ें को खरीद कर अपने रेवड़ में प्रयोग करे जिससे रेवड़ का खून बदल जाता है तथा रेवड़ का उत्पादन स्तर बढ़ जाता है। रेवड़ में मेंढ़ें को 2–3 वर्ष तक ही प्रयोग में लेना चाहिए। ऐसे सभी नर जिनसे प्रजनन नहीं कराना है उनको 3 माह की आयु पर बधिया कर उचित शारीरिक भार प्राप्त करने पर बेच देना चाहिए। बधिया करने से उनमें बढ़वार अधिक होती है तथा उनसे प्राप्त मांस अच्छी गुणवत्ता का होता है

रेवड़ से निष्कासन

रेवड़ से लँगड़ी, बूढ़ी, खराब थन वाली, लम्बी बीमारी वाली, कम जनन क्षमता वाली व कम उत्पादन स्तर वाली मादा को समूह से प्रतिवर्ष 20–30 प्रतिशत के अनुपात में छाँट देना चाहिए, इससे अच्छे उत्पादन क़िस्म के पशुओं को रेवड़ में बनाए रखा जा सकता है तथा रेवड़ का उत्पादन स्तर सुधारा जा सकता है। रेवड़ को अच्छा बनाए रखने के लिए रेवड़ से निम्न मानदण्ड के आधार पर पशुओं को निकाल देना चाहिए।

आयुः— भेड़ों के समूह में अधिकतम उत्पादन उनकी 4–6 वर्ष की आयु के मध्य होता हैं उसके बाद भेड़ों का उत्पादन स्तर गिरने लगता है। जिससे रेवड़ का औसत स्तर भी कम हो जाता है। अर्थात रेवड़ से उन पशुओं को हटा देना चाहिए जिनकी आयु 7–8 वर्ष के ऊपर हो क्योंकि इसके उपरान्त भेड़ों का प्रजनन करवाना आर्थिक दृष्टि से उपयोगी नहीं होता है।

स्वास्थ्य स्तरः— रेवड़ से उन भेड़ों को निकाल देना चाहिए जो अक्सर बीमार रहती हो या वे किसी लम्बी बीमारी से ग्रस्त हो जिसके कारण उनका उत्पादन स्तर कम हो जाता है। आम बीमारियों से बच जाने वाली मादा एवं उनके बच्चों को ही रेवड़ में रखना चाहिए।

प्रजनन क्षमताः— उन भेड़ों को जो अपनी एक या दो प्रजनन अवधियों में लगातार ग्याभिन न हो रही हो उनको रेवड़ से निकाल देना चाहिए या वे भेड़ें जो ग्याभिन होने में अधिक समय लगा रही हो जिससे कि दो ब्याँतों के बीच का समय बढ़ रहा हो, उन भेड़ों को भी रेवड़ से निकाल देना चाहिए क्योंकि उनकों रेवड़ में रखना आर्थिक दृष्टि से ठीक नहीं है। ऐसी भेड़ों को रेवड़ में रखने से बेवजह चराई आदि पर खर्चा होता है तथा मेमनें भी प्राप्त नहीं होते।

प्रजनन की विभिन्न पद्धति से वृद्धि दर एवं उत्पादन में बढ़ोतरी कैसे करें?

बाह्य प्रजनन

इस प्रकार के संगम में किसी जानवर के वांछित गुणों में बढ़ोत्तरी हेतु एक ही नस्ल के असंबंधित नर एवं मादा के बीच प्रजनन कराते हैं जो पैदा होने वाले अगली पीढ़ी में प्रदर्शित होने वाले वांछित गुणों की मात्रा तथा भिन्नता को बढाते हैं। वंशावली के उच्च नर से निम्न मादा का प्रजनन एक उन्नयन जैसी प्रक्रिया है परन्तु इसमें एक ही नस्ल के वंशावली के उच्च स्थान में स्थित नर को वंशावली के निम्न स्थान में स्थित कम उत्पादन क्षमता वाली दूषित आनुवंशिकी के मादा से प्रजनन कराते हैं ताकि उसकी अगली पीढ़ी की नस्ल शुद्ध हो सके एवं उत्पादन

में बढ़ोत्तरी भी हो सके। यह एक प्रकार से नस्ल शुद्धिकरण की प्रक्रिया है। दो विभिन्न स्थापित नस्ल के नर एवं मादा के बीच प्रजनन (क्रॉस ब्रिडिंग), यह नस्ल सुधार एवं उत्पादन वृद्धि हेतु सबसे लोकप्रिय तथा सर्वमान्य प्रजनन प्रक्रिया है जिससे कम समय के अंतराल में उत्पादन में तीव्र वृद्धि दर्ज की गयी है।

क्रमोन्नतीकरण

इस प्रजनन पद्धति में कम उत्पादन क्षमता वाली स्थानीय मादा को किसी उच्च नस्ल के वांछित गुण वाले नर से प्रजनन कराया जाता है जिसके परिणामस्वरूप उत्पन्न संतान की उत्पादन क्षमता एवं शारीरिक विकास स्थानीय माँ से बेहतर होता है। इस प्रकार के प्रजनन के परिणामस्वरूप पैदा होने वाले मादा संतान को निरंतर एक ही नर से संगम कराने पर लगभग छठी पीढ़ी के बाद उन्नत आनुवंशिकता वाली संतान प्राप्त होती है। जिसके 98.44 प्रतिशत गुण पिता के समान होते हैं। इस प्रकार क्रमोनतीकरण नए जीन की रचना नहीं करता बल्कि उच्च गुणवत्ता वाले जीन को जानवर में स्थापित करता है। यह विधि प्रजनन की अन्य विधियों की तुलना में कम खर्चीली है तथा इसमें कम समय में परिणाम प्राप्त होने की संभावना होती है।

संकर प्रजनन

दो अलग अलग वांछित नर और मादा के बीच के प्रजनन को संकर प्रजनन कहते हैं। यह स्थानीय तथा विदेशी नस्ल के जानवरों में भी हो सकता है। किसी पशु की उत्पादन क्षमता की जानकारी उपलब्ध होने पर उसके शरीर के प्रारूप तथा वृद्धि दर जैसे गुणों का स्पष्ट मूल्याँकन प्रदर्शित क्षमता के आधार पर किया जाता है। हमारे देश में किसान ज्यादातर इसी आधार पर पशुओं का चयन करते हैं।

सावधानियाँ एवं आवश्यक सुझाव

- संकर पशु देश के उन्हीं स्थानों में पैदा करने चाहिएँ जहाँ रसदार हरा चारा प्रचुर मात्रा में हो एवं जलवायु की स्थिरता बनी रहती हो।

- अच्छी प्रबंधन व्यवस्था के साथ–साथ विभिन्न बीमारियों के नियंत्रण हेतु पशु –चिकित्सा उपलब्ध हो।
- संकर पशुओं पर किए गए अनुसंधानों में यह पाया गया है कि विदेशी पशुओं के रक्त का स्तर 50 प्रतिशत से अधिक बढ़ने पर बीमारी के संक्रमण की सम्भावना बढ़ जाती है। अतः 50 प्रतिशत से अधिक विदेशी रक्त वाले पशु पैदा नहीं करने चाहिएँ।
- संकरण उन्ही नस्लों के पशुओं में करना चाहिए जिनकी उत्पादन क्षमता कम हो।
- देश के जिन क्षेत्रों में पशुओं की प्रजाति या नस्ल विकसित है उन क्षेत्रों में संकरण को प्रोत्साहन नहीं देना चाहिए। उन क्षेत्रों में प्रजनन निजी प्रजाति या नस्ल के नर द्वारा ही कराना उचित रहता है।

भेड़ों में संकरण द्वारा सुधार

देशी नस्ल की भेड़ों का ऊन एवं मांस उत्पादन विदेशी नस्ल की भेड़ों की तुलना में बहुत कम है इनके उत्पादन में वृद्धि के लिए नस्ल सुधार अत्यन्त आवश्यक है। नस्ल सुधार का कार्य दो प्रकार से संभव हैं। प्रथम देशी नस्लों में से उत्तम मेंढ़ों एवं भेड़ों का चयन करके प्रजनन कराना एवं दूसरा उत्तम विदेशी मेंढ़ों के द्वारा देशी भेंड़ों में प्रजनन कराना। प्रथम विधि अपनाने से सुधार की दर दूसरी विधि की अपेक्षा बहुत कम होती है और समय अधिक लगता है। अतः संकर प्रजनन अधिक उपयोगी है क्योंकि इस विधि से कम से कम समय में अधिक सुधार संभव है।

संकर प्रजनन जनकीय ढांचे को उच्च दर से सुधारने वाली एक उन्नत तकनीक है। पिछले कई दशकों से पशु सुधार के लिए संकर प्रजनन के विभिन्न कार्यक्रम विश्वव्यापी स्तर पर चलाकर अपार सफलताएँ प्राप्त की गई हैं। भारत में 60 व 70 के दशकों में अमेरिका से रैम्बुए तथा रूस से सोवियत मेरिनों नस्ल के मेंढे अविकानगर लाया गया इनके भारतीय भेड़ों से संकरण से नई किस्मों का विकास किया गया जैसे कि

अविकालीन, अविवस्त्र तथा भारत मेरिनो। यह साबित हो चुका है कि अनुकूल वातावरण व पर्याप्त पोषण मिलने से संकर प्रजातियाँ देशी प्रजातियों की तुलना में अच्छे परिणाम व उत्पादन देती हैं।

भेड़ व्यवसाय के प्रजनन उद्देश्य दिन–प्रतिदिन जटिल होते जा रहे हैं। आजकल का अनुसंधान कार्य मुख्य रूप से क्षेत्रीय प्रजातियों पर केंद्रित किया जा रहा है क्योंकि ये आसानी से उपलब्ध होती हैं तथा वातावरण के लिए अनुकूल होती हैं। भेड़ की उपयोगिता भी अब अधिक परिवर्तनशील हो गई है तथा भेड़ व्यवसायी भी अधिक धन उपार्जन करने वाले गुणों पर अधिक ध्यान दे रहे हैं। मांस एक ऐसा उत्पाद है जो कि बाजार स्तर पर पुरजोर ढंग से ध्यानाकर्शित कर रहा है। इसकी मांग दिन–प्रतिदिन बढ़ती जा रही है तथा मांस उत्पादन को बढ़ाने के लिए अनुसंधान किए जा रहे है। भा.कृ.अ.प.–केन्द्रीय भेड़ एवं ऊन अनुसंधान संस्थान, अविकानगर में मांसदायी नस्ल मालपुरा में बहुअजता के लिए पश्चिम बंगाल से लाई गई गैरोल प्रजाति से संकरण करवाया गया है। बहुअजता के वांछनीय गुण से युक्त संकर पशुओं की पहचान पी.सी.आर. आरएएफएलपी तकनीक द्वारा की गई तथा इनका पश्चसंकरण मालपुरा भेड़ से करवाया गया तथा चयन का आधार अधिक वजन को रखा गया है।

देशी नस्ल की भेड़ों का विदेशी नस्ल के उत्तम मेंढ़ें से मिलान कराने से उत्पन्न नस्ल का ऊन एवं मांस उत्पादन अधिक होता है तथा उसकी गुणवत्ता भी देशी नस्ल की अपेक्षा अधिक होती है। चोकला और नाली नस्ल की भेड़ों का रूसी मेरिनो और रैम्बुए नस्ल के मेंढ़ों से संकरण कराने से उत्पन्न भेड़ों (आधा देशी व आधा विदेशी) से 2.5 से 3.0 किलोग्राम ऊन प्रतिवर्ष प्राप्त की जा सकती है तथा यह ऊन अधिक शुद्ध और बारीक रेशे वाली होती है। अविकानगर में चोकला, नाली, मालपुरा, सोनाड़ी नस्ल की देशी भेड़ों का रैम्बुए, मेरिनो, डोरसेट, सफोक, आवासी आदि विदेशी नस्लों के मेंढ़ों से संकरण कराने से देशी नस्लों के ऊन व मांस उत्पादन में वृद्धि प्राप्त की गई है।

संकर नस्ल की भेड़ें देशी भेड़ों की अपेक्षा कम आयु में ही गर्भधारण

योग्य हो जाती हैं। यदि उनकी उचित प्रकार से देखभाल की जाए तो देशी नस्ल की अपेक्षा कम से कम 6–8 माह पहले ही गर्भधारण कर लेती हैं। उचित शरीर भार प्राप्त करने के बाद ही उनका प्रजनन कराना चाहिए। भेड़ों के प्रजनन का समय ऐसा निश्चित करना चाहिए जिससे गर्भावस्था में भेड़ों के चरने के लिए पर्याप्त मात्रा में घास आदि उपलब्ध हो सके। संकर नस्ल की भेड़ों की पोषणिक आवश्यकता देशी नस्ल की भेड़ों की अपेक्षा अधिक होती है इसलिए इनकी आहार व्यवस्था पर अधिक ध्यान देना चाहिए ताकि इनकी उत्पादक क्षमता का पूर्ण लाभ उठाया जा सके। संकर भेड़ों में दिन भर घूमने–फिरने की क्षमता देशी नस्ल की अपेक्षा कम होती है और यह अधिक तापमान वाले दिनों में और भी कम हो जाती है। इसलिए संकर भेड़ों के रेवड़ को सुबह व शाम चराई के लिए भेजना चाहिए। दिन के समय बाड़े पर या चरागाह में छायादार वृक्ष के नीचे आराम कराना चाहिए। संकर भेड़ों को चराई के अलावा पूरक खिलाई का भी प्रबंध करना चाहिए। इसके लिए 250–300 ग्राम दाना प्रति भेड़ प्रतिदिन उपलब्ध कराना चाहिए। संकर नस्ल की भेड़ों के बच्चों की जन्म से ही अच्छी तरह देखभाल करना अति आवश्यक है। मेमनों की अच्छी तरह से देखभाल करने से उनमें मृत्युदर को कम किया जा सकता है तथा रेवड़ को अधिक उत्पादनशील बनाया जा सकता है। संकर नस्ल की भेड़ों को स्वस्थ रखने के लिए देशी भेड़ों के मुकाबले अधिक ध्यान देने की आवश्यकता होती है क्योंकि वातावरण के बदलने से उनकी रोग प्रतिरोधक क्षमता कम हो जाती है।

संकरण (क्रॉस ब्रिडिंग) से उत्पन्न नस्लें

नाम	उपयोगिता	पैतृक नस्लों के नाम	स्थान
भारत मेरिनो (75%)	महीन ऊन	चोकला, नाली, मालपुरा, जैसलमेरी+ रेम्बुए, मेरीनो	अविकानगर
अविवस्त्र (50%)	महीन ऊन	चोकला, नाली + रेम्बुए, मेरीनो	अविकानगर
अविकालीन (50%)	गलीचा ऊन	मालपुरा + रेम्बुए	अविकानगर

अविमाँस (50%)	माँस	मालपुरा, सोनाड़ी + डॉरसेट, सफोल्क	अविकानगर
भारतीय काराकुल (75%)	खाल	मारवाड़ी, मालपुरा, सोनाड़ी + काराकुल	अविकानगर
निलगिरी सिंथेटिक (62.5 / 75%)	महीन ऊन	नीलगिरी + रेम्बुए, सोवियत मेरीनो	सैन्डीनाला, तमिलनाडू
पाटनवाड़ी सिंथेटिक (50%)	गलीचा ऊन	पाटनवाड़ी + रेम्बुए, सोवियत मेरीनो	दाँतेवाड़ा, गुजरात
कश्मीर मेरीनो (50–75%)	महीन ऊन	गद्दी भाँकरवाल, पूंछी + डलेन मेरिनो, रेम्बुए, सोवियत मेरीनो	जम्मू कश्मीर
हिस्सारडेल (75%)	महीन ऊन	बीकानेरी+आस्ट्रेलीयन मेरीनो	हरियाणा
प्रोलिफिक त्रिसंकर	ज्यादा बच्चे (मांस)	मालपुरा, गैरोल, पाटनवाड़ी	अविकानगर
नारी सुवर्णा	ज्यादा बच्चे (मांस)	डेक्कनी, गैरोल	नारी, फलटन (महाराष्ट्र)
नारी कंपोजिट	ज्यादा बच्चे (मांस)	डेक्कनी, गैरोल, आवासी / बन्नुर	नारी, फलटन (महाराष्ट्र)

बहुअजता जीन विकास (पर शीप मोर शीप)

बहुअजता (फेक–बी) के लिए भेड़ में पहचाना गया फेक–बी प्रथम वृहत्तजीन है। इसकी सर्वप्रथम पहचान आस्ट्रेलिया में बुरूला मेरिनो भेड़ में की गई थी। यह जीन अंडा देने की दर एवं प्रति ब्याँत बच्चा देने की दर को बढ़ाता है। यह भेड़ के गुणसूत्र संख्या 6 पर पाया जाता है और मेंडल के साधारण वंशाक्रम के सिद्धान्तों का पालन करता है। इसका प्रभाव अंडा देने की दर पर योगात्मक तथा प्रति ब्यांत बच्चा देने की दर पर आंशिक प्रभावी होता है। इसके गुणों को देखते हुए इस जीन का नाम शुरू में फेकनडिटी तथा उसके स्थान एवं समयुग्मों के लिए F चिन्ह दिया गया। तत्पश्चात् जब यह पता चला कि बहुअजता अनेक जीन से प्रभावित होते हैं तब इस स्थान का चिन्ह F से फेक–बी और समयुग्मों का नया

बुरूला कर दिया गया और उसका चिन्ह फेक–बी कर दिया गया। भारत में इस जीन का प्रसार गैरोल भेड़ से प्रजनन के द्वारा डक्कनी, बानुर, अवासी, मालपुरा आदि नस्लों में किया जा रहा है। वर्तमान समय में यह जीन उन्नीस देशों की कम से कम 48 नस्लों में विद्यमान है। इस जीन का एक प्रतिरूप अंडा उत्सर्जन की दर को 1.6 गुणा बढ़ाता है या एक से दो अतिरिक्त बच्चों की संख्या को बढ़ाता है तथा इसके दो प्रतिरूप अंडा देने की दर को लगभग तीन गुणा बढ़ाते हैं।

फेक–बी सर्वप्रथम आस्ट्रेलिया की बुरूला मेरिनो में देखा गया तथा आधुनिक डी. एन. ए. चिन्हक तकनीक से यह ज्ञात हुआ कि इसकी उत्पत्ति एशिया में हुई है। इसके बाद डॉ. न्यूटन टर्नर ने अनुमान लगाया कि बुरूला मेरिनो में बहुअजता के गुण या तो बंगाल भेड़ या केप भेड़ से आई जिनका आयात 18वी शताब्दी में आस्ट्रेलिया में हुआ था। इस अनुमान की सत्यता के लिए आस्ट्रेलियाई मेरिनो झुंड के दस्तावेजों की गहन छानबीन की गई। इस छानबीन के दौरान यह पता चला कि बहुअजता वाले बुरूला मेरिनो आस्ट्रेलियाई मेरिनो झुंड में सैम्युल मार्शडेन नामक भेड़ पालक से खरीदा गया था। सैम्युल मार्शडेन बहुत पहले बंगाल और केप दोनों भेड़ पालता था। 1792 में पहली बार समुद्र के रास्ते 12 बंगाल भेड कलकत्ता से आस्ट्रेलिया निर्यात की गई थीं। सन् 1793 में भी 100 बंगाल भेड़ अवैध तरीके से आस्ट्रेलिया भेजी गई थीं। इसी बंगाल भेड़ की शारीरिक बनावट आज की गैरोल भेड़ जो कि पश्चिम बंगाल के सुन्दरवन क्षेत्र में पाई जाती हैं, उनसे मिलती है। गहन डीएनए मार्कर आधारित तकनीक के उपयोग से यह स्थापित हो गया है कि फेक–बी जीन उत्परिवर्तन आस्ट्रेलियाई समूहों में भारत से आए गैरोल भेड़ से हुआ। उसके बाद उन भेड़ों में निरंतर संकर प्रजनन से बुरूला मेरिनो की उत्पत्ति हुई। बाद के अध्ययनों से दो चीनी भेड़ 'हु' एवं 'हान' में भी फेक–बी जीन पाए गए। इन नस्लों की कद–काठी एवं शारीरिक बनावट गैरोल से बहुत अलग है।

जीन का प्रभाव विभिन्न नस्लों में भिन्न होता है जिसके कारण बहुअजता में भी भिन्नता है। इस भिन्नता के कई कारक हैं जैसे– वातावरण,

भेड़ की ब्यांत, नस्ल चयन प्रक्रिया, मादा का आहार और दूसरे जीन की उपस्थिति। योगात्मक प्रभाव के अलावा कुछ ऋणात्मक परिणाम भी इस जीन की उपस्थिति के कारण देखा गया है। यह प्रभाव मुख्यतः शारीरिक भार, दूध देने की क्षमता एवं जन्म पूर्व उच्च मृत्युदर में होता है। इस ऋणात्मक प्रभाव को विभिन्न प्रजनन एवं प्रबंधन के तरीकों द्वारा कम किया जा सकता है। कुल मिलाकर फेक–बी जीन भेड़ पालन उद्योगों में क्रांतिकारी परिवर्तन ला सकता है। दिनों–दिन फल–फूल रहे मांस उद्योग की जरूरतों को इस जीन के उचित उपयोग से पूरा किया जा सकता है। प्रति भेड़ आर्थिक लाभ को बढ़ाने में इसका योगदान महत्वपूर्ण होगा। किसानों की सुख एवं समृद्धि के लिए पशु आनुवंशिकी में इस जीन का अधिकाधिक उपयोग अति महत्वपूर्ण है। निकट भविश्य में इस जीन से संबंधित अनुसंधान के दूरगामी परिणाम संभव है जो भेड़ पालन व्यवसाय को नई दिशा प्रदान करेगा।

भा.कृ.अ.प.–केन्द्रीय भेड़ एवं ऊन अनुसंधान संस्थान, अविकानगर में गैरोल को यहाँ की मालपुरा नस्ल के साथ संकरित कर एक बहुअजता मांस उत्पादक नस्ल के विकास का कार्य किया जा रहा है। भविष्य की आवश्यकताओं को देखते हुए अविकानगर में अनुसंधान के तहत फेक–बी जीन धारक त्रिसंकर बहुप्रजनक भेड़ का विकास किया गया है। यह बहुप्रजनक नस्ल त्रिसंकर (''गैरोल x मालपुरा x पाटनवाड़ी'') है तथा भेड़ पालकों के लिए लाभदायक बहुप्रजनक भेड़ होगी, जिसके बच्चों का शारीरिक भार अधिक होगा। भेड़ पालक इस नस्ल को पालकर अधिक लाभ प्राप्त कर सकेंगे।

त्रिसंकर बहुप्रजनक भेड़ का विकास

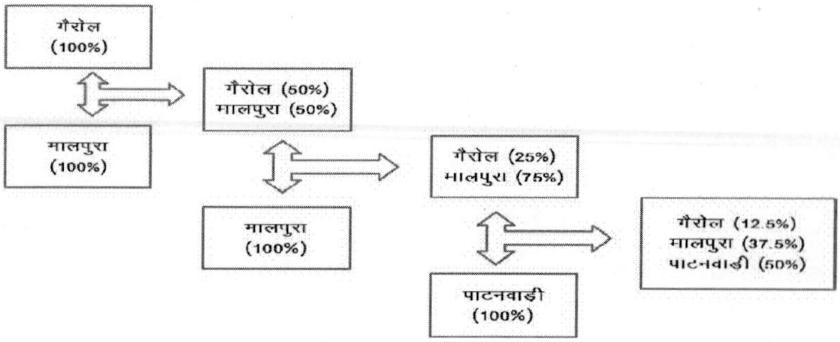

गैरोल एवं अविशान

क्षेत्रवार भेड़ों की प्रजनन नीतियाँ

जलवायु के आधार पर भारतवर्ष को हम चार भागों में बाँट सकते हैं। क्षेत्रवार भेड़ की प्रजनन नीतियों का वर्णन दिया जा रहा है।

उत्तरी ठंडे क्षेत्र– इस क्षेत्र में जम्मू कश्मीर, हिमाचल प्रदेश के पर्वतीय क्षेत्र एवं नेपाल की सीमाओं से लगा उत्तरी सीमान्त प्रदेश शामिल है। आमतौर पर इन क्षेत्रों में वार्षिक वर्षा लगभग 1500 मिमी तथा वार्षिक तापमान 4 से 30 डिग्री. सेल्सियस रहता हैं। इन क्षेत्रों में पशुओं को चराने के लिए अच्छे चरागाह उपलब्ध हैं। इस क्षेत्र की प्रमुख नस्ले भकरवाल, चांगथांगी, गद्दी, गुरेज, करनाह, कश्मीर मेरिनो, पून्छी, रामपुर बुसेर आदि है। करनाह और कश्मीर मेरिनो की ऊन बहुत ही बारीक एवं गर्म कपड़े बुनने योग्य है और अन्य सभी नस्लों की ऊन अच्छे गलीचे बुनने लायक है। अतः इस क्षेत्र की नस्लों का संकर प्रजनन विदेशी नस्लों जैसे रेम्बुए/मेरिनो से करा कर 75 प्रतिशत विदेशी खून को स्थिर करना है। चांगथागी नस्ल की भेड़े जो वहाँ की जलवायु के लिए अति उत्तम है और

अच्छे गलीचे या साधारण वस्त्र बनाने की ऊन का उत्पादन करती हैं और इस ऊन का तन्तु भी काफी लम्बा है इसको इसी नस्ल के अच्छे चयनित मेढ़ों और भेड़ों के बीच प्रजनन कराने से ऊन में वृद्धि की जा सकती है।

उत्तर पश्चिमी शुष्क एवं अर्द्ध–शुष्क क्षेत्रः यह क्षेत्र देश के उत्तर पश्चिमी प्रदशों को संगठित करता है। इस क्षेत्र के मुख्य राज्यों में राजस्थान, पंजाब, हरियाणा, पश्चिमी उत्तर प्रदेश, मध्य प्रदेश तथा गुजरात के मैदानी भाग आते है। यह क्षेत्र शुष्क से अर्द्ध–शुष्क क्षेत्रों मे पाई जाने वाली घासों, झाड़ियों, चारा एवं वृक्षों से भरा हुआ है। इन वनस्पतियों में मुख्य रूप से खेजड़ी, अरडू, नीम, बबूल, कीकर, बरगद, बेरी, झड़बेरी आदि वृक्षों की अधिकता है। इस क्षेत्र की प्रमुख नस्लें चोकला, नाली, जैसलमेरी, पूगल, सोनाड़ी, मारवाड़ी, मगरा, मालपुरा, जालौनी, खेरी, मुजफ्फनगरी एवं पाटनवाड़ी आदि है। चोकला, नाली, मागरा और पाटनवाड़ी गलीचे बनाने वाली ऊन का उत्पादन करती हैं और अन्य नस्ल माँस एवं गलीचा बनाने के लिए उपयोग की जाती है। चोकला, मागरा, नाली, जैसलमेरी, पूगल, पाटनवाड़ी और मारवाड़ी नस्लों में उसी नस्ल के अच्छे मेढ़ों का चयन कर उसी नस्ल की भेड़ों से प्रजनन कराने से ऊन के उत्पादन में वृद्धि हो सकेगी क्योंकि चोकला, नाली एवं मगरा नस्ल अति उत्तम गलीचा ऊन पैदा करते है। इन नस्लों से उन भेड़ों का प्रजनन कराया जा सकता है जो किसी भी प्रकार की नस्ल में नहीं आती है। मालपुरा, सोनाड़ी एवं मुजफ्फनगरी नस्ल की भेड़ों की ऊन मोटी है अतः इनके मेंढ़े इन्ही की नस्ल में से जिसकी ऊन बारीक और वजन अच्छा हो उससे प्रजनन कराने पर ऊन और माँस में वृद्धि की जा सकती है।

दक्षिणी क्षेत्रः इस क्षेत्र में सम्मिलित राज्यों में केरल, तमिलनाडू, कर्नाटक, महाराष्ट्र, आन्ध्र प्रदेश आदि मुख्य है। इस क्षेत्र की प्रमुख नस्लों में बेल्लारी, कोयम्बटूर, दक्कनी, हसन, केंगुरी, किलाकरसल, मद्रास रेड, मान्डया, मेचेरी, नेल्लौर, नीलगिरी, रामनादव्हाइट, त्रिची ब्लैक एवं बेम्बुर है। इस क्षेत्र की नीलगिरी नस्ल की ऊन उत्तम एवं पतली है, बेल्लरी और कोयम्बटूर माँस एवं ऊन उत्पादन योग्य है और अन्य सभी नस्लें सिर्फ माँस का ही उत्पादन करती है। चूँकि इस क्षेत्र की अधिकांश नस्लें मांस

उत्पादन करती है अतः इनका चयन 6 महीने के वजन के आधार पर किया जाता है अधिक वजन वाले नेलौर एवं मांडया के नर से भेड़ों का प्रजनन करके नस्ल सुधारा जा सकता है।

पूर्वोत्तर क्षेत्रः इस क्षेत्र में देश के पूर्वोत्तर प्रदेश तथा असम, पश्चिम बंगाल, उड़ीसा एवं बिहार का पूर्वोत्तर क्षेत्र आदि शामिल है। इस क्षेत्र की प्रमुख नस्लों में बालांगीर, शाहाबादी, बोनपाला, छोटानागपुरी, गन्जम, गैरोल, तिब्बतन आदि है। गैरोल माँस उत्पादन के लिए है व अन्य सभी नस्लें मांस एवं निम्न श्रेणी की गलीचा ऊन का उत्पादन करती है। इस क्षेत्र की अधिकतर भेड़े माँस का ही उत्पादन करती है, ऊन बहुत ही मोटी या बालों जैसी तथा बहुत कम मात्रा में होती है। अतः इनके माँस में बढ़ोत्तरी हेतु इन्हीं की नस्लों के अच्छे वजन वाले नर का चयन कर प्रजनन कराने से मांस की वृद्धि की जा सकती है। शाहबादी नस्ल के मेढें चूँकि वजन में भारी होते है अतः छोटानागपुरी भेड़ में इसका खून का स्तर बढ़ाने से माँस की वृद्धि हो सकेगी। इस क्षेत्र की गंजम और बालंगीर को इसी नस्ल के चयनित मेढ़ों से प्रजनन कराने से माँस की वृद्धि हो सकेगी या इन दोनों नस्लों को मांड्या से प्रजनन कराकर माड्या का खून का स्तर बढ़ाने से माँस की वृद्धि की जा सकती है।

भेड़ों में प्रजनन संबंधी समस्याएं एवं समाधान

हमारे देश में भेड़–बकरियों की उत्पादन क्षमता अन्य विकसित देशों की अपेक्षा काफी कम है। इन पशुओं की उत्पादन क्षमता कम होने का एक प्रमुख कारण प्रजनन संबंधी समस्या है। पशुओं का समय से ताव मे न आना, भ्रूण का गिरना, विकृत बच्चे को जन्म देना, विकृत बच्चे के प्रसव के दौरान आने वाली कठिनाईयाँ, बच्चे पैदा होने के उपरान्त जेर का गिरना एवं उसके पश्चात अन्य प्रजनन बाधाओं का सामना किसान को रोजमर्रा की जिन्दगी में करना पड़ता है। इन समस्याओं के समाधान हेतु विशेष उपायों को संक्षिप्त में बताया गया है।

इन समस्याओं के निराकरण के पूर्व किसान को मूल दैहिक प्रक्रिया की जानकारी होना अतिआवश्यक है। जब ये पशु प्रौढ़ अवस्था का 60–65 प्रतिशत वजन ग्रहण कर लें तो समझना चाहिए कि पशु गर्भ

धारण करने योग्य हो चुका है। भेड़–बकरियों का गर्भधारण काल 150 दिन होता है। कुछ पशु बच्चे जन्म के उपरान्त पुनः ताव में नहीं आते है जिसका मुख्य कारण जननांग के डिम्बाशय का सुप्त अवस्था में आना होता है जो मस्तिष्क की एक विशेष ग्रंथि से निकले हारमोन से नियंत्रित होता है। डिम्बाशय जागृत करने के लिए आयुर्वेदिक या संस्लेशित हारमोन को चिकित्सक की सलाह अनुसार देना चाहिए। इन्हे पिलाने से भेड़–बकरी को ताव में लाया जा सकता है। पशुओं का गर्भधारण न करना दूसरी प्रमुख समस्या होती है जो मुख्य रूप से अनुवांशकीय है। यह समस्या जननांग में विकृति होने के कारण भी हो सकती है। समस्या के समाधान के लिए विशेषज्ञ की सलाह लाभदायी होती है। सामान्यतः देखा गया है कि कुछ भेड़े व बकरियाँ अपरिपक्व बच्चे को जन्म देती है जिसका मुख्य कारण गर्भाधानकाल में कुपोषण एवं विशाणुजनित रोग का होना है। अतः गर्भाधान के दौरान उसके चारा, दाना एवं अन्य रख रखाव पर विशेष ध्यान देना चाहिए।

सामान्यतः प्रसव के उपरान्त लगभग 12 घण्टे के अन्दर जेर गिर जाती है लेकिन अपरिपक्व बच्चा होने अथवा गर्भकाल में उचित आहार न मिलने से कमजोर भेड़ व बकरियों में जेर का न गिरना एक प्रमुख समस्या होती है। ऐसी स्थिति में जानवर को एक्सापार, यूटिरोटोन, रिप्लांटा, यूत्रिफिट, हारवोजाइन आदि आयुर्वेदिक दवाएँ जो बाजार में आसानी से उपलब्ध है, देनी चाहिए। घरेलू नुस्खे के अनुसार दो चम्मच हल्दी के साथ चौथाई चम्मच हींग पानी में मिलाकर पिलाने से भी समस्या का समाधान हो जाता है। भेड़–बकरियों के प्रसव के उपरान्त जर्यायु या बच्चे दानी का बाहर आना एक अन्य प्रमुख समस्या है। जिसका अगर समय पर उपचार न किया जाए तो पशु की मृत्यु भी हो सकती है। ऐसी स्थिति में तुरन्त विशेषज्ञ की मदद से जर्याजु को ठीक अवस्था में लाना चाहिए।

गर्भावस्था के दौरान बच्चा पैदा होने के 45 दिनों के अन्दर प्रेगनेन्सी टोक्सीमिया रोग का प्रभाव भेड़ व बकरियों में पाया जाता है। इस रोग की संभावना भेड़ों में अधिक पाई जाती है। इस बीमारी से ग्रसित जानवर सांयकाल के दौरान सुस्त और कमजोर दिखाई देता है, जुगाली

न करना, आँखों का सुस्त होना, मुँह से फेन आना आदि इस रोग के अन्य लक्षण है। रोग निदान के लिए पशु को गुड़ या शक्कर पानी में मिलाकर देने से लाभ मिलता है एवं विशेषज्ञ की सलाह जरूरी है। एक अन्य प्रकार की बीमारी जो दूध देने वाली भेड़ व बकरियों में अधिक पायी जाती हैं उसे दूग्ध ज्वर या मिल्क फिवर कहा जाता है। इस रोग मे ब्याने के एक सप्ताह के पहले या बाद मे जानवर कापने लगता है, कान ठण्डे हो जाते हैं एवं शरीर निश्क्रिय हो जाता है। यह रोग मुख्य रूप से शरीर में केल्शियम की कमी के कारण होता है। इस रोग के निदान के लिए केल्श्यिम बोरो ग्लूकोनेट का इन्जेक्शन चिकित्सक की सलाह से लगाना चाहिए। अपरिपक्व या विकलांग बच्चे के प्रसव के दौरान आने वाली समस्याओं के निराकरण के लिए अच्छे चिकित्सक की सलाह लेना चाहिए। कभी भी स्वयं या अकुशल व्यक्ति द्वारा प्रसव के दौरान बच्चे को नहीं छेड़ना चाहिए।

छोटे–छोटे रेवड़ों की सफलता को ध्यान में रखते हुए औद्योगिक घरानों ने भेड़ पालन को एक उद्योग से रूप में अपनाकर आर्थिक लाभ कमाया है। अर्ध–शुष्क व शुष्क क्षेत्र में लम्बे शुष्क समय के कारण भेड़ों के लिए चारे का अभाव हो जाता है जिससे भेड़ों के शरीर भार में कमी के साथ–साथ प्रजनन क्षमता पर भी कुप्रभाव पड़ता है। इस प्रभाव से बचने के लिए वैज्ञानिक प्रयास किए गए। विभिन्न कारकों का आंकलन करने से पाया गया है कि भेड़ मे प्रजनन विफलता निम्न कारणों से हो सकती हैः–

शरीर की रचनाः– कभी–कभी प्रकृति में विचित्र घटनाएँ घटित होती है जैसे दो मुँह वाली गाय, आठ टांगों वाली भैंस, पूँछ वाला बच्चा आदि–आदि। ये घटनाएँ अन्धविश्वास वश लोगों का ध्यान आकर्शित करती है। यह सब आनुवंशिक विकारों पर आधारित एक वैज्ञानिक तथ्य है। कई बार गुणसुत्र पर विशेष अंग के लिये निर्धारित जीन किन्ही कारणों से पूर्ण रूप से अपने को अभिव्यक्त नहीं कर पाता है जिसके कारण भेड़ की शरीर रचना में त्रुटी संभव है। यह त्रुटि जनन अंगों से संबंधित है तो नर या मादा भेड़ की प्रजनन में विफलता पैदा कर सकती है। ये त्रुटि जनन अंगों में कभी

भी हो सकती है जिसके कारण शारीरिक दोश, हार्मोन की अपर्याप्तता, कंकालीय दोश आदि हो सकते है। इस प्रकार की समस्याओं का निवारण केवल ऐसी भेड़ों को रेवड़ से निकाल कर तथा उनका प्रजनन के लिये प्रयोग न करना संभव है।

भेड़ की आयु:– छोटी–छोटी बातों पर ध्यान देकर हम इसे एक फायदेमंद व्यवसाय बना सकते है। युवा पशुओं में प्रजनन क्षमता अधिक होती है जो समय के साथ ढलती जाती है। अतः जो भेड़ प्रजनन में कमजोर पड़ जाती है या बूढ़ी हो जाती है उनका प्रजनन में प्रयोग नही करें। अधिक लाभ अर्जित करने के लिए छोटी आयु के मेमनों को अधिक पोषक खुराक दें कर शरीर भार को बढ़ाएँ ताकि वे जल्दी प्रजनन क्रिया में सक्रिय हो जाएँ।

भेड़–पोषण:– भेड़ पालन सीमान्त किसान व खेतिहर मजदूर का व्यवसाय है। शुष्क प्रदेश राजस्थान देश के 10.4 प्रतिशत भू–भाग व 18.70 प्रतिशत पशुधन सम्पदा का स्वामी है। अकाल व भूखे–प्यासे पशु इसकी पहचान है। घनत्व की दृष्टि से 10–17 वयस्क पशु प्रति एकड़ आवश्यकता से कहीं अधिक संख्या है। प्रकृति की दशानुसार भेड़ प्रायः (60–70 प्रतिशत) मई के अंतिम सप्ताह से जून के प्रथम सप्ताह तक गर्भधारण कर लेती है ताकि चारे की विशम परिस्थितियों को झेला जा सके तथा मानसून आने पर भरपूर मात्रा में उपलब्ध चारे की संतति विस्तार के लिये उचित फायदा उठा सके। इसके विपरीत (30–40 प्रतिशत) भेड़ अप्रैल–मई में बच्चे पैदा करती है। इस समय चारे के अभाव में ये बच्चे कमजोर रह जाते हैं तथा कम पौष्टिकता वाले घास के कारण भेड़ों में कुपोषण का प्रभाव देखा जा सकता है। जिनके कारण उनमें प्रजनन व उत्पादन संबंधित समस्याएँ पैदा हो जाती है। अतः प्रजनन को प्रभावित करने वाले तत्वों का पशु पोषण में समावेश हो जाता है। उदाहरणतः कैल्शियम, फास्फोरस, मैग्निशियम, पोटाशियम, सोडियम व क्लोराइड अनुमोदित मात्रा मे पशु पोषण में मिश्रित करें। सेलेनियम, कॉपर, जिंक, आयोडिन, मैग्नीज व आयरन आवश्यकतानुसार खिलाएं। आजकल लवण मानचित्र उपलब्ध है। क्षेत्र विशेष के लवण मानचित्र

उपलब्ध है। क्षेत्र विशेष के मापदंड अनुसार तैयार किया गया लवण मिश्रण बाजार में व्यवसायिक संस्थाओं व विकासशील ऐजन्सियों के माध्यम से उपलब्ध है जिसका किसान भाई फायदा उठा सकते है। इनका खर्च कम व लाभ ज्यादा है। आयोडिन व फास्फोरस प्रजनन विकार में मुख्य भूमिका निभाते है। अतः उचित मात्रा में इनका उपयोग जरूरी है। विटामिन ई व सेलेनियम की कम मात्रा के कारण भेड़ों मे अपर्याप्त प्रजनन क्षमता व जेर न गिरने की समस्या का भी अंदेशा रहता है।

वातावरण प्रदूषण:— वातावरण प्रदूषण कई प्रकार के होते है जैसे जल प्रदूषण, वायु प्रदूषण, ध्वनि प्रदूषण, मृदा प्रदूषण आदि। मृदा प्रदूषण की बात करें तो जमीन की उर्वरा शक्ति को बनाए रखने व अधिकाधिक उत्पादन कर धरा का दोहन कर आर्थिक लाभ कमाने की मानो प्रतिस्पर्धा लगी हुई है। उर्वरक, कीटनाशक दवाओं का न्यासंगत प्रयोग न कर अंधाधुंध प्रयोग जहाँ धरती के स्वास्थ्य को प्रभावित कर रहा है वही पशु प्रजनन क्षमता को, धरा पर पनपते या पैदा होने वाले चारे के माध्यम से प्रभावित कर रहा है जिससे पशु पालक को हानि उठानी पड़ती है। कई बार ऐसे पौधे जिनमें पौधों से उत्पादित इस्ट्रोजन की मात्रा अधिक होती है पशुओं में प्रजनन विफलता का कारण बनते है। जनन तंत्र को प्रभावित करने वाले विशैले कीटनाशक की मात्रा विकसित देशों की अपेक्षा विकासशील देशों में अधिक पाई जाती है। दुधारू पशुओं की जनन क्षमता में कमी कीटनाशकों से दूषित नदी नालों के पानी पीने से भी हो सकती है। प्रदूशित जल से जीवों की सामान्य क्रियाओं व कार्यप्रणाली पर विपरीत एवं घातक प्रभाव पड़ते हैं जिससे पशु की उत्पादकता घटती है व पशुपालक को आर्थिक हानि होती है। ध्वनि प्रदूषण के कारण भी उत्पादन पर कु—प्रभाव पड़ता है। वैज्ञानिकों ने पाया कि दुग्धशाला में मधुर संगीत वाद से दुग्ध उत्पादन में वृद्धि दर्ज की गई है व प्रजनन क्षमता में सुधार हुआ है। वहीं शोर के कारण नर वीर्य देने में आनाकानी करते है। वायु प्रदूशण से पशुओं में अनेक स्वास्थ्य संबंधी समस्याएँ जैसे श्वास की तकलीफ हो जाती है जिसका सीधा प्रभाव उत्पादकता पर पड़ता है। अतः पशुपालक से अनुरोध है कि पशुओं की उत्पादकता बनाए रखने के लिए जैविक चारा, शुद्ध जल व शोर शराबे से दूर शान्त स्थल

की सुविधा प्रदान करें।

मौसम विविधता:— भौगोलिक दृष्टि से भारत की स्थिति अति महत्वपूर्ण है। यहाँ शुष्क से आर्द्र व गर्म से ठंड सभी प्रकार की स्थिति वर्ष के दौरान पायी जाती है। मौसमी विविधता के कारण यहाँ वनस्पति व पशुओ में विभिन्नता स्वभाविक है। राजस्थान प्रदेश की जलवायु शुष्क व गर्म होने के कारण यहाँ ऊँट, भेड़, बकरी व घोड़ा जैसे पशु इस मौसम को अनुकूल पाते है। यह पशु मौसम के अनुसार अपने व्यवहार में परिवर्तन कर लेते हैं। अधिक गर्मी के समय अपनी उत्पादकता में परिवर्तन व प्रजनन पर काबू पा लेते है। अचानक मौसम बदलाव के कारण जब तापमान अधिक बढ़ जाता है तो पशु ताव में नहीं आते, ग्याभिन पशुओं में गर्भपात जैसे समस्याएँ पैदा हो जाती है। बाँझपन पनपता है, सम्भोग में अरूचि, शरीर की रोगरोधक क्षमता का कम होना, भेड़ों में ऊन की कटाई न करने पर अधिक गर्मी के कारण प्रजनन विफलता संभव है।

उपरोक्त कारणों के अलावा गुण—सूत्र दोष, प्रजनन अंगों का संक्रमण, शरीर में भ्रूण विकास की विफलता, ब्याँत से पहले शरीर में नर हार्मोन की अधिकता, शरीर में रोग से लड़ने, तथा सामरिक शक्ति का क्षीण होना, शरीर में दो से अधिक भ्रूणों का विकसित होना, नर के अंडकोश का आनुवंशिक कारणों से विकास न होना या वीर्य पैदा करने में सक्ष्म न होना, मादा में अंडवाहिनी नलिकाओ का बाधित होना, पुटक ग्रन्थि का अभाव, प्रजनन अंगों में जन्मजात कमी व शारीरिक विकलांगता भी प्रजनन विफलता के कारण हो सकते हैं। उपरोक्त जानकारियों की बारीकियों को समझकर भेड़पालन करेंगे तो प्रजनन विफलता के कारण होने वाले आर्थिक नुकसान से बच सकेंगे व देश को आर्थिक रूप से समृद्ध व शक्तिशाली बनाने में अपना योगदान प्रदान करेंगें।

भेड़ों में कृत्रिम गर्भाधान

विधाता ने धरती पर विभिन्न प्राणियों की रचना की है। ये प्राणी प्रतिकूल वातावरण में विविध परिस्थितियों जैसे अधिकतम गर्मी वाले सहारा मरुस्थल से लेकर सबसे ठण्डे क्षेत्र ध्रुवों तक अपना निर्वहन करते हैं। शुक्राणु जैसे सूक्ष्म जीवांश मे भी न्यूनतम तापमान में जीवित रहने की विचित्र क्षमता है। दो सदी पहले एक चकित करने वाली घटना ने यूरोपीय वैज्ञानिक स्पलनजानी को अचंभित कर दिया। बर्फ में रखे वीर्य के शुक्राणु जो कि निर्जीव से प्रतीत होते थे, गर्म करने पर सजीव व गतिशील हो गए इस घटना ने वीर्य हिमीकरण व शीतकरण से कृत्रिम गर्भाधान द्वारा नस्ल सुधार की अपार संभावनाओं को जन्म दिया।

पशु प्रजनन की दो विधियाँ हैं। एक विधि प्राकृतिक विधि है जो कि प्रकृति द्वारा बनाई गई है जिसमें नर एवं मादा पशुओं को आपस में समागम करने के लिए योग्य बनाती है जिससे वे नये जीव उत्पन्न कर सके। प्राकृतिक से विपरीत कृत्रिम विधि है जिसमें कुछ कृत्रिम साधनों की सहायता लेनी पड़ती है। कृत्रिम विधि से पशुओं का प्रजनन उनके नर तथा मादा पशु के समागम के बिना होता है।

नर जनन तंत्र और जनन व्यवहार

नर जनन अंगों का मुख्य कार्य अच्छे गुण वाला वीर्य उत्पादन करना है जिससे कि जनन के समय अधिक से अधिक संख्या में मादा गर्भधारण कर सकें। भेड़ में नर को मेढ़ा तथा बकरी में बकरा कहते हैं। दोनों प्रजातियों के गुणों में भी काफी हद तक समानता पायी जाती है। मेढ़े और बकरे के जनन तंत्र को निम्नांकित भागों में विभाजित किया जा सकता है:

अन्डकोष– अन्डकोष पिछली टाँगों के मध्य लटका हुआ होता है। यह मिडिल सेप्टम द्वारा दो भागों में विभाजित होता है। अन्डकोष वृषण को बाहरी आघातों से बचाता है तथा इसे शरीर के तापमान से 4°–7° सेन्टीग्रेड नीचे के तापमान पर सक्रिय रखता है।

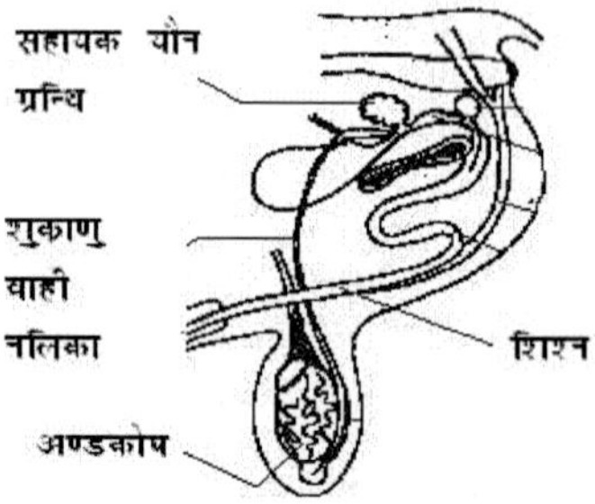

नर जननांग

वृषणकोष– वृषण का भार सामान्यतः मेढ़ों में बकरों से अधिक होता है। वृषणकोष नर जननेन्द्रिय का मुख्य अंग माना जाता है। इसका मुख्य कार्य शुक्राणु पैदा करना एवं टेस्टोस्टेरॉन हॉर्मोन उत्सर्जन करना है। यही नर आधारित टेस्टोस्टेरॉन हॉमोन बनाते हैं। शुक्रजनक नलिकाओं की सरटौली कोशिकाएं शुक्राणुओं को परिपक्व करने में सहायक होती है।

एपिडिडाइमिस– यह एक कुण्डली के आकार की टेढ़ी–मेढ़ी बनी हुई लम्बी नली है जो संयोजी ऊतक, अपवाही वाहिनिका तथा एक सीरस झिल्ली द्वारा वृषण से अन्दर की ओर जुड़ी रहती है। शुक्रजनक नलिकाएँ वृषण के इसी किनारे पर आपस में मिलकर एक भाग, रेटी टेसटिस, को जन्म देती है। यहाँ से छोटी–छोटी नलिकाएं निकलकर, शुक्रनलिका बनाती है जो आगे चलकर एपीडिड़ाइमिस में खुलती है। इस प्रकार वृषण से लाए हुए शुक्राणु यहाँ पर एकत्रित होते हैं तथा यहाँ पर भन्डारित होते हैं। एपीडिड़ाइमिस के तीन भाग होते हैं सिर, धड व पूँछ। शुक्रनलिका का वह भाग जिसमें एक दर्जन से भी अधिक छोटी नलिकाएं होती है, सिर कहलाता है। यह सब नलिकाएं आपस में मिलकर, एक बड़ी नलिका को जन्म देती है, इसके मध्य भाग को धड़ कहते हैं। थोड़ा और आगे बढ़कर

यह नलिका समाप्त होने लगती है, जिसे पूँछ कहते हैं जो आगे चलकर शुक्रवाहिनी से मिल जाती है। ऐपिडिडाइमिस के धड़ तथा पूँछ वाले भाग में कुछ समय तक शुक्राणु भंडारित होकर परिपक्व होते हैं। इसका दूसरा कार्य वीर्य को पतला करने के लिए द्रव पदार्थ निकालना है। शुक्राणओं में गति तथा निषेचन का गुण यहीं पर विकसित होता है।

शुक्रवाहिनी– ऐपिडिडाइमिस की पूँछ से लेकर मूत्र मार्ग तक वीर्य को ले जाने वाली यह दो लम्बी नलिकाएं हैं। दोनों ओर की नलिकाएं मूत्राशय की ग्रीवा पर एक दूसरे के निकट आकर, ऊपर की ओर शुक्राशय के सम्पर्क में आकर कुछ मोटी हो जाती है और इस प्रकार इनके फूले हुए आकार को शुक्रवाहिनी एम्पूले कहते हैं। आगे चलकर ये नलिकाएं प्रोस्टेट ग्रन्थि के नीचे से निकलकर शुक्र प्रसेचनी वाहिनी द्वारा मूत्र मार्ग में खुलती है। इनका मुख्य कार्य ऐपिडिडाइमिस में भण्डारित वीर्य को मूत्र मार्ग तक पहुँचाना है। इसके विपरीत एम्पुले में, वीर्य के बाहर निकलने से पूर्व, शुक्राणु भण्डारित रहते हैं।

शुक्र प्रसेचनी वाहिनी– शुक्राशय के अग्र भाग तथा शुक्रवाहिनी के पारस्परिक संयोग से शुक्र प्रसेचनी वाहिनी बनती है। यह मूत्र मार्ग के तल में खुलती है। इसका कार्य इस तक लाये गये वीर्य को मूत्रमार्ग में पहुँचाना है।

मूत्र वाहिनी– मूत्राशय से लिंग के शिशनमुण्ड तक आने वाली यह एक लम्बी नलिका है, जो मूत्र तथा वीर्य को शरीर से बाहर निकलने के लिए मार्ग प्रशस्त करती है।

यूरेथ्रल प्रोसेस– बकरे और मेढ़े में पाये जाने वाला यह एक विशेष किस्म का जननांग है। यह मूत्रवाहिनी नलिका के अन्तिम छोर पर स्थित होता है तथा इसकी संरचना पतली तथा घुमावदार होती है। इसका प्रमुख कार्य स्खलित वीर्य को मादा की योनि में समान रूप से फैलाना है जिससे कि निषेचन की संभावना बढ़ जाती है।

लिंग– यह मांसल भाग है, जो नर जननेन्द्रिय में संभोग का विशेष अंग होता है। इसका मुख्य कार्य शुक्राणुओं को मादा जननेन्द्रिय में पहुँचाना

है। इसके अतिरिक्त यह मूत्र को बाहर निकालने में भी सहायक होता है। पूरा लिंग बाहर से एक जाल द्वारा ढका रहता है, जो बाहरी चोटों तथा गन्दगी आदि से इसकी रक्षा करता है। इसका खुला हुआ भाग जहाँ से लिंग बाहर निकलता है, मुतान कहलाता है। इसके चारों ओर छोटे–छोटे बाल होते हैं।

नर आधारित हारमोन्स– हॉर्मोन यूनानी भाषा का एक शब्द है जो कि ''हरमाइयो'' शब्द से रूपायित होता है जिनके कई अर्थ निकाले जाते हैं जैसेः सक्रिय करना, प्रारम्भ करना, उत्तेजित करना आदि। मेढ़े और बकरे के जनन अंगों के विकास एवं क्रियाशीलता में नर हॉर्मोन्स का विशेष महत्व है। नर के मस्तिष्क में स्थित पीयूषिका ग्रंथि से निकलने वाले हॉर्मोन नर के जननांगों को उत्तेजना प्रदान करने के साथ–साथ जननांगों की परिपक्वता एवं क्रियाशीलता के लिए भी उत्तरदायी होते हैं। बकरे और मेढ़ें की पीयूषिका ग्रंथि से एफ.एस.एच. नामक हॉर्मोन निकलता है जो कि नर जननांगों में वीर्य बनने की प्रक्रिया में सहायक होता है। इस क्रिया को स्परमेटोजेनेसिस कहते हैं। इस ग्रंथि से दूसरा महत्वपूर्ण हॉर्मोन एल.एच. निकलता है जोकि नर के अण्डकोष से निकलने वाले टेस्टोस्टेरॉन हॉर्मोन को निकलने के लिए प्रेरित करता है। यह टेस्टोस्टेरॉन हॉर्मोन नर के जननांगों के पूर्ण विकास एवं संभोग की प्रबलता आदि गुणों को मुख्य रूप से प्रभावित करता है।

नर का यौन व्यवहार

भेड़ और बकरी के नरों के संभोग से पूर्व के कुछ प्रमुख अभिलक्षण हैं, जोकि संभोग से पहले परिलक्षित होते हैं। भेड़ और बकरी दोनों प्रजातियों में मादा, नर को ऋतुकाल के दौरान ही संभोग के लिए आमन्त्रित करती है। पहले यह समझा जाता था कि संभोग के लिए नर उत्तरदायी होता है, लेकिन प्रयोगों के द्वारा अब सिद्ध हो गया है कि संभोग के क्रियान्वयन में ऋतुमयी मादा का अधिक योगदान होता है। यौन की दृष्टि से परिपक्व नर ऋतुकाल में मादा के समीप जाकर उसे बार–बार सूँघता है जिसके फलस्वरूप ऋतुमयी मादा उसे संभोग के लिए आमन्त्रित करती है।

नर द्वारा प्रदर्शित यौन व्यवहार

- नर द्वारा मादा के जननांग को सूँघना।
- नर द्वारा गर्दन ऊपर करके जबड़ा फैलाकर खड़े होना।
- नर द्वारा मादा के पृष्ठ भाग एवं शरीर के अन्य हिस्सों को मुँह द्वारा रगड़ना।
- नर का मादा के साथ संभोग।

यौन व्यवहार का नियन्त्रण

परिपक्व नर का यौन व्यवहार, मुख्यतः दो कारकों (क) हॉर्मोन (ख) रेवड़ के वातावरण पर निर्भर करता है। उत्तम यौन व्यवहार के लिए इन दो कारकों में सामंजस्य होना आवश्यक है। बाह्य कारकों में जलवायु एवं पोषण, नर की यौन क्षमता को काफी हद तक प्रभावित करते है। भेड़ और बकरी के नरों का यौन व्यवहार टेस्टोस्टेरॉन एवं इसके मेटाबोलाइट्स के द्वारा नियन्त्रित होता है। मेढ़ों/बकरों को संभोग हेतु निरन्तर प्रशिक्षित करते रहने से जनन के मौसम के बाद भी नरों के यौन व्यवहार में कोई खास फर्क नही पड़ता है। नरों की यौन उत्तेजना बनाए रखने के लिए उनको एक प्रतियोगी वातावरण देना आवश्यक है। इसके लिए नरों को एक साथ न रखकर अलग–अलग बाड़ों में रखना चाहिए। इससे नर की कामेच्छा बनी रहती है, साथ ही साथ उनके यौन व्यवहार में प्रतियोगिता का समावेश हो जाता है।

कभी–कभी पोषण की कमियों जैसे फॉस्फोरस तथा विटामिन ए की कमी से भी मंद या धीमा लैंगिक विकास, लैंगिक परिपक्वता में देरी तथा शुक्राणु उत्पादन में कमी से नरों में बाँझपन आ जाता है। वयस्क नरों की अपेक्षा कम उम्र वाले नर पोषण की कमी से अधिक प्रभावित होते हैं। उर्वरता में कमी आने से बचाव हेतु नरों को विटामिन एवं खनिज युक्त संतुलित आहार खिलाना चाहिए। दलहनी घास एवं चारे प्रजनक नरों को खिलाते रहने से उनकी प्रजनन क्षमता बनी रहती है।

नर का प्रशिक्षण

यौवन के आरम्भिक दिनों में कृत्रिम रूप से वीर्य संग्रह करने हेतु बकरे और मेढ़े को 7–8 माह की आयु से प्रशिक्षित करना चाहिए क्योंकि इस समय तक नर के जननांग पूर्णरूप से विकसित होकर क्रियाशील हो जाते हैं। प्रशिक्षण हेतु नर को ऋतुमयी मादा के पास छोड़ देते है तथा उसे संभोग हेतु अवसर देते हैं। जब नर उत्तेजित होकर संभोग हेतु आतुर हो जाये तो उसके लिंग को अंगुलियों के सहारे बकरी की योनि से हटाकर कृत्रिम योनि में प्रवेश करा देते हैं। कृत्रिम योनि का वातावरण प्राकृतिक योनि के अनुरूप होता है जिसके फलस्वरूप नर अपना वीर्य उसमें अपसरित कर देता है। इस प्रक्रिया को बार–बार दुहराने पर नर कृत्रिम योनि में वीर्य प्रदान करने में सक्षम हो जाते हैं। प्रयोगों में पाया गया है कि 20–30 दिन तक नर को प्रशिक्षित करने से प्रशिक्षित नरों की संख्या 60 प्रतिशत हो जाती है।

प्रशिक्षण अवधि में जो नर शीघ्र सक्षम हो जाये उन्हें अन्य नरों के समूह से अलग रखना चाहिए और बचे हुए नरों को प्रशिक्षण देते रहना चाहिए। प्रशिक्षण अवधि में यह ध्यान रखना चाहिए कि प्रशिक्षण प्रातःकाल में हो तथा कृत्रिम योनि प्राकृतिक योनि के अनुरूप हो। नर का प्रशिक्षण शांत वातावरण में करना चाहिए जिससे उन्हें बाहरी बाधाओं से मुक्त रखा जा सके और वे निर्भयतापूर्वक वीर्य प्रदान कर सकें।

मादा जनन तंत्र

भेड़ व बकरी जैसे गर्भनालीय स्तनपायी पशुओं में मादा का कार्य अण्डाणु पैदा करना, सम्पूर्ण गर्भावस्था में भ्रूण या गर्भ का पोषण करना, ब्याने के समय नवजात मेमने का सुरक्षित प्रसव करना और पोषण के ऊपर निर्भर रहने के समय तक मेमने का दुग्ध पोषण करना है। भेड़ व बकरी के मादा जनन तंत्र में काफी हद तक समानता होती है, भेड़ जनन तत्रं में अण्डाशय, डिम्ब वाहिनी, गर्भाशय, गर्भाशय ग्रीवा, योनि, भग भाग हैं–

अण्डाशय– भेड़ व बकरी का अण्डाशय बादाम के आकार का होता है।

यह दाहिनी एवं बाँयी तरफ होते हैं तथा ये दो होते हैं जिनकी लम्बाई क्रमशः 1.61 व 1.64 सें.मी. होती है। अण्डाशय दोनों ओर गर्भाशय के पृथु स्नायु जिसे मेसोवरियम भी कहते हैं, के द्वारा उदर अथवा श्रेणी गुहा में लटके रहते हैं। सामान्यतः दाहिनी तरफ का अंडाशय बाँयी तरफ की तुलना में ज्यादा क्रियाशील रहता है। अण्डाशय का मुख्य कार्य रजकरण या अण्डाणु उत्पादन करना एवं हॉर्मोन निकालना है, जो जनन क्रिया के विकास से सम्बन्धित है।

डिम्ब वाहिनी– ये प्रत्येक अण्डाशय से गर्भाशयी अंगों तक जाने वाली टेढ़ी–मेढ़ी पतली नलिकाएं हैं जो अण्डाशय का गर्भाशय से सम्पर्क स्थापित कराती है। ये 17–19 सेंमी लम्बी होती है तथा यह लिगामेंट पर चिपकी हुई तहरदार आकार में गर्भाशय से जाकर मिल जाती है। इनका अण्डाशय की ओर वाला शिरा चौड़ा होकर, अण्डाशय के ऊपर रोमाभ अण्डाणु को गर्भाशय की ओर पहुँचाने में सहायक होता हैं। डिम्ब वाहिनी के इन्फन्डीबुलम, एम्पुला तथा स्थमस नामक तीन भाग होते हैं। इनमें उपस्थित स्रावक कोशिकाएँ एक रस निकालती है जो दोनों ओर बहने की क्षमता रखती है। गर्भाशयी अंग में उपस्थित शुक्राणु जब इस द्रव के सम्पर्क में आते हैं तो उनकी निषेचन क्षमता में वृद्धि हो जाती है। इस क्रिया को शुक्राणु धारित्व कहते हैं।

गर्भाशय– यह एक बहुत ही लचीला माँस का खोखला भाग है, जो गर्भकाल में भ्रूण को सुरक्षित रखकर एवं उसकी वृद्धि करके, एक नवजात के रूप में जन्म देता है। बकरी और भेड़ में गर्भाशय उदर अथवा श्रेणी गुहा में स्थित होता है। इसके साथ 88–96 की संख्या में मांसांकुर जुड़े होते हैं। श्रंग टेढ़ी–मेढ़ी आकृति के नीचे की ओर चौड़े होकर, गर्भाशय से जुड़े रहते हैं तथा आगे की ओर डिम्ब वाहिनी नलिका से जा मिलते हैं।

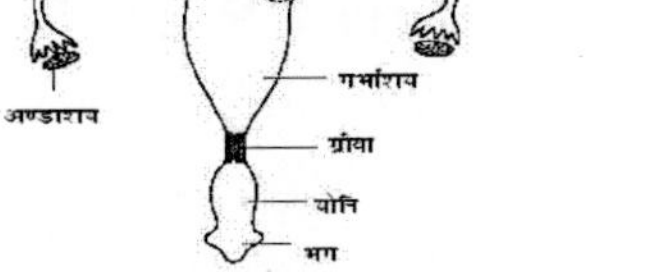

मादा जननांग

गर्भाशय ग्रीवा– यह छेददार रबर की कार्क के आकार का बना हुआ लगभग 3.2 सेंमी लम्बा तथा माँसल भाग है जिसमें लम्बे तथा गोल पुटक होते हैं। इसका पिछला भाग योनि में बढ़ा हुआ नुकीला सा प्रतीत होता है, जो कड़े छल्लेदार माँस की परतों का बना होता है। यह छल्ला लगभग हर समय ग्रीवा के मुख को बन्द सा किये रहता है, जिससे कोई भी वस्तु गर्भाशय में सरलता से प्रवेश नहीं कर पाती है। मादा के ऋतुमयी होने पर यह मांसल छल्ले कुछ ढीले पड़ जाते है। अतः इस समय नर का वीर्य सरलता से इस मुखदार में प्रवेश पाकर आगे गर्भाशय में भली–भाँति जा सकता है। गर्भकाल में गर्भाशय ग्रीवा का मुख श्लेष्मिक डॉट से बिल्कुल ही बन्द हो जाता है।

योनि–गर्भाशय की ग्रीवा से लेकर भग तक का भाग योनि कहलाता है। इसकी लम्बाई 8–14 सेंमी होती है। इसी के अन्दर मूत्र नली खुलती एवं प्रजनन नली प्रारम्भ होती है। बिना ब्याई मादा में प्रजनन नली का मुख एक पतले मांसल परत से बन्द रहता है, जिसे हाईमेन कहते हैं। गर्भाशय के अन्य भागों की भाँति योनि भी बहुत लचीली माँसपेशी की बनी होती है जो उसी तरह सिकुड़ या फैल सकती है। यह मादा में सहवास का विशेष अंग है तथा संभोग के समय लिंग ग्रहण करना इसका प्रमुख कार्य है व दूसरा कार्य ब्यांत के समय बच्चे के लिए मार्ग प्रशस्त करना है। इसके अतिरिक्त मूत्र भी यहीं से होकर बाहर निकलता है।

भग– यह मादा जननेन्द्रिय का अन्तिम भाग है, जिसके दो भगोष्ठ गुदा के नीचे लटके दिखाई देते हैं। भेड़ और बकरी में भग की लम्बाई 2.5 से 3.0 सेंमी तक होती है। इसका व्यास योनि के व्यास से कुछ बड़ा होता है। भग की दीवारों पर कुछ ग्रन्थियाँ स्थित रहती है जो संभोग के समय मादा को उत्तेजित करने में सहायक होती है। संभोग काल में नर का लिंग भग शिशन से रगड़ खाकर मादा में अधिक काम वासना जागृत करता है। भग ओश्ठों पर बाहर की ओर कुछ छोटे–छोटे रोंगटे भी होते है। बाहर के दोनों भग ओश्ठ एक दूसरे से चिपके रहते हैं, जिससे कि बाहरी दूषित पदार्थ योनि में प्रवेश नहीं कर पाते। मादा के ऋतुमयी हाने पर भग के निचले कोने से एक लेसदार पदार्थ बूँद–बूँद करके टपकता

है, जो नर लिंग प्रवेश हेतु जननेन्द्रिय मार्ग को चिकना बनाता है। शेष समय में यह भग सूखी सी दिखाई देती है, लचीली होने के कारण ब्यांत के समय फैलकर यह बच्चे को बाहर निकलने का मार्ग प्रदान करती है।

गर्भाधान का उपयुक्त समय

भेड़ और बकरी में कृत्रिम गर्भाधान से उत्तम परिणाम हेतु उचित समय पर गर्भधारण कराना अति आवश्यक है। उचित समय पर गर्भाधान करने से उर्वरता की दर में वृद्धि होती है। भेड़ों में डिम्बक्षरण सामान्यतः ऋतुमयी होने के करीब 18–30 घन्टे के बीच होता है, इस समय के मध्यान्तर से गर्भाधान कराना अधिक श्रेयकर है। मादाओं में डिम्बक्षरण की क्रिया को अनेक कारक प्रभावित करते हैं। भेड़ और बकरी के ऋतुमय होने के लक्षण स्पष्ट रूप से पहचान कर 12 घन्टे के पश्चात गर्भाधान कराना सुरक्षित होता है। मदकाल के आरम्भ में गर्भाधान क्षमता सामान्य से 10–20 प्रतिशत कम पाई जाती है अतः उत्तम गर्भाधान परिणाम (70–80 प्रतिशत) हेतु ऋतुकाल में 8 घन्टे के अन्तराल पर दो बार गर्भाधान कराना चाहिए।

कृत्रिम गर्भाधान

"कृत्रिम गर्भाधान प्रजनन की वह विधि है जिसमें नर पशु का वीर्य कृत्रिम ढंग से एकत्रित करके मादा पशु के जनन अंगों में यंत्रों की सहायता से स्वच्छता को ध्यान में रखकर उचित समय पर ठीक स्थान पर पहुँचाया जाता है।"

भारत में वर्ष 1939 में पैलेस डेरी फार्म (मैसूर) में कृत्रिम गर्भाधान का पहला प्रयोग किया गया। इसके बाद विभिन्न योजनाओं में मुख्य भूमिका निभाते हुए आज एक वरदान के रूप में साबित हो रहा है तथा पशुओं में नस्ल सुधार शीघ्रता से हो रहा है। कृत्रिम गर्भाधान एक ऐसी प्रजनन तकनीक है जिसमें बिना नर के मादाओं का प्रजनन कराया जाता है। मेंढें के वीर्य को कृत्रिम पिचकारी की मदद से भेड़ के जननांगों तक पहुँचाया जाता है। इसका मुख्य उद्देश्य अच्छी गुणवत्ता वाले नर पशु का अधिकतम उपयोग करना हैं। भेड़ों में प्राकृतिक गर्भाधान से जहाँ नर से

एक बार में एक मेमना पैदा होता है वहीं कृत्रिम गर्भाधान से एक ही बार के संकलित वीर्य से 30 से 40 भेड़ें ग्याभिन कराई जा सकती है। इस प्रकार सर्वोत्तम मेंढ़ें की सहायता से रेवड़ की उत्पादन क्षमता कम समय में ही बढ़ाई जा सकती है। कृत्रिम गर्भाधान अपनाने से मेंढ़ें रखने की भी आवश्यकता नहीं होती तथा बाँझपन फैलाने वाले रोगों जैसे संक्रामक गर्भपात, आदि की रोकथाम भी की जा सकती है।

देश में अच्छी नस्ल के मेढ़ों और बकरों के अभाव एवं प्राकृतिक गर्भाधान प्रणाली की कमियों को दूर करने के लिए कृत्रिम गर्भाधान का अपनाना जरूरी है। जब तक कृत्रिम गर्भाधान को अपनाया नहीं जायेगा, तब तक हमारे देश की भेड़ों और बकरियों की नस्ल में तीव्र गति से सुधार नहीं हो सकता है। ग्रामीण अंचल में विशिष्ट परीक्षित नर की कमी एवं व्यवहारिक रूप से प्राकृतिक गर्भाधान विधि का प्रचलन न होना, भेड़ और बकरी के बहुमुखी विकास में बाधक बना हुआ है। इस कमी को दूर करने एवं विकास दर की वृद्धि में कृत्रिम गर्भाधान विधि का अमूल्य योगदान है। कृत्रिम गर्भाधान विधि प्राकृतिक गर्भाधान की अपेक्षा अधिक उपयोगी एवं लाभदायक है।

भेड़ों में कृत्रिम गर्भाधान करना अन्य पशुओं, मुख्यतः गाय व भैंस की तुलना में कठिन है। जिसका मुख्य कारण मादा की ग्रीवा की संरचना का जटिल होना है। भेड़ों में कृत्रिम गर्भाधान को प्रयोगात्मक बनाने के लिए यह आवश्यक है कि भेड़ों को एक साथ मद में लाया जाए। इसी उद्देश्य से भेड़ों में मदसमकालन के लिए संस्थान द्वारा भारत में स्वदेशी स्पंज विकसित किये गये है। ये स्पंज बाजार में उपलब्ध विदेशी तरीकों से काफी सस्ते तथा भेड़ों को एक साथ मद मे लाने के लिए बहुत प्रभावी है। स्पंजों का उपयोग भेड़ों के अप्रजनन ऋतु में भी किया जा सकता है। इस प्रकार भेड़ों से 2 साल में 3 मेमनें प्राप्त किए जा सकते हैं और भेड़ों का मांस उत्पादन बढ़ाया जा सकता है।

कृत्रिम गर्भाधान में कृत्रिम रूप से यन्त्रों की सहायता से इच्छिक नर का वीर्य निकालकर मादा जननांगों में पहुँचाया जाता है। कृत्रिम गर्भाधान विभिन्न प्रक्रियाओं द्वारा पूर्ण होता है जैसे वीर्य संकलन, उसका

परीक्षण एवं मूल्यांकन, तनुकरण, भण्डारण तथा मादा जननांगों में पहुँचाना। यहाँ इन प्रक्रियाओं का संक्षेप में वर्णन किया जा रहा है जिससे यह समझा जा सके कि यह गर्भाधान की महत्वपूर्ण विधि जो नस्ल सुधार के लिए वरदान साबित हो रही है, कैसे पूर्ण होती है।

कृत्रिम गर्भाधान तकनीक के चरण

दाता मेढों का चयन

- गर्भाधान हेतु उत्तम आनुंवशिक वरीयता वाले मेंढों का ही चयन करे।
- मेंढे स्वस्थ होने चाहिए परन्तु मोटे नहीं।
- मेंढें उचित मैथुन क्षमता एवं नैसर्गिक कामप्रवृति वाले होने चाहिए।
- स्वास्थ्य एवं शारीरिक परीक्षण से यह जॉच लें कि दाता मेंढों में जनन व प्रजनन संबंधित विकार न हो तथा वे प्रजनन योग्य हों
- प्रजनन अंगों, विशेष रुप से अंडकोष के आकार व रुप, शिश्न व मूत्रमार्ग की स्पर्श परीक्षा से जॉच कर लें।
- असामान्य अवस्था वाले मेंढों को कृत्रिम गर्भाधान कार्यक्रम से निकाल देना चाहिए।

1. वीर्य संकलन

वीर्य संकलन कृत्रिम गर्भाधान तकनीक का एक महत्वपूर्ण चरण है। वीर्य संकलन के लिए कृत्रिम योनि का प्रयोग किया जाता है। कृत्रिम योनि तैयार करने से पहले इसे साफ, शुष्क एवं जीवाणु रहित कर लेना चाहिए। मेंढों के लिए कृत्रिम योनि की लम्बाई लगभग 25 सेमी. तथा व्यास 5 सेमी. होता है। कृत्रिम योनि रबड के सिलिण्डर व लेटेक्स लाईनर से बनती है। लेटेक्स लाईनर सिलिण्डर के अन्दर लगाया जाता है। सिलिण्डर के एक सिरे से लगभग 5 सेमी. दूरी पर एक छिद्र बना होता है जिस पर वायु के लिए वाल्व लगा होता है। इस छिद्र के द्वारा ही सिलिण्डर व लेटेक्स लाईनर के बीच में लगभग 45 डिग्री सैल्सियम तापमान का गर्म पानी तथा हवा भरी जाती है। कृत्रिम योनि के तापमान

पर विशेष ध्यान देना चाहिए अगर इसका तापमान कम है तो मेंढा वीर्य नहीं देगा और अगर इसका तापमान बहुत अधिक है तो भविष्य में मेंढे के वीर्य स्खलन पर प्रतिकूल प्रभाव पडेगा। सिलिण्डर के एक सिरे पर वीर्य एकत्रित करने वाला कप लगाया जाता हैं तथा दूसरे खुले सिरे पर चिकनाई के लिए तरल पैराफिन लगाई जाती है। जिस मेंढे का वीर्य संकलन करना होता है उसे गर्मी (मद) में आई भेड़ (डमी) के ऊपर चढने के लिये छोड़ दिया जाता है तथा उसके लिंग को कृत्रिम योनि के चिकनाई युक्त खुले मुँह की तरफ घुमा दिया जाता है। स्खलन के बाद कृत्रिम योनि को सीधा खड़ा कर दिया जाता है ताकि सारा वीर्य कप में एकत्र हो जाए। इस प्रकार मेंढे का वीर्य, वीर्य कप में संकलित हो जाता हैं। यदि डमी भेड उपलब्ध नहीं है तो मेंढें को दूसरे मेंढें पर चढाकर भी वीर्य एकत्र किया जा सकता हैं।

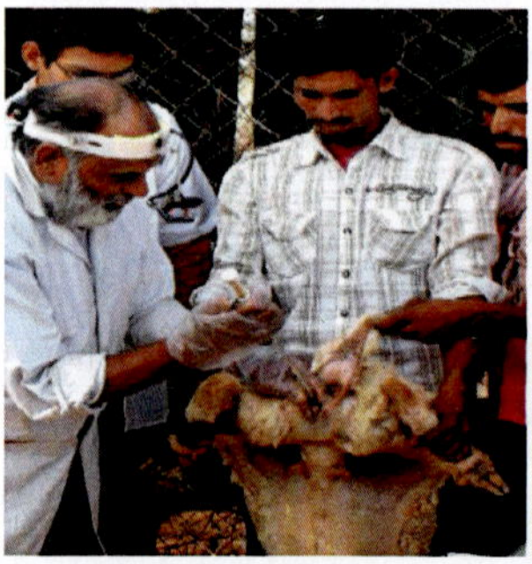

2. वीर्य मूल्यांकन

वीर्य संकलन के तुरन्त पश्चात इसका मूल्यांकन किया जाता है। बिना मूल्यांकन किए कृत्रिम गर्भाधान के लिए इसका उपयोग नहीं करना चाहिए। इसके रंग, मात्रा व गाढेपन की जॉच वीर्य कप में ही देखकर की जाती है। इसमें शुक्राणु गतिशीलता, शुक्राणुओं की संख्या व असामान्य शुक्राणुओं की प्रतिशत संख्या आदि की जॉच सूक्ष्मदर्शी द्वारा की जाती है। कृत्रिम गर्भाधान के लिए उपयोग में लाने हेतू वीर्य का आयतन 0.5 मिली. से 1.5 मिली., रंग क्रीम (हल्का पीला), गाढ़ापन, शुक्राणु गतिशीलता 80 प्रतिशत या अधिक तथा शुक्राणुओं की संख्या 300 करोड़ प्रति मिली. होनी चाहिए।

3. वीर्य तनुकरन

वीर्य मूल्यॉकन के पश्चात शुक्राणुओं की संख्या तथा संरक्षण के तरीके के आधार पर वीर्य को किसी अच्छे तनुकारक में पतला किया जाता है। अगर वीर्य को कम समय यानि कि 2–3 दिन तक संरक्षित रखना है तो एग योक साइट्रेट ग्लूकोज (ई.वाई.सी.जी.) या एग योक मैकविलिन ग्लूकोज (ई.वाई.एम.जी.) नामक तनुकारक में पतला किया जाता है। लेकिन अगर वीर्य को अधिक समय (अनिश्चित काल) तक संरक्षित रखना है तो एग योक टैस ट्रिस ग्लिसरॉल (ई.वाई.टी.जी) नामक तनुकारक में पतला किया जाता है। दोनों ही परिस्थितियों में वीर्य को इस हद तक पतला किया जाता है कि उसमें 100 करोड़ शुक्राणु प्रति मिली. रहें। सामान्यतया 1 मिली. वीर्य को 2 मिली. तनुकारक में मिलाया जाता है।

4. वीर्य संरक्षण

वीर्य संरक्षण के मुख्यतः दो तरीके होते हैं, एक वीर्य को ठंडा करके तथा दूसरा वीर्य का हिमीकरण करके।

- **वीर्य को ठण्डा करके**: यह वीर्य को कम समय (2–3 दिन) तक संरक्षित रखने का तरीका है। इसमें तनुकृत वीर्य को काँच की ढक्कन वाली शीशी में भरकर फ्रिज में रखा जाता है।
- **वीर्य का हिमीकरण करके (हिमीकृत वीर्य)**: मेंढों के वीर्य के दीर्घकालीन संरक्षण हेतु संस्थान में एक हिमीकरण प्रोटोकॉल विकसित किया गया है। इस प्रोटोकॉल के द्वारा मेढों के वीर्य को क्रमबद्ध तरीके से एक निश्चित दर पर +37 डिग्री सैल्सियस तापमान से –125 डिग्री सैल्सियस तापमान तक ठंडा किया जाता है जिसके लिए प्रोग्रामेबल कोशिका फ्रिजर मशीन का उपयोग किया जाता है। –125 डिग्री सैल्सियस तापमान पहुँचने के पश्चात वीर्य को तरल नाइट्रोजन जिसका तापमान –196 डिग्री सैल्सियस होता है में डुबोकर संरक्षित किया जाता है। इस प्रोटोकॉल से हिमीकरण पश्चात विदेशी, संकर एवं देशी नस्ल के मेंढों के वीर्य में 50 से 70 प्रतिशत शुक्राणु गतिशीलता पाई गई

है। इस प्रकार हिमीकृत वीर्य को अनिश्चित काल के लिए संरक्षित किया जा सकता है।

5. मादा जननांगों में वीर्य पहुँचाना

सफल कृत्रिम गर्भाधान के लिए वीर्य को मादा के अन्तः जननांग (गर्भाश्य) में पहुँचाना होता है। भेड़ों में अन्य पशुओं, मुख्यतः गाय व भैंस की तुलना में यह कठिन है क्योंकि भेड़ों में ग्रीवा की संरचना काफी जटिल है। अतः ग्रीवा को पार करके गर्भाश्य में वीर्य पहुँचाना इतना आसान नहीं है। विश्वभर में इस विधि को सरल बनाकर भेडों की मेमने पैदा करने की दर बढाने के लिए शोध जारी है परन्तु अभी तक 20–30 प्रतिशत ही सफलता मिली है। भेडों की ग्रीवा की उपेक्षा कर दूरबीन विधि से सीधे ही वीर्य को गर्भाशय में पहुॅचाया जा सकता है। दूरबीन विधि द्वारा कृत्रिम गर्भाधान से 70–80 प्रतिशत सफलता मिलती है लेकिन इस विधि के लिए शल्य क्रिया की आवश्यकता पडती है जो कि महँगी प्रक्रिया है। हमारे भेड़ पालकों के लिए यह सहज नही है। इस प्रकार भेड़ों में कृत्रिम गर्भाधान की एक विधि बचती है, यानि वीर्य को योनि या ग्रीवा द्वार में डालना। यह विधि बहुत ही सरल है परन्तु इसमें सिर्फ तरल वीर्य का ही उपयोग किया जा सकता है। हिमीकृत वीर्य का उपयोग करने से इस विधि में सफलता नहीं मिलती है क्योंकि हिमीकरण की प्रक्रिया से गुजरने के बाद शुक्राणु की गतिशीलता आधी रह जाती है जिससे शुक्राणु निषेचन की जगह (अण्डवाहिनी) तक नहीं पहुँच पाते है। इस प्रकार यदि हम देखें तो भेड़ों में कृत्रिम गर्भाधान की चार विधियाँ हैं जिनका विवरण नीचे तालिका में दिया गया है।

कृत्रिम गर्भाधान की विधियाँ	वीर्य का प्रकार	वीर्य डालने का स्थान	औसत सफलता
वजाइनल (योनिक)	तरल	योनि	50–60 प्रतिशत
सर्विकल (ग्रीवा)	तरल	ग्रीवा द्वार	60–70 प्रतिशत
ट्रांससर्विकल (ग्रीवा पार)	हिमीकृत	गर्भाशय	20–30 प्रतिशत
लैपरोस्कोपिक (दूरबीन विधि)	हिमीकृत	गर्भाशय	70–80 प्रतिशत

ताजे तनुकृत व ठंडे तरल वीर्य से कृत्रिम गर्भाधान में निम्नलिखित विविध क्रम सन्निहित होते हैं।

- भेड़ में मद जाँच के लिए उचित मैथुन क्षमता व नैसर्गिक कामप्रवृति वाले मेढों को एपरान बाँध कर सुबह–शाम रेवड़ में घुमाएँ एवं प्राकृतिक गर्भाधान से बचाने हेतु मेढचर्म को एक सूती धागे से बाँध दें।
- मद लक्षण प्रदर्शित करने वाली भेडों को सुबह शाम कृत्रिम गर्भाधान स्थल पर ले आएँ।
- कृत्रिम गर्भाधान के लिए प्रयुक्त होने वाली काँच की नली की बाहरी सतह पर चिकनाई के लिए जीवाणु रहित औषधी युक्त जैली या पैराफीन लगाएँ ।
- सहायक की मदद से भेड़ को पीछे से उठाकर उचित रोशनी में कृत्रिम गर्भाधान के लिए एक विशेष झुकाव की अवस्था पर रखा जाता है।
- भेड़ के बाहृय जननांगों को रुई के टुकडे से अच्छी तरह साफ कर लें।
- सूर्य प्रकाश या कृत्रिम रोशनी में चिकनाईयुक्त काँच की नलिका को ग्रीवा तक निहरते हुए धीरे से योनि द्वार तक डाला जाता है।
- योनि से श्लेष्मा के अधिक उदासर्ग की दशा में सहायक को भेड़ को टेढा करने को कहें ताकि श्लेष्मा कँच की नलिका से बाहर हो जाए व योनि से ग्रीवा तक साफ हो जाए।
- वीर्य वाहक से 0.1 मिली. (10 करोड शुक्राणु) अवमिश्रित वीर्य को नाडक में डालकर व धूप से बचाकर दाहिने हाथ से मजबूती से पकडा जाता है तथा तुरन्त कृत्रिम गर्भाधान के लिए प्रयुक्त किया जाता है।
- वीर्य निकालने के बाद वीर्य वाहक का ढक्कन तुरन्त बन्द कर दें।

- नाडक द्वारा वीर्य को ग्रीवा द्वार पर छोड़ दिया जाता है।
- इसके बाद काँच की नलिका व नाडक को धीरे से खींच कर बाहर निकाल लिया जाता है।
- कृत्रिम गर्भाधान उपरान्त वीर्य के बाह्य प्रभाव को रोकने के लिए कुछ समय के लिए भेड़ को पूर्ववत अवस्था में ही पकडे रखा जाता है।
- धीरे–धीरे भेड़ की पिछली टाँगों को छोड़ दें और भेड़ को चरने के लिए उसके रेवड़ में जाने दें।
- दो मद–चक्र तक भेड़ की जाँच करें एवं मद लक्षण प्रदर्शित करने वाली भेड़ों का पुनः कृत्रिम गर्भाधान करें।

पिछले दशक में इस संस्थान ने भेड़ पालकों के रेवड में लगभग 2000 भेंडों में ताजे तनुकृत व ठंडे तरल वीर्य से सफल कृत्रिम गर्भाधान किया है। इसका वर्ष वार विवरण नीचे दिया गया है।

भेड़ पालकों के रेवड़ में तरल वीर्य से कृत्रिम गर्भाधान के परिणाम

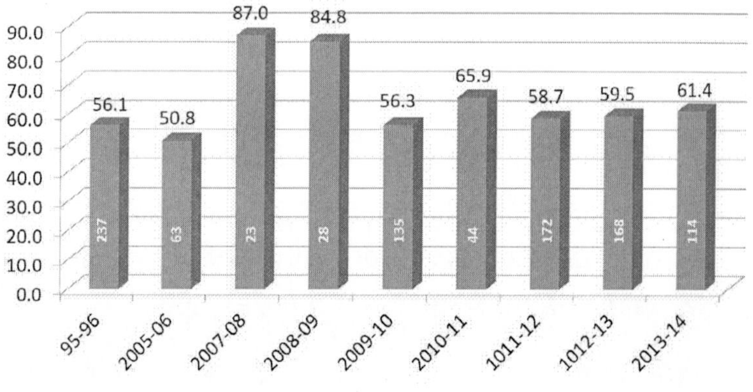

कृत्रिम गर्भाधान से लाभ–

कृत्रिम गर्भाधान विधि से मूल्यवान एवं परीक्षित नर का उपयोग वीर्य परीक्षण के बाद ही किया जाता है जिससे अधिक संख्या में मादा गर्भित होकर उत्तम संतान पैदा करती है। इस विधि से वर्ष में एक नर से करीब 1000 भेड़ों का गर्भाधान संभव है जो प्राकृतिक गर्भाधान की तुलना

में कई गुना ज्यादा है।

- कृत्रिम गर्भाधान में प्राकृतिक संभोग हेतु अक्षम नर का सही उपयोग संभव है। इस विधि में नर का वीर्य विद्युत उपकरण से एकत्रित कर एवं परीक्षण के बाद उपयोग में लाकर नर का उपयोगिता काल बढ़ाया जा सकता है।
- छोटे पशु पालक के पास प्रजनन हेतु नर के क्रय एवं भरण–पोषण को वहन करने की क्षमता नहीं होती है। ऐसे में छोटे पशुपालकों हेतु कृत्रिम गर्भाधान सरल एवं सस्ती विधि है।
- इस विधि द्वारा छोटी मादा के साथ बड़े नर का उपयोग सरलता से किया जा सकता है। अपंग बकरी और भेड़ को जो कि प्राकृतिक ढंग से गर्भित नहीं की जा सकती उन्हें इस विधि द्वारा गर्भित किया जा सकता है।
- इस विधि से नर एवं मादा के जननेन्द्रिय सम्बंधी रोगों की रोकथाम होती है और कोई भी रोग एक पशु से दूसरे पशु में संचारित नहीं होता है।
- उच्च कोटि के नर के वीर्य को देश एवं विदेश में एक स्थान से दूसरे स्थान पर आसानी से भेजकर नर की उपयोगिता को कई गुना बढ़ा सकते हैं और नस्ल सुधार कर सकते हैं।

कृत्रिम गर्भाधान की कमियाँ

- कृत्रिम गर्भाधान की सबसे बड़ी कमी ऋतुचक्र की सही पहचान तथा गर्भित करने का सही समय निर्धारित न कर पाना है। सही समय पर गर्भाधान न होने पर गर्भधारण का प्रतिशत कम हो जाता है तथा पशुपालकों को आर्थिक हानि होती है।
- कृत्रिम गर्भाधान के लिए प्रशिक्षित तकनीकी कर्मचारियों की आवश्यकता होती है जो कि कृत्रिम गर्भाधान करने में पूर्ण रूप से दक्ष हों। अल्प प्रशिक्षित कर्मचारियों के कारण पशुओं की प्रजनन क्षमता पर बुरा प्रभाव पड़ता है।

- कृत्रिम गर्भाधान तकनीक की क्रियाओं, वीर्य संग्रह से परीक्षण तथा गर्भाधान तक वीर्य पर प्रतिकूल प्रभाव पड़ता है जिसमें परिणामस्वरूप गर्भाधान का प्रतिशत कम हो जाता है।

कृत्रिम गर्भाधान हेतु सावधानियाँ

- प्रयोग किए जाने वाले सभी उपकरण स्वच्छ एवं कीटाणु रहित होने चाहिए।
- वीर्य संग्रह हेतु प्रयोग किए जा रहे नर जननेन्द्रिय संबंधित रोगों से मुक्त होने चाहिएँ अन्यथा संसर्गजन्य बीमारियों के फैलने की आशंका रहती है।
- वीर्य संग्रह, परीक्षण, तनुकरण, प्रशीतन एवं गर्भाधान विधि तक स्वच्छता पर विशेष ध्यान देना आवश्यक है।
- कृत्रिम गर्भाधान हेतु प्रयुक्त कर्मचारी योग्य एवं कुशल होना आवश्यक है, जिसे भेड़ और बकरी की शरीर संरचना एवं उसकी दैहिकी का पूर्ण ज्ञान हों।
- उचित समय पर कुशलतापूर्वक गर्भाधान न कराने से गर्भाधान दर में कमी आ सकती है।
- गर्भाधान केवल उच्च कोटि के गुणवत्ता वाले वीर्य से ही कराना चाहिए।

कृत्रिम गर्भाधान परिणाम को प्रभावित करने वाले कारक

- उचित मदकाल के समय कृत्रिम गर्भाधान न कराना।
- वीर्य में शुक्राणुओं की पर्याप्त संख्या न होना।
- मादा के जननांग में वीर्य सेचन का स्थान।
- गर्भाधान विधि की कुशलता में कमी।

भेड़ों की आवास व्यवस्था

पशुओं से क्षमतानुसार उत्पादन प्राप्त करने के लिए उनके आवास, पोषण प्रजनन एवं स्वास्थ्य का उचित प्रबन्धन अति महत्वपूर्ण है। आमतौर पर किसान अपनी सामर्थ्य अनुसार ही पशुओं की देखभाल करते हैं। यदि यह समस्त कार्य वैज्ञानिक रीति से किया जाए तो किसी भी प्रकार के पशु पालन में इच्छित लाभ आसानी से प्राप्त किया जा सकता है। पशुशाला के निर्माण के समय पशुओं के लिए आराम तथा स्वास्थ्य सम्बन्धी बातों पर ध्यान देना बहुत जरूरी है। पशुओं का सीधी धूप, वर्षा, लू, ठण्डी हवा, परभक्षी आदि से बचाव करने के लिए उनके लिए आवास का निर्माण आवश्यक है जिससे कि उन्हें अपने पोषण, प्रजनन, उत्पादन जैसे नित्य कर्मों के लिए एक आरामदायक सूक्ष्म वातावरण मिल सके। पशुओं के आवास निर्माण का मुख्य ध्येय केवल उनकी सुरक्षा करना ही नहीं बल्कि उनकी दैहिक, मानसिक एवं स्वभावजन्य आवश्यकताओं को सुनिश्चित करना भी है।

पशुओं के लिए आरामदायक आवास की आवश्यकता क्यों ?

- आरामदेय आवास का पशुओं के विकास, स्वास्थ्य, उत्पादन, प्रजनन एवं सामान्य पालतू व्यवहार की अभिव्यक्ति पर प्रमुख प्रभाव होता है।
- जिन पशुओं के लिए उपयुक्त आवासीय सुविधा नहीं होती है उन पर रोग आक्रमण का खतरा बढ जाता है।
- यथोचित आवासीय प्रबन्धन से पशुओं की क्षमता व उत्पादकता में वृद्धि होने के साथ–साथ उनका अपना हित भी सुनिश्चित हो जाता है और पशुपालक को यथोचित समग्र आर्थिक लाभ प्राप्त होता है।

भेड़ों के लिए बहुत कीमती एवं विस्तारपूर्वक निर्मित घरों की आवश्यकता नहीं होती, उनके रहने के लिए साधारण, सूखे एवं स्वच्छ बाड़े पर्याप्त होते हैं। अच्छे मौसम में रेवड़ को खुले स्थान पर भी रखा जाता है। हमारे देश में भेड़ पालन मुख्य रूप से आर्थिक दृष्टि से कमजोर वर्ग द्वारा ही किया जाता है अतः भेड़ों के आवास पर विशेष ध्यान नहीं दिया जाता है। उन्नत भेड़ पालन के लिए रेवड़ को सर्दी, गर्मी एवं वर्षा से बचाने हेतु मौसम के अनुसार आवास व्यवस्था करना अत्यन्त आवश्यक है। अतः शुष्क एवं अर्ध–शुष्क प्रदेशों में भेड़ों का बाड़ा जमीन से ऊँची व खुली जगह पर बनाना चाहिए जिससे इसमें वर्षा का पानी एकत्र न हो तथा हवा व प्रकाश का उचित प्रबन्ध हो सके। आरामदायक बाड़ा बनाने के लिये आस–पास आसानी से उपलब्ध सामग्री, जो सस्ती एवं मजबूत हो, का प्रयोग करना चाहिए ताकि कम से कम निवेश हो तथा उसकी रखरखाव और मरम्मत में भी कम व्यय आए। पशुओं को रखने के लिए बाड़ा इस तरह से बनाएं कि उन्हें गर्मी, सर्दी तथा वर्षा से बचाया जा सके। बाड़ा साफ–सुथरा, हवादार तथा आरामदायक हो तथा इसमें सूर्य की रोशनी आ सके। पशुबाड़े का क्षेत्रफल पशुओं के प्रकार, उम्र, शरीर के आकार एवं उनकी संख्या पर निर्भर करता है।

खुला बाड़ा

इस प्रकार की व्यवस्था उन जगहों पर अधिकतर होती है जहाँ पर जलवायु शुष्क होती है जैसे राजस्थान, गुजरात तथा महाराष्ट्र के पठारी भाग। इन स्थानों पर वर्षा नाम–मात्र की होती है व दिन के समय भेड़ें चरागाह में रहती हैं तथा रात्रि के समय इन्हें खुले बाड़ों में रखा जाता है। ये बाड़े आकार में बड़े व कंटीले तारों या झाडियों या फिर बांस के लट्ठों से घिरे रहते हैं। इस प्रकार के बाड़े में भेड़ आंधी, वर्षा व ठंड से अपने आपको बचा नहीं पाती अर्थात यह व्यवस्था उचित नहीं है।

अर्ध खुला बाड़ा

इस प्रकार की व्यवस्था भेड़ों के आवास की एक आदर्श व्यवस्था है। यह मुख्य रूप से देश के सभी भेड़ पालक जो अर्ध शुष्क व मैदानी भागों से सम्बन्ध रखते हैं, अपने रेवड़ के लिए प्रयोग में लाते हैं। इस

व्यवस्था में घिरे हुए स्थान के साथ–साथ उसके दुगने अनुपात के बराबर खुली जगह साथ में होती है इसमें पशु स्वेच्छानुसार घूम–घूम कर बाहर व भीतर आराम से रह सकते हैं। बाड़ा इतना बड़ा होना चाहिए कि प्रत्येक पशु को पर्याप्त (8–10 वर्ग फुट) स्थान प्राप्त हो सके। बाड़े का आधा भाग छप्पर या ऐस्वेस्टस की चादरों से ढ़का होना चाहिए जिसको भेड़ें सर्दी या वर्षा में उपयोग कर सकें। खुली जगह/बाड़े को तार या जाली से घेर सकते हैं। बाड़े के आस–पास चारों तरफ घने छायादार वृक्ष जैसे अरडू, नीम, पीपल आदि लगाने चाहिए जो कि गर्मी के दिनों में बाड़े को ठंडा रखने में मदद करते हैं तथा साथ ही साथ समय–समय पर चारे की आवश्यकता को भी पूरा करते हैं।

आधा ढका एवं उससे दुगना खुला आदर्श बाड़ा

बाड़े हेतु स्थान का चयन एवं उसको बनाते समय निम्न बातों पर ध्यान देना आवश्यक है:

- बाड़े बनाने का स्थान आम जगह से ऊँचा हो ताकि पानी के रूकने की सम्भावना न रहे।
- बाड़े का स्थान खुला, हवादार हो ताकि अन्दर का वातावरण साफ व सूखा रहे।
- बाड़े के आस–पास घने छायादार वृक्ष लगे होने चाहिए जो गर्मी में बाड़े को ठंडा रख सकें तथा समय–समय पर चारा उपलब्ध हो सके।
- बाड़े में प्रकाश की उचित व्यवस्था होनी चाहिए।
- बाड़े में पानी व दाना–चारा हेतु खेली (नांद) होनी चाहिए।
- बाड़े में खुला व ढका दोनों भाग हो ताकि सर्दी व वर्षा में पशु ढ़के हुए भाग का प्रयोग ठंड एवं वर्षा से बचाव के लिए कर सके।

- बाड़े में बच्चे, ग्याभिन तथा बीमार पशुओं के लिए अलग व्यवस्था होनी चाहिए।
- बाड़े में प्रत्येक पशु के लिए उपयुक्त स्थान होना चाहिए।
- बाड़े इस प्रकार बनाए जाएँ कि कम से कम धूप उनके उत्तरी हिस्से में और अधिक से अधिक धूप उनके दक्षिणी भाग में आती हो। इसके साथ ही उत्तरी तेज ठंडी एवं पश्चिमी तेज गर्म हवाओं से पशुओं की रक्षा होती रहे। शुष्क एवं गर्म वातावरण के लिए उत्तर पूर्व से दक्षिण–पश्चिम की तरफ बने हुए बाड़े उपयुक्त रहते हैं क्योंकि इस प्रकार के बाड़ों में सुबह की धूप का लाभ लिया जा सकता है। उत्तर–दक्षिण की तरफ बाड़ा बनाने से बाड़ा सूखा रहता है तथा सफाई में मदद मिलती है लेकिन बाड़े में अधिक धूप के कारण गर्मी से जानवरों को अधिक कठिनाई होती है। लम्बे आकार के बाड़े को पूर्व–पश्चिम दिशा में बनाने चाहिए ताकि सूर्य की सीधी गर्मी से बचा जा सके।
- पूर्व–पश्चिम दिशा वाली पशुशाला का तापमान उत्तर–दक्षिण दिशा वाली पशुशाला की अपेक्षा कम रहता है। उत्तर–दक्षिण दिशा वाली पशुशाला में सूर्य की किरणें लम्बे समय तक अन्दर पडती है, इससे वह सूखी व स्वच्छ तो रहती है, किन्तु गर्म–अर्धशुष्क जलवायु में पशुओं के लिये अनुकूल नहीं होती। पूर्व–पश्चिम दिशा वाली पशुशाला सूर्योदय समय का सर्वाधिक लाभ देता है। गर्म मौसम में भी पशुशाला ठंडी बनी रहती है। इन पशुशालाओं में दिन के अधिकांश समय छाया रहती है जिसके परिणाम स्वरूप फर्श तल का तापमान कम हो जाता है। पशुशाला का उत्तर दिशा व दक्षिण दिशा में विन्यास क्रमशः गर्म एवं ठंडे क्षेत्रों मे अधिक लाभकारी है। अब तक किए गए परीक्षणों के आध ार पर यह निष्कर्ष निकलता है कि पशुशाला का पूर्व–पश्चिम अथवा उत्तर–पश्चिम विन्यास दक्षिण–पश्चिम विन्यास की अपेक्षा पशुओं को गर्म अर्धशुष्क क्षेत्रों में प्रतिकूल वातावरण से अधिकतम बचाव करता है।

भेड़ों का आदर्श बाड़ा

छत बनावट व सामग्री

पशुशाला की छत तीन आकार की होती है जिनमें एक सपाट, दूसरी एक दीवार से दूसरी दीवार की तरफ ढलान वाली तथा तीसरी बीच में ऊँची किन्तु दोनों ओर ढलान वाली हो (अंग्रेजी अक्षर '^') सकती है। इनमें '^' आकार की छत सर्वोत्तम होती है जो 3 से 3.5 मीटर की ऊँचाई पर होनी चाहिये। तीन मीटर से कम उँचाई की छत उचित वायु आवागमन में बाधक होती है। शीतोष्ण तथा उष्ण–आर्द्र मौसम में जहां बहुत ऊँची छत लाभप्रद नहीं होती, तीन मीटर ऊँचाई पर्याप्त होती है। '^' आकार की छत गर्म मौसमी क्षेत्रों के सर्वथा अनुकूल है। गर्मी में '^' आकार की छत से प्रातः काल में दक्षिण की आधी छत पर छाया रहती है तथा दोपहर के बाद उत्तर की आधी छत के थोड़े भाग पर छाया रहती है। इस प्रकार छत के बीच में ऊँचा होने के कारण इसके एक भाग की छाया दूसरे भाग को ठंडा रखती है। विभिन्न सामग्री से बनी दोहरी छतें गर्म मौसम में पशुशाला को गर्म होने से बचाती है। किन्तु निर्माण लागत अधिक होने के कारण इनका उपयोग अत्याधिक उत्पादनशील पशुओं तक ही सीमित रखना वांछनीय है।

छत बनाने के लिए सामग्री का चयन, निर्माण लागत व पशुशाला में इच्छित सूक्ष्म वातावरण के आधार पर करना चाहिए। देश की विभिन्न जलवायु में बड़ी संख्या में छतों के लिये आवश्यक सामग्री उपलब्ध है किन्तु उनके तापीय अभिलक्षणों में विविधता है। अनुसंधान में यह पाया गया है कि पशुशाला पर गर्मी में छप्पर की छतें सर्वाधिक शीतल

वातावरण प्रदान करती है। पाँच सेंमी. मोटी छप्पर बनाकर उन पर मिट्टी–बिटूमेन सामग्री का लेप कर उन्नत किस्म की छतों का निर्माण किया जा सकता है। यह उन्नत छतें अधिक गर्मी में भी सामान्य छप्पर, नालीदार ऐस्बेस्टस चादर या एस्फाल्टिक चादरों की अपेक्षा ठंडी रहती है तथा गर्मी में अधिकतम बचाव करती है। इन उन्नत छतों के निर्माण पर साधारण छप्पर की अपेक्षा 70 से 80 प्रतिशत अधिक खर्चा आता है, परन्तु यह अत्याधिक स्थाई होती है। उन्नत छतें आग व पानी के प्रभाव को भी कम कर देती है। छतों के लिए अत्याधिक परावर्ती वस्तुओं व सामग्री का उपयोग लाभप्रद नहीं है क्योंकि ऐसी छतों से विकिरण की लघु व दीर्घ तरंगों का आवासीय पशुओं पर पुनः परावर्तन होता है।

पशुशाला आकार व फर्श

पशुशाला की 5–6 मीटर चौडाई उपयुक्त है। भारतीय परिपेक्ष्य में प्रारम्भिक लागत महत्वपूर्ण है। एक बीस मीटर लम्बी पशुशाला में 60 से 80 भेड़ों को रखा जा सकता है। पशुशाला की लम्बाई आवश्यकतानुसार रखी जा सकती है। पशुशाला की अधिकतम लम्बाई 30 मीटर उपयुक्त रहती है। चौड़ी पशुशाला मे फर्श का तापमान कम रहता है, परन्तु शरीर से ठंडे आसमान की ओर विकिरण द्वारा ऊष्मा छोडने की मात्रा कम हो जाती है। फर्श, जिस पर पशु रहता है, तापीय एवं अन्य शारीरिक कष्ट, चोट या संक्रामक रोगों का मुख्य स्त्रोत है। दूध छोडने के बाद बच्चों के लिये मोटी सूखी व स्वच्छ भूसे की सतह ठण्ड में एक आदर्श बिछावन है किन्तु गर्मी के मौसम में भूसे की पतली सतह अधिक उपयुक्त है। अपर्याप्त, गीली व गन्दे भूसे की बिछावन उत्पादन पर प्रतिकूल प्रभाव डालती है। इसके अतिरिक्त वर्षा ऋतु में अधिक चौड़े फर्श को सूखने में बहुत समय लगता है। सामान्यतः पशुशालाओं में कच्चा, पक्का अथवा लकड़ी का फर्श होता है। पक्के फर्श सफाई की दृष्टि से तो अनुकूल होते हैं किन्तु आर्थिक आधार पर ऊष्ण–शुष्क एवं ऊष्ण–आर्द्र जलवायु क्षेत्रों मे कच्चे व पट्टीदार फर्श अधिक उपयुक्त रहते हैं। शीतोष्ण जलवायु में घास या भूसे की बिछावन शरीर से फर्श की ओर चालन द्वारा उष्माह्रास को रोकती है। बिछावन का बारम्बार नियमित प्रतिस्थापन स्वास्थ्यप्रद

स्थिति बनाए रखने के लिये आवश्यक है।

बाड़े में जरूरी साधन व व्यवस्था

चारा–दाना हेतु पात्रः भेड़ों को चराई के अतिरिक्त बाड़े में दाने–चारे की आवश्यकता होती है। इसके लिए लोहे, लकड़ी व मिट्टी से बने पात्र प्रयोग में लाए जाते हैं। इन पात्रों को इतनी ऊँचाई पर रखना चाहिए

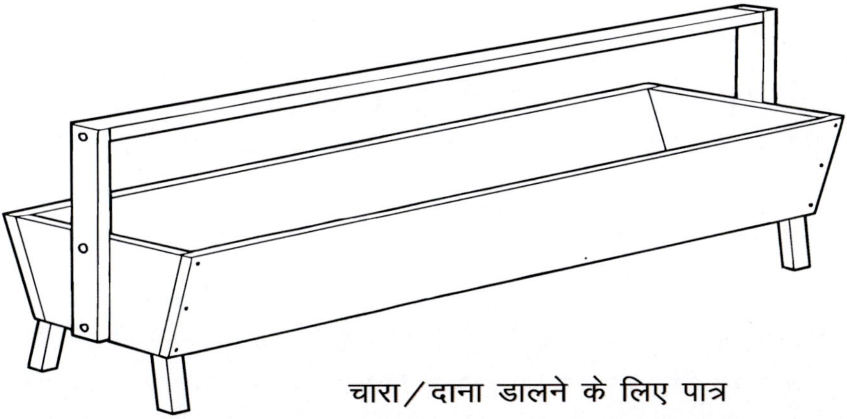

चारा/दाना डालने के लिए पात्र

दाने–चारे के नये पात्र

जिससे चारे–दाने की कमी नहीं हो तथा इनकी बनावट भी इस तरह की होनी चाहिए कि इसमें जानवर मल–मूत्र न कर सके। इसके लिए पात्र जिसके ऊपर हर एक फिट की दूरी पर सरिये से घेरा बना हों उपयुक्त रहता है जिससे दाना डालने में सुविधा हो तथा भेड़ आराम से चारा दाना खा सके पर उसमें खड़े न हो सकें व मल–मूत्र न कर सकें। एक वयस्क भेड़ को खाने के लिए 40–50 सेमी. व बच्चे के लिए 30–35 सेमी स्थान की आवश्यकता होती है।

पानी की चरही: प्रत्येक बाड़े में भेड़ों के लिए पानी हेतु चरही/नांद का होना अति–आवश्यक है जिससे भेड़ स्वेच्छानुसार पानी पी सकें। भेड़ों को पीने के लिए स्वच्छ एवं कीटाणु रहित पानी हमेशा उपलब्ध रहना चाहिए। पानी की चरही जो अक्सर सीमेंट या लोहे की चादर की बनी होती है, समय–समय पर साफ करते रहना चाहिए तथा उसमें कभी–कभी लाल दवा का उपयोग भी लाभकारी होता है। माह में एक बार कम से कम पानी में चूना भी डाल देना चाहिए इससे पानी भी साफ रहता है तथा पशुओं को कैल्शियम भी प्राप्त हो जाता है।

भंडार गृह: भेड़ के आवास के साथ–साथ भंडार गृह का होना भी आवश्यक है जिसमें चारा, दाना व अन्य आवश्यक वस्तुएँ रखी जा सके। भंडार गृह में अलग से औषधियों को रखने के लिए अलमारियाँ होनी चाहिए। औषधि भंडार गृह जिसमें कैंची, चाकू, रूई, पट्टी, लाल दवा, टिंचर–आयोडिन, डिटोल, तथा प्रायः प्रयोग में होने वाली दवाईयाँ आदि अति–आवश्यक सामग्री होनी चाहिए।

बीमार पशु बाड़ा: बीमार तथा कमजोर पशुओं के लिए बड़े बाड़े में अलग से छोटा बाड़ा/शेड होना चाहिए जिससे उनको दूसरे स्वस्थ पशुओं से अलग रखा जा सके तथा उनकी उचित प्रकार से देखभाल की जा सके। प्रत्येक पशु को अलग–अलग कक्ष में रखना चाहिए। इसके लिए बड़े बाड़े को लकड़ी के पटरों या तार की जाली द्वारा छोटे–छोटे 3X2X3 मीटर के भागों में बाँट दिया जाता है।

जनन कक्ष: प्रत्येक आवास में ब्याने वाली भेड़ के लिए अलग से कक्ष होना चाहिए। कक्ष का आकार इतना बड़ा हो कि उसमें भेड़ व उसके

बच्चे को पर्याप्त स्थान मिल सके। प्रत्येक कक्ष में पानी व दाने की व्यवस्था होनी चाहिए। इन कक्ष को वायु के झोंको से मुक्त रखना चाहिए ताकि सर्दियों/गर्मियों में बच्चे व भेड़ को ठंड/गर्मी से बचाया जा सके। इनमें सूखी एवं स्वच्छ बिछावन का प्रयोग करना चाहिए। आवश्यकतानुसार बिछावन को बदलते रहना चाहिए।

छोटे बच्चों का आवासः भेड़ के बच्चे को रखने का स्थान साफ, सूखा एवं हवादार होना चाहिए। बाड़े के फर्श को बीमारी के कीटाणुओं से मुक्त रखने के लिए ब्यांत के 15 दिन पूर्व फर्श की खुदाई करके, मिट्टी बदल कर उसमें चूना/कीटाणुनाशक पाउडर मिला देना चाहिए। सर्द व गर्म

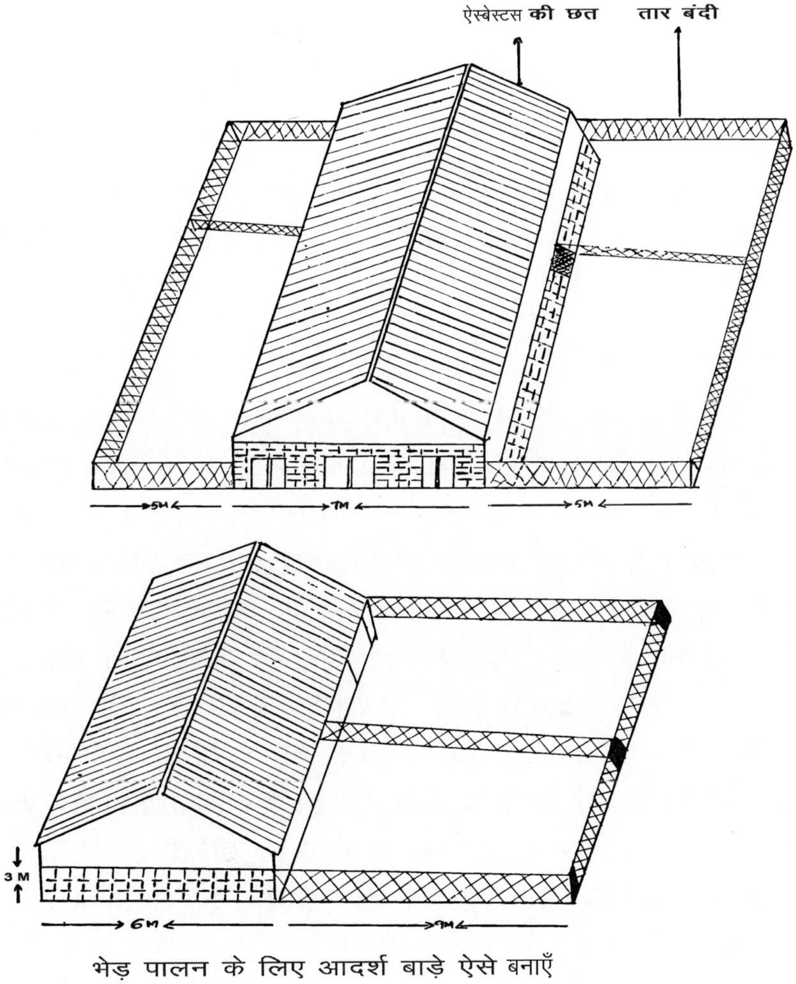

भेड़ पालन के लिए आदर्श बाड़े ऐसे बनाएँ

हवाओं से बचने का उचित प्रबन्ध होना चाहिए तथा सूखी घास–फूस की बिछावन का प्रयोग करना चाहिए और आवश्यकतानुसार उसको बदल देना चाहिए इससे बच्चे को आराम मिलता है तथा बच्चे मिट्टी नहीं खा पाते।

डिपिंग टैंक: बाड़े के आस–पास भेड़ों को नहलाने के लिए जल कुंड (डिपिंग टैंक) का होना भी आवश्यक है जिससे कि वर्ष में कम से कम दो बार भेड़ों को दवा के पानी से नहलाया जा सके तथा पशुओं को बाह्य परजीवियों से छुटकारा दिलाया जा सके।

खुर स्नान: बाड़े के प्रवेश द्वार पर पांच फुट चौड़ा चार फुट लम्बा व छह इंच गहरा पक्का खुर स्नान का स्थान भी होना चाहिए जिसको वर्षा के पूर्व के दिनों में दवा (नीला थोथा) के पानी से भर कर पशुओं को उससे अन्दर व बाहर भेजना चाहिए जिससे खुर पकने की शिकायत दूर होगी।

भेड़ पालक अपनी आर्थिक दृष्टि एवं अपने रेवड़ के आकार के अनुसार अगर उपरोक्त आवास व्यवस्था में थोड़ा परिवर्तन करके उचित आवास का प्रबन्ध करता है तो उसे निश्चित ही लाभ प्राप्त होगा।

अधिक तापमान का भेड़ों की दैहिकी पर प्रभाव

भेड़ों की अधिक संख्या शुष्क एवं अर्ध–शुष्क क्षेत्रों में पाई जाती है। वातावरण की विषम परिस्थितियों के कारण भेड़ों की उत्पादन क्षमता कम होती है। वातावरण में बदलाव के साथ–साथ इन लघु–रोमन्थियों का उत्पादन भविष्य में और भी अधिक गिर सकता है। भेड़ों की उत्पादन क्षमता में होने वाली गिरावट को रोकने के लिए एवं उनको विकसित करने के लिए वैज्ञानिक तरीके से प्रबन्धन एवं ज्ञान की आवश्यकता पड़ेगी। वातावरण में बढ़ता तापमान, भेड़ की शरीर क्रिया से जुडी विभिन्न गतिविधियाँ जैसे श्वसनदर, हृदय स्पन्दन दर, शारीरिक तापमान व पसीना आने की दर को प्रभावित करता है। इसके अलावा वातावरण का विषम प्रभाव कुछ एन्जाइम व हॉर्मोन्स पर भी असर डालता है। उपरोक्त शरीर के सभी अवयव, भेड़ उत्पादन को अप्रत्यक्ष एवं अप्रत्य रूप से प्रभावित करते हैं।

वातावरणीय बदलाव एवं शारीरिक दैहिकी

वातावरण बदलाव होने पर सबसे पहले भेड़ों की श्वसन दर प्रभावित होती है। वातावरण का तापमान बढ़ जाने पर भेड़ों की श्वसन दर भी बढ़ जाती है जो कि भेड़ों में वाष्पीकरण द्वारा ठंडक पैदा करके भेड़ों के शारीरिक तापमान को कम करने में सहायता करती है। कभी–कभी भेड़ें अपनी आन्तरिक जैविक क्रियाओं को सुचारू रूप से बनाए रखने के लिए श्वसन दर 6 से 8 गुना तक बढ़ा लेती है। वातावरण के अधिक तापमान से भेड़ों की हृदय स्पन्दन दर भी बढ़ जाती है। अधिक तापमान के समय भेड़ों में हृदय स्पन्दन दर 20–30 प्रतिशत अधिक हो जाती है। इस प्रकार विभिन्न शारीरिक क्रियाओं में बदलाव लाकर भेड़ें अपने आन्तरिक तापमान को संतुलित रखने में सक्षम होती हैं। कुछ भेड़ें जिनमें कि अनुकूलन क्षमता की कमी होती है वे अपने आन्तरिक तापमान को संतुलित नहीं कर पाती हैं जिसके कारण इनमें उत्पादन पूरी तरह प्रभावित होता है। वातावरण में गर्मी बढ़ने के साथ–साथ भेड़ों में पसीना उत्सर्जन दर भी बढ़ जाती है तथा जिस भेड़ में जितना अधिक स्वेद उत्सर्जन होगा उनमें उतना ही अधिक वाष्पीकरण द्वारा शरीर को ठंडा करने की क्षमता होगी।

भेड़ों की आहार व्यवस्था

पशुओं से अधिक उत्पादन तथा उनके स्वस्थ जीवन निर्वाह हेतु यह अति–आवश्यक हो जाता है कि उनका आहार संतुलित हो अन्यथा इनकी वृद्धि एवं उत्पादन पर प्रतिकूल प्रभाव पड़ता है। इसलिए भेड़ पालक को चाहिए कि वह अपने रेवड़ की आहार संबंधी आवश्यकताओं को समय पर पूरा करता रहे तथा विभिन्न अवस्थाओं पर उनके खाने–पीने का विशेष ध्यान रखे। भेड़ एक रोमन्थी पशु है इसलिए इसके पाचन तंत्र का अग्रिम भाग काफी विकसित होता है जिसमें विभिन्न प्रकार के सूक्ष्म जीवाणु पाये जाते हैं। यह जीवाणु समस्त आहार को किण्वत प्रक्रिया द्वारा गलाते है तथा आंत के दूसरे हिस्सों में पहुचँने के बाद स्वयं भी पोषक तत्व के साथ भेड़ का पोषण करते है।

पाचन तन्त्र में वे सभी अंग आते हैं जिनका संबंध भेड़ के भोजन प्राप्त करने, उसके पाचन तथा शोषण से होता है। इस तन्त्र के द्वारा भोजन शरीर में ग्रहण किया जाता है और शेष बचे हुये भोजन का भाग, जिसका शोषण नहीं हो पाता है, शरीर से बाहर निकाल दिया जाता है।

पाचन तन्त्र

आहार–नाल	**सहायक–अंग**
जैसे– मुख, ग्रसनी, ग्रास नली, अमाशय, छोटी आंत, बड़ी आंत ग्रन्थियाँ और अग्नाशय और मलाशय	जैसे– दांत, जीभ, लार

जुगाली करने वाले पशुओं में नाल की बनावट, बिना जुगाली

करने वाले पशुओं की अपेक्षा बहुत अधिक जटिल होती है। रोमन्थी पशुओं में अमाशय के चार भाग होते है।

(1) रूमेन या प्रथम अमाशय

(2) रैटिकुलम/जालिका या द्वितीय अमाशय

(3) ओमेजम या तृतीय अमाशय

(4) एवोमेजम या चतुर्थ अमाशय

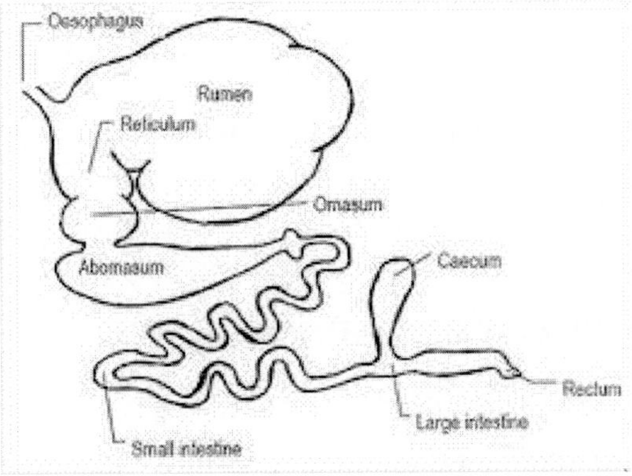

अमाशय के पहले तीन भाग, ग्रास नली के बढ़े हुये भाग होते है। जीभ के द्वारा भोजन मुख में ग्रहण किया जाता है और इसकी जुगाली कुछ समय तक होती है। मुख में लार ग्रन्थियों के तीन जोड़े होते है जिनसे लार निकल कर भोजन में मिलता है। लार में सोडियम बाईकार्बोनेट अधिकता में पाया जाता है। जब भेड़ को सूखा या अम्लीय चारा खिलाया जाता है तो सोडियम बाईकार्बोनेट की मात्रा अधिक उत्पन्न होती है। मुख में भोजन का गोले के रूप में लार के द्वारा उपस्नेहन हो जाता है जो सुविधापूर्वक ग्रसनी तथा ग्रास नली से रोमंथिका में पहुँच जाता है। रोमंथी पशुओं के मुख में किसी प्रकार का टायलिन एन्जाइम नहीं होता हैं और मुख में भोजन का कोई पाचन नहीं होता है।

रोमंथी पशु जैसे गाय, भैंस, बकरी इत्यादि में भोजन प्राप्ति के पश्चात जल्दी–जल्दी चबा दिया जाता है तथा भोजन में उपस्थित सूखी

घास और अशोधित रेशा जल्दी–जल्दी चबाने के कारण ठीक प्रकार से नहीं टूट पाते है। यह जल्दी–जल्दी चबाया गया भोजन ग्रास नली द्वारा रूमेन में पहुँच जाता है। यहाँ पर भोजन का बारीक पिसा हुआ भाग जो कि जुगाली के समय ग्रंथियों से निकले हुये घास और अशोधित रेशा आदि ऊपर रहते है। भोजन का यह ऊपर वाला भाग जो पहले जुगाली के समय भली भांति नहीं टूट पाता है, रूमेन से एक बार फिर ग्रास नली के द्वारा मुख में पहुँच जाता है और यहाँ फिर से बारीक भागों में तोड़ दिया जाता है। भोजन गोले के रूप में रोमंथिका से मुख में आ जाता है, कुछ सेकेंड तक इसकी दुबारा जुगाली होती है और फिर यह ग्रास नली में वापस चला जाता है। इस प्रकार जुगाली करना एक लम्बी प्रक्रिया है।

रूमेन या प्रथम अमाशय– जो कि अमाशय का एक बड़ा भाग है, जुगाली करने वाले पशुओं में बहुत ही महत्वपूर्ण है और इसके कई कार्य है जैसे–

- यह भोजन को एकत्र करने का एक स्थान है
- भोजन के बड़े–बड़े टुकड़ों को मंथन क्रिया के द्वारा छोटे–छोटे टुकड़ों में तोड़ देता है।
- इसमें जीवाणु, यीस्ट तथा प्रोटोजोआ के द्वारा भोजन का किण्वन होता है और तापक्रम तथा नमी के लिये अनुकूल परिस्थितियाँ उत्पन्न की जाती है जिससे अशोधित रेशा का पाचन बड़ी सुविधा से होता है। इसके साथ ही इनमें विटामिन बी समुदाय का निर्माण होता है। किण्वन के फलस्वरूप कई प्रकार की गैसे बनती है– जैसे कार्बन–डाई–आक्साइड, मीथेन, हाइड्रोजन सल्फाइड तथा कार्बन–मोनो–आक्साइड इत्यादि। यदि ये गैसें बाहर न निकले तो पेट फूल जाता है।

रैटिकुलम/जालिका या द्वितीय अमाशय– जो कि रूमेन के आगे वाला भाग है, एक छोटे आकार का होता है यह भोजन को रूमेन से ग्रास नली तथा ग्रास नली से तृतीय अमाशय में जाने के लिये सहायता करता है। कभी–कभी जब भोजन के साथ कुछ भारी वस्तुएँ जैसे छोटे–छोटे

कंकड और धातु के टुकड़े इत्यादि मिले रहते हैं तो ये जालिका में जाकर एकत्र हो जाते है।

ओमेजम या तृतीय अमाशय– यह भाग रूमेन और जालिका की भाँति किसी प्रकार के द्रव्य का स्त्राव नहीं करता है। इसमें कई पेशियों की परतें होती है जो भोजन में से पानी निचोड़ लेती है। शेष भोजन का पदार्थ इन पेशियों की परतों द्वारा पीस दिया जाता है तथा चतुर्थ आमाशय में जाने से पहले यह बहुत ही सूक्ष्म कणों में टूट जाता है।

एवोमेजम या चतुर्थ अमाशय– भेड़ का वास्तविक पाचन अड्डा चतुर्थ अमाशय है। इसकी दीवारों से अमाशय रस निकलता है जिसमें हाइड्रोक्लोरिक अम्ल की मात्रा 0.5 प्रतिशत होती है तथा इसमें पैप्सिन और रेनिन नामक एन्जाइम भी मिले रहते है। अम्ल की उपस्थिति के कारण भोजन अम्लीय हो जाता है और पेप्सिन सुविधापूर्वक प्रोटीन को तोड़ देता है। रेनिन का महत्व छोटे बछड़ों में अधिक होता है जो दुग्ध को दही के रूप में जमा देता है। इस प्रकार छोटे मेमनों में दुग्ध का पाचन भली भांति होता है। चतुर्थ अमाशय में पाये जाने वाले पदार्थों को काइम कहते हैं तथा इसकी पाचन की क्रिया को काइमीकरण कहते है।

आँत– इसके दो भाग होते है, छोटी आँत और बड़ी आँत। इसमें छोटी आँत लम्बी व तंग होती है जबकि बड़ी आँत छोटी व चौड़ी होती है। छोटी आँत का वह भाग जो अमाशय के साथ जुड़ा रहता है, ग्रहणी कहलाता है। यकृत से पित्त तथा अग्नाशय से अग्नाशय रस निकलकर ग्रहणी में पहुँचते है। आँत में जो भोजन पदार्थ पाया जाता है उसको काइल कहते है। यह धीरे–धीरे आगे चलता है और भोजन के भिन्न–भिन्न अवयवों पर कई प्रकार के पाचक रस काफी समय तक कार्य करते है। इस काइल के साथ तीन प्रकार के पाचक रस जैसे अग्नाशय रस, पित्त रस और आँत रस मिलते है।

अग्नाशय रस– इसमें तीन प्रकार के ऐन्जाइम ट्रिपसिन, ऐमायलेज और लाईपेज मिले होते है। ट्रिपसिन एक प्रोटिओलाइटिक ऐन्जाइम है जो भोजन में पाये जाने वाले प्रोटीन भाग पर कार्य करता है। ऐमायलेज,

स्टार्च को माल्टोज में बदल देता है जबकि लाइपेज, वसा को वसा अम्ल और ग्लिसरोल में तोड़ देता है। कुछ वसा अम्ल, पित्त में पाये जाने वाले क्षार के साथ मिलकर स्वपेन बनाते है, जो घुलनशील अवस्था में आंतों के द्वारा सोख लिये जाते है।

पित्त रस– यह यकृत से निकलकर पिताशय में एकत्र हो जाता है और आवश्यकता के समय इससे बाहर निकलता है। इसमें किसी प्रकार का कोई भी पाचक ऐन्जाइम नहीं होता है, परन्तु यह पाचन में बहुत सहायता करता है। यह वसा को इमलशन करके स्वपेन में बदल देता है, जो कि शीघ्र ही आंत की दीवारों द्वारा सोख लिया जाता है।

आँत रस– यह छोटी आँत के द्वारा उत्पन्न किया जाता है जिसमें कई प्रकार के ऐन्जाइम जैसे– ट्रिपसिन, इंवरटेज, सुकरेज, माल्टेज, लैक्टेज इत्यादि मिले रहते है। पेप्सिन व ट्रिपसिन के द्वारा भोजन की प्रोटीन को प्रोटिओजेज तथा पेप्टोन में तोड़ दिया जाता है और आगे चलकर ये अमीनों अम्ल में टूट जाती है। ये अमीनों अम्ल आंत की दीवारों द्वारा सोख लिये जाते है। इंवरटेज ऐन्जाइम, द्विशर्करेय जैसे केन, माल्ट और शर्करा पर क्रिया करके इन्हें एक शर्करेय जैसे ग्लूकोज, फ्रक्टोज इत्यादि में बदल देता है।

बड़ी आँत– बड़ी आँत में काफी समय तक भोजन रहता है। इसमें से किसी प्रकार का पाचक तरल नहीं निकलता है। परन्तु जो पाचन क्रिया छोटी आंत में आरम्भ हुई थी, बड़ी आँत में भी उसी प्रकार से होती रहती है। धीरे–धीरे शेष बचा हुआ भोजन जिसका अवशोषण नहीं हो पाता, मलाशय में पहुँच जाता है। यह प्रायः ठोस हो जाता है एवं मेंगनी के रूप में गुदा द्वार से बाहर निकाल दिया जाता है।

भेड़ खाद्य सम्बन्धित विशेष बातें

1. भेड़ अपने छोटे जबड़े तथा होंठ की विशेष बनावट के सहारे छोटे घास को भी जमीन की सतह से चरने में सक्षम होती है।
2. भेड़ अन्य बड़े जानवर की तुलना में छोटा तथा लचीला घास

चरना अधिक पसंद करती है।

3. निर्धारित मात्रा में ही भोजन प्रदान करना चाहिए, आवश्यकता से अधिक भोजन से भेड़ को अपचन की समस्या हो जाती है।

4. भेड़ हरे रसदार चारे जैसे– बरसीम, लूसर्न आदि अधिक पसंद करती हैं।

5. भेड़ चरागाह में सुबह 8 से 3 बजे तक आवश्यकतानुसार चारा चर लेती है।

6. भेड़ों को छोटे झुंड में चराना बेहतर होता है। मेमनों को परजीवी संक्रमण से बचाने के लिए वयस्क से अलग चरागाह में चराना चाहिए।

7. चरागाह में अच्छी मात्रा में घास मौजूद रहने के बावजूद भी 3 माह से अधिक अवधि की गर्भस्थ मादा भेड़ निर्धारित आवश्यक पोषक तत्व भोजन में नहीं जुटा पाती है इसलिए शाम को चराई के बाद इन भेड़ों को 250 से 300 ग्राम दाना प्रति दिन देना आवश्यक है।

8. जानवर के शरीर में खनिज लवण की निर्धारित मात्रा को बनाए रखने के लिए 5 से 8 ग्राम नमक भी प्रतिदिन देना आवश्यक है।

9. यदि भेड़ को चरागाह में आवश्यकतानुसार घास उपलब्ध नहीं है तो 150–200 ग्राम संतुलित दाना मिश्रण प्रतिदिन देना चाहिए।

10. चरागाह में भेड़ को एक निर्धारित अन्तराल पर साफ पानी देना चाहिए।

11. भेड़ को अतिरिक्त पोषक आहार की निम्नलिखित समय में आवश्यकता होती है–

    (क) प्रजनन काल में।

    (ख) गर्भावस्था के अन्तिम माह में।

    (ग) बच्चा पैदा होने के बाद दूध देने तक।

भेड़ों के आहार में पोषक तत्वों की आवश्यकता

भेड़ों के उन्नत भरण पोषण हेतु यह जानना अत्यन्त आवश्यक है कि विभिन्न अवस्थाओं जैसे गर्भावस्था, दुग्धावस्था एवं वर्धनशील मेंमनों आदि में विभिन्न पोषक तत्वों की कितनी आवश्यकता होती है। आवश्यक पोषक तत्वों का समावेश आहार में इस प्रकार करें कि कम से कम खर्च पर अधिक से अधिक लाभ मिल सके। विभिन्न अवस्थाओं में भेड़ों को प्रमुख पोषक तत्वों की आवश्यकताएं निम्नलिखित होती हैंः

शुष्क पदार्थ की आवश्यकता

आमतौर पर भेड़ों को अपने शारीरिक भार के आधार पर 3.0 से 3.5 प्रतिशत शुष्क पदार्थ की आवश्यकता होती है जिसे सूखे व हरे चारे तथा दाने से पूरा किया जाता है उदाहरणार्थ 30 किलोग्राम देहभार वाली भेड़ को 950 से 1000 ग्राम शुष्क पदार्थ की आवश्यकता होती है जिसे 3.0 से 3.5 किग्रा. हरे चारे (30 प्रतिशत शुष्क पदार्थ) द्वारा पूरा किया जा सकता है। भेड़ों को विभिन्न अवस्थाओं जैसे ऊन उत्पादन हेतु, गर्भावस्था एवं दुग्धावस्था में शारीरिक भार का क्रमशः 3.0, 4.0 एवं 4.4 प्रतिशत शुष्क पदार्थ की आवश्यकता होती है। 3 से 6 माह की आयु वाले वर्धनशील मेंमनों को, जो 150 ग्राम प्रतिदिन की दर से बढ़ते है, और भी अधिक शुष्क पदार्थ की आवश्यकता होती है जबकि 100 ग्राम प्रतिदिन वृद्धि वाले मेंमनों को शारीरिक भार के आधार पर 3–4 प्रतिशत शुष्क पदार्थ की आवश्यकता होती है। सौ वयस्क भेड़ों के लिये वर्ष भर में लगभग 300 क्विंटल चारे की आवश्यकता होती हैं। 30 से 35 किग्रा. शारीरिक भार वाली एक वयस्क भेड़ वर्ष में तीन से चार क्विंटल चारा खा जाती है। प्राकृतिक चरागाह में प्रति हैक्टयर 2 से 3 भेड़ ही मुश्किल से निर्वाह कर सकती है।

ऊर्जा की आवश्यकता

अन्य पशुओं की तरह भेड़ के आहार में भी ऊर्जा का खास महत्व होता है। आहार में ऊर्जा की मात्रा अन्य पोषक तत्वों की उपलब्धता को निर्धारित करती है। भेड़ों की खिलाई–पिलाई पद्धति में मुख्यतयाः ऊर्जा

की कमी रहती है जिसके कारण उत्पादन क्षमता में प्रतिकूल प्रभाव पड़ता है। भेड़ों का जीवन निर्वाह हेतु प्रति किग्रा. देहभार के आधार पर प्रतिदिन 40 से 50 किलो कैलोरी उपापचयी ऊर्जा की आवश्यकता होती है। ग्याभिन एवं दुधारू भेड़ों को प्रति किग्रा. देह भार के आधार पर क्रमशः 70–85 एवं 80–100 किलो कैलोरी उपापचयी ऊर्जा की आवश्यकता होती है। बढ़ते हुए मेमनों को प्रतिदिन 90–110 किलो कैलोरी ऊर्जा की आवश्यकता होती है।

प्रोटीन की आवश्यकता

भेड़ के शरीर में प्रोटीन एक प्रमुख अवयव है क्योंकि मांसपेशियों, विभिन्न अंगो, नए ऊतकों, हॉर्मोन तथा एन्जाइम के निर्माण में प्रोटीन की विशेष आवश्यकता होती है। भेड़ों को निर्वाह हेतु प्रति किग्रा. शारीरिक भार के आधार पर 1.5 ग्राम पचनीय प्रोटीन की आवश्यकता होती है। वर्धनशील मेंमनों को प्रति किग्रा. देहभार के आधार पर 100 ग्राम प्रतिदिन की वृद्धि दर हेतु 2.9 से 3.7 ग्राम पचनीय प्रोटीन की आवश्यकता होती है। भेड़ों को गर्भावस्था एवं दुग्धावस्था में प्रति किग्रा. देहभार हेतु क्रमशः 2.6 से 3.2 एवं 3.0 से 3.8 ग्राम पचनीय प्रोटीन की आवश्यकता होती है।

खनिज लवण की आवश्यकता

पोषक तत्वों के समुचित उपयोग हेतु भेड़ों को पर्याप्त मात्रा में खनिज मिश्रण उपलब्ध कराना चाहिए। भेड़ों के आहार में 0.2 से 0.4 प्रतिशत कैल्शियम और 0.2 प्रतिशत फॉस्फोरस का होना आवश्यक होता है। शरीर में ऊर्जा व प्रोटीन के शरीर में सदुपयोग के लिए आवश्यक है कि कैल्शियम तथा फास्फोरस भोजन में 2:1 अनुपात में हों। भेड़ को दिन में 2 ग्राम कैल्शियम और 1 ग्राम फास्फोरस की आवश्यकता होती है, भेड़ ग्याभिन हो या दूध देती हो तो इस स्थिति में इसकी मात्रा क्रमशः 30 व 100 प्रतिशत बढा देनी चाहिए। ग्याभिन भेड़ को खनिज लवण 10 ग्राम प्रतिदिन की दर से चाहिए। चूंकि भेड़ों का आहार वनस्पतियों, मुख्यतयाः पेड़ों की पत्तियों एवं हरे चारे पर आधारित होता है, अतः इन्हे कैल्शियम प्रचुर मात्रा में उपलब्ध होता रहता है। अतः किसानों को भेड़ों के आहार

में फॉस्फोरस का समावेश पर्याप्त मात्रा में करना चाहिए ताकि कैल्शियम एवं फास्फोरस के अनुपात एवं आहार में सन्तुलन हो जाए।

तालिका

35 किग्रा. वजन की भेड़ के लिए प्रतिदिन की पोषक तत्व व खनिजों की आवश्यक मात्रा ।

पोषक तत्व	आवश्यक प्रतिदिन
कुल अजल चारा	900 ग्रा.
कुल पाचक तत्व	450 ग्रा.
कुल पाच्य प्रोटीन	45 ग्रा.
कैल्शियम	2.4 ग्रा.
मैग्नीज	1.0 ग्रा.
फॉस्फोरस	1.2 ग्रा.
साधारण नमक	5.0 ग्रा.
पोटाश	4.2 ग्रा.
गंधक	1.5 ग्रा.
तांबा	8.0 मि. ग्रा.
कोबाल्ट	0.2 मि. ग्रा.
लोहा	60.0 मि. ग्रा.
आयोडीन	30.0 मि. ग्रा.
मौलिब्डिनम	0.1 मि. ग्रा.
कैरोटीन	1.5 मि. ग्रा.
विटामिन ए	750.0 आई यू.
विटामिन डी	200 आई यू.

विटामिन की आवश्यकता

भेड़ो को विटामिन बहुत कम मात्रा में चाहिए। भेड़ के लिए विटामिन ए व ई की जरूरत सूखे मौसम में पडती है। बाकी विटामिन तो जीवाणुओं द्वारा भेड़ के पेट में बनाए जाते है। यदि पर्याप्त मात्रा में हरा चारा वर्ष भर भेड़ को मिल जाए तो उसे किसी विटामिन की आवश्यकता नहीं होती।

पानी की आवश्यकता

पानी की मात्रा भोजन के प्रकार और उसकी मात्रा, तापमान, आर्द्रता व भेड़ की दैहिकी की स्थिति पर निर्भर करती है। यदि भेड़ को सूखा चारा खिलाया जाये तो उसे हरे चारे की तुलना में पानी की अधिक आवश्यकता रहेगी। साधारणतया एक भेड़ को प्रतिदिन 2 लीटर पानी की आवश्यकता होती है जबकि गर्मियों में एक भेड़ को प्रतिदिन 3 से 4 लीटर पानी की आवश्यकता होती है। भेड़ को दुग्धावस्था में प्यास लगने पर पर्याप्त मात्रा में पानी उपलब्ध कराना चाहिए। भेड़ को दिन में दो से तीन बार पानी पिलाना चाहिए किन्तु गर्मी में जब पानी की आवश्यकता अधिक होती है तब कम से कम तीन चार बार पानी पिलाना चाहिए। पर्याप्त मात्रा में पानी न पिलाने पर भेड़ों में चारा एवं दाना खाने व इसे पचाने की क्षमता घट जाती है। भोजन को ठीक प्रकार से पचाने के लिए तथा शरीर में निर्धारित संतुलन बनाए रखने के लिये पानी पर्याप्त मात्रा मे भेडों को उपलब्ध होना चाहिए। परीक्षणों ने यह भी सिद्ध कर दिया है कि भेड़ों को दो दिन छोडकर भी पानी पिलाया जाये तो उसकी बढोतरी व ऊन उत्पादन पर कोई असर नहीं पड़ता है।

नमक की आवश्यकता

पशुओं द्वारा खाया जाने वाला साधारण नमक दो तत्वों सोडियम एवं क्लोराइड से मिलकर बनता है और अंग्रेजी भाषा में इसे सोडियम क्लोराइड कहते हैं। इन दोनों तत्वों की पशुओं को आवश्यकता होती है। शरीर में सोडियम हड्डियों, कोमल ऊतकों और शारीरिक द्रव्यों में पाया जाता है। शारीरिक माध्यम में अम्लीय एवं क्षारीय समानता बनाए रखने के

लिए भी नमक की आवश्यकता पड़ती है। पशुओं को नमक आहार के विभिन्न पदार्थों से भी प्राप्त होता है। शरीर में होने वाली चयापचन की क्रियाओं में काम आने के पश्चात नमक का शरीर से उत्सर्जन भी होता है। इसी कारण से पशुओं के आहार में युगों–युगों से नमक मिलाकर खिलाया जाता रहा है। नमक लार उत्सर्जन में सहायता करता है जो कि आहार के पचने को प्रोत्साहन देता है। भेड़ अन्य पशुओं की तुलना में अधिक नमक खाती है। भेड़ को प्रतिदिन 5 से 6 ग्राम साधारण नमक की आवश्यकता होती है।

अधिक समय तक पशु के आहार में नमक न मिलने पर पशु अपने आस–पास पड़े कपड़े, लकड़ी आदि वस्तुओं को खाने और चाटने लगता है। इसकी कमी छोटी व बड़ी दोनों प्रकार की भेड़ों में हो सकती है। इसकी कमी से भूख कम लगती है, ऊन खुरदरी होती है तथा वृद्धि दर कम हो जाती है। दाने में 0.5 प्रतिशत साधारण नमक डालने से इसकी कमी पूरी हो जाती है। यदि नमक की मात्रा पानी में 1.3 प्रतिशत से बढ़ जाती है तो अतिसार लग जाता है। आहार में सम्मिलित सभी खाद्य पदार्थों में नमक की कुछ न कुछ मात्रा पाई जाती है। आवश्यकता की शेष मात्रा की पूर्ति साधारण नमक को दाने में मिला कर अथवा ईंट के रूप में चाटने से पूरी की जाती है। चरागाह में पशुओं को साधारण सूखे आहार की अपेक्षा दुगना मात्रा में नमक प्राप्त हो जाता है। साइलेज से भी अधिक मात्रा में नमक मिलता है।

पूरक आहार

हमारे देश में अच्छे प्रकार के चरागाहों की कमी है और जो चरागाह हैं उनमें वर्ष में अधिकतर समय कंटीली झाडियाँ, धूल एवं पत्थरों के अतिरिक्त कुछ भी नजर नहीं आता। भेड़ों के लिए आहार की पूर्ति मुख्य रूप से चरागाहों से ही होती है। भेड़ पालकों को चाहिए कि वे अपने पशुओं को चराई के अलावा कुछ न कुछ अवश्य दें ताकि भेड़ों को उचित मात्रा में पोषक तत्वों की प्राप्ति हो सके व अधिक उत्पादन दे सके। इस तरह की खिलाई को पूरक खिलाई तथा इस आहार को पूरक आहार कहते है। पूरक आहार सस्ता, सरलता से पचने वाला, स्वादिष्ट, सन्तुलित

पशुओं के लिए आवश्यकतानुसार पूरक आहार

पूरक आहार

व आसानी से उपलब्ध होना चाहिए। जिन–जिन पोषक तत्वों की चरागाह में जितनी कमी होती है उसकी पूर्ति हेतु विभिन्न प्रकार के दाने जैसे मक्का, जौ, चना, उड़द, लोबिया, गेंहू, आदि फसलों की भूसी, मूँगफली/सरसों की खली, वृक्षों आदि की पत्तियाँ एवं फलियाँ समुचित मात्रा में खिलाई जानी चाहिए। लवण व विटामिनों की कमी की पूर्ति के लिए साधारण नमक और खनिज लवण मिश्रणयुक्त ईंटें और हरा चारा भी देना चाहिए।

चराई के साथ–साथ निम्न अवस्थाओं पर पूरक आहार देना आवश्यक है:–

मादा भेड़ की तृप्ति (फ्लशिंग): भेड़ों को उनके मदकाल के एक माह पूर्व से ही पूरक खिलाई आरम्भ कर देनी चाहिए ताकि उनका शारीरिक भार बढ़ जाए। इससे भेड़ें जल्दी गर्मी में आती हैं। तथा एक साथ काफी भेड़ों को गर्भित कराया जा सकता है जिससे उनके व उनके द्वारा पैदा बच्चों का प्रबन्ध सुगम हो जाता है तथा उनकी उचित प्रकार से देखभाल की जा सकती है। इस समय भेड़ों को उत्तम चराई के अलावा 250 से 350 ग्राम दाना मिश्रण प्रति दिन उपलब्ध कराना चाहिए।

ग्याभिन भेड़ों हेतु: स्वस्थ एवं मजबूत मेमना उत्पादन के लिए गर्भावस्था में भेड़ को अच्छी प्रकार से खिलाना आवश्यक होता है इससे बच्चे तो स्वस्थ होंगे ही साथ ही साथ भेड़ का उत्पादन भी बढ़ जाएगा। गर्भकाल के अंतिम 1.5 माह में भेड़ों को 250–350 ग्राम दाना मिश्रण प्रतिदिन उपलब्ध कराना चाहिए। इससे गर्भाशय में बच्चे की अच्छी बढ़ोत्तरी होती

है और भेड़ें स्वस्थ बनी रहती है। फलस्वरूप नवजात बच्चों की अच्छी वृद्धि होती है। भेड़ों को चराने के साथ–साथ उनके लिए पानी का भी प्रबंध होना चाहिए। जहाँ तक संभव हो सके भेड़ों को गर्मियों में दो बार स्वच्छ पानी अवश्य पिलाना चाहिए। अनुमानतः एक भेड़ दिन में 2–3 लीटर पानी पी लेती है।

ब्यांने के समयः ब्यांने के 4–5 दिन पूर्व भेड़ को बाड़ें पर ही रखकर उनके आहार की उचित देखभाल करनी चाहिए। भेड़ को ब्यांने के बाद 5–7 दिनों तक बाड़े पर ही बच्चे के साथ रखना चाहिए। इस समय दाने की मात्रा कम कर देनी चाहिए परन्तु अच्छे किस्म का "हे" व हरा चारा भरपेट खिलाना चाहिए। धीरे–धीरे आहार में दाने की मात्रा बढ़ाई जाती है ताकि एक सप्ताह में ब्याई भेड़ को पूर्ण आहार प्राप्त होने लगे तथा अपने शरीर की क्षतिपूर्ति शीघ्रातिशीघ्र कर ले। प्रथम 48 घंटों में भेड़ों को लैक्जेटिव आहार प्रदान करना चाहिए जिसमें चोकर व जौ को 1:1 के अनुपात में मिलाकर खिलाया जाता है। इससे भेड़ का पेट साफ हो जाता है।

दिसम्बर–जनवरी माह में पैदा होने वाले मेमनों का देह भार मई–जून में पैदा होने वाले मेमनों के देह भार से कम होता है। यह इस बात का प्रतीक है कि ग्याभिन भेड़–बकरियों की पर्याप्त मात्रा में खिलाई–पिलाई नहीं होती है परन्तु जब इन मेमनों की बढ़वार का समय होता है तो दिसम्बर–जनवरी में पैदा होने वाले मेमनों को गर्मी का मौसम आने के कारण निरंतर चारे की कमी अनुभव करनी पड़ती है जबकि मई–जून में उत्पन्न मेमनों को कोमल तथा पौष्टिक चारा मिलने लगता है। इसके विपरीत 6 माह की आयु पर सर्दी के मौसम में पैदा हुए मेमनों का देहभार गर्मी में पैदा हुआ मेमनों की तुलना में अधिक रहता है। भेड़ पालकों द्वारा पाले गए 6 माह व एक वर्ष के बच्चों का देहभार क्रमशः 12–16 कि.ग्रा. एवं 18–23 कि.ग्रा. के बीच ही रहता है जबकि उनकी क्षमता क्रमशः 20–22 व 26–28 कि.ग्रा. तक रहती है। जो इस बात की द्योतक है कि मेमनों को पर्याप्त मात्रा में खिलाई–पिलाई नहीं हो रही है। साथ ही भेड़ व बकरियों का औसत देहभार 24 से 27 कि.ग्रा. पाया जाता है।

पूरक राशन की मात्रा

उम्र	मात्रा प्रतिदिन प्रति भेड़
(अ) मेमनों के लिए दाना मिश्रण	
1 माह तक	20–25 ग्राम
1 माह से 2 माह तक	50–100 ग्राम
2 माह से 3 माह तक	100–200 ग्राम
3 माह से 6 माह तक	200–350 ग्राम
6 माह से 12 माह तक	300–350 ग्राम
(ब) भेड़ों के लिए दाना मिश्रण	
सूखी भेड़ (फ्लशिंग–मदकाल से 1 माह पूर्व)	250–350 ग्राम
गर्भित भेड़ (गर्भकाल के अन्तिम 1.5 माह पर)	250–350 ग्राम
दूध देने वाली भेड़ (प्रथम 60 दिन)	200–300 ग्राम
प्रजनक मेढ़े (प्रजनन काल में)	300–400 ग्राम

दाना मिश्रण की संरचना

सामग्री	मेमनों के लिए (प्रतिशत)	वयस्क (प्रतिशत)
जौ / मक्का / बाजरा	52	57
मूँगफली की खली	30	15
गेहूँ/धान/चने की भूसी	15	25
साधारण नमक	1	1
खनिज लवण	2	2

विभिन्न अवस्थाओं में भेड़ों का भरण पोषण :–

भेड़ों की अवस्था एवं उत्पादन के स्तर के आधार पर पोषक तत्वों की आवश्यकताएँ भिन्न–भिन्न होती है। अतः विभिन्न अवस्थाओं के आधार पर भेड़ों का भरण पोषण उपयुक्त एवं लाभकारी होता है।

नवजात मेंमनों का भरण–पोषण

भेड़ उत्पादन में मेंमनों का महत्वपूर्ण स्थान है अतः मेमनों का समुचित भरण पोषण अत्यन्त आवश्यक है। मेंमने को पैदा होने के एक दो घंटे बाद खीस पिलाना बहुत आवश्यक होता है। खीस वह अवयव होता है जो ब्याने के बाद पहली बार निकाला जाता है। खीस में रोगों से लड़ने की क्षमता रखने वाली प्रोटीन होती है जो मां से मेंमनों में प्रतिरक्षी प्रोटीन द्वारा प्रतिरोधी क्षमता को प्रत्यारोपित करती है। मेंमने के पैदा होने के एक से दो घंटे के बीच, आँतों की अवशोषण क्षमता अधिकतम होती है और

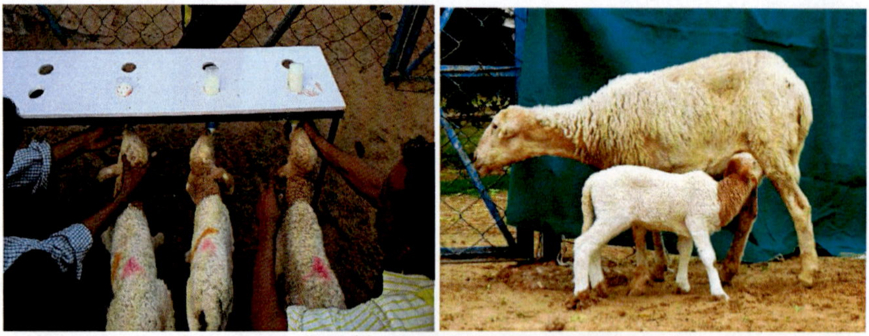

नवजात मेमनो का भरण–पोषण

जब इस अवस्था में खीस पिलाते है तो उसे लगभग सम्पूर्ण रोग प्रतिरोधी क्षमता प्राप्त होती है। जन्म के चार से पांच घंटे में मेंमनों की आँतों में एंजाइम बनने लगते है जो रोग प्रतिरोधी क्षमता वाली प्रतिरक्षी प्रोटीन को अन्य अवयवों में तोड़ देते है। इसलिए ब्याने के 1–2 घंटे में पिलायी गयी खीस अत्यधिक प्रतिरोधी क्षमता प्रदान करती है। इसके अलावा मेंमनों को पैदा होने के कम से कम पांच दिनों तक दिन में दो बार दूध अवश्य पिलाना चाहिए। मेंमनों की खिलाई की यह पद्धति 60 से 90 दिनों तक चलती रहती है किन्तु जो बच्चे 1 माह से कम उम्र के होते है और जिनका वजन कम होता है उन्हे दिन में तीन बार दूध पिलाना चाहिए। दूध पिलाने के अतिरिक्त मेंमनों को 15 से 20 दिन के बाद से 3 माह तक 18 से 20 प्रतिशत प्रोटीन एवं 70 से 75 प्रतिशत कुल पचनीय पोषक तत्वों वाला शुरूआती रातिब मिश्रण उनकी इच्छानुसार खिलाना चाहिए। इससे रोमन्थीय लक्षण शीघ्र विकसित होते हैं। शुरूआती रातिब मिश्रण विभिन्न खाद्य अवयवों को पीसकर एवं मिलाकर बनाया जाता है।

सरणी–1 शुरूआती आहार का संघटन

खाद्य अवयव	**मात्रा कि.ग्रा. (प्रति 100 कि.ग्रा.)**
मक्का	30
जौ	25
मूँगफली की खल	20
मछली का चूरा/दूग्ध पाउडर	5
गेहूँ का चोकर	17
खनिज लवण	2
साधारण नमक	1

माँस हेतु मेमनों को 2 से 3 माह की आयु के बाद किसी भी निम्न लिखित प्रणाली से खिलाई पिलाई की जाती हैं इसमें मेंमनों को माँ से दूध पिलाना बन्द करके उन्हे माँ से अलग कर दिया जाता हैं। माँस हेतु मेंमनों की खिलाई पिलाई की निम्नलिखित तीन प्रणालियां प्रमुख है।

- बाड़े पर मेमनों को संतुलित आहार खिलाना
- मेंमनों की चराई के बाद पूरक खिलाई
- मेंमनों की केवल चराई

बाड़े पर मेंमनों को संतुलित आहार खिलाना

चराई के पर्याप्त साधन न होने पर बाड़े में मेंमनों की खिलाई–पिलाई करके माँस उत्पादन हेतु तैयार किया जाता है। इसके लिए इन्हें 3–6 माह की आयु तक संतुलित आहार खिलाया जाता है, इस आहार में पेड़ों की पत्तियाँ (पाला या खेजड़ी) 50 प्रतिशत तथा 50 प्रतिशत रातिब मिश्रण को आपस में मिलाकर मेंमनों को उनकी इच्छानुसार खिलाते है। संतुलित आहार का संघटन (सारणी–2) में दर्शाया गया है। इस प्रकार बाड़े पर संतुलित आहार खिलाने से 6 माह की आयु में माँसदायी नस्लों के मेंमनों का वजन 33 किग्रा. हो जाता है जो कि पारम्परिक खिलाई की तुलना में अधिक होता है।

सारणी–2 बाड़े पर माँस उत्पादन हेतु संतुलित आहार का संघटन

खाद्य अवयव	मात्रा कि.ग्रा. (प्रति 100 कि.ग्रा.)
जौ / मक्का / बाजरा / ज्वार आदि अनाज	22
सरसों / मूँगफली की खल	12
गेहूँ का चोकर	9
तेल रहित चावल की चोकर	5
खनिज मिश्रण	1
साधारण नमक	1
पाला या खेजड़ी (झरबेरी)	50

मेंमनों की चराई के बाद पूरक खिलाई

जब प्रचुर मात्रा में चराई के लिए चरागाह उपलब्ध होता है तब चराई के उपरान्त पूरक खिलाई द्वारा माँस हेतु मेंमनों को तैयार करना लाभप्रद होता है। इस प्रणाली में मेंमनों को 7–8 घण्टे की चराई के उपरान्त पूरक खिलाई के रूप में देहभार के आधार पर 2 प्रतिशत रातिब मिश्रण (सारणी–3) खिलाते है। इस प्रकार की पद्धति द्वारा भी 6 से 6.5 माह की आयु पर वजन 30 से 33 कि.ग्रा. होता है जो कि केवल चराई पर पाले गये मेमनों की तुलना में 4 से 5 कि.ग्रा. अधिक होता है।

सारणी–3 रातिब मिश्रण का संघटन

खाद्य अवयव	मात्रा (कि.ग्रा.प्रति 100 कि.ग्रा.)
जौ / मक्का / बाजरा / ज्वार	35
दालों की चूरी	10
सरसों / मूँगफली की खल	25
गेहूँ का चोकर	18
तेल रहित चावल की चोकर	10
खनिज मिश्रण	1
साधारण नमक	1

मेंमनों की केवल चराई

चराई के पर्याप्त साधन होने पर इस पद्धति को अपनाकर मेंमनें पाले जाते हैं। समुचित लाभ हेतु ऐसा चरागाह विकसित करना चाहिए जिसमें घास, झाड़ी एवं चारा वृक्षों का समावेश हो। इस चरागाह की जैव पदार्थ उपज लगभग 20–25 क्विंटल शुष्क पदार्थ प्रति हैक्टेयर होनी चाहिए। इस गुणवत्ता वाले चरागाह, ग्रामीण क्षेत्रों में बहुत ही कम है। अतः चराई के अतिरिक्त रातिब के रूप में पूरक खिलाई करना ही लाभप्रद है।

तीनों पद्धतियों को अपनाकर पाले गये मेंमनों की वृद्धि एवं आय व्यय का तुलनात्मक अध्ययन से यह निष्कर्ष निकलता है कि अच्छी गुणवत्ता वाले चरागाह की कमी में चराई के उपरान्त पूरक खिलाई करने पर अपेक्षाकृत अधिक आय होती है।

सस्ता एवं पौष्टिक रातिब मिश्रण बनाना

पशुओं से समुचित उत्पादन हेतु उन्हें विभिन्न अवस्थाओं जैसे बढ़वार, गर्भावस्था, दुग्धावस्था, प्रजननकाल आदि के दौरान रातिब या दाना मिश्रण खिलाया जाता है। रातिब मिश्रण विभिन्न खाद्य अवयवों को एक साथ समान रूप से मिलाया जाता है। अधिकतर भेड़ पालक पशुओं को या तो खरीदकर या उनके पास उपलब्ध खाद्य अवयवों में से एक या दो को वाटे के रूप में खिलाते हैं जो मँहगे होने के साथ–साथ कम पौष्टिक भी होते हैं। जबकि स्वयं बनाया गया रातिब मिश्रण सस्ता एवं पौष्टिक होता है।

सामग्री	एक क्विंटल के लिए	पांच क्विंटल के लिए
जौ/ज्वार/बाजरा	25 किग्रा.	125 किग्रा.
मक्का/ गेहूँ	20 किग्रा.	100 किग्रा.
गेहूँ की चापड/भूसी	18 किग्रा.	90 किग्रा.
चावल की चापड़/भूसी	10 किग्रा.	50 किग्रा.
मूँगफली/सरसों/तिल की खली	25 किग्रा.	125 किग्रा.
खनिज मिश्रण	1 किग्रा.	5 किग्रा.
साधारण नमक	1 किग्रा.	5 किग्रा.

बनाने की विधि

सबसे पहले सभी खाद्य अवयवों की बताई गई मात्रा को तौल ले। इसके बाद बिना दले हुए खाद्य अवयवों को दल लेते हैं। अब सभी खाद्य अवयवों को ढेरीनुमा आकार में एक दूसरे के ऊपर तह के रूप में रखा जाता है। खनिज मिश्रण एवं नमक आदि को थोड़े दूसरे आहार में मिलाकर सबसे ऊपर की तह में डाला जाता है। अब ढेर को एक सिरे से मिलाकर दूसरी तरफ पलटा जाता हैं इसी तरह दो या तीन बार पलटने से दाना पूरी तरह मिश्रित हो जाता है इस प्रकार रातिब मिश्रण पशुओं को खिलाने हेतु तैयार हो जाता है। सभी पशुओं को उनकी आवश्यकतानुसार रातिब मिश्रण खिलाने से लाभ होता है। इस प्रकार से बनाया गया रातिब मिश्रण बाजार से खरीदे गए रातिब मिश्रण या बाटा से सस्ता एवं अधिक पौष्टिक होता है तथा पशुओं के उत्पादन की लागत कम हो जाती है।

भेड़ों के आहार में खनिज लवणों का महत्व

हमेशा पशु आहार में सिर्फ नमक को ही महत्व दिया जाता रहा है जबकि पशु शरीर में भी खनिज लवणों का उतना ही महत्व है जितना कि मानव आहार में। प्रारंभिक तौर पर कुछ खनिज लवण जैसे कैल्शियम, सोडियम, तांबा, लोहा एवं आयोडिन आदि ही आवश्यक पाए गऐ परन्तु शोध की क्रिया में आए सुधार एवं नए तकनीकियों के आने से भेड़ों के शरीर में विभिन्न प्रकार की जीव रसायनिक क्रियाओं में खनिज लवणों के महत्व का पता लगाया गया।

भेड़ों की यह विशेषता है कि चरागाहों में उपलब्ध घास और फसलों के शेषांश पर ही जीवन निर्वाह करती है। अनुसंधानों से सिद्ध हुआ है कि हमारी चरागाह भूमियों में ऊर्जा की कमी पूरे वर्ष और प्रोटीन की कमी आधे वर्ष से अधिक समय तक बनी रहती है। शुष्क एवं अर्द्धशुष्क क्षेत्रों में जनवरी से जून माह तक ऊर्जा की इतनी कमी हो जाती है कि भेड़ों के शरीर रक्षा हेतु भी आवश्यक खनिज तत्व उपलब्ध नहीं होते। भेड़ पोषण में वे सभी खनिज लवण होने चाहिए जो उनकी सभी शारीरिक क्रियाओं को सुचारू रूप से चलाने में सहायक हों। आवश्यकता के

आधार पर भेड़ों के लिए आवश्यक खनिज लवणों को दो भागों में बाँटा गया है। एक वे जो भेड़ के आहार में अधिक मात्रा में आवश्यक होते हैं जैसे कैल्शियम, फॉस्फोरस, मैग्नीशियम, सोडियम, पौटाशियम, गंधक व क्लोरीन। दूसरे वे जो भेड़ के आहार में कम मात्रा में आवश्यक होते हैं जैसे लोहा, तांबा, कोबाल्ट, जस्ता, आयोडीन, मैग्नीज, सेलीनियम, फ्लोरीन व मौलीविडनम।

भेड़ के शरीर के लिए कैल्शियम व फॉस्फोरस की आवश्यकता के साथ–साथ उनका सही अनुपात में होना भी परम आवश्यक है। ये तत्व शरीर की हड्डियाँ बनाते हैं। इनकी कमी या उनके संतुलित अनुपात में गड़बड़ी होने से वयस्क भेड़ों में ऑस्टोमलेशिया व मेंमनों में हड्डियों का छोटा व मुड जाने के लक्षण दिखाई देते हैं। मैंग्नीशियम की कमी से भेड़ लंगड़ा कर या लडखड़ा कर चलती है। इस रोग को चरागाह टिटेनी (ग्रास) कहते हैं। भेड़ के शरीर में जल के समुचित वितरण हेतु सोडियम और पौटेशियम तत्व उत्तरदायी होते हैं। इनकी कमी के कारण तंत्रिका तंत्र एवं मांसपेशियाँ शिथिल हो जाती है तथा शरीर में प्रोटीन व ऊर्जा का उपयोग भी घट जाता है। आमतौर पर भेड़ों में पौटेशियम की कमी नहीं होती और सोडियम की कमी को आहार में साधारण नमक देकर पूरा किया जाता है। भेड़ पोषण में नमक 1–2 प्रतिशत से अधिक नहीं होना चाहिए अन्यथा नमक की विषाक्तता होने का भय रहता है। गंधक विभिन्न एमिनों अम्ल का हिस्सा होने के साथ–साथ विभिन्न प्रकार की प्रोटीन, हॉर्मोन एवं विटामिन के निर्माण में भी प्रमुख भूमिका निभाता है। गंधक की कमी के कारण मेंमनों में बढ़वार घट जाती है एवं वयस्क भेड़ें कमजोर हो जाती हैं और उनमें ऊन का उत्पादन भी घट जाता है साथ ही साथ ऊन की गुणवत्ता भी घट जाती है। मुख्य्य खनिज तत्वों के अलावा भेड़ को आठ अन्य सूक्ष्म खनिज तत्वों की आवश्यकता होती है। यदि भेड़ों को भरपेट चारा प्राप्त हो जाता है और फिर भी कुछ बीमारियों के लक्षण देखने में आएं तो समझना चाहिए कि भेड़ों में सूक्ष्म तत्वों की कमी है।

लौह तत्व का आहार में प्रचुर मात्रा में होना बहुत आवश्यक है। यह शरीर में विभिन्न प्रकार की प्रोटीन के साथ बंधित रूप में रहता है।

भेड़ के रक्त में हीमोग्लोबिन प्रोटीन में लौह तत्व रहता है जो कि शरीर में श्वसन के लिए अति आवश्यक है। जस्ता खनिज तत्व की कमी के कारण उपापचयी प्रक्रियाएँ प्रभावित होती है जिससे भूख कम लगती है तथा प्रोटीन का पाचन कम होता है, जिससे पशु कमजोर हो जाता है। भेड़ों में आयोडीन की कमी के कारण घेंघा (गलगण्ड, गर्दन में सूजन) नामक रोग हो जाता है। मैग्नीज खनिज तत्व प्रजनन प्रक्रियाओं के साथ–साथ हड्डियों के खनिजिकरण के लिए भी आवश्यक है। इसकी कमी से भेड़ों में गर्भधारण क्षमता में कमी व जन्म के पश्चात् मेंमनों में मृत्यु होने की संभावना अधिक होती है।

खनिज रहित एवं कम खनिजयुक्त भूमि चरागाहों में भेड़ों की बढ़वार सही तरीके से नहीं हो पाती है। इन खनिज पदार्थों को अलग से खिलाना कुछ हद तक तो ठीक रहता है परन्तु ऐसा करना हमेशा लाभदायक नहीं होता। ऐसी स्थिति में अच्छा तो यह होगा की चरागाहों की उर्वराशक्ति बढ़ाई जाए ताकि ये तत्व वनस्पतियों के द्वारा ही पर्याप्त मात्रा में मिल जाएं। जब चरागाह में हरा चारा उपलब्ध होता है तब सामान्यतः लोहा, ताबां, फॉस्फोरस आदि तत्व भेड़ों को प्राप्त होते रहते हैं लेकिन जब घास सूखने लगती है तब इनसे मिलने वाले तत्वों की मात्रा भी घट जाती है। अनाजों में कैल्शियम की मात्रा खलियों, फलीदार चारों व बीजों की तुलना में कम होती है। गेहूँ के चोकर में फॉस्फोरस के साथ मैग्नीज भी काफी मात्रा में पाया जाता है। भेड़ पालकों को चाहिए कि बाजार में उपलब्ध खनिज मिश्रण की ईंटें बाड़े में रख दें जिसे भेड़ अपनी इच्छानुसार चाटती रहे तथा आवश्यक खनिज तत्वों की पूर्ति होती रहे। इससे भेड़ों के शरीर की बढ़वार, ऊन की गुणवत्ता तथा निरंतर गर्भधारण क्षमता में वृद्धि होती है तथा भेड़ों से अधिकतम उत्पादन लिया जा सकता है।

संकट कालीन/अकाल के समय प्रबन्धन व्यवस्था

अकाल की मार झेल रहे किसानों को अपने भेड़ों को पालना दुभर हो जाता है। पशु पालक और किसान अपनी बिगड़ी आर्थिक दशा के कारण पशुओं को अवारा छोड़ देते हैं। जिन पशुओं को रखा जाता है

उनकी दशा भी दयनीय रहती है क्योंकि उनको या तो पर्याप्त चारा नहीं मिलता और यदि मिलता भी है तो उस चारे में भी पौष्टिकता का नितान्त अभाव रहता है। इस कारण ये पशु दिन पर दिन कमजोर होते जाते है। कुपोषण के कारण असल में यह पशु गर्भ ही धारण नहीं करते और यदि करते भी हैं तो गर्भपात होने का खतरा बना रहता है। छोटे, लघु एवं सीमान्त किसान जो भेड़–बकरी पालते है वे अपने पशुओं को छोड़ भी नहीं सकते चूँकि ये पशु ही उनके जीवन निर्वाह का साधन है।

अकाल की स्थिति में कुछ सामयिक कृत्रिम उपाय अपनाकर कुपोषण से बचा जा सकता है। पशुपालकों को या तो इन उपायों की पर्याप्त जानकारी नहीं है या उनके पास इन उपायों को अपनाने के लिए आवश्यक धन की कमी है अथवा ऐसा भी देखने में आया है कि पशुपालक जानते हुए एवं यह कर सकने योग्य होते हुए भी किसी गलत धारणा अथवा स्वयं की सुस्ती की वजह से इन उपायों को जानने की अथवा अपनाने की कोशिश नहीं करते है। हमारे पशुपालक भाई शायद यह नहीं जानते कि कुपोषित पशुओं से फिलहाल तो उनका वांछित उत्पादन मिलेगा ही नहीं। कुपोषित पशुओं से जो संतति होगी वह बहुत ही कमजोर होगी तथा उसका विकास बहुत धीमी गति से होगा। नई संतति में पनप रही इस कमजोरी का असर किसानों और पशुपालकों को आने वाले लम्बे समय तक भोगना पड़ सकता है।

अकाल के समय पशुओं में प्रजनन एवं प्रबन्धन व्यवस्था

सूखा प्रभावित क्षेत्रों में अकाल के समय पशुओं में विशेषकर चराई पर निर्भर भेड़–बकरियों का प्रजनन उचित समय आने तक रोक देना चाहिए। चूँकि ऐसे समय में गर्भित करवाने पर मादा पशु व पैदा होने वाले बच्चे दोनों पर बुरा प्रभाव पड़ता है। क्योंकि मादा पशु को गर्भकाल में अधिक आहार की आवश्यकता होती है जो कि अकाल के समय मादा को नहीं मिल पाती जिससे मादा कमजोर हो जाती है तथा पैदा होने वाला बच्चा कम वजन का होता है जिसकी जीवित रहने की संभावना कम हो जाती है। सूखे के समय पर्याप्त आहार उपलब्ध न होने के कारण पैदा होने वाले बच्चों की वृद्धि दर काफी कम हो जाती है जिसका

नकारात्मक प्रभाव उनके उत्पादन पर पड़ता है।

पशुपालकों को चाहिये कि अकाल के समय वह अपने उपलब्ध संसाधनों को ध्यान में रखते हुए अपने रेवड़ का आकार सीमित रखे जिससे वह पशुओं की उचित प्रकार से देखभाल कर सके। किसान अपने रेवड़ से अनुपयोगी बूढ़े तथा कमजोर पशुओं को तुरन्त बेचकर अतिरिक्त आय प्राप्त कर सकता है। इससे रेवड़ का आकार भी सीमित हो जायेगा तथा बड़े रेवड़ पर होने वाले अतिरिक्त खर्च में बचत होगी एवं ऐसे समय में उसे अपने परिवार का जीवन निर्वाह ठीक से करने में सम्बल प्राप्त होगा।

रेवड़ में अकाल की स्थिति आने पर केवल उत्तम पशुओं को ही प्रजनन के लिए रखे क्योंकि उपयुक्त समय आने पर उनसे अच्छी संतति प्राप्त कर रेवड़ का आकार पुनः बढ़ाया जा सकता है। ऐसे चयनित पशुओं को उनकी आवश्यकता अनुसार पौष्टिक आहार उपलब्ध कराना चाहिए। संकर नस्ल के पशुओं का ऐसे समय में विशेष ध्यान रखना चाहिए क्योंकि उनकी आहार की जरूरत देशी पशुओं की तुलना में अधिक होती है। संकर नस्ल के पशुओं को सुबह व शाम को चराने के अतिरिक्त आवश्यकतानुसार पूरक खिलाई पर विशेष ध्यान दें। जिससें आवश्यक पोषक तत्वों की आपूर्ति सम्भव हो सके। अकाल के समय गर्मी में पशुओं को दिन की बजाय सुबह व शाम को देर तक चराना चाहिए जिससे उनकी पानी की मांग अधिक न बढ़े तथा ऊर्जा की हानि भी कम हो। पशुओं को पास के क्षेत्रों में जहाँ पर चारा व चारा वृक्ष उपलब्ध हो स्थानान्तरित कर देना चाहिये।

कालग्रस्त क्षेत्रों में पशुओं को कैसे और क्या खिलायें

पशु पालन में कुल लागत का 65 प्रतिशत योगदान पशु पोषण का होता है। यद्यपि देश में पशु संख्या एवं पोषक तत्वों की माँग के आधार पर हरे एवं सूखे चारे तथा रातिब मिश्रण की कमी के कारण पशुओं से पर्याप्त उत्पादन एवं लाभ नहीं मिलता है तथा पशु निरन्तर कमजोर होते चले जाते है। इसके अतिरिक्त संकट की परिस्थिति जैसे अकाल, सूखा,

भेड़ों में पूरक आहार

बाढ एवं ग्रीष्मकाल में पशु आहार की समस्या और भी विकराल रूप धारण कर लेती है। इसके फलस्वरूप पशुधन का काफी संख्या में चारे की अधिकता वाले दूसरे राज्यों में पलायन प्रारम्भ हो जाता है तथा जो पशुधन पलायन नहीं करते हैं वे चारे की कमी के कारण कमजोर होकर मरने लगते है। इससे किसानों को आर्थिक रूप से काफी हानि ही नही उठानी पडी है अपितु अनुवांशिक दृष्टि से महत्वपूर्ण पशुधन की संख्या में ह्रास हुआ है और यह विविध पशुधन विलुप्त होने की कगार पर है। संकट की इन विषम परिस्थितियों में निम्नलिखित तकनीकों द्वारा पशुधन से समुचित उत्पादन लेकर उसे कमजोर होने से बचाया जा सकता है–

पत्तियों, फलियों तथा काँटे रहित नागफनी का पशु आहार में प्रयोग

वन तथा चरागाह क्षेत्र में पायी जाने वाली विभिन्न प्रकार की वनस्पतियाँ पशु के आहार में बहुत उपयोगी होती है। इन वनस्पतियों में पोषक तत्वों की मात्रा बहुत अधिक होती है ये वनस्पतियाँ मुख्यतः नीम, खेजडी, अरडू, कीकर, पीपल, बरगद, सीरस, जिन्जा, ककेडा, पिलवन, शहतूत व बबूल हैं। संकट या अकाल के समय में खाद्य पदार्थों के रूप में इन पेडों की पत्तियों का प्रयोग पशुओं के आहार में किया जा सकता है। इन वृक्षों की पत्तियों

नागफनी/अकालग्रस्त समय में

को शीत ऋतु में जब ये बहुतायत में पायी जाती हैं काटकर सुखा लेना चाहिये तथा चराई के पश्चात् पशुओं को खिलाना चाहिये या इन पत्तियों को रातिब मिश्रण के साथ 40 से 50 प्रतिशत की दर से मिश्रण बनाकर उपयोग में लेना चाहिए। इस प्रकार से बनाए गए रातिब मिश्रण से न केवल पशुओं का भरण पोषण होता है बल्कि उत्पादन भी बढता है। खेजडी तथा बबूल की फलियों में प्रोटीन की मात्रा लगभग 30–35 प्रतिशत होती है। प्रोटीन पशुओं के लिए अत्यन्त आवश्यक अवयव है। अधिकतर यह देखा गया है कि फलियाँ सूखने के बाद खेतों में झड जाती है। जिन्हें चरने वाले पशु स्वयं खा लेते है। किन्तु इस प्रकार खिलाई से फलियों का सही उपयोग नहीं हो पाता है। इस अवस्था में अगर इन फलियों को इनके बाहुल्य वाले समय में एकतित्र करके रख लिया जाए तो विषम परिस्थितियों में इनका उपयोग या तो दाने के अवयवों के साथ 30–40 प्रतिशत तक अथवा चराई के पश्चात् आवश्यकतानुसार खिलाया जा सकता है। इस प्रकार की खिलाई से न केवल पशुओं में भार वृद्धि होती है अपितु प्रजनन क्षमता में भी वृद्धि के साथ–साथ उत्पादन भी बढता है। इसके अतिरिक्त पशुओं में मृत्युदर की कमी होती है। इस प्रकार से बनाया गया रातिब मिश्रण सस्ता भी होता है।

देश के कई भागों में विलायती बबूल बहुतायत में पाया जाता हैं तथा इसकी वृद्धि बहुत ही तीव्रता से हो रही है। इस पेड़ पर लगने वाली फलियों में भी प्राटीन की मात्रा 20 से 25 प्रतिशत तथा पर्याप्त मात्रा में शर्करा होती है। गर्मी के शुरू होने से पहले जब ये फलियाँ पक जाती हैं और तेज हवा चलने पर नीचे गिरती हैं जिन्हें पशु उठाकर खा लेता है। इन फलियों की संरचना कुछ इस प्रकार से होती है कि खायी हुई फलियों के मुख्य भाग बिना पचे ही गोबर में आते हैं जिससे पशु को पूर्ण लाभ नहीं होता है। इस अवस्था में इनके पूर्ण उपयोग के लिए यह आवश्यक है कि फलियों को पेड से गिरने के पूर्व ही इकटठा करके पहले इसका उपचार किया जाए तथा 20–25 प्रतिशत तक रातिब मिश्रण में सम्मिलित किया जाए।

नागफनी का प्रयोग अधिकतर खेतों की मेड पर बाड़ के रूप में

किया जाता है परन्तु इसकी कम काँटे वाली प्रजातियों का उपयोग बाड़ के साथ साथ पशुओं को खिलाने में भी किया जा सकता है। नागफनी को पशुओं को खिलाने से पूर्व इसकी अच्छी तरह कुट्टी करना चाहिए तत्पश्चात् कडबी या घास के साथ मिलाकर खिलाना चाहिए। गायों को खाद्य अवयव के रूप में खिलाने पर ताजा नागफनी करीब 20 से 25 कि.ग्रा. तक खिलाया जा सकता है। इस प्रकार की खिलाई से पशुओं को कमजोर होने से बचाकर समुचित उत्पादन लिया जा सकता है। अतः संकट के समय में पशुओं के भोज्य अवयव के रूप में नागफनी का प्रयोग किया जा सकता है।

यूरिया तथा शीरे का पशु आहार में प्रयोग

हमारे देश में यूरिया उर्वरक का प्रयोग खेतों में बहुतायत में किया जाता है तथा यह बहुत आसानी से बाजार में उपलब्ध होती है। पशुओं को खिलाए जाने वाले सूखे चारे एवं भूसे में प्रोटीन न के बराबर होता है तथा आवश्यक ऊर्जा भी बहुत कम होती है। इन परिस्थितियों में जब पशुधन अपना निर्वाह इस प्रकार के सूखे चारे पर करता है तो बहुत शीघ्रता से देहभार में कमी के साथ–साथ उसकी उत्पादन क्षमता में भी कमी होती है। इन रोमन्थी पशुओं में यूरिया में पायी जाने वाली नत्रजन को प्रोटीन में बदलने की क्षमता होती है। इस नत्रजन को बदलने के लिए ऊर्जा की आवश्यकता होती है जो ऊर्जा के सस्ते स्त्रोत शीरे द्वारा पूरी की जा सकती है। इस प्रकार यूरिया तथा शीरे का पशु आहार में उपयोग करके कृषक लाभ उठा सकते हैं।

(अ) यूरिया शीरा मिश्रित तरल खाद्य पदार्थ

इस प्रणाली के अन्तर्गत सैद्धान्तिक रूप से यूरिया को तरल शीरे में समान रूप से मिलाया जाता है जिससे कि कहीं भी यूरिया के ढेले न रहें जो कि पशुओं को नुकसान पहुचा सकते हैं। यूरिया शीरा मिश्रित तरल खाद्य पदार्थ के मुख्य संघटक इस प्रकार हैं। 2.5 भाग यूरिया, 2.5 भाग पानी, 2 भाग लवण मिश्रण, 1 भाग नमक तथा 92 भाग शीरा होता है। इसमें 25 ग्राम प्रति 100 कि.ग्रा. राशन मिलाया जाता है। सर्वप्रथम

यूरिया को पानी में भली–भाँति घोल कर उसे धीरे–धीरे शीरे में घोटे के द्वारा मिलाया जाता है तत्पश्चात् इसमें लवण मिश्रण तथा नमक को भी मिलाते हैं। विशेष सावधानी के साथ यह सुनिश्चित कर लिया जाता है कि पूरे घोल में सभी खाद्य अवयव समान रूप में घुल गये हैं। इस प्रकार बने तरल खाद्य पदार्थ को निम्न दो विधियाँ द्वारा पशुओं को खिलाना चाहिए:

(1) पीने के पानी में: गॉवों में जहाँ पशु पानी पीते हैं उन स्थानों पर बनी खेलियाँ या पानी की टंकी में इस घोल को 10 प्रतिशत की दर से पानी में मिलाना चाहिये। यह सुनिश्चित कर लें कि यह घोल पूरे पानी में सही रूप से मिल गया है। चराई के पश्चात् पशुओं को इस पानी को पिलाना चाहिए।

(2) ड्रम विधि: इस विधि में एक बडे ड्रम को अर्धचन्द्राकार काट लिया जाता है फिर उसमें यूरिया–शीरा तरल को ऊपर तक भर दिया जाता है। इस चन्द्राकार कटे ड्रम पर एक तिरछा ड्रम इस प्रकार रखा जाता है कि वह स्वतंत्र रूप से तरल पर घूम सके तथा उसकी सतह यूरिया–शीरे तरल से आद्रित हो जाए। जब पशु इस ड्रम को चाटता है तो ड्रम स्वयं

ही यूरिया–शीरा तरल से भरे ड्रम की सतह पर घूमने लगता है। इस प्रकार इसकी सतह आद्रित होती रहती है और पशु अपनी आवश्यकतानुसार इस घोल को चाटता रहता है।

(ब) भूसे को उपचारित करना

भूसे को यूरिया से उपचारित करना – इस विधि में चार कि.ग्रा. यूरिया को 50–60 लीटर स्वच्छ पानी में भली भाँति घोल लें। यह यूरिया घोल एक क्विंटल भूसे के लिए पर्याप्त होता है। भूसे को पक्के फर्श पर एक जैसा बिछा लें जिसकी ऊँचाई 30 सेन्टीमीटर से अधिक नहीं होनी चाहिये। अब यूरिया के घोल का छिडकाव भूसे पर समान रूप से करे, साथ–साथ उसे अच्छी तरह से मिलाते रहें। इस भूसे के ढेर को एक गडढे में अथवा फर्श पर ही भली–भाँति पैरों से दबाकर पॉलिथीन से ढक देवें जिससे भूसे में वायु का प्रवेश न होने पाए। इस उपचारित भूसे को 18 से 21 दिन तक इसी अवस्था में छोड दें। 18 से 21 दिन के पश्चात इस भूसे को एक तरफ से खोल कर पशुओं को खिला सकते हैं। पहले–पहले तो इस भूसे में अमोनिया की गन्ध आती है इसलिये प्रारम्भ में पशु इसे कम खाते हैं। अतः खिलाने के दस घण्टे पूर्व उपचारित भूसे को ढेर से निकालना चाहिए ताकि अमोनिया की तीक्ष्णता कम हो सके। बाद में अभ्यस्थ होने पर पशु इसे चाव से खाने लगते हैं।

यूरिया शीरा द्वारा भूसे को उपचारित करना– इस विधि में 100 कि. ग्रा. भूसे को उपचारित करने के लिए 1 कि.ग्रा. यूरिया, 10 किलो शीरा और 1 कि.ग्रा. लवण मिश्रण तथा 15–20 लीटर स्वच्छ पानी की आवश्यकता होती है। इस विधि में 1 कि.ग्रा यूरिया को 7 लीटर पानी में अच्छी तरह घोल लिया जाता है तथा बचे हुये 8 लीटर पानी में शीरा तथा लवण मिश्रण को अच्छी तरह घोल लिया जाता है इसके पश्चात् दोनों घोलों को आपस में मिला दिया जाता है। इस घोल को 100 कि.ग्रा. भूसे की 30 सेन्टीमीटर मोटी परत पर झारे द्वारा छिड़क दिया जाता है तथा हाथों द्वारा भूसे को मिलाया जाता है जब यह भली प्रकार मिल जाता है तो उसे तुरन्त पशुओं को खिला सकते हैं।

(स) चारे व दाने की ईटें बनाना इस विधि में चारे व दाने की मात्रा निश्चित करके एक सन्तुलित आहार बनाया जाता है जिसे निर्वाह खाद्य पदार्थ के रूप में प्रयोग किया जा सकता है। इस प्रणाली में उस चारे का प्रयोग भी किया जा सकता है जिन्हें पशु प्रायः न के बराबर खाते है और

जिनकी गुणवत्ता कम होती है। इस विधि में सबसे पहले 27 भाग क्षतिग्रस्त गेहूँ, 20 भाग चावल की चोकर, 25 भाग गेहूँ की चोकर, 25 भाग मूँगफली या सरसों की खली, 2 भाग खनिज मिश्रण एवं 1 भाग साधारण नमक को पीसकर व मिलाकर एक रातिब मिश्रण बनाते हैं। इसके पश्चात् इस रातिब मिश्रण का 29 भाग, सरसों का भूसा, बाजरे की कडबी अथवा गेहूँ का भूसा 60 भाग, शीरा 10 भाग एवं यूरिया 1 भाग आपस में अच्छी तरह मिलाकर मशीन द्वारा 4000 psi दबाव पर दबाकर ईटें बना ली जाती है। इस प्रणाली का यह लाभ है कि यह बनाई हुई ईटें कम (लगभग 30%) स्थान घेरती हैं तथा पशु इसमें दाने व चारे का चुनाव करने के लिये स्वतंत्र नही रहता एवं वे पशु की आवश्यकता को पूर्ण कर देती हैं। यह ईटें निर्वाह मिश्रण के रूप में बहुत ही कारगर साबित होती हैं। इनको एक स्थान से दूसरे स्थान पर आसानी से ले जाया जा सकता है।

सस्ते एवं संतुलित खाद्य अवयवों का प्रयोग

कुछ किसान पूरक खिलाई करने में सक्षम होते है। इस प्रकार की खिलाई पद्धति में दुधारू या ग्याभिन पशुओं को चराई के पश्चात् दाना खिलाते हैं या बाड़े पर पशुओं को सानी खिलाते समय दाना या रातिब मिश्रण खिलाते हैं। यही दाना मुख्यतः मनुष्यों द्वारा भी उपयोग में लाया जाता है। संकट के समय में इसके स्थान पर या तो खाद्य निगम में एकत्रित खराब हुआ अनाज जो कि मनुष्यों के लिए अनुपयोगी होता है, इसका प्रयोग करना चाहिए। इसके अतिरिक्त सस्ते खाद्य अवयव जैसे–गेहूँ/चावल की भूसी या दलहन की चूरी का प्रयोग करके एक संतुलित रातिब मिश्रण पशुओं के निर्वाह हेतु बनाया जा सकता है। संकट के समय में पशु पोषण की उपरोक्त सरल तकनीकों द्वारा पशुधन को भूख के कारण कमजोर होने से बचाया जा सकता है। इस प्रकार अकाल की विषम परिस्थिति में कृषक को होने वाली आर्थिक हानि भी कम हो जाती है।

पत्तियों एवं फलियों का रातिब मिश्रण में प्रयोग

खाद्य अवयव	मात्रा
पत्तियाँ (पाला / खेजड़ी / अरडू / नीम) एवं फलियाँ (सिरिस / खेजड़ी / बबूल)	50 भाग
जौ / मक्का / बाजरा / ज्वार	22 भाग
मूँगफली / सरसों की खली	15 भाग
गेहूँ / चावल की चोकर	11 भाग
खनिज मिश्रण	1 भाग
नमक	1 भाग

भूसे का यूरिया द्वारा उपचार

अवयव	मात्रा
गेहूँ / सरसों का भूसा एवं बाजरा कडबी	100 किग्रा.
यूरिया खाद	4 किग्रा.
स्वच्छ जल	50–60 लीटर

यूरिया शीरा द्वारा भूसे का उपचार

अवयव	मात्रा
गेहूँ / सरसों का भूसा एवं बाजरा कडबी	100 किग्रा.
यूरिया खाद	1 किग्रा.
शीरा	10 किग्रा.
खनिज मिश्रण	1 किग्रा.
स्वच्छ जल	15–20 लीटर

वर्षा के अभाव में चारा उत्पादन की उन्नत तकनीक

हमारे देश की अर्थव्यवस्था मुख्यतयाः कृषि एवं पशुपालन पर निर्भर करती है। अकाल की विभिषिका से कृषि उत्पादनों में गिरावट आती है क्योंकि पानी के सभी स्रोतों का जल स्तर नीचे गिर जाता है जिससे

सिंचाई की उचित व्यवस्था नहीं हो पाती है। उन्नत पशु नस्लों से पूर्ण उत्पादन लेने के लिए उनकी आवश्यकता के अनुसार किसानों को अकाल के वर्षो में भी कुछ हरा चारा उगाना ही पड़ता है।

अर्द्धशुष्क क्षेत्र में अकाल की स्थिति में टिकाऊ भू–प्रबन्धन हेतु उपाय –

वन चरागाह

वन चरागाह पद्धति के अन्तर्गत बंजर भूमियों में उन्नत किस्म के चरागाह स्थापित करके बहुद्देशीय वृक्ष लगा दिये जाते है। वृक्षो में अरडू, नीम, बबूल एवं खेजड़ी इत्यादि लगाये जा सकते है। उन्नत घासों में अंजन एवं धामन घास को बहुवर्षीय दलहनी चारे बालौर एवं तितली मटर के साथ लगाना चाहिए। चारे की कमी के समय चारा वृक्ष अच्छा चारा दे देतें है।

कृषि उद्यानिकी

कृषि उद्यानिकी के अन्तर्गत फसलों के साथ–साथ लाईनों में फल वृक्ष भी लगाये जाते हैं। अर्द्धशुष्क क्षेत्रों में बेर, आँवला, अनार, नीबू और अमरूद को लगाया जा सकता है। कृषि उद्यानिकी में अधिकतर फल वृक्षों को लाईन से लाईन और पौधों की दूरी फलों की किस्म अनुसार 5 से 10 मीटर रखनी चाहिए। अकाल की स्थिति में भी बेर एवं आँवला आदि के वृक्ष फल देते रहते हैं जिससे किसान को कुछ आमदनी हो जाती है।

कृषि वानिकी

कृषि वानिकी के अन्र्तगत फसलों के साथ–साथ चारा वृक्ष भी लगाये जाते है। चारा वृक्ष में अरडू, नीम, सिरस, बबूल तथा खेजड़ी आदि लगाये जाते है। चारा वृक्षों में लाइन से लाइन और पौधे से पौधे की दूरी 10 मीटर रखी जानी चाहिए। कृषि वानिकी में चारा वृक्षों की छँगाई वैज्ञानिक पद्धति से करने पर वृक्ष की अवस्थानुसार 20 से 40 कि.ग्रा. सूखी पत्तियाँ प्रति वृक्ष मिल जाती है।

अन्य उपाय :–

- सूखा प्रभावित क्षेत्रों में आकस्मिक चारे की कमी के जोखिम से बचाव के लिए चारा बैंक स्थापित होने चाहिए। सरकार को कृषि एवं पशुपालन विभाग से तथा क्षेत्रिय अनुसंधान संस्थान के सहयोग से समस्या को ध्यान में रखते हुए समय पूर्व इन चारा बैंक की स्थापना करनी चाहिए।
- उत्तरी भारत में जहाँ धान तथा गन्ना उगाया जाता है वहाँ धान की पुआल तथा गन्ने की सूखी पत्तियों तथा खोई (बगास) को प्रायः जलाया जाता है जिससे पर्यावरण दूषित होता है अतः इन फालतू कृषि अवशेषों को उपचारित करके ब्लॉक बनाकर सूखे से प्रभावित क्षेत्रों में पशुधन के निर्वाह हेतु स्थानान्तरित करना चाहिए।

अकाल पीड़ित पशुओं में स्वास्थ्य समस्याओं का समाधान

अकाल में सबसे पहले पशुधन ही प्रभावित होता है क्योंकि उसके आहार का प्रमुख अंश चारा या घास की पैदावार बहुत घट जाती है। कुछ विटामिनों (विटामिन A, विटामिन B व विटामिन E) तथा खनिज तत्वों की कमी से पाइका एवं दुर्बलता, आदि विकसित हो जाती है। मादा पशु गर्मी में नहीं आती है और कई माह/वर्ष तक खाली रह जाती है। अकाल की स्थितियों में सभी पशुओं तथा नवजात मेमनों आदि का जीवन विशेष रूप से संकट में पड़ जाता है।

साफ पानी की कमी के साथ–साथ अकाल के दिनों में पशु सबसे पहले विभिन्न प्रकार की अल्पताजन्य रूग्णताओं से ग्रस्त होने लगते है जिनमें मुख्यतः प्रोटीन, ऊर्जा, लवण एवं विटामिन की कमी प्रमुख है। दैनिक आहार व पौष्टिक तत्वों की कमी होने पर भूखे पशु कुपोषण के कारण संक्रामक रोगों से ग्रस्त होकर मरने लगते हैं और इस प्रकार अकाल की स्थिति में ''निर्बल पाड़ी छत्तीस रोग'' की कहावत लागू होती है। कुछ रोगों का संक्षिप्त विवरण तथा बचाव एवं उपचार सामान्य जानकारी हेतु यहाँ दिया जा रहा है :–

पानी

हम सभी जानते है कि पानी जीवन के लिए अनिवार्य है। आहार के बिना पशु एक सप्ताह तक जीवित रह सकता है परन्तु पानी के बिना कुछ दिनों में ही मर जाता है। अच्छा व साफ पानी अकाल के दौरान मिलने में अधिक कठिनाई आती है। राजस्थान जैसे प्रांत में यह स्थिति प्रायः देखी जा सकती है। पानी की कमी होते ही शरीर के सभी क्रिया–कलाप प्रभावित होने लगते हैं। बाहरी तौर पर त्वचा का लचीलापन गायब होने लगता है, आँखे धँसने लगती हैं और पशुओं में लू लगने की सम्भावना बढ़ जाती है, फलस्वरूप शरीर में अनेक प्रकार की बीमारियाँ पनपने लगती है। यदि पानी खारा अथवा फ्लोरीन युक्त हो तो क्रमशः नमक या फ्लोरीन विषाक्तता (फ्लोरीनता) के लक्षण प्रकट होने लगते हैं।

जल में फ्लोरीन की समस्या से राजस्थान के पशुपालक व जनता अपरिचित नहीं है। इस प्रदेश के अनेक जिलों में जल में फ्लोरीन का स्तर सामान्य (0.01%) से अधिक पाया गया है। अकाल के समय में साफ पानी के अभाव में फ्लोरीनता की संभावना और बढ़ जाती है। अत्याधिक प्रभावित हुए पशुओं में अपच, दस्त, भूख की कमी, कमजोरी, चक्कर एवं मूर्च्छा जैसे लक्षण दिखाई देते हैं तथा कुछ ही घण्टों में पशु की मृत्यु हो जाती है। लम्बे समय तक फ्लोरीन युक्त पानी पीने पर दाँत व हड्डियों में धब्बे, भेड़ों में निचले जबड़े का मोटापन, लंगडापन व फ्रैक्चर जैसे लक्षण देखने को मिलते हैं।

तीव्र फ्लोरीनता से प्रभावित पशु को चूने के पानी में दूध मिलाकर देना चाहिए तथा फ्लोरीन युक्त पानी नहीं पिलाना चाहिए। जोधपुर के रक्षा वैज्ञानिकों ने "नालगोंडा विधि" से पानी में फ्लोरीन की मात्रा कम करने का सरल तरीका सुझाया है। इस विधि में 100 लीटर पानी के लिए 85 ग्राम फिटकरी और 4.1 ग्राम चूना अच्छी तरह मिलाकर छोड देते है। थोडे समय पश्चात फ्लोरीन (अवक्षेपित होकर) तली में बैठ जाता है और उपर का पानी पीने योग्य हो जाता है।

भूख से मरना

अकाल के समय पशु लगातार भूखे रह जाते है। इस स्थिति के बने रहने पर पशु की चयापचय क्रिया या लगभग सभी आंतरिक क्रियाएँ असंतुलित हो जाती है और रोमन्थी पशुओं (गाय, भैस, भेड़, बकरी, ऊँट) में पाचन संबंधी रोग एवं ग्लूकोज की कमी सबसे पहले होती है।

कार्बोहाइड्रेट या ऊर्जा स्रोतों की कमी

वनस्पतियों का 60–90% अंश कार्बोहाइड्रेट के रूप में मिलता है। अतः अकाल के दौरान पशु सबसे पहले आहार के इस प्रमुख अंश से वंचित होने लगता है जिसके फलस्वरूप शरीर में दिनों दिन उर्जा स्रोत की कमी आने लगती है। ऊर्जा स्रोत में कमी होते ही पशु की उत्पादनशीलता प्रभावित होती है। विशेषतः गर्भवती माता व उसके पेट में पल रहे बच्चे का जीवन संकट में पड़ने लगता है। गर्भावस्था के अंतिम 2–3 माह या ब्याँत के प्रथम सप्ताह में ऐसी माताएँ गर्भ आविषाक्ता (Pregnancy Toxemia) से ग्रस्त हो जाती है जिसके फलस्वरूप पशु पालक, मादा तथा होने वाले मेमनों से हाथ धो बैठता है।

गर्भ अविषाक्तता शरीर में ग्लूकोज की कमी से गर्भावस्था के अन्तिम 2–3 माह के दौरान विशेषतः प्रसव के पहले उत्पन्न होती है। भूख से पीडित पशु में आहार की कमी होते ही शरीर में जमा चर्बी पिघलकर ऊर्जा बनाने लगती है। अच्छी चराई मिलते रहने पर कुछ दिनों तक तो इस क्रिया से हानि नहीं पहुँचती और आहार सामान्य होते ही सब ठीक हो जाता है। एक प्रकार से यह व्यवस्था कम खाना मिलने पर शरीर की सामान्य आवश्यकताओं को पूरा करने के लिए होती है। किन्तु लगातार भूखे रहने के कारण चर्बी के टूटते रहने पर रक्त में विषैले पदार्थ (कीटोन) की अधिकता होने पर पशुओं में कीटोसिस (Ketosis) या गर्भ आविषाक्ता पनप जाती है और पशु या नवजात अथवा दोनों की मृत्यु का कारण बनती है।

इस अवस्था से बचाव के लिए शरीर में ऊर्जा/ग्लूकोज की उपलब्धता बनाए रखने के लिए पशु को (भूख सामान्य हो तो) गर्भावस्था

के अन्तिम दिनों में पूरा आहार दिया जाना चाहिए। उपचार हेतु रोगी को करीब एक पाव पानी में एक पाव गुड़/शीरा/ग्लिसरीन (दवा की दुकान से लेकर) पिलाने से भी जल्दी लाभ होता है। आवश्यकतानुसार यही खुराक पुनः दी जा सकती है तत्पश्चात चिकित्सक से सम्पर्क कर उपचार कराया जाना चाहिए। बाजार से उपलब्ध इलेक्ट्राल भी पानी में घोलकर पिलाने से शीघ्र लाभ होता है। लगातार भूखे पशुओं में चर्बी पिघलने पर उसमें जमा कीटनाशक (डीडीटी, बीएचसी) आदि भी स्वतंत्र होकर रक्त में पहुँच जाते हैं और भूखे पशु इन कीटनाशकों के जहरीले प्रभाव से शीघ्र मरने लगते है। अकाल ग्रस्त क्षेत्रों में यह प्रभाव कुपोषण व भूख के कारण अपने आप पनप जाता है।

प्रोटीन की कमी

पशु आहार में प्रोटीन एक जीवन रक्षक पदार्थ है। अकाल के समय खुराक की कमी होते ही अधिकांश पशु प्रोटीन की कमी से ग्रस्त होने लगते है। शरीर में प्रोटीन की कमी होते ही अनेक प्रकार की बीमारियाँ प्रकट होने लगती है। शरीर की रोगों से बचाव की क्षमता भी कम हो जाती है। प्रोटीन की कमी से पशु की वृद्धि एवं उत्पादकता (दूध, ऊन, मांस आदि) पर गम्भीर प्रभाव पड़ता है। उसकी पाचन क्रिया असन्तुलित हो जाती है, त्वचा की चमक गायब होने लगती है तथा पशु अनेक प्रकार के रोगों से ग्रस्त होने लगता है। इस अवस्था में पशुओं का विशेष ध्यान रखना पड़ता है। अकाल के दौरान यूरिया शीरा से उपचारित भूसा/कुट्टी/गन्ने की खोई आदि से तैयार आहार पशुओं की प्रोटीन व ऊर्जा की कमी दूर करने में सहायक होता है। यह आहार बीमार पशुओं को नहीं दिया जाना चाहिए या थोड़ा–थोड़ा करके निगाह रखते हुए खिलाना चाहिए।

अपच/गरिष्टता

शरीर में भूसा, चारा व पानी की कमी होते ही रोमन्थी पशुओं (गाय, भैंस, भेड़, बकरी, ऊँट) में पाचन तंत्र विशेष रूप से प्रभावित होता है। इन पशुओं का दूध उत्पादन 20–25% तक घट जाता है तथा बड़े

पेट (रूमन) में अम्लता (ऐसिडोसिस) विकसित होने की संभावना बढ़ जाती है। रेशे की कमी से आँते ठीक कार्य नहीं कर पाती हैं, पशु को कब्ज होने लगती है तथा गोबर/मेंगनी कड़ी हो जाती है। अकाल में उपर्युक्त स्थिति लम्बे समय तक बने रहने के कारण पशु पाचन तंत्र के रोगों का शिकार बन जाता है। प्रभावित पशु को भूख नहीं लगती तथा सुस्त रहने लगता है। कमजोरी लगातार बढ़ते जाने से निर्जलीकरण व भूख के कारण पशु मरने लगते हैं। सामान्य दिनों में इन बीमारियों से ग्रस्त पशु तीन–चार दिनों बाद स्वयं ठीक हो जाता है परन्तु अकाल के समय ऐसे पशुओं को उपचार की आवश्यकता होती है। प्रभावित पशु को साफ पानी तथा गुड के साथ हिमालयबतीसा (100 ग्रा. एक खुराक बड़े पशु तथा 50 ग्रा. भेड़, बकरी) या अन्य पाचक दवाई चिकित्सक की सलाह से देनी चाहिए।

पाइका

सामान्य पशु द्वारा आहार के अतिरिक्त सामग्रियों को खाना ही पाइका रोग की पहचान है। लगातार भूखे रहना तथा पौष्टिक तत्वों की शरीर में कमी (विशेषतः कोबाल्ट, फाँस्फोरस व नमक) से ही पशु अखाद्य सामग्री खाने लगते हैं। पाइकाग्रस्त पशु हड्डी, ईंट, चमड़ा, लकड़ी, मिट्टी, कपड़े, पेड़ों की छाल व पॉलिथीन खाने लग जाता है। पाइका के रोगी में पेट दर्द, अपच, गरिष्टता, भूख की कमी, दुबला होना और आहार नली में इन के जमा हो जाने या फस जाने से उपजी विषाक्तता अंत में पशु की मृत्यु का कारण बनती है।

विटामिन ए की कमी से उत्पन्न रोग–रतौंधी

अकाल के समय में हरे चारे की कमी होने से अधिकांश पशुओं, मेंमनों/छोटे बछड़ों में विटामिन ए की कमी से रतौंधी विकसित होने लगती है। प्रभावित पशुओं को ठीक से दिखाई नहीं पड़ता है। ऐसी अवस्था के समय पशुओं को विटामिन ए की उचित मात्रा दी जानी चाहिए। मछली के यकृत का तेल विटामिन ए का सबसे अच्छा स्रोत है। आवश्यकता पड़ने पर चिकित्सक से सम्पर्क करके विटामिन ए के इंजेक्शन

7–10 दिन तक लगाने से लाभ होता है। पशु पालक विटामिन ए युक्त पिलाने की दवा यथा कैडीसाल लिक्विड, रेटिसाल लिक्विड या रोवीसाल ओरल टाइप–100 आदि पशुओं को दे सकते हैं। इन दवाओं को प्रत्येक मिली. में एक लाख इकाई विटामिन ए होता है। इन दवाओं की खुराक चिकित्सक की सलाह अनुसार दी जानी चाहिए। सामान्यतः बड़े पशु 2–5 मिली. बछड़ा, भेड़, बकरी, शूकर 0.5–1 मिली. प्रति दिन 7–20 दिन या लाभ होने तक दिया जा सकता है। आवश्यक हो तो विटामिन ए के इंजेक्शन चिकित्सक की सलाह से लगवाने चाहिए। रतौंधी के रोगियों को यदि गाजर व हरी घास (रिजका) खिलाए तो वह भी दवा का काम करती है।

संक्रामक रोग

लम्बे समय तक कुपोषण के कारण उपजी दुर्बलता से स्वास्थ्य बिगड़ने लगता है और शरीर के रोगों से बचाव की शक्तियाँ कम हो जाती है, जिसके फलस्वरूप पशु अनेक प्रकार के संक्रामक रोगों यथा सर्दी–जुकाम, न्यूमोनिया, दस्त आदि से प्रभावित होने लगते हैं। कुपोषण के कारण अंतः परजीवी की कम संख्या भी पशुओं के लिए घातक होने लगती है। अन्य महामारियों जैसे लघुरोमन्थी महामारी (पीपीआर), माता महामारी (रिण्डरपेस्ट) खुर–मुँह पका (एफएमडी), चेचक (भेड़ चेचक, बकरी चेचक) आदि का प्रकोप यदि अकाल पीड़ित क्षेत्र के पशुओं में हो जाने पर यह कोढ़ में खाज का काम करती है। अकाल के दौरान वातावरण की प्रतिकूलता के कारण अनेक रोगाणु अधिक समय तक जीवित नहीं रह पाते हैं किन्तु लम्बे कुपोषण से निर्बल व कमजोर पशुओं में कोई भी संक्रामक रोग हो जाने पर अनेक पशुओं की मृत्यु हो सकती है। अतः पशु पालकों को संक्रामक रोगों से बचाव/उपचार की ओर ध्यान देना चाहिए।

व्यवसायिक भेड़–माँस उत्पादन

कृषि उत्पादन पद्धति में परिवर्तन, निर्यात विपणन की आवश्यकता, घरेलू उपभोक्ताओं में अच्छे माँस की जागरूकता एवं बड़े पैमानें पर भेड़–उत्पादन आदि कारक सघन भेड़ उत्पादन पद्धति को बढ़ावा देते है। आमतौर पर निम्नतर सामाजिक अर्थव्यवस्था के कारण देश में भेड़ पालकों द्वारा सघन खिलाई पद्धति को नहीं अपनाया गया है। जबकि यह अनुमान लगाया जाता है कि भविष्य में व्यवसायिक माँस उत्पादन हेतु भेड़ प्रबन्ध की यह पद्धति विस्तार पूर्वक प्रयोग की जायेगी।

भेड़ पालकों द्वारा आवश्यकता से अधिक नर मेमनों को 6–9 माह की आयु व लगभग 18–20 कि.ग्रा. शरीर भार एवं लगभग 10 कि.ग्रा. के माँस भार पर बेचा जाता है। किसानों के यहां इन मेमनों की प्रतिदिन औसत वृद्धि प्रायः 50 ग्राम होती है, जबकि इनकी चारे को उत्पाद में परिवर्तन करने की क्षमता का आंकलन कठिन है। देशी मेमनों की कम वृद्धि दर एवं अधिक आहार खाकर कम उत्पाद क्षमता के कारण कम आनुवंशिक क्षमता, अनियमित प्रजनन एवं नस्लों में मिलावट, वर्ष के अधिकांश समय मे पोषण का निम्न स्तर, अव्यवस्थित प्रबन्ध, अपर्याप्त रोग बचाव व उपचार की सुविधायें और जीवित पशुओं के व्यापार तथा कटी हुई ऊन के लिये खराब व अव्यवस्थित विपणन संरचना आदि है। उपर्युक्त कठिनाईयों के बावजूद भेड़पालन देश के अर्द्धशुष्क एवं शुष्क क्षेत्रों के सीमान्त किसानों तथा खेतिहर मजदूरों के लिए जीवन निर्वाह का प्रमुख साधन है।

मेमनों की बढ़वार पर किये गये अनेक अध्ययनों के परिणामों से यह सिद्ध हो चुका है कि व्यवस्थित खिलाई–पिलाई प्रबन्धन से देशी मेमनों में आहार को माँस में रूपान्तरण की 15–18 प्रतिशत क्षमता द्वारा

25 कि.ग्रा. शरीर भार प्राप्त करने की क्षमता है। मांस हेतु सम्पूर्ण भारत समन्यव अनुसंधान परियोजना के अर्न्तगत 50 भाग चारा एवं 50 भाग रातिब को मिलाकर बनाये गये पूर्ण आहार को खिलाकर 6 माह की आयु पर 32–35 कि.ग्रा. तक शरीर भार प्राप्त किया गया है। किन्तु अत्यधिक वसा संचयन और आहार को मांस में रूपान्तरण की कम क्षमता के कारण इन आशाजनक उत्पादन लक्षणों को नकार दिया गया है। दो दशको के दौरान माँस हेतु पूर्ण मेमनों के माँस लक्षणों के मूल्यांकन से पता चला है कि बच्चे की मां का दूध छुड़ाने की उम्र, खिलाई–पिलाई पद्धति और मांस हेतु 25 कि.ग्रा. तक शरीर भार का मेमना 12 प्रतिशत वसा के साथ अच्छी गुणवत्ता वाला माँस देता है जिसे उपभोक्ताओं द्वारा पसंद किया गया है।

पिछले दो दशको में भेड़ों पर किये अनुसंधान कार्य से पता चलता है कि 3 माह की आयु के संकर मेमनें तीन माह तक 50 प्रतिशत रातिब एवं 50 प्रतिशत मोटे चारे को मिलाकर बने पूर्ण आहार की सघन खिलाई से 180 ग्राम प्रतिदिन की दर से बढ़ते है, जबकि इसी राशन पर देशी मेमने 129 ग्राम प्रतिदिन के हिसाब से वृद्धि करते है। सघन खिलाई द्वारा पाले गये मेमनों के माँस मे अधिक वसा भंडारण के कारण अपेक्षाकृत तीव्र वृद्धि होती है जो कभी कभी 20 प्रतिशत से ऊपर हो जाती है। अतः माँस में चारे को उपयोगी उत्पाद में बदलने की क्षमता बढ़ाने तथा किसानों को कम वसा जल्दी आंशिक लाभ हेतु मां से दूध छुड़ाने की अवधि 3 माह से घटाकर 2 माह करते है। इस प्रकार 2 माह के आयु के मेमनों को अगले 3 माह तक सघन खिलाई कराने पर, ये चारे को उत्पाद में बदलने की 16 प्रतिशत क्षमता के साथ 160 ग्राम प्रतिदिन की दर से बढ़ते है। साथ ही साथ माँस हेतु मेमनों के वध अध्ययनों से पता चलता है कि वध आयु, खिलाई पद्धति और पूर्ण भार से अनपेक्षित 25 कि.ग्रा. भार वाले पूर्ण मेमनों के माँस में सभी वांछनीय गुण होते है। मेमनों को मां का दूध छुडाने के बाद माँस हेतु वांछनीय पूर्ण भार न्यूनतम कीमत का राशन खिलाकर प्राप्त किया जाता है। इस प्रकार के राशन को स्थानीय रूप से उपलब्ध परम्परागत चारा स्त्रोतों जैसे उगायी गयी घासे, पेड़ो की पत्तियाँ, सूखी घास और फसलों के अवशेषों, ऊर्जादायी खाद्य पदार्थो जैसे मक्का, बाजरा, ज्वार और जौ तथा प्रोटिन युक्त पदार्थो जैसे मूंगफली की खली,

सरसों की खली, तिल की खली, कपास की खली, ग्वार चूरी आदि को मिलाकर बनाया जाता है।

पशु उत्पादन की कुल लागत का लगभग 70 प्रतिशत खर्च पशु की खिलाई–पिलाई आदि रोजाना के कार्या पर होता है। भारतीय भेड़पालकों की सामाजिक अर्थव्यवस्था के कारण इनके पास सघन खिलाई हेतु लागत के रूप नगद पूंजी नहीं होती है किन्तु संसाधन की कमी वाले किसानों के लिये चराई के साथ रातिब की पूरक खिलाई के व्यापक अवसर होते है। परती और बेकार भूमि पर चरने वाले लघु रोमन्थी पशुओं (भेड़ एवं बकरी) के आहार में वर्ष के अधिकांश समय में ऊर्जा की कमी होती है। कम प्रोटीन वाली वनस्पतियों से परिपूर्ण चरागाहों में चरने वाली उष्णकटिबन्धीय भेड़े अधिक प्रोटीन वाले पौधों का चयन करके अपनी प्रोटीन की आवश्यकता तो पूरी कर लेती है, जबकि आवश्यक ऊर्जा की पूर्ति नहीं कर पाती है जिसके फलस्वरूप उत्पादन घट जाता है। अतः सरकारी परती भूमी पर चरने वाली भेड़ से उपयुक्त उत्पादन हेतु अधिक ऊर्जा वाले रातिब की पूरक खिलाई उचित रहती है। इस प्रकार 3 माह की उम्र में मेमनों को चराई के अतिरिक्त देह भार का 1.5 से 2.0 प्रतिशत रातिब खिलाने से 6 माह की आयु पर 23–25 कि.ग्रा. देहभार प्राप्त होता है। इस पूरक खिलाई में प्रति कि.ग्रा. देहभार प्राप्त करने मे रातिब के रूप में लगभग 20 रूपये की लागत आती है।

विदेशों में मेमनों को खीस खिलाने के बाद माँ से अलग कर दिया जाता है और सघन खिलाई तथा दुग्ध प्रतिस्थापक खिलाकर पाला जाता है। इस प्रकार की खिलाई पद्धति में मेमनें प्रायः प्रतिदिन 300 से 350 ग्राम की दर से वृद्धि करते है। भारतीय परिपेक्ष्य में मेमनों को उनकी माँ के साथ चरने के लिए छोड़ दिया जाता है और ये तब तक पूर्णतयः माँ के दूध पर ही निर्भर रहते है जब तक विस्तृत परती प्रबन्धन में अपने को चिरस्थायी रख सकते है। किसानों को यहां दूध पीते मेमनें जन्म से माँ का दूध छुड़ाने तक की अवधि के दौरान सामान्यतः 50–70 ग्राम प्रतिदिन की दर से बढ़ते है। भेड़ बाहुल्य क्षेत्र जैसे राजस्थान के किसान भाई अपने मेमनों को 3 माह की आयु पर माँ का दूध छुडाते है, जबकि सघन माँस

उत्पादन कार्यक्रम हेतु मेमनों को माँ का दूध छुड़ाने की उम्र 60 दिन निर्धारित की गयी है। इस अवधि में इनका रोमन्थ पूर्णतः विकसित हो जाता है। किसानों की परिस्थिति में माँ से दूध छुडानें की पूर्वावस्था में मेंमने ज्यादा से ज्यादा 70 ग्राम प्रतिदिन की दर से बढ़ते है जबकि व्यवस्थित प्रक्षेत्र प्रबन्धन में इसी अवधि के दौरान मेमनों की वृद्धि दर 150 ग्राम प्रतिदिन होती है।

माँ से दूध छुडाने की अवस्था में मेमनों की वृद्धि और खिलाई पद्धति प्रमुख रूप से मांस हेतु पाले गये मेमनों का वध भार, वध आयु और माँस की गुणवत्ता प्रभावित करती है। अधिकांशतः किसानों के यहां माँस हेतु पाले गये मेमने माँ से दूध छुड़ाने के बाद प्रतिदिन 50 से 55 ग्राम बढ़कर 9–12 माह की उम्र में 18–20 कि.ग्रा. शरीर भार के होते है। यद्यपि भारतीय भेड़ों के व्यक्तिगत उत्पादन लक्षण बहुत ही कम है फिर भी देश की भेड़ों की विशाल जनसंख्या का शुष्क एवं अर्द्धशुष्क क्षेत्रों की ग्रामीण अर्थव्यवस्था में पर्याप्त योगदान है। पिछले दो–तीन दशकों में किये गये व्यवस्थित अनुसंधान द्वारा सघन खिलाई से मेमनों की वृद्धि दर 40–50 ग्राम प्रतिदिन से बढ़कर 150 ग्राम प्रतिदिन हो गयी है। किसानों के यहाँ मेमनों का 18–20 कि.ग्रा. शरीर भार 9–12 माह की उम्र पर होता है। यदि 2 माह की आयु पर माँ का दूध छुड़ाकर सघन खिलाई की जावे तो 25 कि.ग्रा. शरीर भार साढ़े चार माह की आयु पर प्राप्त किया जा सकता है। मेमनों में उपर्युक्त माँस हेतु पूर्ण भार चराई के साथ 1.5–2.0 प्रतिशत शारीरिक भार की दर से रातिब मिश्रण की पूरक खिलाई द्वारा 5–6 माह की आयु पर भी प्राप्त किया जा सकता है।

भेड़ पालन परियोजना

भेड़ पालक को यह जानकारी अवश्य होनी चाहिए कि कौन सी नस्ल किस प्रयोजन हेतु पाली जाती है, क्या वह नस्ल अपनी उपयोगिता के अनुसार उत्पादन दे रही है या नहीं। इन तथ्यों की ओर ध्यान न देने पर पशुओं की दैनिक व्यवस्था, उनकी उचित देखभाल, आहार असंतुलन एवं स्वास्थ्य संबंधी अनेक समस्याएं खड़ी हो जाती हैं। इसलिए यह आवश्यक होता है कि व्यवसायिक पशुपालन प्रारंभ करने के पूर्व स्थानीय

पर्यावरण, क्षेत्रीय नस्ल, पशुओं की संख्या, उपलब्ध संसाधनों एवं भेड़ पालन के आर्थिक पक्ष का आकलन कर लेना चाहिए।

भेड़ पालन परियोजना को आरंभ करने से पूर्व इससे संबंधित सभी पहलुओं को ध्यान में रखते हुए एक योजना बना लेनी आवश्यक है। इसमें होने वाली आय–व्यय का लगभग अनुमान और योजना का प्रारुप होता है। 100 भेड़ों के पालने पर आय–व्यय को ध्यान में रखते हुए एक आधारभूत परिकल्पना का विवरण दिया जा रहा है जिसके आधार पर भेड़ पालन का आर्थिक विश्लेषण किया जा सकता है। इस प्रकार की योजना बैंकों से ऋण प्राप्त करने के लिए भी लाभदायक होती है। देश में राष्ट्रीय कृषि एवं ग्रामीण विकास बैंक तथा अन्य राष्ट्रीय बैंक भेड़ पालन के लिए ऋण उपलब्ध कराते हैं। एक 100 भेड़ों का व्यवसाय शुरू करने के लिये लगभग 1000 वर्ग मीटर भूमि बाड़े आदि के लिये चाहिए व शुरूआत में भेड़ खरीदने, बाड़े बनाने, उपकरण व चारे दाने के प्रबंध आदि के लिये लगभग 6 लाख रूपये की आरम्भिक पूँजी निवेश की आवश्यकता होती हैं। बैंक की शर्त के अनुसार पूँजी का कम से कम 15 प्रतिशत भाग किसान का स्वयं लगाना होता हैं। इस प्रकार यदि व्यवसायी के पास लगभग 1 लाख रूपये की स्वयं की पूँजी हो तो 5 लाख रू. की पूँजी बैंक से ऋण के रूप में ली जा सकती हैं।

<u>100 भेड़ों के लिए आधारभूत परिकल्पनाएं</u>

1.	मादा भेड़ों की संख्या	100
2.	नर मेढ़ों की संख्या (1 : 25)	4
3.	भेड़ों की कीमत, प्रति भेड़ (रुपये)	4500.00
4.	नर मेढ़ें की कीमत, प्रति मेढ़ा (रुपये)	6000.00
5.	बच्चे देने वाली भेड़ (प्रतिशत)	80
6.	पैदा हुए नर व मादा बच्चे (अनुपात)	1:1
7.	प्रतिस्थापन दर (मादा)	30%

8. रेवड़ में मृत्युदर (%) वयस्क 3

बच्चे 5

9. मादा बच्चे रेवड़ में रखे जायेगें तथा नर बच्चे 5 व 6 माह की आयु पर बाजार में औसतन 3000.00 रुपये प्रति मेमना बेच दिये जायेगें।

10. नई मादा भेड़ के रेवड़ में आने के बाद बराबर संख्या में रेवड़ से बड़ी/अनुत्पादक भेड़ों को प्रतिवर्ष औसतन 4000.00 रुपये के हिसाब से निकाल दिया जायेगा।

11. भेड़ों के चरने का खर्च (चरवाहे का खर्च) रुपये प्रतिमाह

7000.00

12. चिकित्सा खर्च (रू./भेड़/वर्ष) 15.00

13. ग्याभिन एवं ब्याई भेड़ को दाना खिलाने का खर्च 90 दिन तक (45 दिन पूर्व व 45 दिन ब्याने के बाद, 250 ग्राम/भेड़/दिन)

15.0 रू/किग्रा.

14. मेमनों की शीध्र बढ़वार के लिए चराई के अतिरिक्त 3 माह की आयु से 6 माह तक दाना औसतन 350 ग्रा./मेमना

15.00 रू/किग्रा.

15. ऊन की कतराई खर्च (रू/भेड़/वर्ष) 20.00

16. ऊन का उत्पादन वयस्क भेड़ औसतन/भेड़/वर्ष

1.2 किग्रा.

मेमना/वर्ष 500 ग्रा.

17. ऊन की कीमत (रू./कि.ग्रा.) 70.0 प्रति किग्रा.

18. पालने की पद्धति (7–8 घन्टे की चराई व दाना)

अर्ध सघन

100 भेड़ों को पालने पर एक वर्ष में व्यय

(अ) स्थाई खर्च

1. 100 भेड़ों की कीमत @ 4500.00 रू/भेड़ 4,50,000
2. 4 मेढों की कीमत @ 6000.00 रू/मेढा 24,000
3. बाड़े आदि बनाने पर खर्चा 50,000

(पानीपुला आदि का छप्पर एवं अवरोधक/कांटेदार बाड़ आदि)

कुल स्थाई खर्च (अ) 5,24,000/

(ब) अस्थाई खर्च

1. चरवाहे का खर्चा /7000.00/रू/माह 84000.0
2. चिकित्सा पर खर्चा/रू 15.00/भेड (100+4+100)
   3060.0
3. ऊन कतराई खर्चा/रू 20.00/भेड़/वर्ष (100+4+38)
   2840.0
4. ग्याभिन एवं ब्याई भेड़ को दाना खिलाने का खर्च
   90 दिन तक (85 ग्याभिन भेड, 250 ग्राम/भेड़/दिन)
   28688.0
5. मेंमनों की शीघ्र बढ़वार के लिए चराई के अतिरिक्त 3 माह की आयु से 6 माह तक दाना औसतन 350 ग्रा./मेमना (76 मेमने) (कुल 80 बच्चैं पैदा होंगे जिसमें से 5% की मृत्युदर से 76 बच्चे (38 नर व 38 मादा) जीवित रहेगें। 35910.0

कुल अस्थाई खर्च (ब) 1,54,498.0 रु

कुल वार्षिक खर्च (अ + ब) 6,78,498.0 रु

100 भेडों को पालने से एक वर्ष में आमदनी

1. नर मेमने बेचने से आय

   कुल 80 बच्चै पैदा होंगे जिसमें से 5% की मृत्युदर से

   76 बच्चे (38 नर व 38 मादा) जीवित रहेगें।

   38 मेमनें / 3000.0 रू. / मेमना बेचने से आय 1,14,000.00

2. ऊन बेचने से आय (औसतन 1.2 किग्रा. / भेड़)

   100 वयस्क भेड़ों से व 4 मेढों से कुल ऊन 125 किग्रा.

   38 नई मादा भेड़ों से औसतन 500 ग्राम ऊन / भेड़ 19 किग्रा.
   कुल ऊन 144 किग्रा. कुल ऊन की कीमत @रू 70.0 / किग्रा.

   1008.0

3. वयस्क भेड़ रेवड़ से निकालकर बेचने से आय

   30 नई मादा रेवड़ में 30 पुरानी भेड़ों को

   विस्थापित करेगीं जिससे 30 वयस्क भेड़ें रेवड़

   से 4000.00 रू की दर से बेची जायेगीं।

   120000.0

   8 नई मादा / 3000.00रू. / मेमना बेचनें से आय

   24000.0

4. मेंगनी बेचने से आय / 100.00 रू / भेड़ (100+4+100)

   20,400.00

कुल आय **2,88,480.0**

कुल वार्षिक अस्थाई खर्च **1,54,498.0**

एक वर्ष में आमदनी (आय – अस्थाई खर्च)

1,33,982.0 /

यदि भेड़ पालक अपने परिवार के सदस्य को चरवाहा रखता हो तो वह चरवाहे का खर्च रु 84000/– प्रतिवर्ष बचा सकता हैं।

उपरोक्त आर्थिक विवरण से निष्कर्ष निकलता है कि भेड़ पालन को व्यवसायिक दृष्टि से पालना एक अच्छा विकल्प है। यदि एक भेड़ पालक वह 100 भेडों को खरीद कर एक वर्ष में उनके पालने आदि पर लगभग 1 लाख 55 हजार रु खर्च कर कुल 2 लाख 88 हजार रुपये आय के रुप में प्राप्त करता है जो प्रति भेड़ प्रतिवर्ष 2885 रुपये होते है, इस प्रकार वह प्रति भेड़ पर खर्च से लगभग 1.2 गुणा आय प्राप्त कर सकता है। भेड़ पालन पर आने वाली लागत का सबसे बड़ा भाग चारे व दाने पर खर्च का होता है व लागत का दूसरा मुख्य भाग है–चरवाहे आदि की मजदूरी पर खर्च। भेड़ पालन पर लागत कम आये इसके लिए जरूरी है चारे पर आने वाली लागत को कम किया जायें। इसके लिए ऐसे चारे दाने प्रयोग किये जाये जो किसान के पास या गाँव में आसानी से उपलब्ध हों व उनकी खरीददारी ऐसे समय की जाये जब वे तुलनात्मक रूप से सस्ती दर पर मिल सकतें हो। पशुओं को सामुदायिक चरागाह, अनुपजाऊ एवं बंजर भूमियों पर 7–8 घन्टे की चराई करा कर पालना आर्थिक दृष्टि से लाभदायक रहता है। इसके साथ ही यदि भेड़ पालक अपने परिवार के सदस्य को चरवाहा रखता है तो वह चरवाहे आदि का खर्च लगभग रु 84000/– प्रतिवर्ष बचा सकता हैं। इस व्यवसाय में रोजगार उपलब्ध होने के साथ–साथ लाभ भी अर्जित कर सकते है।

लाभकारी भेड़ पालन परियोजना हेतु महत्वपूर्ण सुझाव

1. आर्थिक इकाई की स्थापना व रख–रखावः–

- एक भेड़ पालन इकाई मे एक नर और लगभग 30 मादाऐं आती है। भेड़ पालक को अपने रेवड़ का आकार अपने आर्थिक साधनों को ध्यान में रखकर ही सुनिश्चित करना चाहिए। रेवड़ का आकार सुनिश्चित करते समय भेड़ पालक को उपलब्ध श्रम, बिक्री साधन, समुचित चारा–दाना व दवाई खरीदने की क्षमता आदि को ध्यान में रखना चाहिए। रेवड़ में सभी आयु के पशु होने चाहिए।

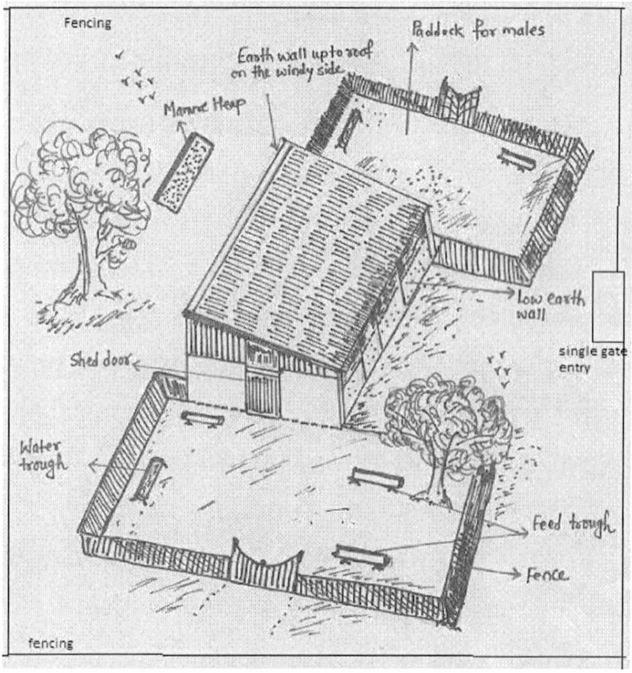

- उपलब्ध साधनों एवं उद्देश्य को देखते हुए आर्थिक इकाई वाले रेवड़ की स्थापना करनी चाहिए। रेवड़ स्थापित करने के लिए पशुओं की खरीद किसी प्रतिष्ठित सरकारी या निजी फार्म से ही करनी चाहिए। नये पशु नस्ल के अनुरूप हो तथा किसी संक्रामक बीमारी के शिकार ना हुऐ हो।
- कम लागत हेतु पारिवारिक श्रम से पशुओं के रख–रखाव की व्यवस्था करनी चाहिए। उत्पादों का उचित मूल्य प्राप्त करने हेतु मंडी में ही बेचना चाहिए तथा बिचौलियों से बचना चाहिए।
- रेवड़ के लिए आवश्यक क्षेत्रफल का बाड़ा बनाना चाहिए (20X60फुट–100 भेड़ों के लिये)। भेड़ों के लिये आधा छपा व उससे दुगना खुला बाड़ा ही आदर्श बाड़ा हो सकता है जिसमें आवश्यकतानुसार पशु छपे हुए भाग का उपयोग कर सकते है।
- भेड़ों का बाड़ा अन्य स्थान से ऊँचा होना चाहिए ताकि वर्षा का पानी जमा न हो सके। बाड़े में प्रत्येक पशु के लिए पर्याप्त स्थान (8–10 वर्ग फुट) होने के साथ–साथ बाड़े में हवा व प्रकाश का

उचित प्रबंध होना चाहिए तथा बाड़े के साथ ही रोगी, नवजात मेमनों तथा प्रसव हेतु अलग–अलग व्यवस्था होनी चाहिए। बाड़े के आस–पास चारो तरफ घने छायादार वृक्ष लगाने चाहिए जो गर्मी के दिनों में ठंडक पैदा करते हैं तथा समय–समय पर चारे की आवश्यकता को पूरी करते है।

- रेवड़ व्यवस्था से जुड़े कार्यक्रमों जैसे माँ का दूध छुडाना, बधियॅाकरण, पूँछ काटना, सींगरोधन, क्रचिंग–जननांग के आस पास की ऊन काटना, खुर काटना, टीकाकरण आदि समय पर करना चाहिए।

2. संतुलित पोषण व्यवस्था पर ध्यान दें:–

- पशुओं से अधिक उत्पादन तथा उनके स्वस्थ जीवन निर्वाह हेतु यह अति–आवश्यक हो जाता है कि उनका आहार संतुलित हो अन्यथा इनकी वृद्धि एवं उत्पादन पर प्रतिकूल प्रभाव पड़ता है।
- भेड़ पालक को चाहिए कि वह अपने रेवड़ की आहार संबंधी आवश्यकताओं को समय पर पूरा करता रहे तथा विभिन्न अवस्थाओं पर उनके खाने–पीने का विशेष ध्यान रखे।
- भेड़ों को अपने शारीरिक भार के आधार पर 3.0 से 3.5 प्रतिशत शुष्क पदार्थ की आवश्यकता होती है जिसे सूखे व हरे चारे तथा दाने से पूरा किया जाता हैं उदाहरणार्थ 30 कि.ग्रा. देहभार वाली भेड़ को 950 से 1000 ग्राम शुष्क पदार्थ की आवश्यकता होती है जिसे 3.0 से 3.5 कि.ग्रा. हरे चारे (30 प्रतिशत शुष्क पदार्थ) द्वारा पूरा किया जा सकता है।
- सौ वयस्क भेड़ों के लिये वर्ष भर में लगभग 300–400 क्विंटल चारे की आवश्यकता होती हैं। 30 से 35 कि.ग्रा. भार की वयस्क भेड़ वर्ष मे तीन से चार क्विंटल चारा खा जाती है। प्राकृतिक चरागाह में प्रति हैक्टयर 2 से 3 भेड़े ही मुश्किल से निर्वाह कर सकती है।

- पशुओं को उत्पादनशीलता के आधार पर चारा दाना देना चाहिए व लवण व विटामिन की पूर्ति के लिए साधारण नमक व खनिज लवण मिश्रणयुक्त ईंटें भी चाटने हेतु बाड़े में उपलब्ध होनी चाहिए।
- भेड़ों को प्रतिदिन 8–10 घण्टे चरागाह में चराई के लिए भेजना चाहिए तथा चरागाह में वृक्षों, झाड़ियों एवं घासों का उचित समावेश होना चाहिए यदि भेड़ को चरागाह में आवश्यकतानुसार घास उपलब्ध नहीं है तो 250–300 ग्राम संतुलित दाना मिश्रण प्रतिदिन देना चाहिए।
- फसलों के साथ दलहनी चारे उगाकर चारे की पौष्टिकता बढ़ानी चाहिए।
- वृक्षों की पत्तियाँ एकत्रित करके सुखा लेनी चाहिए, जरूरत हो तो खिलानी चाहिए अथवा सुरक्षित रखनी चाहिए।
- साधारणतया एक भेड़ को प्रतिदिन 2 लीटर पानी की आवश्यकता होती है जबकि गर्मियो में एक भेड़ को प्रतिदिन 3 से 4 लीटर पानी की आवश्यकता होती हैं। भेड़ को दिन में दो से तीन बार पानी पिलाना चाहिए।
- चरागाहों में नियंत्रित चराई की व्यवस्था करनी चाहिए व चरागाहों मे चारा वृक्षों को लगाना चाहिए।
- **विभिन्न उम्र के पशुओं के लिए पूरक आहार में दाने की प्रतिदिन मात्रा**

1 माह तक	25–50 ग्रा.
1 से 3 माह	75–200 ग्रा.
3 से 12 माह	250–350 ग्रा.
गर्भित भेड़ (गर्भकाल के अन्तिम 1.5 माह)	250–350 ग्रा.
ब्याई भेड़ (प्रथम 90 दिन)	300–400 ग्रा.
प्रजनक मेंढ़ें (प्रजनन काल में)	300–400 ग्रा.

3. नस्ल सुधार हेतु उत्तम प्रजनन पद्धतियां अपनाएंः—

- रेवड़ में नर–मादा का अनुपात सही रखना चाहिए। प्रजनन के लिए उत्तम नर व मादा का चयन करना चाहिए जिससे कि भेड़ों का उत्पादन बढ़ाया जा सके।

- ध्यान रखना चाहिए कि रेवड में अन्तः प्रजनन न होने पाए क्योंकि इससे भेड़ों के उत्पादन स्तर व अन्य गुणों में कमी आ जाती है। इसके लिए ध्यान रखे कि मेंढ़े का मिलान उसके निकट संबंधी से नहीं कराया जाए। अन्तः प्रजनन को रोकने के लिए भेड़ पालक अपने मेंढ़े का उपयोग करने के बाद किसी दूसरे के रेवड़ के मेंढ़े से अपना मेंढ़ा बदल सकता है। रेवड़ में बाहर से चयनित मेंढ़े को खरीद कर उपयोग करने से रेवड़ का खून बदल जाता हैं और रेवड़ का उत्पादन स्तर बढ़ जाता है।

- गर्मी/ताव में आई भेड़ों को पहचानने के लिए प्रजनक मेंढ़े की जगह दूसरे किसी मेंढ़े को जिससे प्रजनन नही कराना, उपयोग करना चाहिए इससे प्रजनक मेंढ़े को आराम मिलता हैं तथा व्यर्थ में ही वीर्य की हानि नहीं होती। प्रजनन काल में प्रत्येक मेंढ़े को 300–400 ग्राम दाना, चराई के अतिरिक्त देना चाहिए।

- प्रजनन का समय ऐसा रखना चाहिए जिससे कि भेड़ों को गर्भावस्था के समय चराई के लिए काफी मात्रा में घास उपलब्ध हो। ऐसे समय पैदा होने वाले मेमनों का जन्म भार अधिक होता है तथा मृत्युदर भी कम होती है।

- बेकार व कमजोर पशुओं को रेवड़ से निकाल देना चाहिए ताकि इस तरह के पशुओं पर होने वाले अनावश्यक खर्च से बचा जा सकें। रेवड़ में प्रतिवर्ष कम से कम 20 प्रतिशत नये पैदा हुए पशुओं को सम्मिलित करना चाहिए तथा बूढ़ी व अनुत्पादक पशुओं को निकालते रहना चाहिए।

- बच्चा देने के एक दिन पहले व तीन दिन बाद तक भेड़ को बच्चा जनने के कक्ष (लैम्बिंग पैन)जो कि पहले से ही तैयार हो, में

रखना चाहिए। लैम्बिंग पैन के बिछावन को प्रतिदिन बदल कर सूखा एवं मूलायम बिछावन ही प्रयोग करना चाहिए। ब्याने से पहले भेड़ के पीछे की ऊन काट देनी चाहिए ताकि जननांग के आस–पास वाली जगह को साफ रखा जा सके।

4. उत्तम स्वास्थ्य हेतु रोग नियंत्रण उपायों को अपनाएंः–

- पशुचिकित्सक एवं विषय विशेषज्ञों की सलाह के अनुसार ही दवाइयों का प्रयोग करना चाहिए। पशु पालन एवं उनकी व्यवस्था के सामान्य कार्यक्रमों की तकनीक का प्रशिक्षण प्राप्त करना चाहिए।

- मेमनें की नाभि को शरीर से 3–4 सेमी नीचे कसकर बांध देना चाहिए और उसके एक सेमी नीचे से काटकर टिंचर आयोडिन लगा देनी चाहिए। खुर की भी आवश्यक छटाँई कर देनी चाहिए।

- पैदा हुए बच्चे को आधे घण्टे के अन्दर खीस अवश्य पिलाना चाहिए क्योंकि खीस से बच्चे में रोग–निरोधक क्षमता बढ़ती है। मेमनों को जरूरत से ज्यादा दूध नहीं पिलाना चाहिए क्योंकि खीस दस्तावार होती है अतः इससे दस्त आदि लगने का डर रहता है।

- समय–समय पर भेड़ों को संक्रामक रोगों (फडकिया, चेचक, खुर–मुँह पका) के रोग निरोधक टीके लगवाने चाहिए। संक्रामक रोगों जैसें फड़किया या इंटेरोटाक्सीमिया का टीका फरवरी–मार्च या जुलाई में, माता या पाक्स का टीका ठंड से पहले अक्टूबर–नवम्बर में प्रतिवर्ष तथा लघुरोमंथी महामारी या पीपीआर से बचाव हेतु टीका पहली बार कभी भी लगवाया जा सकता है। बड़ी भेड़–बकरी को पीपीआर टीका तीन वर्ष बाद फिर जबकि मेंमनों–छौनों को यह तीनों टीके तीन–चार माह की उम्र मे प्रतिवर्ष लगवाने चाहिए। टीका खरीदने से लेकर लगाने तक बर्फ मे ही रखना चाहिए अन्यथा टीका रोग से बचाव नही करता है।

- अस्वस्थ पशुओं को नियमित रूप से पहचान कर समय रहते पशु

चिकित्सक से उनका उपचार करवाना चाहिए। साल में एक या दो बार आवश्यकतानुसार अन्तः परजीवियों को समाप्त करने के लिए कृमिनाशक दवा (निलवर्म/पैनाकुर/जाइक्लोज शरीर भार की दर से) पशुओं को देना चाहिए। बाह्य परजीवियों से बचाव व उपचार के लिए पशु चिकित्सक सलाहनुसार वर्ष में दो से तीन बार सॉयथीयान या मैलाथीयन (0.2–0.4%) का घोल बनाकर भेड़ों को नहलाना चाहिए। ध्यान रखें कि अन्तः व बाह्य परजीवियों के नियंत्रण हेतु दवाईयों का प्रयोग पशु चिकित्सक की देखरेख या सलाहनुसार ही करना चाहिए अन्यथा हानि होने की संभावना रहती है।

- प्राथमिक उपचार हेतु औषधियों की व्यवस्था घर पर रखनी चाहिए।
- पशुओं की स्वास्थ्य परिचर्या का वार्षिक कार्यक्रम तैयार कराकर अपनाना चाहिए।

5. रेवड़ परिचर्या एवं उत्पादन संबंधी आंकड़े एकत्रित करें:–

- उत्पादन का वार्षिक लेखा–जोखा रखना चाहिए।
- उत्पादन क्षमता या पशु लंबे समय से बीमार हो या किसी प्रकार की शारीरिक विकलांगता हो तो पशु की छंटनी कर देनी चाहिए।
- नवजातो का विशेष ध्यान रखना चाहिए।
- अकाल, सूखा, शीतकाल आदि में उपयोग हेतु आहार, पानी एवं दवाईयों की उचित व्यवस्था रखनी चाहिए।
- पशुओं के उत्पादन संबंधी आकडे उनके क्रय–विक्रय के समय अच्छे मूल्य का औचित्य सिद्ध करते है, अतः आकड़ों का एकत्रण एवं विश्लेषण किया जाना चाहिए।

भेड़ पालन सम्बन्धी दैनिक कार्य

किसी भी व्यवसाय के प्रबन्धन में योजनाबद्ध कार्य करना एक

आवश्यक बिन्दु है। भेड़ पालन से सम्बन्धित बहुत से दैनिक कार्य होते रहते हैं। भेड़ पालक को ध्यान रखना चाहिए कि सभी कार्य ठीक प्रकार से उचित समय पर सम्पन्न हों। नियोजित रुप से निश्चित समय पर कार्य करने के लिए भेड़ पालन से सम्बन्धित दैनिक कार्यो की सूची बना लेनी चाहिए।

भेड़ फार्म पर आमतौर से दैनिक कार्यकमों की समय–सारणी निम्न प्रकार से होनी चाहिए:

समय **कार्यकम**

सुबह 6 बजे

1. अस्वस्थ पशुओं को अलग करना।
2. दाने की आधी मात्रा देना।
3. रेवड़ में गर्मायी भेड़ों को पहचानने के लिए नर छोड़ना।
4. नये बच्चों को दूध पिलाना।
5. रेवड़ को पानी पिलाना।

सुबह 7 बजे

1. शाम व सुबह मद (गर्मी) में आयी भेड़ों को सिद्ध मेंढों से मिलान कराना।
2. कमजोर तथा अस्वस्थ पशुओं को बाड़े में रोक कर बाकी सभी को चरने के लिए भेजना।

सुबह 8 बजे

1. अस्वस्थ पशुओं का उपचार करना।
2. बाड़े पर रखे गए अन्य कमजोर व अस्वस्थ पशुओं को चारा व दाना देना।

सुबह 9 बजे

1. बाड़े आदि की सफाई करना।

सुबह 10 बजे

1. बाड़े की सफाई हो जाने के उपरान्त दैनिक कार्यो से सम्बन्धित लेखा–जोखा तैयार करना, रोजाना होने वाले उत्पादन तथा प्रजनन सम्बन्धी रिकॉर्ड लिखना।

दोपहर 1 बजे

1. चरने गई भेडों के पानी का प्रबन्ध करना।
2. बाड़े पर रखे गये पशुओं को दाना–पानी करना।

दोपहर 4 बजे

1. अस्वस्थ पशुओं का उपचार यदि आवश्यक हो।
2. चरागाह से पशुओं की वापसी व पानी पिलाना।

शाम 6 बजे

1. रेवड़ में नर को छोड़ना (मद में आयी मादा को पहचानने के लिए)
2. गर्मायी (मद में आयी) भेड़ों को अलग करना।
3. दुधारू भेड़ों, बच्चों आदि को दाने की शेष मात्रा देना।
4. यदि उपलब्ध हो तो हरा चारा डालना।

रात्रि में 2–3 बार रेवड़ की देखभाल करना अर्थात् यह देखना कि कोई पशु परेशानी में तो नहीं है ताकि समय पर उसको उपचार मिल सके।

उपरोक्त कार्यक्रमों की समय सारणी में स्थान तथा मौसम (गर्मी व सर्दी) को देखते हुए सुविधाजनक फेरबदल कर लेना चाहिए जैसे ठण्ड़ में पशुओं की चराई के लिए लगभग 8 बजे भेजकर शाम को 4 बजे वापस

बुला लेना चाहिए, गर्मी के दिनों में दिन के समय चरागाह में ही पशुओं को अधिक धूप के दिनों में दोपहर में लगभग 2–3 घण्टे तक किसी छायादार वृक्ष के नीचे आराम कराना चाहिए। वर्षा के समय रेवड़ को चरागाह में भेजने से बचाना चाहिए क्योंकि वर्षा का भेड़ बकरियों पर बुरा प्रभाव पड़ता है। वर्षा बन्द होने पर बाड़े के आसपास ही चराना चाहिए ताकि वर्षा आने पर बाड़े में पशुओं को ले जाया जा सके। समय–समय पर पशुओं को खरहरा (ग्रूमिंग) करना, बधियां करना, टीकाकरण, दवा के पानी से नहलाना, दवा पिलाना, बाल काटना आदि कार्य भी मौसमानुसार उपरोक्त कार्य समय सारणी के साथ साथ किये जाते रहते हैं। माह में एक बार सभी भेड़ों का भार तोलना चाहिए जिससे उसे अधिक शारीरिक भार के अनुसार देखभाल मिल सके तथा पशुओं के अस्वस्थ होने का पता चल सके।

नम्बर डालना (टैगिंग)

प्रत्येक भेड़ों, को पहचानने के लिए उनके कानों में हल्की धातु या प्लास्टिक के टैग डाल देना चाहिये जिन पर अक्षर या संख्याऐं खुदी होती है। टैग लगाते समय इस बात का ध्यान रखें कि टैग का छेद इतनी दूरी पर हों कि कान को बढ़ने के लिए भी जगह बची हो। इसके बाद टैग के सिरे को छेद के आर–पार करते हुए संडासी द्वारा दोनों सिरों को एक दूसरे से बन्द कर देते हैं। जख्म के ऊपर टिंचर आयोडिन लगा देना चाहिये। कान में खून की नस को बचाते हुए टैग लगाना चाहिये।

भेड़ों में टैगिंग (नम्बर डालना)

भेड़ पालन परियोजना के लिए भेड़ों का चुनावः–

जब भेड़े खरीदनी होती है तो उसके कुछ कारण होते है, कई बार रेवड़ की गुणवत्ता बढ़ाना, रेवड़ का आकार बढ़ाना जैसे मुख्य कारक भेड़े

खरीदने के लिये मजबूर करते है। भेड़ पालन के लिये कई बार अनेक तथ्यों का पता होने के बाद भी इस बात से कई लोग अनभिज्ञ रहते है कि आखिरकार जब यह व्यवसाय शुरू करना हो या फिर व्यवसाय के मध्य में भेड़ खरीदनी हो तो कैसे खरीदे?

नस्ल के अनुरूप पूर्ण विकसित और स्वस्थ भेड़ पालना भेड़ पालक के लिए गौरव की बात है। भेड़ का चुनाव इसलिए महत्वपूर्ण है क्योंकि उससे संतति पैदा होती है और भेड़पालक की अमूल्य सम्पत्ति है। भेड़ों की बनावट एक जैसी होनी चाहिए और वे मेमनें उत्पन्न करनें में काफी सक्रिय होनी चाहिए। अच्छी भेड़ों का शरीर लम्बा, कद ऊंचा, पिछले पैरों के बीच में काफी स्थान और अच्छा अयन होता है, उसमें अच्छी तरह खाने की आदत और मेमनों को खिलाने और रक्षा करने की मातृत्व भावना जैसी महत्वपूर्ण विशेषताएँ होती है। एक अच्छा भेड़ पालक भेड़ को मांसल देखने के बजाय यह देखता है कि वह पूर्ण विकसित मेमने कैसे उत्पन्न करती है। देखने में अच्छी भेड़ें हमेशा ही अच्छे मेमने नहीं उत्पन्न करती। सफल भेड़ पालन के लिए सबसे आवश्यक बात है कि मेमने शीघ्र और अच्छी तरह बढ़े, इसके लिए जरूरी है कि भेड़ों में दूध की अधिकता होनी चाहिए।

विशेष क्षेत्र के अनुकूल नस्ल का चुनाव करने के बाद आपको यह निश्चय करना चाहिए कि आप कितनी भेड़ें पालेंगे और किस अवस्था की भेड़ खरीदेंगे। भेड़ों की संख्या इस बात पर निर्भर करती है कि भेड़पालक कितने बड़े समूह का पालन–पोषण अच्छी तरह कर सकता है और उसके पास चरागाह की सुविधा कैसी है। भेड़ पालक अपने परिवार के सदस्यों की मदद से 50 से 60 भेड़ पाल सकता है। एक परिश्रमी भेड़पालक परिवार 100 भेड़ें आराम से पाल सकता है। जब परिवार के सदस्यों की संख्या अधिक हो, उस हाल में भेड़ों को समूहों में बांट दिया जाता है। अवकाश के समय सहायक धंधे के रूप में किसान 20 से 30 भेड़ें आराम से पाल सकते है।

नयी भेड़ें खरीदते समय भेड़ों का चुनाव सावधानी से करना चाहिए। कोई भी भेड़पालक आपको सबसे अच्छी भेड़ नहीं बेचेगा, क्योंकि

विकसित भेड़ें उसकी सालों की सख्त मेहनत का परिणाम है। वह अस्थायी आर्थिक लाभ के लिए अच्छी भेड़ें नहीं बेचेगा। इसलिए दूध पीना छोड़ने के तुरंत बाद ही मेमनों को खरीदना सबसे अच्छा रहता है। बाद में इनमें से अच्छी भेड़ों का चुनाव कर सकते है और कम आयु वाली नयी भेड़ें अधिक आयु वाली प्रौढ़ भेड़ों की अपेक्षा अपने आपको नयी परिस्थितियों के अनुकूल जल्दी बदल लेती है। ढाई से तीन वर्ष की आयु वाली या चार दांत वाली भेड़ को चुनना अच्छा रहता है। चतुर भेंड़पालक जो अधिक पैसा नहीं खर्च करना चाहता अच्छे मेमने देने वाली वृद्ध भेड़ें खरीद कर उनसे बच्चे लेने के बाद उन्हे तुरंत बेच देता है।

कैसे चयन करे? भेड़ खरीदते समय यह ध्यान रखे कि एक ही रेवड़ से अपने सारे पशु ना खरीदे। जहाँ से भेड़ खरीदने जा रहे है वहाँ के पशु चिकित्सक, पशु चिकित्सा सहायक से मिलकर वार्ता करे जिससे रेवड़ की उपलब्धता, अगर रेवड में कोई बीमारी या संक्रमण हो तो उसका पता लगाए, साथ ही भेड़ों की कीमत के बारे में भी अंदाजा लगाया जा सकता है। जिस रेवड़ में से भेड़े खरीदते है उस के सारे पशु स्वस्थ हो व रेवड़ में गर्भपात आदि का कोई इतिहास ना हो। पशु चयन के समय निम्नलिखित बातों पर ध्यान दे।

जनन द्वार के आस पास की ऊन कतरना

- भेड़ एक से दो साल या ज्यादा से ज्यादा तीन साल (दो से चार दाँत) की हो।
- जननांग की जाँच करें, वही भेड़ लें जो स्पष्ट रूप से प्रजनन कर

सके।

अतिवयस्क एवं न ब्याई हुई भेड़ ना खरीदे।

छः दाँत, टूटे हुये दाँत वाली भेड़ ना खरीदे।

लंगडी, ऊन गिराने वाली, उदास भेड़ ना खरीदे।

अगर ताजा ब्याई हुई भेड़ हो तो उसे बच्चे के साथ ही खरीदे।

भेड़ो की आँखों की जाँच कर ले, ताकि अंधी भेड़ ना आये।

भेड़ों के थन को हाथ लगाकर जाँच करे जिससे थनैला जैसी बीमारी की पहचान हो।

भेड़ दिखने में एवं घूमने फिरने में चंचल हो।

भेड़ फार्म पर आमतौर से वार्षिक कार्य मों की समय–सारणीः–

जनवरी

जनन द्वार के आस–पास की ऊन कतरना

ग्याभिन भेड़ों की विशेष देखभाल करना

प्रति ग्याभिन भेड़ की दर से 10 ग्राम खनिज मिश्रण एवं 10 ग्राम नमक खिलाना

ग्याभिन एवं दुधारू भेड़ों को 300–400 ग्राम प्रति भेड़ की दर से रातिब मिश्रण खिलाना

2–3 माह के मेमनों में फड़किया एवं पीपीआर का टीकाकरण

पाला (सर्दी) से भेड़ों व मेमनों का बचाव करना

फरवरी

नवजात मेमनों में दस्त व बुखार का विशेष ध्यान

पशु चिकित्सक की सलाहानुसार उपचार करना

प्रजनन हेतु भेड़ों की समुचित खिलाई–पिलाई,

- गर्मी में आई भेड़ों की पहचान व मेढों से मिलान
- प्रजनन हेतु मेढ़ों की समुचित खिलाई–पिलाई
- मेमनों को प्रति मेमना 100 ग्राम चारा खिलाना
- सर्दी से फसलों व भेड़ों, मेमनों का बचाव करना
- सुबह के समय मेमनों को खेजड़ी या पाला का हरा चारा न खिलाना

मार्च

- सभी भेड़ों को फड़किया का टीकाकरण
- ऊन कतराई से पहले भेड़ों को नहलाना
- ऊन की कतराई,
- भेड़ों का शारीरिक भार लेना
- गर्मी के मौसम में उगाई जाने वाली चारा फसलों की उन्नत किस्मों का चयन करना

अप्रैल

- ऊन की कतराई करना
- ऊन कतरन के 2 सप्ताह बाद भेड़ों को कीटनाशक दवा के घोल से नहलाना
- पेट में कीड़ों हेतु मेंगनी की जाँच करवाना
- पशु चिकित्सक द्वारा रेवड़ की जाँच
- प्रति भेड़ की दर से 10 ग्राम खनिज मिश्रण एवं 10 ग्राम नमक खिलाना

मई

- बाड़ों की खुदाई करके मिट्टी बदलना
- मेंगनी की आंतरिक परजीवी हेतु जाँच करवाना

- रेवड़ को दस्त व लू से बचाने के उपाय करना
- भेड़ों को गर्मी में लाने के लिए उचित खिलाई
- भेड़ों को 10 ग्राम खनिज मिश्रण एवं 10 ग्राम नमक प्रति भेड़ की दर से खिलाना

जून

- मेमनों व भेड़ों में दस्त होने पर उपचार कराना
- फड़किया का टीकाकरण कराना
- 6 माह के बच्चों का वजन लेना, ऊन कटाना
- चारा वृक्षों की छँगाई करके पशुओं को खिलाना
- भेड़ों को रातिब मिश्रण 400 ग्राम प्रति भेड़ की दर से खिलाना

जुलाई

- पशु चिकित्सक से रेवड़ में लाल पेशाब, पीलिया, जडियॉ की जाँच तथा उपचार कराना
- मेंगनी में आंतरिक परजीवियों के संक्रमण की तीव्रता हेतु जाँच कराना
- ग्याभिन भेड़ों की उचित देखभाल करना
- 9 व 12 माह के मेमनों के शारीरिक भार लेना
- चारा वृक्षों के पौधों की रोपाई करना

अगस्त

- भेड़ों व मेढ़ों के बढ़े हुए खुर काटना
- सप्ताह में 2 बार नीलाथोथा से खुरों को धुलवाना
- दुधारू भेड़ों को 300 ग्राम प्रति भेड़ की दर से दाना खिलाना
- नवजात मेमनों का शारीरिक भार ज्ञात करना

- नवजात मेमनों की उचित देखभाल करना
- मेढ़ों की उचित देखभाल करना

सितम्बर

- गर्मी में आई भेड़ों की पहचान व मेढों से मिलान
- 2 माह के मेमनों को फड़किया के टीके लगवाना
- ग्याभिन भेड़ों की उचित देखभाल करना
- ब्याई हुई भेड़ों व नवजात मेमनों की देखभाल
- भेड़ के ब्याने के पश्चात् गादी को हल्के गर्म पानी अथवा लाल दवा मिले पानी से साफ करें
- 1–2 घंटे के अन्दर मेमनें को पहला दूध पिलाना
- दुधारू भेड़ों को 400 ग्राम रातिब मिश्रण खिलाना

अक्टूबर

- मेंगनी की जाँच के आधार पर दवा पिलाना
- अनुपयोगी नरों का बधियॅाकरण करना
- बाड़ों की खुदाई करके मिट्टी बदलना
- मेढ़ों के उचित देखभाल
- भेड़ों को नहलाना
- भेड़ों की ऊन कतरना
- नकारा जानवरों की छँटनी करना
- भेड़ों को रातिब मिश्रण 400 ग्राम प्रति भेड़ की दर से खिलाना

नवम्बर

- भेड़ों में पीपीआर का टीका (3 वर्ष में एक बार) लगवाना

- ठंडी हवा से रेवड़ बचाव करना
- नकारा जानवरों की छँटनी कर बेचना
- नवजात मेमनों व भेड़ों को सर्दी से बचाना
- मेढ़ों की उचित देखभाल व शारीरिक भार लेना
- मेमनों के शारीरिक भार की रिकार्डिंग करना
- वृक्षों की छँगाई, पत्ते एवं लूम एकत्रित करना
- ग्याभिन भेड़ों एवं मेढ़ों को 400 ग्राम रातिब देना

दिसम्बर

- भेड़ों में चेचक (माता) का टीकाकरण करवाना
- नवजात मेमनों व भेड़ों को ठंड से बचाना
- अनुपयोगी भेड़ों व नरों को बेच देना
- उचित आवास व्यवस्था करना
- ग्याभिन एवं दुधारू भेड़ों को 400 ग्राम प्रति भेड़ की दर से रातिब मिश्रण खिलाना
- बाड़ों की सफाई की व्यवस्था करना
- पत्तियाँ खिलाने हेतु चारा वृक्षों की छँगाई करके भेड़ों को खिलाना

रेवड़ में भेड़ों व मेंमनों की देखभाल

भेड़े वैसे तो वर्ष भर ग्याभिन होती रहती हैं परन्तु अधिक संख्या मे वह रबी की फसल के काटने से वर्षा ऋतु तक गर्मी में आती रहती हैं। ग्याभिन भेड़ों की देखभाल व्यवस्था को तीन भागों में बांटा जा सकता हैः–

सूखी भेड़ें– भेड़ जब तक ग्याभिन न हो वह हर 17–18 दिन के पश्चात गर्मी में आती रहती है। वह प्रायः 24 से 35 घण्टे तक गर्मी में रहती है। भेड़ों को वर्ष भर ग्याभिन कराने से मेमनों की देखभाल में कठिनाई आती है। भेड़ों को ग्याभिन कराने के समय का चयन करते समय इस बात का

ध्यान रखना चाहिए कि मेमने उस समय पैदा हों जब न तो अधिक गर्मी हो और न ही अधिक सर्दी हो। इसके अतिरिक्त भेड़ों को खाने के लिए भी पर्याप्त मात्रा में चारा उपलब्ध हो।

ग्याभिन भेड़ें– ग्याभिन भेड़ों की उचित देखभाल करने की आवश्यकता इसलिए भी है क्योंकि अपनी आवश्यकता के साथ–साथ उन्हे मेमनों की जरूरत भी पूरी करनी पड़ती है। जैसे–जैसे मेमना पेट मे बढ़ता है वैसे–वैसे उसकी हड्डियाँ व मांस भी बढ़ता है, इन सब आवश्यकताओं की पूर्ति भेड़ को ही करनी पड़ती है। गर्भवती भेड़ों की उचित आहार व्यवस्था हो जाने से पैदा होने के समय मेमने का स्वास्थ्य ठीक रहता है तथा मेमने का वजन भी जन्म के समय अधिक होता है। जहां तक रहने के स्थान का प्रश्न है वहां ग्याभिन तथा दूसरी भेड़ों के रख–रखाव में कोई अन्तर नहीं है। भेड़ों को चराने के साथ–साथ उनके पीने के पानी का भी उचित प्रबन्ध बहुत आवश्यक है। एक भेड़ दिन में दो से ढ़ाई लीटर पानी पी लेती है। यह आवश्यकता गर्मी के दिनों में कुछ अधिक होती है। जहां तक संभव हो सके भेड़ को गर्मियों में पानी दो से तीन बार अवश्य पिलाना चाहिए।

देखभाल के अनुसार गर्भकाल को दो भागों में बांटा जा सकता है पहला ग्याभिन होने से साढ़े तीन माह तक दूसरा अन्तिम डेढ़ माह तक।

(क) पहले साढ़े तीन महीने– वैसे तो भेड़ अपना निर्वाह चराई से ही कर लेती हैं परन्तु ग्याभिन होने के पश्चात उनकी आवश्यकता बढ़ जाती है। यदि उन्हे खाने के लिए आवश्यक मात्रा में चारा उपलब्ध न कराया जाये तो भेड़ के स्वास्थ्य पर प्रतिकूल प्रभाव पड़ता है। इसका प्रभाव उन भेड़ों पर अधिक पडता है जो पहली बार ब्याह रही हो, क्योंकि गर्भधारण के कारण उनकी आशातीत वृद्धि नहीं हो पाती। इसलिए भेड़ों को ग्याभिन कराने के समय उनकी आयु कम से कम डेढ़ वर्ष होनी चाहिए।

भेड़ों में वैसे ही बहुत रोग होते है परन्तु गर्भावस्था में तो रोगों की संख्या और भी अधिक हो जाती है। अतः इन रोगो से बचाव के उपाय कर लेने चाहिए। फड़किया तथा माता से बचाने के लिए माता का टीका

फरवरी व मार्च माह में लगवा लेने चाहिए।

(ख) अन्तिम डेढ़ महिना— ग्याभिन होने के साढ़े तीन माह बाद मेमना तेजी से पेट में बढ़ने लगता है इसलिए भेड़ों का गर्भावस्था में विशेष ध्यान रखना चाहिए क्योंकि उसके मेमनें को विशेष तत्वों की आवश्यकता होती है जोकि वह अपनी माँ के पोषण से लेता है। इस बात का भी ध्यान रखना चाहिए कि भेड़ों का वजन इस काल में कम न हो। इसलिए इस समय में भेड़ों को पूरक खिलाई अति आवश्यक होती है। इस समय भेड़ों को अधिक तत्वों व ऊर्जा वाला चारा/आहार खिलाने से मेमने अच्छे वजन वाले पैदा होंगे, तथा उसमें दूध का उत्पादन भी अधिक होगा। पूरक खिलाई भेड़ों को ग्याभिन कराने से पूर्व तथा मेमनों को दूध छुड़ाने के बाद भी अति आवश्यक है। इसके अतिरिक्त भेड़ों को ग्याभिन कराने के लिए प्रयोग किए जाने वाले मेंढ़ों के लिए भी पूरक एवं पोषक आहार आवश्यक है। पूरक आहार स्वादिष्ट, संतुलित एवं पाचक होना चाहिए। चरागाहों की विभिन्न घासों में आमतौर से पोषक तत्वों की कमी पाई जाती है, इसके अतिरिक्त गर्मियों में विटामिन–ए की भी उपलब्धता बहुत कम मात्रा में होती है। इन तत्वों की पूर्ति के लिए विभिन्न दानें, खल्ली, हरे चारे या वृक्षों जैसे बबूल, नीम, खेजड़ी, अरडू, पाला आदि की पत्तियां समुचित मात्रा में खिलाई जानी चाहिए।

मेमनों की देखभाल

अधिकतर देशी भेड़ें एक बार में एक ही मेमने को जन्म देती है परन्तु ऐसा देखा गया है कि कुछ भेड़ें देशी भेड़ों की तुलना में एक बार में एक या एक से अधिक मेमनें देती है। भेड़–पालन के धंधे से अधिक लाभ लेने के लिये यह जरूरी है कि अधिक से अधिक मेमनें पैदा हो और जीवित रहें। इसके लिए यह आवश्यक है कि उनको समय पर और पर्याप्त मात्रा में दूध मिलें। मेमनों की देखभाल को रख–रखाव की दृष्टि से दो भागों मे बाटा जा सकता है।

तीन माह के मेमनों की देखभालः— जैसे ही मेमना पैदा हो, उसकी नाक व आंख के ऊपर की झिल्ली साफ करनी चाहिए। उसकी नाभि नाल

काट कर टिंचर आयोडीन लगा देनी चाहिए। मेमना पैदा होने के 5 से 10 मिनट के अंदर ही खड़ा होकर स्तनों को ढूंढने लगता है यदि वह ऐसा न करे तो उसकी दूध पीने में सहायता करनी चाहिए। यदि किसी मेमनें की माँ मर जाये या कम दूध देती हो तो उस मेमने को ऐसी भेड़ के साथ लगा देना चाहिए जिसका अपना मेमना मर गया हो या दूध अधिक दे रही हो। अगर भेड़ ऐसे मेमनें को अपने साथ न लगाये तो उसकी कृत्रिम पोषण की व्यवस्था करनी चाहिए। मेमने को तेज गर्म व ठण्डी हवाओं से बचाना चाहिए। उनको पहले पखवाड़े में दिन में चार बार, दूसरे पखवाडे मे दिन में तीन बार और उसके बाद दिन में दो बार दूध अवश्य पिलाना चाहिए। बाड़े में सूखी घास भी बिछानी चाहिए ताकि मेमनें मिट्टी न खा सकें। जब मेमनें दो सप्ताह के हो जाए तो उनको चरागाह में ले जाना चाहिए और दला हुआ दाना देना शुरू कर देना चाहिए।

तीन माह से बड़े मेमनों की देखभालः— जब मेमनें तीन माह के हो जाये तो उनका दूध छुड़ा देना चाहिए अगर ऐसा न किया जाये तो वह 5–6 माह तक दूध पीते रहते हैं। ऐसा करते समय स्तनों को भी हानि पहुँचा सकते है। अच्छा यह है कि मेमनों को इकट्ठा कर भेड़ों से अलग चराया जाये और अलग ही बाड़े में रखा जाये, ऐसा करने से भेड़ें शीघ्र ही गर्मी में आने लगती है। दूध छुड़ाते समय यह ध्यान रखना चाहिए कि चरागाह में चारा उचित मात्रा में उपलब्ध हो। चराई के अतिरिक्त आवश्यक मात्रा में दाना भी देना चाहिए। दूध छुड़ाने के तुरन्त बाद उनको कृमिनाशक दवा पिलानी चाहिए ऐसा करने से उनके वजन में वृद्धि दर बढ़ जाती है और मृत्यु दर कम हो जाती है।

यह सिद्ध हो चुका है कि यदि नर मेमनों को 3–6 माह की आयु तक 7–8 घंटे चराई के साथ प्रतिदिन प्रति मेमना 300–400 ग्राम संतुलित दाना मिश्रण दिया जाये तो उनके वजन में 11 कि.ग्रा. की वृद्धि सम्भव है जबकि यदि मेमनें को केवल भरपेट हरा चारा या सूखा चारा खिलाया जाये तो उसके भार में केवल 7 कि.ग्रा. की वृद्धि होती है। इससे यह सिद्ध होता है कि यदि मेमनें को चराई के साथ 300–400 ग्राम दाना

प्रतिदिन दिया जाये तो उनसे दूसरे मेमनों की तुलना में अधिक लाभ लिया जा सकता है। दाने के स्थान पर यदि यूरिया शीरा मिला खनिज घोल मिली सूखे चारे की कुट्टी दे दी जाए तो यह सस्ती पड़ती है और मेमनों के भार में अच्छी वृद्धि होती है। इसके लिए पशुपालकों को चाहिए कि 2 लीटर पानी में 1.5 कि.ग्रा. खाद वाली यूरिया को अधिक से अधिक घोलने की कोशिश करें। जब यूरिया का दाना अच्छी तरह से घुल जाये तो उसमें 10 कि.ग्रा. शीरा मिला दें। इसमें 1 कि.ग्रा. खनिज लवण मिश्रण एवं 0.5 किलोग्राम नमक अच्छी तरह से मिला लें। इस प्रकार के तैयार घोल को 20–25 लीटर पानी में अच्छी तरह से घोलकर 100 कि.ग्रा. सूखी कुट्टी पर छिड़क कर मिला लें और मेमनों को इच्छानुसार खिलाएँ। ऐसा करने से चारा अधिक स्वादिष्ट बन जाता है और मेमनों को पर्याप्त मात्रा में प्रोटीन, ऊर्जा और खनिज पदार्थ प्राप्त हो जाते हैं जिससे वह काफी पुष्ट हो जाते हैं।

भेड़ों व मेमनों को दिया जाने वाला दाना मिश्रण

क्र.सं.	पदार्थ	मेमनों के लिये	भेड़ों के लिये
1	मक्का या जौ	50 प्रतिशत	58 प्रतिशत
2	मूँगफली की खली	30 प्रतिशत	10 प्रतिशत
3	गेहूँ की भूसी	16 प्रतिशत	28 प्रतिशत
4	सूक्ष्म लवण मिश्रण	02 प्रतिशत	02 प्रतिशत
5	साधारण नमक	02 प्रतिशत	02 प्रतिशत

देशी व संकर मेमनों को दिये जाने वाले दाने की मात्रा

क्र.सं.	आयु	संकर मेमने ग्राम/दिन	देशी मेमने ग्राम/दिन
1	1 माह तक	50 से 100	30 से 50
2	1 से 2 माह तक	100 से 200	50 से 100
3	2 से 3 माह तक	200 से 300	100 से 150
4	3 से 6 माह तक	300 से 400	150 से 200
5	6 से 9 माह तक	300 से 350	200 से 250
6	9 से 12 माह तक	300	200

जब मेमना 15 दिन का हो जाए तो उसे उक्त सारणी अनुसार दाना शुरू कर देना चाहिए। इसके अलावा उनको हरा मुलायम चारा भी देना चाहिए। जैसे ही मेमना एक माह का हो जाए तो उसे कम से कम 4 से 6 घंटे तक चराना चाहिए।

पशु स्वास्थ्य एवं स्वच्छता संबधी सामान्य जानकारीः—

जिस प्रकार खेती उत्तम बीज, खाद, सिंचाई एवं रोगों से बचाव पर निर्भर करती है उसी प्रकार पशुपालन से संतोषजनक उत्पादन पशु की नस्ल, उनकी परिचर्या, आहार एवं रोग नियंत्रण पर आधारित होता है। वस्तुतः पशुपालन का व्यवसायिक स्वरूप जहां कुछ मूलभूत सुधारों यथा नस्ल सुधार, उत्तम पोषण एवं स्वास्थ्य परिचर्या आदि पर निर्भर करता है वही उसकी उत्पादनशीलता को बनाए रखने में पशुपालन से जुड़ी अन्य छोटी—छोटी दैनिक व्यवस्थायें भी प्रत्यक्ष या परोक्ष रूप में उत्तरदायी होती है।

स्वास्थ्य संबधी प्राथमिक आवश्यकताएँ

पशुओं को स्वास्थ एवं उत्पादनशील बनाये रखने के लिए संतुलित आहार संतुलित रेवड व्यवस्था, आवास, शुद्ध पानी, वायु तथा रोगों से बचाव एवं उपचार उनकी पहली आवश्यकताएँ मानी जा सकती है। पशुधन से सन्तोषजनक उत्पादन प्राप्त करने के लिए अच्छा चरागाह, हवादार पशु घर, आसपास की स्वच्छता, रोगी पशुओं से यथा संपर्क न होने देना तथा रोगों से बचाव व उपचार आदि प्रमुख आवश्यकताएँ है।

अस्वच्छता की जाँच कैसे करेंः—

- रेवड़ से थोड़ा दूर खड़े होकर 4—5 मिनट तक लगातार पशुओं का निरीक्षण करते हुए उनके खड़े होने का ढंग, चौकन्नापन, चाल, कान व पूँछ की गति देखनी चाहिए।
- निगरानी के दौरान पशु को छेड़ना नहीं चाहिए।
- संदेह होने पर पशु को पकड़ कर त्वचा, आँख, कान, मल व मूत्र द्वार पर किसी स्त्राव की उपस्थिति का पता करना चाहिए।

- रोगी पशु की जुगाली करने या न करने का पता लगाना चाहिए।
- थर्मामीटर की सहायता से तापमान लेकर नाड़ी व श्वांस की जाँच भी करनी चाहिए।
- एक या दो पशुओं में रूग्णता का संकेत मिलने पर पूरे रेवड़ की जाँच पशुचिकित्सक के कराया जाना चाहिए।

रेवड़ स्वास्थ्य कार्यक्रमों का आधार

रेवड़ स्वास्थ्य परिचर्या कार्यक्रम तैयार करने तथा उन्हें लागू करने से पहले रेवड़ में पशुओं की संख्या, नस्ल, प्रजनन–व्यवस्था, पशु उत्पादों से होने वाली वार्षिक आमदनी एवं रेवड़ व्यवस्था संबंधी अन्य जानकारियों को एकत्रित कर उनका विश्लेषण कर लिया जाना चाहिए। दो–चार भेड़–बकरी रखने वालों को लेकर इस कार्यक्रम की उपयोगिता सिद्ध नहीं की जा सकती है परन्तु इसका यह अर्थ कदापि नहीं है कि रेवड के सैकड़ों पशुओं की रूग्णता के प्रति असावधानी बरती जाये। ऐसा हाने पर कई रोग बड़ी तेजी से फैलकर रेवड़ के अनेक पशुओं को प्रभावित कर देते है। अतः रेवड़ के इक्का–दुक्का रूग्ण पशुओं को तत्काल अलग करके समुचित उपचार किया जाना चाहिए ताकि रेवड़ के अन्य पशुओं में रोग का फैलाव न हो सके।

प्रजनन संबंधी जानकारी स्वास्थ्य परिचर्या को लागू करने में महत्वपूर्ण स्थान रखती है। क्षेत्र में पाली जा रही नस्ल के उत्पादकता संबंधी जानकारी, अन्य नस्लों से तुलना का आधार बनती है और इसी आधार पर भविष्य के लिए अच्छी नस्ल का चुनाव करके प्रजनन कार्यक्रमों की रूपरेखा तैयार की जा सकती है। अनियमित प्रजनन, गर्भवती एवं नवजात के स्वास्थ्य से भी सीधा संबंधित होता है। बड़े पशुओं की अपेक्षा मेढ़ा व बकरा खुला रखा जावे तो भेड़–बकरी पूरे वर्ष ग्याभिन होती रहती है जिसके परिणामस्वरूप पूरे वर्ष भर नवजात जन्म लेते रहते है। एक–एक नवजात की सार–संभाल में अत्यंत कठिनाई होती है। इसके अतिरिक्त शीतकाल में उत्पन्न नवजात श्वसन तंत्र के रोगों जैसे न्यूमोनिया से प्रभावित होकर मर जाते है। इसी प्रकार कम चराई या सूखे महीनों में

पैदा होने वाले नवजातों का जन्मभार कम होता है तथा उन्हे माँ से दूध भी कम मिलता है फलस्वरूप उनकी वृद्धि दर प्रभावित होती है। शारीरिक कमजोरी से नवजातों की प्रतिरक्षा शक्ति का पूर्ण विकास न हो पाने के कारण वह अल्पायु में ही अनेक रोगों के प्रति संवेदनशील हो जाते है जिससे आगे चलकर उनका स्वास्थ्य प्रभावित होता है। पशु पालन व्यवस्था संबंधी अन्य पहलुओं में नवजातों की देखभाल, उनमें मृत्युदर, गर्भवती की देखभाल, रोगों के उपचार एवं बचाव की प्रचलित विधियों, ऊन कतरन का समय, दूध, माँस, ऊन एवं जीवित पशुओं के विपणन व्यवस्था की जानकारी भी योजना की तैयारी में महत्वपूर्ण योगदान करती है।

व्यवसायिक प्रतिष्ठानों की भाँति पशुपालन में भी रोगोपचार एवं रोग से बचाव हेतु उपलब्ध साधनों का चुनाव एवं मूल्यांकन पशु विशेष से होने वाली आय–व्यय को ध्यान में रखकर करना चाहिए। पशु का महत्व एवं उसकी उपयोगिता, उस पर किए जाने वाले व्यय के निर्धारण में सहायक होती है अच्छी नस्ल का नर रेवड में विशेष स्थान रखता है। बीजू नर के स्वास्थ्य की देखभाल और रोगोपचार में असावधानी बरतने पर रेवड़ की मादा प्रजनित नहीं हो पायेगी, अतः नवजातों की आने वाली फसल से वंचित रह जाने के कारण पशुपालक को आर्थिक हानि उठानी पड़ेगी।

पशु पालन से जुड़े लोगों की सामाजिक एवं आर्थिक स्थिति एक समान नहीं हैं जबकि विकसित देशों के पशु पालक प्रगतिशील व प्रतिष्ठित वर्ग में आते है। हमारे देश मे पशु पालकों का बहुत बड़ा वर्ग गरीब, अनपढ़, रूढ़िवादी एवं असंगठित है। यह वर्ग किसी नई तकनीकी को अपनाने मे न केवल सबसे पीछे रहता है बल्कि नवीन विधियों के प्रति अरूचि दिखाकर, नयी पीढ़ी को हतोत्साहित करके अवरोध खड़ा करने का भी प्रयास करता है। अतः पशु पालकों को चाहिए कि नई तकनीकी में से पशु स्वास्थ्य एवं रोग नियंत्रण कार्यक्रमों को चुनकर समस्याओं के निदान व निराकरण, रोगोपचार से कराएँ, ताकि नियंत्रण उपायों के तत्काल प्रभाव से रूग्णता के लक्षणों में आयी कमी या मृत्युदर में आयी

गिरावट से उन्हें दवा के प्रभाव के रूप में तकनीकी मार्गदर्शन का आभास हो सके या कराया जा सके। इसके अतिरिक्त टीकाकरण द्वारा रोग से होने वाली हानि तथा अंतः परजीवियों के संक्रमण का उपचार व बचाव, प्रभावी अंतः कृमिनाशक दवा पिलाकर पशुपालकों में स्वास्थ्य कार्यक्रमों के प्रति विश्वास पैदा किया जा सकता है।

मेमनों की पूँछ काटना

जिन मेमनों की पूँछ लम्बी होती है उनकी पूँछ काट देना लाभदायक है क्योंकि भेड़ों की पूँछ का विशेष लाभ नहीं है। इसके विपरीत मेमनें व भेड़ों में दस्त लग जाने के कारण पूँछ के इर्द गिर्द की ऊन गोबर के साथ मिलने के कारण गुच्छे बन जाते हैं और वर्षा ऋतु में वहाँ मक्खियाँ अण्डे दे देती हैं, जिनमें से कीडे निकल कर मलद्वार के आस–पास घाव कर देते है। पूँछ के आस पास की ऊन गन्दी होने पर कम भाव पर बिकती है। इसके अलावा प्रजनन में भी कठिनाई आती है। इसके बचाव का एकमात्र साधन पूँछ काटना ही है। पूँछ काटने के निम्न तरीके प्रचलित है–

- तीन सप्ताह से कम आयु के मेमनों की धार वाले चाकू से एक ही झटके में पूँछ काट दी जाती है। पूँछ काटने से पूर्व इसे थोड़ा ऊपर से बांध दिया जाता है ऐसा करने से खून नहीं बहता।
- आठ से दस सप्ताह के आयु के मेमनों की पूँछ काटने के लिए लाल गर्म किया हुआ लोहा प्रयोग में लिया जाता है। ऐसा करने से खून नहीं बहता।
- पूँछ काटने का आधुनिक तरीका खून रहित है। यह ढंग बहुत ही सरल व उत्तम पाया गया है क्योंकि इससे घाव नहीं होता। मेमनें जब दो सप्ताह के हो जाते है तो एक मोटी रबड़ का छल्ला पूँछ की ऊपरी दो हड्डियों के बीच के आधार पर लगभग एक इंच नीचे पहना दिया जाता है। इससे दस से बारह दिन बाद पूँछ सूख कर अपने आप गिर जाती है। छल्ला लटकाने पर मेमना पांच से दस मिनट तक तड़पता है परन्तु इसके बाद अपने आप

ठीक हो जाता है। यदि घाव हो जाये तो उसका उपचार कराना चाहिए।

- घनी ऊन वाली भेड़ों में मलद्वार के इर्द गिर्द ऊन काटना वाँछनिय है। ऐसा करने से जातक देने वाली मक्खियों के हमले से बचा जा सकता है। यह भी पाया गया है कि यदि दुम्बा नस्ल की भेड़ों की पूँछ काटी जाए तो उनके माँस की मात्रा में वृद्धि होती है। चर्बी का जमा होना पूँछ कटी भेड़ों मे अधिक होता है। पूँछ कटी भेड़ों से उत्पन्न मेमनों का जन्म भार अधिक होता है। अनुसंधान से यह भी पाया गया है कि पूँछ काटने से ईरानी भेड़ों में चर्बी की मात्रा कम हो जाती है परन्तु दक्षिण अफ्रीका में पूँछ काटने से उनके माँस में वृद्धि पाई गई है।

मेमनें का बधियाँकरना

लगभग तीन माह की आयु तक नर मेमनों को बधिया कर देना चाहिए जिससे उनकी शारीरिक वृद्धि अच्छी हो और माँस की किस्म में सुधार हो। ऐसा करने से अनावश्यक नर मेमनों द्वारा मेमनों को ग्याभिन होने से बचाने की परेशानी भी नहीं उठानी पड़ती। बधिया करने के कई तरीके है। बधिया करने के लिए नर मेमने को उसकी पूँछ के ऊपर पकड़ कर बिठाया जाता है और उसकी पिछली टांगों को पकड़कर आगे की ओर ऊपर को अगली टांगों के बीच खींचा जाता है। ऐसे करने से मेमना हिल नहीं पाता। बधिया करने के तीन तरीके प्रचलित है।

(क) बर्डीजो कास्ट्रेटर द्वारा– यह तरीका बहुत लोकप्रिय है। इससे खून नहीं निकलता और समय भी कम लगता है। कास्ट्रेटर से नसें तथा खून की नलियाँ काट दी जाती है। खून न मिलने से अण्डकोष अपने आप सूख जाते है।

(ख) इलास्ट्रेटर द्वारा– यंत्र द्वारा सख्त रबड़ का छल्ला अण्डकोष के ऊपर चढ़ाया जाता है। इससे खून का दौरा बन्द होने के कारण वे अपने आप सूख कर कुछ दिन के पश्चात् गिर जाते है।

(ग) ऑपरेशन द्वारा: इस ढंग से बधियाकरण किसी पशु चिकित्सक की देख–रेख में ही करना चाहिये। इसके लिये सर्वप्रथम अच्छी तरह से हाथ धोना चाहिए, उसके पश्चात् अण्ड़कोषों को कीटाणु नाशक से भलि भाँति साफ करना चाहिए। बाँए हाथ से अण्ड़कोषों को पकड़ कर शल्य चाकू से चीरा देकर अण्ड़कोष बाहर निकाल लिया जाता है। फिर इसे काटकर अलग करने के पश्चात् घाव पर कीटाणु नाशक दवा लगा दी जाती है। इसी प्रकार दूसरा अण्डकोष भी काटकर बाहर निकाला जाता है।

विश्व में पहले दो ढंग अधिक लोकप्रिय हैं। इलास्ट्रेटर के छल्ले विदेशों से मंगाने पड़ते हैं, इसलिए पहला ढंग भारत में सबसे अधिक लोकप्रिय है। ईरान की भेड़ों में पाया गया है कि जन्म से 6 माह तक की आयु के नर मेमनों को यदि बधिया किया जाये तो उनकी भार वृद्धि में कोई बढ़ोतरी नहीं होती।

भेड़–बकरी पालन में पशुओं का लेखा–जोखा

व्यवसाय तभी सफल हो सकता है जब हम उसका उचित प्रबंधन करते हैं। ठीक ढंग से लेखा–जोखा रखकर हम उचित प्रबन्धन कर सकते हैं। लेखा–जोखा को सही तरीके से रखने के लिए शिक्षित होना बहुत जरूरी है। पिछले कई वर्षों में भारतवर्ष में साक्षरता में वृद्धि हुई है। इसका मूल कारण है कि अब गाँव–गाँव तक शिक्षा पहुँच रही है। गाँव में रहने वाले किसान एवं पशु पालक भी शिक्षित बनते जा रहे हैं जिसके फलस्वरूप पशुपालन व्यवस्था में नई तकनीकों का प्रयोग एवं उनका समुचित लाभ संभव है। ग्रामीणों में शिक्षा का प्रसार, उनके द्वारा पशु प्रजनन के पारंपरिक तरीकों को अपनाने में मदद कर सकता है जिनका मूल ज्ञान होने के बाद इन्हें अपनाने में लागत शून्य के बराबर आती है। पशुपालक केवल एक या दो रजिस्टर प्रतिवर्ष रखरखाव करके प्रजनन के अनेकानेक सिद्धातों का लाभ उठा सकते हैं। पशु प्रजनन के विशेषज्ञ पिछले कई वर्षों से चयन, छटनी एवं अन्तः प्रजनन से बचाव के महत्व को समझाते आ रहे हैं परंतु अगर पशुपालकों को अपने झुंड की स्थिति की जानकारी नहीं होगी तो किसी भी प्रकार से इन सिद्धातों का पालन नहीं कर पायेंगे। अतः सही लेखा–जोखा प्रबंधन के द्वारा ही पशुपालक अपने

जानवरों की जानकारी रख सकते हैं और पशु प्रजनन के सिद्धांतों का पालन कर सकते हैं। पशु पहचान की प्रक्रिया लेखा–जोखा प्रबंधन से पूरी तरह जुड़ी हुई है। पशु पहचानने के कई सरल तरीके हैं जैसे कि पशुओं का फोटो, उनका नामांकन, उनके रंग एवं धब्बों के आधार पर इत्यादि। लेकिन बड़े झुंड में यह कारगर साबित नहीं होता है एवं व्यवहारिक भी नहीं है। इसके विपरीत कान में टैग, टैट एवं ब्रांडिग सरल वैज्ञानिक, टिकाऊ एवं व्यवहारिक पहचान की पद्धतियां हैं। इन सभी में कान पर टैग लगाना सरल तरीका है और किसान कम लागत एवं जोखिम पर इसको अपना सकते हैं।

मेमनें के जन्म लेने के एक या दो दिन के अन्दर उनके कान में टैग लगा देना चाहिए। टैग लगाते समय यह ध्यान रहे कि कान में छेद करने के स्थान के नजदीक कोई खून की नली नहीं हो। संक्रमण की संभावना को समाप्त करने के लिए उस पर टिंचर आयोडीन लगा देना चाहिए। कान के टैग पर एक नंबर गोद दिया जाता है जो कि उस पशु की पहचान बन जाती है तथा उम्र भर उसके साथ रहती है। पहचान संख्या का क्रम मेमनों के जन्म तिथि के आधार पर बनानी चाहिए। इससे यह फायदा होता है कि किसका जन्म पहले हुआ, किसका बाद में हुआ, इसका मोटा अंदाजा सिर्फ टैग संख्या देख कर लगा सकते हैं।

पशुओं की पहचान संख्या जारी होने के पश्चात उनके द्वारा किये गए कार्य कलापों का लेखा–जोखा रजिस्टर में दर्ज कर उसकी क्षमता का सही आँकलन कर सकते हैं। पशुओं की सही पहचान एवं प्रबंधन संबंधित विभिन्न प्रकार के रजिस्टर बनाए जा सकते हैं। वंशावली रजिस्टर इसमें नवजात मेमनों की पहचान संख्या तथा उनके माता व पिता की पहचान संख्या, जन्म की तारीख एवं जन्म के समय का भार दर्ज कर लिया जाता है। पूरे झुंड का इस प्रकार का लेखा–जोखा रखने से पशु पालक के वंशावली तैयार हो जाती है जिसके द्वारा वह रेवड़ की वंशानुगत रिश्ते की जानकारी प्राप्त कर सकता है। इसका इस्तेमाल कई प्रकार से कर सकता है। उन मेमनों को रेवड़ में प्राथमिकता दी जानी चाहिए जिनकी वंशावली में अन्य भेड़ों/मेंढ़ों ने अच्छा प्रदर्शन किया हो।

ऐसे मेंढ़े जिसके बच्चे लगातार अधिक उत्पादन वाले पैदा हो रहे हैं, उनको प्रजनन में प्राथमिकता देनी चाहिए। उनका लंबे समय तक प्रयोग किया जा सकता है। इसी प्रकार अधिक मातृत्व क्षमता रखने वाली मादाओं से पैदा होने वाली भेड़ों का रेवड़ में समावेश किया जा सकता है।

(क) जन्म के पश्चात के आँकडा रजिस्टर का प्रारूप

क्र.संख्या	मेमने की पहचान	मेमने का लिंग	जन्म की तारीख	नर की प्रजाति एवं पहचान संख्या	मादा की प्रजाति एवं पहचान संख्या	जन्म के समय मेमने का भार	रंग एवं अन्य जानकारी

(ख) प्रजनन आँकडा रजिस्टर

क्र.संख्या	मादा की पहचान	नर से मिलान की तारीख	नर की पहचान	मेमने की जन्म तारीख	मेमने की पहचान संख्या	जन्म का प्रकार एकल या द्विज

उत्पादक क्षमता रजिस्टर : भेड़ एंव बकरियों में आर्थिक महत्व के गुणों को भी समय–समय पर दर्ज किया जाना चाहिए। भेड़ों में आर्थिक महत्व के गुणों में मुख्यतः विभिन्न माह में शारीरिक भार तथा वर्ष में प्राप्त होने वाली ऊन की मात्रा होती है। माँस उत्पादन क्षमता को जन्म भार, 3 माह, 6 माह एवं 1 वर्ष की उम्र पर शारीरिक भार के रूप में दर्ज किया जाता है। दुग्ध उत्पादन क्षमता को प्रतिदिन सुबह–शाम की दूध की मात्रा, 90 दिन में कुल दूध उत्पादन, 150 दिन में कुल दुध उत्पादन, कुल दूध उत्पादन, कुल दूध देने वाले दिन एवं ब्यात का क्रम आदि के रूप में दर्ज

किया जाता है। ऊन उत्पादन क्षमता के लिए ऊन कतरन की तारीख, ऊन कतरन के समय भेड़ की आयु, कतरन की संख्या एवं प्रथम 6 महीने में ऊन की मात्रा एवं सालाना ऊन उत्पादन।

रजिस्टर का प्रारूप

शारीरिक भार (वृद्धि) संबंधी आँकडा रजिस्टर

क्र.सं.	मेमने की पहचान संख्या	लिंग	जन्म की तारीख	जन्म के समय मेमने का भार	3 माह पर वजन	6 माह पर वजन	9 माह पर वजन	12 माह पर वजन

दूध उत्पादन संबंधी आँकडा रजिस्टर

क्र.सं.	मादा की पहचान संख्या	ब्याने की तारीख	ब्यांत का क्रम	प्रतिदिन दुग्ध उत्पादन सुबह व शाम	90 दिन का कुल उत्पादन	150 दिन का कुल उत्पादन	कुल दूध देने वाले दिनों की संख्या	कुल दूध प्राप्ति एक ब्यात में

ऊन उत्पादन हेतु आँकडा रजिस्टर

क्र. सं.	पहचान संख्या	जन्म की तारीख	लिंग	कतरन की तारीख	कतरन पर ऊन प्राप्ति

मुख्यतः उपरोक्त दो प्रकार के रजिस्टरों को बनाने से पशुओं की उत्पादन क्षमता में भरपूर सुधार लाया जा सकता है। इसके अलावा भी कई रजिस्टर हैं जिनके समावेश से अधिकाधिक पशु सुधार संभव है जैसे कि पशु पोषण रजिस्टर जिसमें खान–पान तथा रातिब मिश्रण आदि की मात्रा और उस पर वहन होने वाले खर्च का हिसाब रखा जाता है। स्वास्थ्य

सम्बन्धित रजिस्टर जिसमें बीमार होने वाले पशुओं को सूचीबद्ध करना, उनकी बीमारियों का ब्यौरा, उनको दी जाने वाली दवाओं का विवरण, समय–समय पर किए गए बचाव के उपाय जैसे टीकाकरण, अन्तः परजीवी से बचाव के लिए दी गई दवाईयाँ इत्यादि का हिसाब रखा जाता है।

लेखा–जोखा रखने से होने वाले लाभ

चयन में सहायता वंशावली एवं उत्पादन के आधार पर उन्नत क्षमता के मेंढ़ों का चयन किया जा सकता है। इस प्रकार के मेंढ़े जिनका जनकीय उच्चांक अधिक आ रहा हो, लंबे समय तक रेवड़ में रखे जा सकते हैं। अधिक दुग्ध देने वाली मादाओं व उनसे पैदा होने वाली भेड़ों का चयन करके रेवड़ की औसत उत्पादन क्षमता में सुधार लाया जा सकता है। इस प्रकार से किए गए सुधार की गति धीमी होती है। परंतु यह रेवड़ में स्थाई रूप से बने रहते हैं। स्वास्थ्य रजिस्टर के आधार पर कम बीमार होने वाले पशुओं को प्रजनन में प्राथमिकता देकर रेवड़ के औसत स्वास्थ्य में सुधार लाकर दवाओं के खर्च को कम किया जा सकता है तथा लाभ को और अधिक बढ़ाया जा सकता है। मुख्यतः भेड़ों का चयन 6 माह के भार तथा प्रथम 6 माह के ऊन उत्पादन के आधार पर किया जाना चाहिए।

छँटनी में सहायता :– ऐसे पशु जिनका उत्पादन स्तर रेवड़ के स्तर से काफी नीचे है, को रजिस्टर से देखकर उनको रेवड़ से हटाया जाना चाहिए। ऐसे मेंढ़े जिनके मेमनों की उत्पादन क्षमता कम आँकलित हो, उन्हें तुरंत प्रभाव से छाँट देना चाहिए। ऐसे मेंढ़े जिनके प्रजनन करने पर मादाएँ पुनः ताव में आती हैं, की छँटनी करनी अति आवश्यक हो जाती है। इसी प्रकार ऐसी भेड़ें जो अलग–अलग अच्छी किस्म के मेंढ़ों से प्रजनन करवाने के बाद पुनः ताव में आती हों, की छँटनी की जानी चाहिए। अधिक बीमार रहने वाले पशुओं की वंशावली पहचान करके छाँटना चाहिए।

अंतः प्रजनन से बचाव :– एक ही मेंढ़े का रेवड़ में प्रजनन के लिए बार–बार प्रयोग होने से मेंढ़े के आपसी तथा करीबी रिश्तेदारों की संख्या

बढ़ने लगती है तथा अगली पीढ़ी में करीबी रिश्तेदारों के आपसी प्रजनन की संभावना बहुत अधिक हो जाती है जिससे की उत्पादन क्षमता में कमी आ सकती है तथा रेवड़ विभिन्न प्रकार की जनकीय बीमारियों का शिकार बन जाती है। अतः प्रजनन करवाते समय वंशावली रजिस्टर के हिसाब से आपसी रिश्तेदारों में होने वाले प्रजनन से बचा जा सकता है। खान–पान व बीमारी पर होने वाले खर्चों का ध्यान करके आर्थिक लाभ को बढ़ाया जा सकता है। इस प्रकार तैयार किए गए लेखे–जोखे को किसी प्रजनन विशेषज्ञ को दिखाना चाहिए जो कि इसे कम्प्यूटर में दर्ज कर इसका विश्लेषण करके रेवड़ की उत्पादन क्षमता के स्तर, भविष्य में सुधार की संभावनाओं, रेवड़ में बाहरी मेंढ़ों के समावेश के समय एवं आवश्यकता, आदि की गणना करके रेवड़ में वैज्ञानिक ढंग से उत्पादन बढ़ाने की आवश्यकताओं के बारे में बता सकता है।

"पशु प्रजनन एक व्यवसाय है" इस कथन को सत्य किया जा सकता है। जरूरत है बस, सिद्धांतों का उचित ज्ञान तथा रजिस्टर बनाकर सही आंकलन करने की।

भेड़ों के लिए चारा उत्पादन

पशुओं को स्वस्थ रखने के लिए पौष्टिक हरा चारा उपलब्ध होना चाहिए। परन्तु शुष्क एवं अर्द्ध–शुष्क क्षेत्रों में सिंचाई जल का अभाव व सूखे की स्थिति सदैव बनी रहती है जो कि भूमिहीन एवं सीमान्त कृषकों के लिए भेड़ व्यवसाय में चुनौती है क्योंकि भेड़–बकरियों की चराई सामुदायिक चरागाह भूमि पर निर्भर करती है। परन्तु इस भूमि की लगातार कमी होती जा रही है तथा उपलब्ध चरागाह भूमि पर जंगली वनस्पतियों के अलावा कुछ भी नहीं बचा है। इसलिए सिंचित क्षेत्रों में चारे की विभिन्न फसलों, घास तथा पेड़ों की उत्पादन वृद्धि पर विशेष ध्यान देने की आवश्यकता है। इसके लिए चारा उत्पादन की उन्नत पद्धतियों जैसे–कृषि वानिकी, वन चरागाह, चरागाह स्थापन एवं उनका विकास, कृषि उद्यानिकी एवं फसलों की खेती करना तथा चारे की अधिकता के समय उन्हें एकत्रित करके उनका विभिन्न विधियों से संरक्षण करना भेड़ बकरियों की उत्पादकता को सतत् बनाये रखने में मददगार साबित हो सकता है। अतः यह जरूरी है कि प्रत्येक किसान अपनी जोत का कम से कम पाँच से दस प्रतिशत भाग हरे चारे की खेती के लिये उपयोग में लाये जिससे किसान को हरे चारे के रूप में सस्ता आहार उसके पशुओं को मिल सके। प्रायः देखा गया है कि भेड़–बकरियों के आहार पर कुल व्यय का 65–70 प्रतिशत खर्च होता है। इसे हरे चारे द्वारा कम करके अधिक लाभ अर्जित किया जा सकता है। चूँकि हरा चारा पौष्टिकता में उत्तम माना जाता है एवं इसको खिलाने से दाने की बचत भी होती है। इसलिए पशुओं के पोषण में सुधार लाने के लिए साधारणतया चरागाह भूमियों का सुधार करना आवश्यक है। इसके साथ ही चारा वृक्षों की अन्य कास्त फसलों के साथ अन्तरासस्य के रूप में लगाकर अधिक उपज देने वाली चारा फसलों की खेती करके, जिससे चारा फसलों के साथ मिश्रित

खेती के रूप में उगाना सम्मिलित है तथा अतिरिक्त चारे का संरक्षण कर कमी के दिनों में भी चारे की उपलब्धता सुनिश्चित कर भेड़–बकरियों के पोषण में सुधार लाना संभव है। जिसका विवरण नीचे दिया जा रहा है।

भेड़ व बकरी पालन में चरागाहों का बडा महत्व है क्योंकि अधिकांश भेड़ और बकरियाँ चरागाहों पर ही पाली जाती है। इन पशुओं को चरागाह पर पालना आर्थिक दृष्टि से लाभदायक होता है। देश में प्राकृतिक चरागाहों की दशा अच्छी नहीं है। इसलिए आज पूरे देश में उन्नत चरागाह विकसित करने की आवश्यकता है जिनमें उन्नत घास व दलहनी फसलों के बीजों को मिश्रित करके लगाया जा सकता है। उन्नत घासों में अंजन, धामण, सेवण, करड़, गिन्नी और ब्लू पेनिक आदि घासों को काम में लिया जाता है। दलहनी फसलों में तितली मटर, बालौर, स्टाईलों, अस्टाइलोसिया, चौला, मोठ और कुल्थी को बोना चाहिए। चरागाह में लगाये जाने वाले चारा वृक्षों में खेजड़ी, नीम, सिरस, बबूल, इजराइल बबूल, अरडू, मोपेन, कचनार तथा झाड़ियों में शहतूत, डाइक्रो, जीन्जा, रोहिड़ा और बेर को घास तथा दलहनी फसलों के बीच में 8–10 मीटर की दूरी पर बनी कतारों में लगाना चाहिए। भेड़ों की पूरक चराई के लिए सिंचित चारा फसलों की कास्त करना अनिवार्य है। हरे चारे के लिए चारा फसलों में मुख्य रूप से उगाई जाने वाली फसलें जैसे– बरसीम, रिजका, चौला, ग्वार, सेंजी, जई, जौ, मक्का, बाजरा और मकचरी आदि फसलों की उन्नत खेती की जा सकती है। एक सौ युवा भेड़ों के लिये वर्ष भर में लगभग 300 क्विंटल चारे की आवश्यकता होती है, यह चारा 10 हैक्टेयर भूमि से पोपट व अंजन मिश्रित चरागाह लगाकर प्राप्त किया जा सकता है। चरागाह लगाने से पूर्व भूमि को समतल कर लेना चाहिए और पानी के उचित निकास का भी विशेष ध्यान रखना चाहिए।

प्राकृतिक चरागाह

प्राकृतिक चरागाहों के अध्ययन से पता चलता है कि इन चरागाहों की उत्पादन क्षमता 10.4 क्विंटल शुष्क पदार्थ प्रति हेक्टेयर थी जिसमें 73 प्रतिशत घासें तथा 27 प्रतिशत छोटी झाड़ियों का हिस्सा था। हमारे देश में चरागाहों के विकास पर ध्यान न के बराबर दिया जाता है। जो भी

चरागाह हैं उसको मनुष्य अपने लिये खेती योग्य बनाता जा रहा है जिससे चरागाह भूमि की कमी होती जा रही है। चरागाहों की वर्तमान स्थिति बड़ी खराब है जिसका मुख्य कारण अनियंत्रित चराई एवं उचित प्रबंधन का अभाव है। मैदानी क्षेत्र चरागाहों के लिए उपलब्ध नहीं है। पहाड़ी तथा बंजर भूमि पर भेड़–बकरियों के लिये चरागाहों का विकास किया जा सकता है। चरागाहों की क्षमता से अधिक पशुओं को नहीं चराना चाहिए। जब तक ठीक प्रकार से चरागाह में चराई पर पशुओं का नियंत्रण न लगे तब तक चरागाह का सुधार असंभव है। इसके लिए चरागाहों की घेराबंदी कँटीली तारों से कर देना चाहिए तथा चरागाह को चार बराबर भागों में बाँट देना चाहिए। इस प्रकार चार भागों में बाँट कर क्रमवार या चक्रवत चराई करानी चाहिये जिससे कि चरागाह की लम्बे समय तक उत्पादकता बढ़ती रहे। चरागाह में शहतूत, नीम, बेर, झरबेरी, पीपल, बबूल, खेजड़ी, खेर, अरडू, ककेड़ा आदि चारा वृक्षों का होना आवश्यक है। चरागाह को वन चरागाह पद्धति में बदलना चाहिए। अर्थात् चरागाह में उचित मात्रा में घास, झाड़िया एवं चारा–वृक्षों का समावेश होना चाहिए जिससे भेड़–बकरियों को वर्ष भर आहार की प्राप्ति होती रहे। चरागाह में पेड़ों का उगाना अतिआवश्यक है ताकि चरागाह में उपलब्ध चारे की कमी के दिनों में भेड़–बकरियों को वृक्षों की पत्तियाँ खाने को मिल सके और उनकी गर्मी व वर्षा आदि से रक्षा हो सके। उन्नत चरागाह में अरडू, खेजड़ी, बबूल, नीम, ककेड़ा, खेर, बेर आदि सर्वोत्तम सिद्ध हुए हैं। वृक्षों की पत्तियाँ वर्ष में दो बार नवम्बर–दिसम्बर और जून–जुलाई में काटी जा सकती है। समुचित चराई उपलब्ध होने पर पत्तियों को सूखा कर गर्मियों में चारे की कमी को पूरा करने के लिए रख देना चाहिए। वन चरागाह के लिए एक हेक्टेयर क्षेत्र में 100–150 अरडू पेड़ लगाने चाहिए तथा पेड़ से पेड़ की दूरी 8–10 मीटर उचित रहती है। चरागाह में चरने वाली भेड़–बकरियों से रक्षा के लिए वृक्षों के चारों ओर झाड़ियाँ या तार का घेरा बना देना चाहिए। पेड़ लगाने के चार से पाँच वर्ष तक पत्तियों की छंगाई नहीं करनी चाहिए। इसके बाद हल्की छंगाई करना चाहिए ताकि पौधे की बढ़वार पर किसी भी प्रकार का प्रतिकूल प्रभाव नहीं पड़े।

हमारे देश में लगभग 3.2 लाख वर्ग किलोमीटर भूमि शुष्क है जिसमें उत्तर पश्चिमी राजस्थान, दक्षिणी पश्चिमी हरियाणा, कच्छ और उत्तर पश्चिमी सौराष्ट्र शामिल है। शुष्क क्षेत्र का 79 प्रतिशत भाग केवल चरागाहों के लिये ही उपयोगी है। भेड़ ही एक ऐसा पशु है जो कि कम चारे वाली चरागाह का सदुपयोग कर अपना निर्वाह कर सकता है। अधिक ऊन व माँस उत्पादन वाले राज्यों में देशी भेड़ों का अधिक ऊन व माँस देने वाले विदेशी मेंढ़ों से संकर प्रजनन का कार्य चल रहा है। संकर भेड़ों की उत्पादन क्षमता अधिक होने के कारण उनको पोषक तत्वों की आवश्यकता अधिक है। हमारे चरागाह भेड़ पालने के लिये पूर्णतः उपयुक्त नहीं है। बढ़ती हुई जनसंख्या के कारण पशुओं के लिये चरागाहों का क्षेत्रफल दिन प्रतिदिन घटता जा रहा है। चरागाहों का क्षेत्रफल बढ़ाना तो संभव नहीं है इसलिए भेड़ों को चारे की पूर्ति के लिये चरागाहों की उत्पादन क्षमता बढ़ाना ही एक मात्र उपाय है। यह दो प्रकार से संभव है। पहला, चरागाहों का उत्तम रख–रखाव करके तथा दूसरा, उन्नत किस्म की बहुवर्षीय घास लगाकर। प्राकृतिक चरागाह में प्रति हेक्टेयर 2 से 3 भेड़ें मुश्किल से निर्वाह कर सकती है। इन चरागाहों के उत्पादन में नियंत्रित चराई व खाद एवं उर्वरक का उचित मात्रा में प्रयोग करके दुगना चारा पैदा किया जा सकता है। चरागाहों में एक वर्षीय घास अधिक पायी जाती है इसलिए सितम्बर तक घास पक जाती है। बहुवर्षीय चारा उगाने से हरा चारा अधिक मात्रा में अधिक समय तक मिलता है।

उन्नत चरागाह स्थापन

भेड़ें अधिकतर चराई पर ही निर्भर रहती है। इसलिए उन्नत चरागाह स्थापन पर अनुसंधान प्रारम्भ किये गये हैं तथा वर्षों के शोध कार्यों में पाया गया है कि अर्द्ध–शुष्क क्षेत्रों में जहाँ बलुई मिट्टी पाई जाती है वहाँ अंजन और धामण घासें अधिक उपयुक्त रहती है। उन्नत चरागाह की उत्पादकता प्रथम वर्ष में 20–21 क्विंटल प्रति हेक्टेयर पायी गई है। जबकि बाद के वर्षों में 30–40 क्विंटल प्रति हेक्टेयर तक सूखे चारे की पैदावार प्राप्त की जा सकती है। चरागाह स्थापन के लिए घास के बीजों को गीली मिट्टी के साथ आयतानुसार 1:1 में मिलाकर हल के

त्रिस्तरीय चरागाह (उन्नत चरागाह स्थापना)

पीछे कूडो में इस प्रकार डाला जाता है कि एक स्थान पर कम से कम 4–5 बीज हों। घास के बीजों का अंकुरण कम होता है इसलिए जिबरेलिक एसिड 150 पीपीएम के घोल में बीजों को 16 घंटे तक भिगोने से अंकुरण क्षमता बढ़ायी जा सकती है।

चरागाह में अंजन घास के उत्पादन को बढ़ाने के लिए 60 कि.ग्रा. नाइट्रोजन तथा 40 कि.ग्रा. फॉस्फोरस प्रति हैक्टेयर तक डालने से अधिक हरा व सूखा चारा प्राप्त हुआ। चरागाह में घास कटाई करते समय ध्यान रखना चाहिए कि भूमि की सतह से 5 से.मी. की ऊँचाई से घास की कटाई करना उचित पाया गया तथा कटाई का अन्तराल 40 दिन का रखना चाहिए। सूखे चारे की पैदावार को बढ़ाने के लिए चरागाह स्थापन वर्ष में अंजन के साथ चौला या मोठ बोने से चरागाह की उत्पादकता को 3 गुना और अधिक बढ़ाया जा सकता है। चौला की अधिक पैदावार लेने

के लिए तथा अंजन घास पर विपरीत असर न पड़े इसके लिए अंजन घास से पहले सही समय पर दलहनी चारा फसलों की कटाई की सिफारिश की गई है। चरागाह स्थापन के वर्ष में अधिक उत्पादन के लिए भेड़ की मेंगनी की खाद 10 टन प्रति हेक्टेयर की दर से प्रयोग में लाना चाहिए। भेड़ की मेंगनी की खाद में नाइट्रोजन की मात्रा करीब 1.58 प्रतिशत होती है। देशी खाद 3 वर्ष में एक बार काम में लाना चाहिए। बारानी क्षेत्रों में अंजन घास के चरागाह उत्पादन के दृष्टि से अधिक मितव्ययी आँका गया है। इससे अंजन चरागाह का चारा तथा बीज उत्पादन लगभग 3 गुना क्रमशः 55 क्विंटल तथा 3 क्विंटल प्राप्त किया जा सकता है।

मिश्रित चरागाह विकसित करना

चरागाहों में अंजन घास के साथ दलहनी चारे सफलता पूर्वक लगाये जा सकते हैं, इनमें बालौर, तितली मटर, ग्वार, अटाइलोसिया, सिराट्रो तथा स्टाईलो सम्मिलित है। अध्ययनों से पता चलता है कि घास तथा दलहनी चारों को 1:1 अनुपात में अधिकतम पैदावार के लिये लगाना उपयुक्त रहता है तथा अंजन व बालौर का मिश्रित चरागाह जिसमें प्रत्येक की 6–8 पंक्तियों की पट्टियाँ रखी जा सकती है। इनके मिश्रित स्थापना से द्वितीय वर्ष में 59 क्विंटल सूखा चारा प्रति हेक्टेयर प्राप्त हुआ। अंजन घास तथा बालौर मिश्रित चरागाह से चारे के साथ बीज लेने के लिये 40 कि.ग्रा. नाइट्रोजन और 40 कि.ग्रा. फॉस्फोरस प्रति हेक्टेयर देना जरूरी पाया गया है तथा ढाल के विपरीत 10 मीटर की दूरी पर 60X20 सेमी कंटूर बन्धों के साथ अंजन घास तथा बालौर की पट्टियाँ लगाने से अधिकतम सूखा चारा प्राप्त हुआ। बालौर तथा मिश्रित चरागाह पर 25 पीपीएम जिबरेलिक एसिड का प्रयोग करने से घास की पैदावार में 62 प्रतिशत, मिश्रित चरागाहों में 29 प्रतिशत तथा दलहनी चारे में 42 प्रतिशत की बढ़ोत्तरी देखी गयी। चरागाहों का आर्थिक तौर पर मूल्यांकन करने पर खर्च लाभ का 1:1.5 अनुपात के साथ अंजन एवं तितली मटर के मिश्रित चरागाह से अक्टूबर–नवम्बर में तथा तितली मटर से नवम्बर–दिसम्बर में अधिकतम सूखे चारे का उत्पादन मिला।

वृक्ष चारा स्त्रोत

प्राकृतिक चरागाहों में चारा झाड़ियाँ मुख्य रूप से खेरी, ककेड़ा, पाला या झरबेरी मिलती हैं तथा चारा वृक्षों में औरंजा, देशी बबूल, बिलायती बबूल, पीपल, गूलर, अरडू, नीम तथा सिरस आदि है। बारानी क्षेत्रों में चारा वृक्षों की तुलना में कालीखेरी (ड्राइक्रों) की जीवितता सबसे अधिक 98 प्रतिशत देखी गई जबकि नीम, अरडू तथा खेजड़ी में यह क्रमशः 83, 75 तथा 71 प्रतिशत तक रही तथा सूखी पत्तियों का अधिकतम उत्पादन खेजड़ी से प्राप्त हुआ है। प्रमुख चारा वृक्षों में अरडू, नीम, खेजड़ी में उनकी छंगाई अंतराल तथा उनकी पुनः वृद्धि तथा चारा एवं ईधन की पैदावार पर प्रभाव का अध्ययन किया गया जिससे अरडू, नीम, खेजड़ी तथा डाईक्रोस्टेकीस के छोटे एवं बड़े वृक्षों से प्रारम्भ में क्रमशः 12.0, 7.0, 17.0 और 0.7 कि.ग्रा. तथा 23.0, 30.5, 43.1 तथा 1.12 कि.ग्रा. सूखी पत्तियाँ प्राप्त हुयी। अधिकतम सूखी पत्तियाँ (82.72 किग्रा प्रति वृक्ष) एक वयस्क अरडू का वृक्ष चाहे छोटा हो या बड़ा वर्ष के छः माह के अन्तराल पर पूर्ण छंगाई द्वारा प्राप्त हुई। जबकि नीम और खेजड़ी के छोटे और बड़े वृक्षों से चारा पत्ती का उत्पादन इसके विपरीत दिशा में रहा। खेजड़ी तथा नीम के छोटे व बड़े वृक्षों से क्रमशः 25.70 और 21 तथा 57.46 और 47 कि.ग्रा. सूखी पत्तियाँ प्रति वर्ष प्राप्त की गई। बड़े वृक्षों की बजाय कम आयु के वृक्षों में क्रूड प्रोटीन की मात्रा अधिक आँकी गयी। अरडू के पत्तियों के मूल्यांकन के अनुसार सर्वाधिक 20.38 प्रतिशत क्रूड प्रोटीन पाई गई जबकि नीम व खेजड़ी की पत्तियों में 15.54 तथा 13. 30 प्रतिशत क्रूड प्रोटीन रिकार्ड की गई।

चरागाह का उचित चराई प्रबन्धन

चरागाह का उचित चराई प्रबन्धन और रख–रखाव अधिक पैदावार सुनिश्चित करने के लिये आवश्यक है क्योंकि चरागाह भेड़ों हेतु चारे का एक उपयोगी स्रोत है और भेड़ के रख–रखाव व उत्पादन के लिये आवश्यक पोषक तत्वों का सबसे सस्ता साधन है।

- जो छोटे व बारीक वनस्पति बड़े जानवरों द्वारा चराई किये जाने पर नहीं खायी जा सकती उसे भेड़, छोटे थुथुनों और विभाजित

ऊपरी होंठ के कारण आसानी से चराई के दौरान खा लेती है।

- भेड़ें अधिकांशतः छोटे–छोटे झुण्ड बनाकर चरना पसन्द करती है।
- भेड़ के पेट की क्षमता 15–16 लीटर है और अतिरिक्त खिलाई करवाने पर अपच हो जाता है।
- बाड़े में खिलाई की तुलना में चराई के दौरान भेड़ 10–15 प्रतिशत ज्यादा सूखा चारा खा लेती है।
- सूखे चारे की आवश्यकता पूर्ति हेतु रोजाना 10 से 12 घंटे की चराई आवश्यक है।
- भेड़ छोटी और नरम घास को पसन्द करती है तथा अन्य मवेशियों की तुलना में अच्छी तरह चबाती है।
- सामान्यतौर पर भेड़ पकी हुई घास खाना पसन्द नहीं करती है।
- भेड़ सामान्यतया रिजका, चौला, बरसीम जैसे फलीदार दलहनी चारे को स्वाद लेकर चाव से खाती है।
- परजीवी संक्रमण से बचाने हेतु मेमनों को वयस्क भेड़ों से अलग चराई कराते हैं।
- कम अथवा अधिक चराई रोकने हेतु चरागाह में क्रमवार अथवा चक्रवत चराई कराना आवश्यक है।
- बढ़ते बच्चों को सबसे पहले चराये, फिर गर्भवती और स्तनपान कराने वाली भेड़ों को और अंत में अन्य खाली भेड़ों की चराई करायें।
- सर्दी में यदि ओस हो तो ओस सूखने पर ही चराई करायें।
- चराई के दौरान भेड़ों को पीने हेतु स्वच्छ पानी का साधन पास में ही हो तो अच्छा है।
- भेड़ों को पूर्णतया सूखे चारे पर ही रखने पर उनमें सूक्ष्म तत्वों की

कमी हो जाती है। अतः उन्हे कॉपर सल्फेट और कोबाल्ट क्लोराइड जैसे खनिज–लवण पूरक खिलाई के रूप में देने चाहिये।

- यहाँ तक कि एक अच्छा विकसित उन्नत चरागाह भी गर्भवती और स्तनपान कराने वाली मादा के आहार की पूर्ण आपूर्ति नहीं करता है। अतः ऐसी भेड़ों को 250–300 ग्राम प्रतिदिन रातिब मिश्रण देना चाहिये।

चरागाह सुधार एवं प्रबन्धन

- भारत में चरागाह भूमि कम और अनुत्पादक है जिसमें सुधार की आवश्यकता है। इसे जैविक कारकों से बचाकर, अच्छी प्राकृतिक घासों का संरक्षण कर, अपौष्टिक घासों, खरपतवारों, काँटेदार व्यर्थ झाड़ियों को निकालकर, उन्नत किस्म के चारा बीज, चारा वृक्ष व झाड़ियाँ लगाकर सुधारा जा सकता है और एक उत्पादक चरागाह बनाया जा सकता है।
- प्राकृतिक दलहनी पौधे जैसे जोजरू, सैंजी, गोखरू इत्यादि बहुत ही पौष्टिक चारा है, इन्हे संरक्षित करना चाहिये।
- शुष्क व अर्ध–शुष्क क्षेत्रों में चरागाहों का पौष्टिक, बारहमासी अथवा बहुवर्षीय उन्नत घासों जैसे अंजन, धामण, सेवण इत्यादि से पुनर्बीजण करना चाहिये।
- चरागाह की गुणवत्ता एवं पौष्टिकता बढ़ाने के लिये बहुवर्षीय दलहनी चारों तितली मटर, डोलिकोस, स्टाइलो, अटाइलोसिया, सिराट्रो इत्यादि को स्थापित अथवा पुनर्जिवित चरागाहों में निगमित करना चाहिये।
- घास व दलहनी फलीदार चारों का मिश्रित चरागाह, एकल घास चरागाह की तुलना में 20–30 प्रतिशत अधिक चारा देता है। दलहनी चारे प्रोटीन समृद्ध होने के अलावा स्वादिष्ट एवं सुपाच्य होते हैं। साथ ही नाइट्रोजन का स्थिरीकरण करते हैं और भू–क्षरण से भी बचाव करते हैं।

- चरागाह स्थापन वर्ष में चरागाह में चराई नहीं करानी चाहिये। चारे का बीज जब पककर वहीं पर गिर जाये तत्पश्चात् चारे की कटाई कर घास के रूप में संरक्षित करें एवं चारा अभाव के समय खिलायें।
- चारे की कटाई 5 सेमी जमीन से ऊपर करें। अच्छी गुणवत्ता व पौष्टिक चारे के लिये बालियों में दूधिया दाना बनते समय कटाई की जा सकती है।
- चरागाह की उत्पादकता बनाये रखने हेतु उसमें आवश्यक गोबर की सड़ी–गली खाद तीन वर्ष में एक बार नियमित देनी चाहिये।
- क्रमवार चराई हेतु चरागाह को चार बराबर भागों में बाँट दें व क्रम से प्रत्येक भाग में चराई करायें। इससे घास को पुनर्जिवित होकर बढने में मदद मिलती है साथ ही यह अधिक चराई से होने वाले मिट्टी के कटाव को भी बचाता है।
- कीट नियंत्रण हेतु यदि कीटनाशकों का भुरकाव अथवा छिड़काव करना पड़े तो छिड़काव के 2–3 हफ्तों बाद ही भेड़ की चराई करायें।
- समय पर निराई–गुड़ाई करने से न केवल चारा उपज बढती है बल्कि अवांछनीय झाड़ियाँ और खरपतवारों की वृद्धि भी रूक जाती है। इससे कीड़ों का संक्रमण भी नहीं होता है।
- चरागाह बचाव व संरक्षण, अवांछनीय झाड़ियाँ और खरपतवारों को नष्ट करना, मृदा व जल का संरक्षण, पर्याप्त खाद एवं उर्वरक, चरागाह अनुसार चराई व पशु संख्या, क्रमवार अथवा चक्रवत चराई, दलहनी चारों का निगमन आदि अच्छे चरागाह प्रबन्धन के अनिवार्य घटक है।

वन चरागाह पद्धति

वृक्षारोपण

चरागाह में शुष्क एवं अर्ध–शुष्क क्षेत्रों में जून तक भेड़ों के लिये

चारे की कमी बनी रहती है। ऐसे समय में चारे वाले पेड़ लगाकर ही भेड़ों को हरा, स्वादिष्ट तथा पोषक चारा खिलाया जा सकता है। इसके लिए चरागाह में वृक्षारोपण अत्यन्त आवश्यक है। भेड़ें अरडू, बबूल, खेजड़ी, ककेड़ा, देशी बबूल और कचनार की पत्तियों को बड़े चाव से खाती हैं। इन पेड़ो की पत्तियाँ नवम्बर–दिसंबर और अप्रैल–मई में काटी जा सकती हैं। इसके लिए इन माहीनों में इनकी पत्तियों को सुखाकर गर्मियों में चारे की कमी के दिनों में प्रयोग किया जा सकता है। भेड़ें बबूल व खेजड़ी की पत्तियाँ भी बड़े शौक के साथ खाती हैं।

एक हेक्टेयर भूमि में 100 पेड़ लगाने चाहिए। पेड़ से पेड़ की दूरी 10 मीटर रखनी चाहिए। पेड़ लगाने के लिए 2 फीट लम्बा, 2 फीट चौड़ा तथा इतना ही गहरा गड्ढा बनाना चाहिए और इसमें 10 कि.ग्रा. गोबर की गली सड़ी खाद डालकर मिट्टी से भर देनी चाहिए। वर्षा ऋतु में थोड़ी सी मिथाइल पैराथियान या नीम की खली मिलाकर इसमें पौधे लगाने चाहिए। इसके बाद हर 15 दिन के अन्तर पर सिंचाई करें। चरागाह में चरने वाली भेड़ों से इनका बचाव करना चाहिए। 4–5 वर्ष तक पत्तियाँ नहीं काटनी चाहिए इसके बाद हल्की कटाई शुरू की जा सकती है। कटाई के समय एक इंच मोटी टहनी नहीं काटनी चाहिए वरना वृक्ष शीघ्र ही समाप्त हो जायेंगें। इन पेड़ों से 8–10 क्विंटल सूखा चारा प्रति हेक्टेयर प्रति वर्ष प्राप्त किया जा सकता है। इसके अतिरिक्त इन पेड़ों से ईंधन प्राप्त होता हैं तथा वर्षा एवं धूप से भी भेड़ों की रक्षा होती है और भूमि का संरक्षण भी होता है।

बारानी क्षेत्रों में बलुई दोमट भूमि पर वन चरागाह पद्धति के अन्तर्गत किए गए शोध कार्य से पता चला है कि अंजन घास का सर्वाधिक चारा अरडू आधारित वन चरागाह पद्धति से प्राप्त हुआ। इसके बाद नीम, बबूल और सीरस आधारित वन चरागाह पद्धतियों से प्राप्त हुआ। वन चरागाह पद्धति में बहुपयोगी चारा वृक्षों के साथ अंजन घास के उत्पादन पर अध्ययन किया गया तो पता चला कि इस पद्धति में चारे की पैदावार चारा वृक्षों की दूरी के साथ बढ़ती गयी। खेजड़ी, जींजा, सीरस, शीशम तथा बबूल के साथ खुले चरागाह की अपेक्षा उत्पादन अधिक रहा

जिससे पता चलता है कि वृक्ष और इसके नीचे उगाई वनस्पतियों का आपस में गहरा संबंध है। इस बात से यह निष्कर्ष निकलता है कि उपर्युक्त किस्में या प्रजातियों तथा उनकी प्रति इकाई समुचित संख्या का ज्ञान वन चरागाह पद्धति के लिए आवश्यक है जिससे उत्पादन निर्धारण करने में काफी मदद मिलती है।

कृषि वानिकी

प्राकृतिक स्रोतों के सुनिश्चित टिकाऊ प्रबंधन के लिए कृषि वानिकी एक महत्वपूर्ण पद्धति है। जिसमें कृषि फसलों के साथ वृक्ष एवं झाड़ियाँ उगाई जाती हैं। इस पद्धति में खेजड़ी, अरडू, नीम, सीरस तथा बबूल के वृक्षों के साथ कास्त फसलों को उगाने पर यह पाया गया है कि खेजड़ी 50–100 वृक्ष प्रति हेक्टेयर के साथ बाजरे की फसल पर किसी प्रकार का प्रतिकूल प्रभाव नहीं पड़ता है। अर्धशुष्क क्षेत्रों में अधिक लाभ के लिए बारानी भूमि पर अरडू आधारित कृषि वानिकी की सिफारिश की जा सकती है। इस प्रकार बारानी क्षेत्रों में पशुधन उत्पादन के लिए खेती की कृषि वानिकी पद्धति अपनाना लाभदायक सिद्ध होगा। उद्यान–कृषि के अन्तर्गत बेर के साथ विभिन्न फसलों में बाजरा+तितली मटर से सर्वाधिक शुष्क पदार्थ प्राप्त हुआ। शुष्क क्षेत्रों में बारानी अवस्थाओं के अन्तर्गत सेवण घास चारे का सबसे सस्ता स्रोत है। इसकी बुवाई विभिन्न प्रकार के तरीकों से करनी चाहिए तथा बुवाई करने के लिए हैरों या कल्टीवेटर चलाकर सेवण चरागाह स्थापन की सर्वोत्तम विधि है। एक बार सेवण चरागाह स्थापित होने पर साधारण प्रबन्धन के साथ कम खर्चे में 15–20 वर्ष तक लगातार 20–30 क्विंटल सूखा चारा प्रति हेक्टेयर प्राप्त किया जा सकता है। बारानी क्षेत्रों में 45 कि.ग्रा. नाइट्रोजन प्रति हेक्टेयर प्रयोग करने से चरागाह का उत्पादन बढ़ाया जा सकता है। इसके अलावा नाइट्रोजन को मेंगनी के खाद के साथ प्रयोग करने से सेवण घास की पैदावार को और अधिक बढ़ाया जा सकता है। मेंगनी की खाद 10 टन प्रति हेक्टेयर प्रयोग करने से सेवण घास का उत्पादन लगातार 5 वर्ष तक बढ़ाया जा सकता है तथा नाइट्रोजन उर्वरक के बेहतर उपयोग एवं मृदा उर्वरकता को बनाए रखने में मददगार साबित हुआ।

वन चरागाह

- स्वस्थ एवं उत्पादक भेड़ हेतु सूखे पौष्टिक चारे के साथ–साथ हरे चारे की भी आवश्यकता होती है।
- हरे चारे के रूप में ज्वार, बाजरा, जई, जौ, गोभिया सरसों, रिजका, बरसीम इत्यादि विभिन्न ॠतुओं में भेड़ों को कुट्टी कर खिलाया जाता है।
- सभी संसाधन होने के बाद भी वर्ष में दो बार नवम्बर–दिसम्बर एवं मई–जून में हरे चारे का अभाव रहता है। इस अभाव के समय चारा वृक्ष ही सम्भावित हरे चारे के स्त्रोत है।
- चारा वृक्षों में प्रोटीन, केल्शियम व फॉस्फोरस की मात्रा लघुरोमंथी पशुओं की आवश्यकता अनुसार होती है।
- चारा वृक्षों से छंगाई पश्चात् प्राप्त पत्तियों को सीधे भेड़ों को खिला सकते हैं। आवश्यकता से अधिक मात्रा में होने पर इन्हे सूखाकर टहनियों से झाड़कर सूखे चारे के रूप में संरक्षित कर लिया जाता है।
- चारा वृक्ष मृदा का कटाव रोकते हैं, मिट्टी की उर्वरकता व बनावट में सुधार लाते हैं और भेड़ों की चराई के दौरान गर्मियों में छाया भी प्रदान करते हैं।
- पहली मानसून की बरसात के बाद, स्थापित चरागाह में चारा वृक्ष उचित दूरी पर (10 X 10 वर्गमीटर – 100 वृक्ष प्रति हैक्टेयर) प्रतिबन्धित चराई अथवा पिंजरों से बचाव कर लगाने चाहिये।
- शुष्क व अर्ध–शुष्क क्षेत्रों के लिये अरडू, नीम, बबूल, खेजड़ी, सिरस, रोहिड़ा इत्यादि उपयुक्त चारा वृक्ष हैं।
- चारा वृक्षों की छंगाई वर्ष में दो बार हरे चारे के अभाव के समय नवम्बर–दिसम्बर व मई–जून में करें। छंगाई इस तरह करें कि वृक्ष की बढवार पर असर ना पड़े। अधिकतर ऊपरी शाखाओं को छोड़कर छँगाई की जाती है।

- कई चारा वृक्षों की फलियाँ, विशेष रूप से बबूल व खेजड़ी बहुत ही स्वादिष्ट एवं पौष्टिक होती हैं तथा प्रजनन योग्य भेड़ों के लिये चारे का एक अच्छा स्रोत है।

चारे के अन्य स्रोत

चरागाह अथवा किसानों के खेतों के आस–पास इस प्रकार की बहुत सी वनस्पति पाई जाती है जिसका उपयोग वैज्ञानिक तरीके से नहीं होने के कारण किसानों को इसका भरपूर लाभ नहीं मिल पा रहा है। यह वनस्पतियाँ निम्नलिखित हैं:

विलायती बबूल की फलियाँ

हमारे देश के अर्ध–शुष्क क्षेत्रों की वानिकी भूमि, सड़कों के किनारे, चरागाह इत्यादि में बबूल बहुतायत में पाया जाता है। इसकी भारत में 3–4 किस्में उपलब्ध है। इसकी पत्तियों को प्रायः पशु खाना पसंद नहीं करते हैं तथा कहा जाता है कि इसके खाने से पशु बीमार हो जाते हैं, कभी–कभी मर भी जाते हैं। परन्तु कुछ किस्मों की पत्तियाँ पशु थोड़ी मात्रा में खाते देखे गए हैं जिसका कोई दुष्प्रभाव सामान्यतौर पर नहीं देखा गया है। यह पेड़ पहले झाड़ियों के रूप में दिखता है। बाद में यह बड़ा पेड़ बन जाता है। इसका उपयोग मात्र बाड़ के रूप में तथा इसकी लकड़ी जलाने अथवा कोयला बनाने के उपयोग में ली जाती है। इस पेड़ से बहुत अधिक मात्रा में फलियाँ गर्मी के दिनों में प्राप्त होती है। कुछ फलियों को पशु खा जाते हैं, कुछ ऐसे ही खराब हो जाती है।

फलियों के विश्लेषण से यह पाया गया है कि यह फलियाँ बहुत ही पौष्टिक होती है। इन फलियों के दो मुख्य भाग हैं, पहला बीज तथा दूसरी बाहरी खोल। बीज में लगभग 25 से 30 प्रतिशत तक प्रोटीन पाई जाती है जबकि बाहरी भाग में लगभग 60 प्रतिशत तक शर्करा होती है। जैसा कि पहले बताया गया है कि कुछ फलियाँ पशु खा लेते हैं अथवा कुछ बेकार हो जाती है। पशुओं द्वारा खाई गई फलियों के बीजों का पाचन पशुओं की आँत में नहीं हो पाता है क्योंकि बीज एक थैलीनुमा संरचना में बंद होते हैं जो कि पाचन क्रिया द्वारा प्रभावित नहीं होते हैं।

यह इस बात का द्योतक है कि प्रोटीन वाला भाग पशु को नहीं मिल पाता है जबकि शर्करा वाला भाग (फली का बाहरी खोल) पशुओं को मिल जाता है। इन फलियों को सूखने के बाद इकट्ठा करके भली–भाँति पीस कर अन्य अवयवों के साथ मिलाकर एक पूरक आहार के रूप में खिलाना चाहिए जिससे कि बिना कोई पैसा लगाए एक पूरक आहार पशुओं को मिल सके। पीसकर खिलाने से पशुओं को प्रोटीन उपलब्ध होती है।

अरडू, नीम एवं बबूल: शुष्क एवं अर्द्ध–शुष्क इलाके में चराई के लिए उपयुक्त चारा वृक्ष

अरडू वृक्ष, नीम, देशी बबूल, पाला, खेजड़ी, व अन्य चारा वृक्ष

साँगरी अथवा खेजड़ी की फलियाँ

साँगरी अथवा खेजड़ी की फलियों का प्रयोग पश्चिमी राजस्थान में मनुष्य के उपयोग में बहुतायत में सब्जी बनाने में होता है परन्तु इसके पश्चात् भी खेजड़ी की पत्तियों के साथ खेजड़ी की फलियाँ भी भेड़–बकरियों को खिलाई जाती है। गर्मी के दिनों में गर्म हवाओं से इसकी पकी हुई फलियाँ गिरती हैं तथा प्रायः यह देखा जाता है कि भेड़–बकरियाँ इन फलियों को खाने के लिए इन पेड़ों के नीचे भागती है। खेजड़ी का पेड़ बहुत अधिक मात्रा में फलियाँ देता है। इन फलियों में प्रोटीन की मात्रा 30 प्रतिशत तक देखी गई है। गर्मी के दिनों में यदि इन फलियों को बकरियों

को 100 से 150 ग्राम प्रति पशु की दर से खिलाया जाए तो वे अधिक संख्या में गर्भित होती है तथा 20 से 30 प्रतिशत तक जुड़वाँ बच्चे भी मिलते हैं जो इस बात के प्रतीक हैं कि ये फलियाँ फ्लशिंग राशन का कार्य करती हैं तथा पशुओं की प्रोटीन की आवश्यकता पूरा करती हैं। पशुओं में ग्याभिन होने के लक्षण दिखाई देते हैं। इन फलियों को पीस कर एक संतुलित आहार बनाकर प्रयोग में लिया जाए तथा खाली पशुओं को खिलाया जाए तो यह एक प्राकृतिक फ्लशिंग राशन का रूप ले सकता है तथा किसानों के लिए बहुत ही लाभप्रद हो सकता है। साथ ही इस राशन का प्रयोग मेमनों के बढ़वार दाने हेतु पूरक खिलाई के लिए भी किया जा सकता है जिससे 80 से 100 ग्राम भार वृद्धि प्रतिदिन के हिसाब से अपेक्षित है।

बबूल की फलियाँ

देशी बबूल की फलियाँ तो प्रायः गाँव के साधारण सब्जी बेचने वालों के पास देखी जाती हैं। कुछ लोग जो एक या दो बकरी घर में रखते हैं वे इन्हें खरीद कर खिलाते हैं। परन्तु जंगलों में देशी तथा विलायती बबूल दोनों की फलियाँ बहुतायत में होती है तथा यह पातड़ी के नाम से जानी जाती है। ग्वाले इन्हें लकड़ी की सहायता से पेड़ों से झाड़कर बिना किसी हिसाब से भेड़ों व बकरियों को गर्मी में खिलाते हैं। विलायती बबूल की फलियों की तरह इन बबूल की फलियों में भी बीज बहुत ही कठोर होता है जो बिना पचे ही शरीर से बाहर निकल जाता है। इन फलियों के व्यवस्थित उपयोग के लिए यह आवश्यक है कि इन फलियों को पेड़ों से इकट्ठा करके इसे पीसकर यदि पशुओं को खिलाते हैं तो अधिक बढ़वार के साथ–साथ अधिक दूध की आवक होने के साथ ग्याभिन होने के लक्षण भी पशुओं में दिखाई देने लगते हैं। इन फलियों में प्रोटीन की मात्रा 25 से 30 प्रतिशत तक पाई जाती है जो कि निर्वाह के साथ–साथ पशु उत्पादन की आवश्यकताओं को भी पूरा करती है।

नागफनी का उपयोग

नागफनी अर्ध–शुष्क क्षेत्रों में पाया जाने वाला बहुत ही साधारण शुष्क वनस्पति है। इसकी कुछ प्रजातियों में बचाव के लिए पाये जाने वाले

काँटों की संख्या बहुत ही कम होती है। हम इन प्रजातियों का प्रयोग खेतों के चारों ओर बाड़ के साथ–साथ पशु के खाद्य अवयवों के रूप में भी कर सकते हैं। यह पाया गया है कि यदि इसे पशुओं को सीधे खिलाया जाए तो पशु काँटों के कारण इसे नहीं खाते हैं लेकिन इसकी कुट्टी करके दाने के साथ बढ़वार के लिए रखे गए मेमनों को खिलाया जाता है तो निर्वाह राशन के रूप में उपयोगी साबित होता है। पहले पशु इसे नहीं खाता है परन्तु बाद में इसे चाव से खाने लगता है।

मूँगफली का चारा

मूँगफली की फसल के पकने के पश्चात् उसका भूसा तथा पत्तियों का प्रयोग पशु आहार के रूप में किया जाता है जिसमें कुल पाच्य प्रोटीन की मात्रा 12 प्रतिशत होती है तथा कुल पाच्य अवयवों की मात्रा 55 प्रतिशत होती है। प्रायः यह देखा गया है कि किसान पशुओं को सीधे ही मूँगफली के इस चारे को खिलाते हैं जिससे ये महत्वपूर्ण अवयव बिना किसी उपयोग के या तो बेकार हो जाते हैं या कभी–कभी इस चारे के खाने वाले पशुओं में हरे दस्त देखे जा सकते हैं। इस प्रोटीन की अधिकता वाले स्रोत का प्रयोग यदि अन्य चारों के साथ मिलाकर एक निश्चित मात्रा में किया जाता है तो पशुओं को उसका अधिक लाभ प्राप्त होता है। इसके अतिरिक्त पशुओं को लम्बे समय तक मिश्रित चारा उपलब्ध हो सकता है।

पाला उत्पादन

शुष्क एवं अर्ध–शुष्क क्षेत्रों में चरागाह के अन्दर देशी बेरी के पौधे उगे होते हैं इससे चरागाह की उत्पादकता पर विपरीत प्रभाव पड़ता है। इसकी साल में एक बार कटाई करने से चरागाह की उत्पादकता को बढ़ाने के साथ पाला उत्पादन के रूप में अतिरिक्त चारा प्राप्त कर सकते हैं तथा पत्तियों को अलग करने पर शेष बचे भाग को चरागाह की सुरक्षा के लिये उपयोग में लिया जा सकता है। पाला जानवरों के लिए बहुत उपयोगी है। इसे चारे की कमी के दिनों में बहुत ही महत्वपूर्ण पाया गया है। झरबेरी अधिकतर चरागाहों में स्वतः उग आती है परन्तु उन्नत चरागाह की समय पर सफाई न करने से उनमें इसकी बढ़वार बड़ी तेजी से हो जाती है। झरबेरी से अधिक चारा पत्ती उत्पादन करने पर शोध

कार्य किये गये हैं तथा इनसे पता चला है कि झरबेरी को भूमि की सतह से काट कर वर्षा के मौसम में कल्टीवेटर चलाकर गहरी जुताई करें। इसके अलावा अधिक पैदावार लेने के लिए 40 कि.ग्रा. प्रति हेक्टेयर फॉस्फोरस की मात्रा सिंगल सुपर फॉस्फेट के रूप में अवश्य प्रयोग में लावें। यदि झरबेरी प्राकृतिक चरागाह में उग रही हो तो उसमें 25 कि.ग्रा. नाइट्रोजन को 40 कि.ग्रा. फॉस्फोरस के साथ देकर उन्नत घास को पुनः जीवित करने से प्रति इकाई क्षेत्र पर पाला उत्पादन के साथ–साथ घास की पैदावार अच्छी मिलती है। चरागाह को मिश्रित या एकल रूप में बुवाई करें तथा बुवाई लाइनों में करना उचित होता है। दुबारा से इस प्रकार तैयार पुराने चरागाहों में उन्नत तकनीकी से 16–17 क्विंटल पाला प्रति हेक्टेयर तथा इसके अलावा चरागाह में उगी घास और दलहनी फसलों से 30 क्विंटल सूखा चारा प्राप्त कर सकते हैं। इस प्रकार यह तकनीकी कम लागत पर अधिक मुनाफा देती है।

लूम उत्पादन

चरागाह में वृक्ष तथा झाड़ियाँ लगाई जाती है। उनसे हरी पत्तियाँ व कोमल टहनियाँ प्राप्त होती हैं जिन्हें भेड़, बकरी, ऊँट तथा अन्य जानवरों को काट कर सीधा ही खिलाया जाता है। लूम ज्यादातर कँटीली झाड़ियाँ व काँटेदार वृक्षों से मिलती है तथा इनकी पत्तियाँ आकार में छोटी होती है जिन्हें जानवर बहुत कम खाते हैं। परन्तु ऊँट व बकरी लूम को बहुत पसन्द करते हैं। क्योंकि इन जानवरों का जबड़ा कठोर होता है जिससे काँटे व मुलायम भाग को आसानी के साथ चबा लेते हैं। झाड़ियों में डाइक्रो, खेरी, जिन्जा, ककेड़ा, रोहेड़ा तथा वृक्षों में खेजड़ी, सीरस, अरडू, नीम और बबूल इत्यादि की लूम अर्थात मुलायम पत्तियाँ व तने के ऊपरी भाग को पशु बड़े चाव से खाते हैं। क्योंकि इसमें पानी व खनिज पदार्थों की बहुलता होती है। अतः चरागाहों में घास एवं दलहनी चारा फसलों को एक साथ उगाने के अलावा वृक्ष व झाड़ियों का रोपण करना अनिवार्य है। जिससे हरे चारे की कमी के दिनों में वृक्ष तथा झाड़ियों की कटाई व छंगाई से पुनः फुटान अच्छी आती है तथा चारे की कमी के समय एक अच्छे चारे की उपलब्धता बढ़ जाती है। चरागाह में लगाये गये

वृक्ष गर्मियों के दिनों में चरने वाले जानवरों को छाया भी प्रदान करते हैं। जिससे उनकी शारीरिक क्षमता पर प्रतिकूल वातावरण का हानिकारक प्रभाव नहीं पड़ता है।

कटाई–छंगाई

पेड़ की कटाई–छंगाई इस प्रकार करनी चाहिए कि उनकी वृद्धि पर किसी भी प्रकार का बुरा प्रभाव न पड़े। लोपिंग करते समय ध्यान रखना चाहिए कि पेड़ की सभी मुख्य शाखाओं को छोड़ते हुए सभी घनी शाखाओं को काट देना चाहिए। कभी पेड़ को इस तरह न काटे कि उस पर कोई मुख्य शाखा का पतन हो, यदि पेड़ को इस तरह काटा जाए कि उस पर कोई हरियाली न हो तो पेड़ पर अगले वर्ष पूर्ण रूप से पत्ते व शाखाऐं नहीं आ पायेगी तथा वृक्ष की वृद्धि प्रभावित होगी क्योंकि पत्तों की उपस्थिति में पेड़ अपना भोजन बनाकर वृद्धि करते हैं। जिसके न होने पर उनकी वृद्धि पर प्रतिकूल प्रभाव पड़ता है तथा इनसे चारा प्राप्त नहीं होगा अर्थात् पेड़ों की छँटाई इस तरह करना चाहिए कि उस पर मुख्य शाखाओं को छोड़ते हुए इस आकार में छाँटना चाहिए जिससे पेड़ न तो अधिक ऊँचा हो पाये और न ही अधिक फैल सके जिससे कि जमीन पर उगी फसलों पर हानिकारक प्रभाव कम हो सके। किसानों को वर्ष में अपने वृक्षों की नई शाखाओं को छोड़कर सभी पुरानी शाखाओं को पशुओं के लिए काट लेना चाहिए अर्थात् कम से कम दो तिहाई भाग को इस प्रकार काट लेना चाहिए कि वृक्ष की वृद्धि पर उसका कोई बुरा प्रभाव नहीं पड़े। अधिक तथा बार–बार पेड़ की कटाई से उसके विकास में बाधा उत्पन्न होती है। इसलिये चारा वृक्षों की छंगाई हल्की करें।

चरागाह की चराई विधियाँ

चरागाह में पशुओं की संख्या निर्धारित करते समय चरागाह की वहन क्षमता को ध्यान में रखना चाहिए। एक समूह में केवल सीमित संख्या में ही पशु चरागाह में हो। लगातार अनियमित चराई से भी चरागाह का उत्पादन कम हो जाता है तथा लगातार अधिक समय तक चराते रहने से अधिक स्वादिष्ट किस्म की घासें व पौधे कम हो जाते हैं। इससे बचने

के लिए रूक–रूक कर स्थान बदल कर चराई करानी चाहिए। चराई की विभिन्न विधियों को नीचे वर्णित किया गया है :

चक्रवत चराई

चरागाह को तार से घेर कर चार भागों में बाँट दिया जाता है और बारी–बारी से सभी भागों को बराबर चराया जाता है। इस प्रकार प्रत्येक भाग में वर्ष में चौथाई समय में चराई कराते हैं तथा शेष नौ माह इस भाग में चराई बन्द रहती है। इस दौरान इस भाग के घास व पौधों को अपनी बढ़ोत्तरी करने का पर्याप्त समय मिल जाता है। चरागाह स्थापित करने के दूसरे वर्ष में प्रथम भाग से चराई शुरू करते हैं तथा जब तक तीसरे भाग की चराई शुरू करते हैं तो तीसरे व चौथे भाग में काफी बीज पक कर जमीन पर गिर जाते हैं। अगले साल चराई दूसरे भाग में शुरू करते हैं तथा बाद में प्रथम भाग का नम्बर आता है। इस समय तक इस भाग में क्षतिपूर्ति हो जाती है। यह चराई की एक आदर्श विधि है।

अस्थाई चराई

इस प्रणाली में चरागाह को तीन भागों में बाँट दिया जाता है। एक भाग को बीज के लिए छोड़कर अन्य दोनों भागों में बारी–बारी से चराई कराई जाती है, ताकि घासों को विकसित होने में प्रयाप्त समय मिल सके। बीज के लिए रखे गये भाग की चराई उस अवस्था में कराई जाती है जब पौधे बहुत पुराने और अरूचिकर न रह गये हों। अन्य दो भागों को बारी–बारी से चराई कराने से मुलायम चारे प्राप्त होते हैं और चरागाह का उत्पादन भी बढ़ जाता है।

लगातार नियंत्रित चराई

चरागाह में पशुओं की संख्या उनकी उत्पादन क्षमता के अनुसार तय करके लगातार चराई कराई जाती है लेकिन जैसे ही कोई अच्छी किस्म की घास कम होने लगती है तो चराई तब तक स्थगित कर दी जाती है जब तक कि वहाँ पर पूर्ण रूप से क्षतिपूर्ति न हो जाए।

वर्ष भर हरा चारा कैसे लें ?

पशुओं को स्वस्थ और उत्पादक बनाए रखने में हरे चारे का महत्वपूर्ण योगदान होता है। खली और दाना (रातिब) की कीमतें निरन्तर बढ़ रही हैं, ऐसी स्थिति में हरे चारे का विशेष महत्व हो जाता है क्योंकि यह सस्ता व लाभप्रद है तथा इसमें सभी पोषक तत्व उपलब्ध होते हैं जो कि पशुओं की उत्पादकता के लिए आवश्यक हैं साधारणतया वर्ष में अप्रैल से जून तथा नवम्बर से दिसम्बर तक दो अन्तराल ऐसे होते हैं जिसमें हरे चारे की कमी सारे साधन होते हुए भी रहती ही है। इस अवधि में हरे चारे की उपलब्धता को बनाये रखने के लिए हरे चारे की उत्तम योजना, सघन फसल चक्र तथा चारे की फसलों की उन्नत जातियाँ अपनाकर हरे चारे की कमी को पूरा किया जा सकता है।

एक ही खेत में वर्ष भर हरा चारा प्राप्त करने की विधि लघु और सीमांत कृषकों के लिए विशेष उपयोगी है। इस प्रणाली से हरा चारा उगाने के लिए अनुमोदित सस्य क्रियाओं को अपनाकर अक्टूबर के पहले पखवाड़े में बरसीम और रिजका की बुआई करनी चाहिए। नवम्बर के अन्त से दिसम्बर के मध्य तक इन फसलों से हरा चारा मिलना शुरू हो जाता है तथा बरसीम और रिजका की तीसरी कटाई के तुरन्त बाद खेत में नेपियर (हाथी घास) की रोपाई कतारों में एक मीटर के अन्तर पर पौधे से

पौधे की दूरी 50 सेमी रखते हुए करें। अप्रैल के अंतिम सप्ताह तक बरसीम की फसल समाप्त हो जाती है। इस समय तक हाथी घास पहली

कटाई के लिए तैयार हो जाती है। बरसीम की अंतिम कटाई के बाद गर्मियों में लोबिया और ज्वार चरी की बुवाई करके चारा उत्पादन लिया जा सकता है।

मार्च में ज्वार, मक्का, बाजरा, ग्वार और चौला/चँवला की बुवाई करने से मध्य अप्रैल से चारा उपलब्ध हो जाता है। यदि मई में इन फसलों की बुवाई करें तो मध्य जून से चौले की उपलब्धता होने लगती है। जुलाई में चारा फसलों की बुवाई करने से सितम्बर–अक्टूबर में चारा मिल पाता है। दिसम्बर से चाइनीज कैबेज, रिजका, जापानी रेप की बुवाई करने से नवम्बर–सितम्बर से चारा मिल पाता है। यदि हम अक्टूबर में जई, बरसीम और रिजका की बुआई करते हैं तो दिसम्बर से जून तक चारा मिलता है। नवम्बर में बरसीम, जई और रिजका लगाने से हमें जनवरी से जून तक चारा मिलता है। इस प्रकार चारा फसलों को उनके समयानुसार उगाने से साल भर हरे चारे की उपलब्धता बनायी रखी जा सकती है।

वार्षिक चारा फसल चक्र

पशुओं को सालभर हरा चारा उपलब्ध करवाने के लिए उचित फसल चक्र अपनाना चाहिए जिससे फसलों की संख्या में बढ़ोत्तरी करके प्रति हेक्टेयर क्षेत्रफल पर उगाई गई चारा फसलों की उत्पादकता बढ़ाई जा सके तथा घास कुल की चारा फसलों के बाद दलहनी कुल की चारा फसलों को फसल चक्र में अलग–अलग बनाएँ क्योंकि भूमि व जलवायु भिन्न–भिन्न होने के कारण फसलों का चुनाव वातावरण के अनुसार करना अनिवार्य है। वस्तुतः फसलों का चुनाव करते समय यह ध्यान रखना चाहिए कि जहाँ पर चारा उगाया जाना है उस स्थान की परिस्थिति में कौन–सी फसल सर्वाधिक उपज देती है। फसल चक्र आवश्यकता के अनुसार हो तथा इसमें अदलहनी चारा फसलों के साथ दलहनी चारा फसलों का समावेश हो जिसमें भूमि की उर्वरता को बनाए रखा जा सके तथा रासायनिक खाद की खपत को कम करके चारा फसलों को उगाने में आने वाली लागत को कम करके अधिक लाभ कमाया जा सकता है। वार्षिक चारा फसल चक्र में कम समय में तैयार होने वाली चारा फसलों का समावेश अति आवश्यक है।

रबी मौसम में कम पानी तथा कम समय में तैयार होने वाली चारा और दाना देने वाली चारा फसलें जैसे जौ और जई की खेती को प्राथमिकता देनी चाहिए। बरसीम, रिजका, मैथी व जई शरद्–ऋतु के हरे चारों में सर्वोत्तम है जिनको कम क्षेत्र में उगाकर ही पशुओं को काफी मात्रा में उत्तम हरा चारा उपलब्ध कराया जा सकता है। जो शरद्–ऋतु से ग्रीष्म–ऋतु के प्रारम्भ होने तक (दिसम्बर से मई तक) नियमित रुप से उपलब्ध होता रहता है। जहाँ सिंचाई के साधन और पानी की सुविधा है वहाँ जायद (गर्मियों) में खेत खाली रखने की बजाय चारा फसलें जैसे ज्वार, बाजरा व मक्का को शुद्ध और चौला तथा ग्वार के साथ मिश्रित फसलें उगाकर पशुओं को चारा उपलब्ध कराया जा सकता है। नागफनी का उपयोग अधिकतर खेतों की मेड़ पर बाड़ के रूप में किया जा सकता है। परन्तु इसमें कम काँटेवाली प्रजातियों का प्रयोग बाड़ के साथ–साथ पशुओं को खिलाने में किया जा सकता है। नागफनी पशुओं को खिलाने से पूर्व अच्छी तरह कुट्टी काटकर कड़बी या घास के साथ खिलाना चाहिए। भेड़ों में खाद्य अवयव के रूप में खिलाने पर करीब 3–4 कि.ग्रा अथवा सूखा करीब 800–1000 ग्राम तक खिलाया जा सकता है। इस प्रकार की खिलाई से पशुओं के देह भार में कमी नहीं होती है। अतः अकाल ग्रस्त क्षेत्रों में पशुओं के भोज्य अवयव के रूप में नागफनी का प्रयोग किया जा सकता है।

चारा पत्ती व फलियाँ

पेड़ों की पत्तियाँ हरे चारे का सर्वाधिक उपयुक्त वैकल्पिक आहार है। चारा वृक्षों के चुनाव में क्षेत्रीय जलवायु को ध्यान में रखा जाता है। अधिक शुष्क क्षेत्रों के लिए खेजड़ी तथा रोहिड़ा जैसे चारा वृक्ष उपयुक्त हैं। बेर एवं डाईक्रो जैसी चारा झाड़ियाँ भी ऐसे क्षेत्रों के लिए उपयोगी हैं। अर्ध–शुष्क क्षेत्रों में अरडू, सिरस, नीम, देशी बबूल इत्यादि चारा वृक्ष अच्छी तरह से लगाये जा सकते हैं। जिन्जा व डाईक्रो आदि चारा झाड़ियों को अरडू इत्यादि वृक्षों के बीच हरे व सूखे चारे की पैदावार हेतु लगाया जा सकता है। पर्याप्त विकसित होने के बाद वृक्षों की छंगाई करके उनकी हरी अथवा सूखी पत्तियों को चारे के अभाव के समय पशुओं को खिलाया

जा सकता है। खेजड़ी तथा बबूल की विभिन्न प्रजातियों की फलियों को सांगरी या पातड़ी के नाम से जाना जाता है। इन फलियों में प्रोटीन की मात्रा लगभग 30–50 प्रतिशत होती है। प्रोटीन पशुओं के लिए अत्यन्त आवश्यक अवयव है।

रबी की चारा फसलें

वर्षा ऋतु की उपलब्ध नमी में सितम्बर माह के आरम्भ में भूमि को तैयार करके चारे के बीजों की बुवाई की जा सकती है। बुवाई से पहले खेत में गोबर की खाद 10 टन प्रति हेक्टेयर मिट्टी में भलीभाँति मिला देना चाहिए। अधिक चारा लेने के लिए जई और जौ की फसलों में 80–100 कि.ग्रा. नाइट्रोजन प्रति हेक्टेयर तथा 40 किग्रा. फॉस्फोरस तथा इतना ही पोटाश काम में लाये। यदि रबी के मौसम में चारे के लिये बरसीम, रिजका, कासनी, सेन्जी और मैथी उगाने के समय 20 कि.ग्रा. नाइट्रोजन तथा 60 कि.ग्रा. फॉस्फोरस की सिफारिश की जाती है। फॉस्फोरस व पोटाश की सम्पूर्ण मात्रा तथा नाइट्रोजन की एक तिहाई मात्रा बुवाई के समय पर देते है। शेष नाइट्रोजन की मात्रा में से एक तिहाई प्रथम सिंचाई के समय तथा एक तिहाई प्रथम कटाई के बाद देनी चाहिए। ध्यान रहे प्रत्येक कटाई के तुरन्त बाद चारा फसलों को पानी पिलाना ना भूलें तथा बताई गयी नाइट्रोजन की मात्रा का प्रयोग अवश्य करें जिससे कि फूटान अथवा पुनः वृद्धि ठीक से हो सके। चारा फसलों की कटाई भूमि की सतह से 4–5 सेमी की ऊँचाई पर करना चाहिए जिससे अधिक कल्ले निकलते हैं तथा पौधों की संख्या में अधिक बढ़ोत्तरी होती है। सर्दी के मौसम में सिंचाई 15–20 दिनों के अन्तराल पर करें तथा गर्मी के मौसम में सिंचाई का अन्तराल 8–10 दिन का रखना चाहिए। घास कुल में मोटे बीज वाली फसलों में बीज दर 100 कि.ग्रा. प्रति हेक्टेयर रखनी चाहिए। फलीदार व घास के बीजों को मिश्रित करके खेती करते समय बीज की मात्रा घटाकर आधी कर देनी चाहिए। जैसे–घास कुल की चारा फसलों की बीज दर 50–60 कि.ग्रा. तथा दलहनी चारा फसलों का 10–12 कि.ग्रा. बीज प्रति हेक्टेयर पर्याप्त रहता है। घास व दलहनी फसलों के बीजों को मिश्रित करके लगाने से न केवल

अधिक चारा मिलता है बल्कि पोषक तत्व भी अधिक मात्रा में मिलते हैं। चारा फसलों के बीजों की बुवाई 20–25 सेमी की दूरी पर कतारों में तथा 2–3 सेमी की गहराई पर करना चाहिए। शीघ्र चारा प्राप्त करने के उद्देश्य से बरसीम, रिजका, जई, जौ और कासनी के साथ 2.5 कि.ग्रा. सरसों का बीज या मैंथी एवं चाईनीज कैबेज का बीज मिलाना चाहिए क्योंकि इन सभी फसलों की बढ़वार बड़ी तेजी से होती है।

रिजका– यह रबी के मौसम में उगाई जाने वाली एक बहुवर्षीय फलीदार चारे की फसल है, जिसमें सूखे के साथ ठण्ड एवं गर्मी को सहन करने की भरपूर क्षमता होती है। इसकी जड़ों में उपस्थित राइजोबियम जीवाणु वायुमण्डल की नाइट्रोजन का स्थिरीकरण कर भूमि की उर्वरा शक्ति को बढ़ाते हैं। यह पशुओं के लिए पौष्टिक एवं लाभदायक चारा है जिसमें प्रोटीन की मात्रा भरपूर होती है। इसकी उन्नत किस्मों में आनन्द–2, एलएलसी–3 तथा बहुवर्षीय किस्मों में टी–9, आरएल–88 आदि होती है। इसकी बुवाई 20–25 सेमी की दूरी पर लाइनों में 2–3 सेमी की गहराई पर की जाती है। शुरू की कटाई में अधिक चारा लेने के लिए 1–2 किग्रा. सरसों का बीज रिजका के साथ मिलाकर बोना चाहिए। बीज को राइजोबियम कल्चर से उपचारित जरूर कर लेना चाहिए। इसकी बुवाई अक्टूबर से नवम्बर के मध्य तक कर लेनी चाहिए। पौधे निकलते समय हल्की सिंचाई अवश्य करें। सर्दियों में 10–12, बसंत ऋतु में 10–15 और गर्मीयों के दिनों में 7–8 दिनों में सिंचाई अवश्य करें। इस फसल में अमरबेल नामक खरपतवार का प्रकोप होता है इसलिए इसका प्रमाणित बीज ही बुवाई के काम में लेना चाहिए। बीज को 10 मिनट तक साधारण नमक के पानी मे डूबोकर 5 मिनट तक हिलायें तथा बाद में साफ पानी से 3–4 बार अच्छी तरह धोकर कल्चर से उपचारित कर बुवाई के काम में लेना चाहिए। इस प्रकार इसकी फसल से हमें 500–600 क्विंटल चारा प्राप्त होता है। यदि इसकी फसल में बीज उत्पादन करना हो तो फरवरी के बाद कटाई करना बन्द कर देना चाहिए तथा किसी भी प्रकार की कीटनाशक दवाई का प्रयोग न करें।

बरसीम :– बरसीम एक फलीदार चारे की फसल है जो पशुओं के लिये

उत्तम और पौष्टिक चारा माना जाता है। यह भूमि की उर्वरा शक्ति में वृद्धि करती है। बरसीम की खेती के लिए अधिकतम तापमान 30 डिग्री सेन्टीग्रेड तथा न्यूनतम 13 डिग्री सेन्टीग्रेड के बीच अच्छा रहता है। जबकि फसल की उत्तम बढ़ोत्तरी के लिए 16–20 डिग्री सेन्टीग्रेड के बीच अच्छा रहता है। सामान्यतः भारी दोमट मिट्टी जिसकी जल धारण क्षमता अधिक होती है, इस फसल के लिए उत्तम मानी गयी है। साथ–साथ इसके लिये सिंचाई व जल निकास की आवश्यकता पड़ती है। इसकी उन्नत किस्मों में मसकावी, खण्डरावी एवं फाहली है। इसकी देशी किस्मों से चारा कम मिलता है अतः उन्नत किस्मों में पूसा जाइंट, टी–780, 526, 678, 724 तथा 560 का प्रयोग अधिक किया जाना चाहिए। ये किस्में कम खर्च के साथ अधिक उपज देती हैं। अतः बुवाई से पहले इन्हें साधारण नमक के 5 प्रतिशत घोल में डाल देना चाहिए जिससे कासनी के बीज तथा अन्य कमजोर बीज तैरने लगते हैं जो की आसानी के साथ निकाले जा सकते हैं। नीचे बैठे हुये बीजों को साफ पानी में धोकर, सुखाकर काम में लिया जाता है। इसके पौधों की जडों में भी राईजोबियम गाँठे होती है, जो नाइट्रोजन का स्थिरीकरण करती है। साधारणतः इसकी बुवाई के लिये प्रति हेक्टेयर 25–35 किग्रा. बीज की आवश्यकता पड़ती है जबकि देशी किस्मों के लिये 25 किग्रा. बीज की जरूरत पड़ती है। इसकी बुवाई मुख्य रूप से दो प्रकार से की जा सकती है। प्रथम छिड़काव विधि, इसमें क्याँरियों में 5–7 सेमी गहरा पानी भरकर उनमें बीज को छिटक दिया जाता है। दूसरी विधि में बीज को मिट्टी में छिटक कर मिला देते हैं और बाद में पानी भर देते हैं। कतारों में बुवाई के लिये सीडड्रिल या देशी हल से 15–20 सेमी की दूरी पर कूडों में बीजों को डाल दिया जाता है। बाद में पाटा चलाकर मिट्टी की सतह को समतल बना दिया जाता है। खाद एवं उर्वरक के लिये जीवांश खाद की जरूरत होती है। इसलिए 10–15 टन अच्छी सड़ी गोबर की खाद या कम्पोस्ट बुवाई के 15 दिन पूर्व खेत में डाल देना चाहिए। इसके अलावा 20 किग्रा. नाइट्रोजन तथा 60 किग्रा. फॉस्फोरस प्रति हेक्टेयर की दर से बुवाई से पूर्व जरूर देना चाहिए। इसे हानि पहुँचाने वाले प्रमुख कीटों में जैसे– सेमीलूपर, थ्रिप्स, एडिफ एवं चने की सुंडी मुख्य है। इनके बचाव के लिए क्रमशः एण्डोसल्फाँन का

छिड़काव या 0.5 प्रतिशत मैलाथियान का घोल उपयोग में लिया जा सकता है। बरसीम एक वर्षीय फसल है इसलिये इससे 4–5 कटाई से 800–900 क्विंटल हरा चारा प्राप्त किया जा सकता है।

खरीफ की चारा फसलें

हरे चारे की खेती मुख्य रूप से खरीफ के मौसम में की जाती है क्योंकि इस मौसम में सिंचाई के लिए पानी की आवश्यकता नहीं पड़ती है तथा इसके साथ ही वातावरण की अनुकूलता के कारण कम खाद व बीज की जरूरत पड़ती है। इस मौसम में चारा फसलों की वानस्पतिक वृद्धि भी अपेक्षाकृत अधिक होने के कारण चारा भी अधिक पैदा होता है। खरीफ में मुख्य रूप से बोयी जाने वाली चारा फसलों में चौला, बालौर, ग्वार, तितली मटर, स्टाईलो, कुल्थी, ज्वार चरी और मक्का आदि है तथा चरागाह में अंजन, धामण, सेवण, गिन्नी घास, मारवाड़ धामण और मारबल आदि घासों की बुवाई की जा सकती है। लेकिन इस मौसम में उगाई गई चारा फसलों में हानिकारक कीट एवं खरपतवारों का प्रकोप अधिक देखने में आता है। खरीफ में बोयी जाने वाली मुख्य चारा फसलों की सस्य विधियों का फसलवार विवरण नीचे संक्षिप्त में दिया गया है।

चौला – दलहनी चारा फसलों में चौला का प्रमुख स्थान है। इसकी उन्नत किस्मों को चारा उत्पादन क्षमता के लिए जॉचा गया, जिसमें रसियन जायन्ट, ई.सी. 4216, यूपीसी 9020, एफओएस–1, एन.पी–3, सी–152 तथा आर.सी.–19 किस्में अधिक उपयुक्त पाई गयी है। इनसे 350 क्विंटल प्रति हेक्टेयर तक हरा चारा प्राप्त किया जा सकता है। उर्वरकों के प्रयोग पर किये गये अनुसंधानों से ज्ञात हुआ है कि 30 किग्रा. नाइट्रोजन तथा 60 किग्रा. फॉस्फोरस प्रति हेक्टेयर प्रयोग करने से रसियन जायन्ट किस्म से 92 क्विंटल सूखा चारा प्रति हेक्टेयर प्राप्त हुआ। वैसे दलहनी चारा फसलों के लिये 20 किग्रा. नाइट्रोजन तथा 60 किग्रा. फॉस्फोरस की सिफारिश की गई है।

सेम (डोलीकस लबलब)– यह एक द्विवर्षीय दलहनी चारा फसल है। इस पर किये गये बहु आयामी अनुसंधानों से ज्ञात हुआ है कि इसका अधिकतम चारा उत्पादन 72 क्विंटल शुष्क पदार्थ प्राप्त किया जा सकता

है। इस फसल से अधिक चारा लेने के लिये 20 किग्रा. बीज को लेकर 30X30 सेमी के अन्तराल पर बुवाई करने के लिए 60 कि.ग्रा. फॉस्फोरस को काम में लाना चाहिए तथा अधिक उत्पादन के लिए इसमें फूल बनते समय चारे के लिए इसे काट लेना चाहिए।

ग्वार– ग्वार की कुछ विशेष किस्में है जिन्हें चारा उत्पादन हेतु अच्छा आँका गया है उनमें से मुख्य रूप से मालपुरा जायद, एफओएस–277, दुर्गापुरा सफेद, एचएफजी– 119, अगेती ग्वार–111, आरजीसी–936 तथा जी–1 है। अनुसंधान के आधार पर ज्ञात हुआ है कि ग्वार चारे का अधिकतम उत्पादन 93 क्विंटल शुष्क पदार्थ प्रति हेक्टेयर प्राप्त हुआ। यह उत्पादन 20 किग्रा. नाइट्रोजन तथा 60 किग्रा. फॉस्फोरस प्रति हेक्टेयर का प्रयोग करके लिया जा सकता है जबकि बिना उर्वरकों के प्रयोग से यह मात्र 54 क्विंटल प्रति हेक्टेयर तक ही मिला।

जई– यह घास कुल के चारों में रबी के मौसम में उत्तम चारा माना गया है। इसकी केण्ट किस्म से 80 किग्रा. नाइट्रोजन तथा 30 किग्रा. फॉस्फोरस की मात्रा का प्रयोग करके 632 क्विंटल तक हरा चारा प्राप्त हुआ। शुष्क पदार्थ की मात्रा दलहनी चारा फसलों की अपेक्षा घासों में अधिक आँकी गई है। घासों में पूसा जाइंट अंजन से अधिक शुष्क पदार्थ प्राप्त हुआ।

ज्वार– कृषकों के खेत पर किये गये तुलनात्मक अध्ययनों से पता चलता है कि ज्वार चरी की बहुकटाई किस्मों में एसएसजी–5001, एसएसजी–826, पूसा चरी, पीजी–3036, जुम्बो–16006 तथा हरा सोना किस्मों की औसत उत्पादन क्षमता स्थानीय किस्मों की अपेक्षा अधिक होती है। आँकड़ो से पता चला है कि संकर किस्मों में 120 किग्रा. नाइट्रोजन तथा 60 किग्रा. फॉस्फोरस/हेक्टेयर को 10 टन देशी खाद के साथ संयुक्त रूप से प्रयोग करने पर अधिकतम हरे एवं सूखे चारे की पैदावार ली जा सकती है।

मक्का:– देश के अधिकांश मैदानी व पहाड़ी क्षेत्रों में चारे के लिये मक्के की खेती सफलतापूर्वक की जा सकती है। इसे सभी प्रकार की मिट्टी में उगाया जा सकता है परन्तु गहरी भारी मिट्टी मक्का की खेती के लिए बेहतर समझी जाती है क्योंकि यह अपने अंदर पानी को अधिक समय तक रोकने में सक्षम होती है। लवणयुक्त एवं क्षारीय मिट्टी से यथासंभव बचना

चाहिए। चारे के लिए उन्नत किस्मों में अफ्रीकन टाल, मोती, विजय, मंजरी, माही कंचन तथा जवाहर आदि किस्मों को बुवाई के काम में लेना चाहिए। बुवाई के समय ऐसा सुविधाजनक तालमेल बैठना चाहिए जिसमें कि प्राकृतिक वर्षा का अच्छी तरह से उपयोग हो सके तथा जमीन को अगली फसल के लिए पर्याप्त समय मिल सके। उर्वरकों के संतुलित प्रयोग की संस्तुत मात्रा नाइट्रोजन 50–60 किग्रा. फॉस्फोरस 30 किग्रा. तथा पोटाश 20 किग्रा. प्रति हेक्टेयर की दर से काम में लेना चाहिए तथा एक बार प्रयोग करने के बाद कम से कम 3 वर्ष तक देशी खाद की आवश्यकता नहीं पड़ती है। बुवाई के समय नाइट्रोजन की सम्पूर्ण मात्रा का एक चौथाई भाग, फॉस्फोरस, पोटाश तथा जिंक की सम्पूर्ण मात्रा को लेकर 5–7 सेमी की गहराई पर सीडड्रिल से भूमि में डाल देना चाहिए। इसके बाद बीज की बुवाई पंक्तियों में करना चाहिए। अधिक चारे के लिये मक्का की बुवाई चौला को मिश्रित करके उगाना चाहिए। बीज की मात्रा 50–60 किग्रा. लेकर बुवाई जून–जुलाई माह तक पूर्ण कर लेनी चाहिए। चारे के लिये मक्का की कटाई 60–75 दिन बाद करें। इस प्रकार से उचित प्रबन्धन करके मक्का की फसल से 350–450 क्विंटल प्रति हेक्टेयर तक हरे चारे की पैदावार ली जा सकती है।

नेपीयर घास

यह एक बहुवर्षीय अदलहनीय चारा फसल है। इस फसल की खेती रबी एवं जायद दोनों मौसमों में संभव है। इसकी बुवाई के लिए उन्नत किस्मों में एन.बी. 21, पूसा जायंट, घास, आई.जी.एफ.आर.आई. –3808, बुन्देल–1, बुन्देल–2 आदि किस्मों को बुवाई के लिये अनुकूल पाया गया है।

जायद की चारा फसलें

गर्मी के दिनों में चारे के लिये मक्का, लौबिया तथा संकर ज्वार आदि की बुवाई करनी चाहिए। गर्मी के मौसम में चारे के लिए खास किस्मों को ही काम में लेना चाहिए जिनकी बुवाई करना लाभदायक है। अधिक चारा लेने के लिए मक्का की उन्नत किस्मों में मांही कंचन, गंगा–2 और अफ्रीकन टॉल, लौबिया की रसियन जाईन्ट, यूपीसी– 5286,

यूपीसी–9202 अच्छी किस्में है। चरी की कुछ किस्मों से कई कटाई प्राप्त की जा सकती है जैसे– एम पी चरी, पूसा चरी–23 व पायनयिर की संकर किस्में आदि। बीज की मात्रा गर्मी में बोई जाने वाली फसलों में मक्का के लिए 40 किग्रा., लौबिया के लिये 35 कि.ग्रा. तथा चरी के लिए 20–25 किग्रा. प्रति पर्याप्त रहता है। मक्का की बुवाई 25–30 सेमी लौबिया व बहुकटाई वाली ज्वार चरी की बवाई 30–35 सेमी दूरी पर कतारों में करते हैं तथा बुवाई के समय दलहनी चारा फसलों में 20 किग्रा. नाइट्रोजन तथा 40 किग्रा. फॉस्फोरस की आवश्यकता पड़ती है।

चारा संरक्षण

चरागाह में वर्ष के कुछ महीनों में तो हरा चारा आवश्यकता से अधिक उपलब्ध होता है मगर कुछ समय चारे की बहुत कमी हो जाती है। इसलिए अधिकता के समय में हरे चारे को बचा लेना चाहिए ताकि उसको कमी के दिनों में खिलाया जा सके। कमी के समय के लिए अतिरिक्त चारे को सुरक्षित रखने के ढ़ंग को चारा संरक्षण कहते हैं। चारे का संरक्षण ''हे'' या ''साइलेज'' बनाकर कर सकते हैं। ''हे'' हरे चारे को उचित अवस्था पर काट कर इसे खेत में इस प्रकार सुखाया जाता है कि उसमें 15–20 प्रतिशत तक नमी रहे ताकि पत्तियाँ डण्ठल से अलग न हो पावे और शुष्क पदार्थ का नुकसान कम से कम हो सके। ''हे'' बनाने के लिए उन्हीं फसलों को काम में लेना चाहिए जिनका तना मुलायम और लचीला हो इसलिए जई, बरसीम, रिजका, ग्वार, मौसमी घास और खरपतवार आदि को ही ''हे'' बनाने के लिए उपयुक्त पाया गया है। इनसे तैयार ''हे'' सर्वोत्तम रहती है। बहुवर्षीय घासें जैसे अंजन घास, हाथी घास और गिनी आदि से भी ''हे'' बनाया जा सकता है। ''हे'' बनाने में प्रयोग होने वाली फसलों के आधार पर ''हे'' मुख्य रूप से तीन प्रकार की होती है।

अदलहनी चारों से तैयार ''हे''– यह एक बीजपत्रीय चारा फसल व घासों से बनायी जाती है। यह दलहनी चारा फसलों से तैयार ''हे'' की तुलना में निम्न कोटि की होती है तथा कम पाचनशील होती है।

दलहनी चारों से तैयार ''हे''– दलहनी फसलों से तैयार ''हे'' मुख्य

रूप से रिजका और चौला से तैयार ''हे'' को द्विदालीय ''हे'' कहते हैं जिसमें प्रोटीन व खनिज पोषक तत्वों की अधिक मात्रा पायी जाती है। यह सभी प्रकार की तैयार ''हे'' से अधिक पाचनशील होती है।

मिश्रित ''हे''– दलहनी (द्विदालीय) तथा अदलहनी (एक बीज पत्रीय) चारा फसलों को मिलाकर बनाये गई ''हे'' को मिश्रित ''हे'' कहते है। इसकी पौष्टिकता एवं पाचकता इसमें प्रयोग फसलों के अनुपात पर निर्भर करती है। मुख्य रूप से इस तरह की तैयार ''हे'' अच्छी व पौष्टिक होती है। ''हे'' बनाने के लिए चारा फसलों को उचित समय (फूल आने से थोड़ा पहले या 50 प्रतिशत फूल बनते समय) पर सुबह की नमी सूख जाने के बाद ही दोपहर के समय काटना चाहिए। फसल काटने के बाद खेत में सूखने के लिए खुला छोड़ देना चाहिए। 3–4 घण्टे के बाद चारे को पक्के फर्श या तिरपाल पर रख कर सूरज की तेज रोशनी में सूखाने के लिए छोड़ देना चाहिए तथा बीच–बीच में चारे को पलटते रहना चाहिए। शाम को चारे के छोटे–छोटे ढेर बनाकर छोड़ देना चाहिए व दूसरे 1–2 बार पलट कर तब तक सुखाना चाहिए जब तक कि 15–20 प्रतिशत नमी रह जाये। इसके बाद ''हे'' को सुरक्षित स्थान पर रख देना चाहिए। ''हे'' को नमी से बचाने के लिए ऊँचे एवं छायादार स्थान पर रखना चाहिए।

साइलेज

चारे को सुरक्षित रखने का दूसरा तरीका साइलेज बनाना है। हरे चारे को सुरक्षित रखने का एक महत्वपूर्ण तरीका साइलेज बनाना है। साइलेज हरे चारे का किण्वित पदार्थ होता हैं जिसमें ऑक्सीजन की अनुपस्थिति में शर्कराओं के किण्वन से अम्ल पैदा होती है जो साइलेज को सुरक्षित रखती है। लगभग सभी प्रकार की चारा फसलें साइलेज बनाने के काम में ली जा सकती है। आर्द्रता वाले क्षेत्रों में साइलेज बनाना ''हे'' बनाने की अपेक्षा आसान रहता है। अधिकांश खरपतवार का चारा फसल के साथ साइलेज बनाया जा सकता है।

साइलों के प्रकार

साइलो को कई प्रकार से बनाया जा सकता है, लेकिन यह वहाँ

की जलवायु, भू प्रकार, चारे की उपलब्धता व पशुओं की संख्या पर निर्भर करता है। साइलों की लम्बाई, चौड़ाई व ऊँचाई निर्धारण पशुओं की संख्या व हरे चारे की प्रतिदिन आवश्यकता पर निर्भर करती है। साइलो कई प्रकार के होते हैं जैसे टावर साइलों, ट्रैंच साइलो, बंकर साइलो, गोलाकार, आयताकार व वर्गाकार साइलों आदि। करीब 6 से 7 क्विंटल साइलेज के लिये एक वर्ग मीटर स्थान चाहिये। साइलों के लिये ऊँचा स्थान होना चाहिए, जहाँ बारिश का पानी प्रवेश ना करे। 100 कि.ग्रा कुट्टी कटे चारे के लिये 0.25 घन मीटर (9 घन फीट) जगह चाहिये। 2.5 मीटर (8 फुट) व्यास तथा 3.5 मीटर (12 फुट गहराई) वाला गोलाकार गड्ढ़ा पशुओं को साइलेज खिलाने के लिये पर्याप्त होता है। प्रतिदिन प्रति पशु 15 कि.ग्रा की दर से यदि साइलेज खिलाये जाये तो इस गड्ढे से तीन माह तक साइलेज मिलता रहेगा। इस गड्ढे में 0.24 हेक्टेयर की चारे की फसल रखी जा सकती है। आजकल पॉलीप्रोपीलीन से बने साइलेज बैग्स पारम्परिक तौर पर इस्तेमाल किए जाने वाले ''साइलो पिट'' और ''टावर साइलो'' के मुकाबले ''चारा प्रबंधन'' में एक नई क्रांति ला रही हैं। साइलेज बैग को कहीं पर भी आसानी से लाया और ले जाया जा सकता है। जबकि पांरपरिक साइलो में यह सभंव नहीं है।

साइलेज के लिए उपयुक्त चारा फसलें

साइलेज उन चारा फसलों का अच्छा बनता है जिनमें घुलनशील कार्बोहाइड्रेट की मात्रा अधिक होती है जैसे कि मक्का, ज्वार, बाजरा, नेपियर घास इत्यादि। काफी मात्रा में कार्बोहाइड्रेट होना प्राकृतिक किण्वन के लिए अच्छा होता है। अनाज वाले चारे साइलेज के लिये काफी अच्छे होते हैं। उष्ण कटिबंधीय घासें तथा दलहनी फसलों का भी साइलेज बनाया जा सकता है क्योंकि इन चारा फसलों में पानी में घुलनशील कार्बोहाइड्रेट की मात्रा 3–5 प्रतिशत के बीच पायी जाती है। विभिन्न प्रकार के चारों/घासों से अकेले अथवा उन्हें मिश्रण कर भी साइलेज बनाई जा सकती है। घास वाले चारे में आवश्यकता के अनुसार यूरिया (0.5 अथवा 1 प्रतिशत) मिलाकर बने साइलेज में पौष्टिकता में वृद्धि पाई गई है। अकेले दलहनी चारा फसलें (बरसीम, लोबिया, स्टाइलों, रिजका,

ग्वार) से साइलेज बनाना लाभप्रद नहीं पाया गया है। बल्कि इन्हें घासीय चारों के साथ मिश्रण कर साइलेज बनाना ज्यादा हितकारी पाया गया है।

साइलेज बनाने की विधि

जब चारे में शुष्क पदार्थ की मात्रा 30 प्रतिशत हो तब साइलेज बनाना चाहिए। अच्छा साइलेज बनाने के लिये यह बहुत महत्वपूर्ण है। चारे में यदि आर्द्रता की मात्रा अधिक है तो आवश्यकता स्तर तक सूखने देना चाहिए। इस पद्धति से साइलेज में अत्यधिक रिसने और गीलेपन की दुर्गन्ध की परेशानी से बचाव हो जायेगा। अच्छा साइलेज बनाने के लिये चारे को 50 प्रतिशत फूल आने पर या जब उसमें नमी की मात्रा 65–70 प्रतिशत के आस पास हो तब काटते हैं। मक्का, ज्वार, जई आदि अनाज की फसलों को दूधिया होने की दशा में काट लेना चाहिए। दलहनी चारे फूल आने पर काटने चाहिए। चारे को शाम को काटना चाहिए जिससे रात में थोड़ी नमी और कम हो सके तथा घुलनशील कार्बोहाइ्रेट की मात्रा बढ़ जाए। इसके उपरान्त कुट्टी किया चारा उपयोग करना चाहिए, जिससे चारा अच्छी तरह से भरा जा सके और लैक्टिक अम्ल जीवाणु पैदा करने के लिये अधिक रस उत्पन्न हो सके। अब कुट्टी को साइलेज के गड्ढे में या साइलो बैग्स इत्यादि में भरकर अच्छी तरह से दबाते हैं, जिससे हवा बाहर निकल जाये। चारे को फैलाकर और अच्छी तरह दबाकर भरा जाये। जितना ज्यादा दबाव पड़ेगा, उतनी ही अच्छी गुणवता वाला साइलेज बनेगा। साइलेज को अच्छी तरह से दबाने पर गड्ढ़े में अधिक चारा आ जायेगा और हवा बाहर निकलने से किण्वन शीघ्र प्रारम्भ हो जायेगा। चारे को 2–3 फुट साइलो की दीवारों से ऊँचे या मिट्टी की सतह से ऊपर तक भरे। जिससे साइलेज के बैठ जाने पर साइलेज गड्ढ़े के ऊपरी भाग के स्तर के ऊपर रहे। जिससे बारिश के पानी का निकास भी बाहर ही रहे। चारे के अन्दर की हवा निकालने के बाद इस गड्डे को प्लास्टिक से अच्छी तरह बंद करके 30–40 दिनों के लिए छोड़ देना चाहिए। अगर पॉलिथीन की चादर उपलब्ध ना हो तो मोटा भूसा या सूखा चारा आदि को गड्ढ़े के ऊपर फैला देना चाहिए और इसको गीली मिट्टी से लेप कर देना चाहिए। एक घन मीटर के गड्डे में लगभग 400–500

कि.ग्रा साइलेज निकलता है। इस तरह से यदि एक वयस्क पशु 15 कि. ग्रा साइलेज प्रतिदिन खाये तो प्रति वयस्क पशु के हिसाब से एक माह खिलाने के लिए एक घन मीटर गड्ढा होना चाहिए। इसके अतिरिक्त प्रतिदिन दलहनी चारे में 40 किग्रा शीरा और मिलाना चाहिए। आर्द्रता की मात्रा को कम करने के लिये कुट्टी किये हुए भूसे को नमीदार चारे के साथ मिलाया जा सकता है। दलहनी चारे भूसे की पाचकता बढ़ाते हैं इससे इनका उपयोग बढ़ जाता है। अनाज की फसलों से बना साइलेज हरा पीले रंग का होगा, जबकि दलहनी चारों का साइलेज गहरे हरे रंग का होगा।

साइलेज कैसे खिलायें

पशु को खिलाने योग्य साइलेज 30–40 दिन पश्चात् तैयार हो जाता है और इसको किसी भी समय पशु को खिलाया जा सकता है। चूंकि साइलेज में हरे चारे का ही पोषक तत्व संरक्षित रहता है, अतः इसे हरे चारे के स्थान पर खिलाया जा सकता है। संरक्षित चारे को 2 से 3 माह तक पशुओं को खिलाने के काम में लिया जा सकता है। साइलेज को अन्य सूखे चारे के साथ पूरक के रूप में भी खिलाया जा सकता है। सबसे पहले मिट्टी को सावधानीपूर्वक हटाना चाहिए और फिर पॉलिथीन कवर को एक तरफ से हटाना चाहिये। प्रतिदिन की आवश्यकता के अनुसार साइलेज की परतों को सीधे निकाल लेना चाहिए, जिससे केवल थोड़ा सा सतही हिस्सा ही वातावरण के सम्पर्क में आये। प्रतिदिन जरुरत के मुताबिक साइलो बैग में से साइलेज निकाल सकते हैं। उसके पश्चात् बैग का मुँह अच्छी तरह बंद करना जरूरी है, ताकि साइलेज खराब ना हो। चूंकि साइलेज अम्लीय प्रकृति की होती है यह छोटे बच्चों को नहीं खिलाना चाहिए। भेड़ व बकरी के 2 माह से बड़े बच्चों को साइलेज खिलानी चाहिए। पशु आहार में साइलेज को एक साथ सम्मिलित नहीं करना चाहिए। धीरे–धीरे पशु की आदत बना कर साइलेज की मात्रा उसके आहार में बढ़ानी चाहिए। इस प्रकार साइलेज के रूप में चारे को संरक्षित करके हरे चारे की कमी को पूरा किया जा सकता है तथा पशुओं को स्वस्थ रखकर उत्पादन को बढ़ाया जा सकता है।

भेड़ों की स्वास्थ्य व्यवस्था

भेड़ों में बीमारियों के कारण बहुत नुकसान होता है। इसमें कुछ नुकसान तो सीधे तौर पर उनके मरने से तथा दूसरे उनके अस्वस्थ होने पर उनके उत्पादन में कमी आने से होता है। बीमारियाँ मुख्य रूप से अन्य रोग ग्रस्त भेड़ों से, गंदगी से, दूषित चारा–पानी से, कुपोषण व प्रतिकूल मौसम के कारण होती हैं। अन्य पशुओं की भाँति भेड़ों में रोग के लक्षण इतनी आसानी से पता नहीं चल पाते। जब भी कोई भेड़ रेवड़ से चरागाह में पिछड़ जाती है तो उसकी ठीक से जाँच कर लेनी चाहिए क्योंकि रेवड़ में अन्य पशुओं से पिछड़ना पशु के अस्वस्थ होने की मुख्य पहचान है।

एक विशेष क्षेत्र में पाली गई भेड़ों में उस क्षेत्र में व्याप्त रोगों या उनके प्रतिकूल प्रभावों को सहने की क्षमता विकसित हो जाती है। वातावरण में परिवर्तन से उनकी रोगों से लड़ने की शक्ति कम हो जाती है। यदि रेवड़ को सूखे चरागाहों में न चराकर गीले व दूषित चरागाहों में चराया जाता है, रूका हुआ गन्दा पानी पिलाया जाता है और बाड़ों की साफ–सफाई आदि का ध्यान नहीं रखा जाता है तो भेड़ों के अस्वस्थ होने का खतरा कई गुना बढ़ जाता है। एक ही स्थान पर अधिक संख्या में भेड़ें चरने से न केवल घास हीं समाप्त होती है बल्कि रोगों के संक्रमण की संभावना भी व्यापक हो जाती है। ऐसे चरागाहों पर विशेष रूप से आंतरिक और बाह्य परजीवियों की संख्या कई गुना बढ़ जाती है तथा इसके फलस्वरूप भेड़ों में एनिमिया, दस्त व शारीरिक कमजोरी होने की संभावना बढ़ जाती है। भेड़ पालन में भेड़ों का स्वस्थ रहना ही सबसे महत्वपूर्ण है। अतः संभावित रोगों से रेवड़ का बचाव करना भेड़पालन का महत्वपूर्ण अंग है। रेवड़ में रोग नियंत्रण एवं रोगोन्मूलन कार्यक्रमों को लागू करके भेड़ पालक न केवल रेवड़ में मृत्युदर को कम कर सकते हैं बल्कि भेड़ उत्पादों की गुणवत्ता में वृद्धि कर अधिक आय अर्जित कर सकते हैं।

स्वस्थ एवं रोगी भेड़ की पहचान

रेवड़ में बीमार पशुओं की न केवल उत्पादकता में कमी आती है बल्कि ऐसे पशुओं की खुराक, उपचार, देखभाल व अन्य व्यवस्थाओं पर अतिरिक्त खर्च भी करना पड़ता है। रोगी पशु की यथा संभव शीघ्रता से पहचान कर न केवल उपचार करने से होने वाले आर्थिक नुकसान को कम किया जा सकता है, अपितु पशुओं में रोगों के फैलाव को भी रोका जा सकता है। रोग के प्रारम्भ होते ही लक्षणों के अधार पर अस्वस्थता का ज्ञान होता है। सामान्यतौर पर स्वस्थ एवं रोगी पशुओं की पहचान निम्नानुसार की जा सकती है–

लक्षण	**स्वस्थ पशु**	**अस्वस्थ पशु**
भूख लगना व चारा–पानी खाना	पूरी इच्छा के साथ चरता व जुगाली करता है।	भूख नहीं लगती, पशु चरना व जुगाली करना बंद कर देता है।
खड़े होने व चलने का ढंग	सभी पैरों पर समान दबाव से खड़ा होता है, चुस्ती व फूर्ती से चलता है, चौकन्ना रहता है तथा शरीर पर मक्ख्यिाँ नहीं बैठने देता है।	सिर नीचा करके रेवड़ से अलग खड़ा होता है। पूँछ से मक्ख्यिाँ नहीं उड़ा पाता है। सुस्त व निष्क्रिय दिखाई देता है। बड़ी मुश्किल से चलता – फिरता है।
त्वचा (चमड़ी)	नर्म, लचीली तथा चमकदार होती है।	सूखी, खुरदरी एवं बाल व ऊन में चमक नहीं होती है।
नाक	नाक पर हल्की नमी होती है।	सूखी, कड़ी, स्राव, खून व मवाद युक्त होती है।
आँखें	चमकदार, पूरी खुली हुई व साफ होती है।	सिकुडी, धँसी हुई होती है तथा आँखों से पानी या पीव निकलता रहता है।

मेंगनी	विशेष आकार की गोलियों के रूप में चमकदार व नर्म होती हैं।	लेई के समान पतले दस्त, श्लेष्मा एवं रक्त मिश्रित या बदबूदार
पेशाब	भूसे के रंग का हल्का पीलापन लिए साफ द्रव होता है।	मूत्र में श्लेष्मा, रक्त का होना व गाढ़ापन हो जाता है।
शरीर का तापमान, नाड़ी एवं श्वसन गति	102 डिग्री फॉरनहाइट 70–90 प्रति मिनट नाड़ी दर, 12–30 प्रति मिनट श्वसन दर	तापमान, नाडी व श्वसन दर में बदलाव (घटना या बढ़ना)
उत्पादकता	ऊन, दूध आदि की मात्रा रंग व गुण सामान्य होते हैं।	दूध में खून के थक्कों की उपस्थिति, दूध फट जाना, ऊन का टूट जाना व चमकहीन होना, उत्पादों की मात्रा में कमी होना, शारीरिक वजन कम होना।

स्वस्थ भेड़

अस्वस्थ भेड़

बीमार भेड़ का पता लगाने के लिए भेड़ पालक को प्रतिदिन ध्यानपूर्वक अपने रेवड़ को सुबह बाड़े में से निकलते हुए देखना चाहिए जिससे अस्वस्थ भेड़ को अलग कर उसका सही समय पर उपचार करवा सके। भेड़ पालक को चाहिए कि वह रेवड़ से थोड़ा दूर खड़े होकर 5–10 मिनट तक लगातार पशुओं के खड़े होने का ढंग, चौकन्नापन, सक्रियता, चाल, कान व पूँछ की गति को देखें। भेड़ों का शारीरिक तापमान, नाडी

की गति एवं श्वास की दर निम्न प्रकार से जाना जा सकता है।

शारीरिक तापमान

इस कार्य के लिये चिकित्सकीय थर्मामीटर का प्रयोग किया जाता है। थर्मामीटर को भेड़ की गुदा में लगा कर एक मिनट तक वहीं रखा जाता है। प्रातः काल का तापमान सामान्य होता है, दोपहर में बढ़ जाता हैं एवं शाम को फिर सामान्य हो जाता है। थर्मामीटर का प्रयोग करने से पूर्व इसके पारे को झटके से गिरा देना चाहिए और उसे ठंडे पानी से धोना चाहिए।

नाड़ी देखना

भेड़ों में नाड़ी की जांच पूँछ की जड़ के निचले भाग को अंगुलियों में पकड़कर की जाती है और उसी के अनुसार एक मिनट तक गिना जाता है।

श्वास गति

श्वास को अन्दर लेने और बाहर निकालने को श्वास क्रिया कहते हैं और इन दोनो दशाओं को एक बार गिना जाता है। इस क्रिया का पता नाक के आगे हाथ रखकर या छाती का फूलना व सिकुड़ना से होता है।

रोगोत्पादन में पूर्वानुकूल परिस्थितियों की भूमिका

रोग के पैदा होने में कुछ परिस्थितियों का महत्वपूर्ण योगदान होता है। ऐसे कारणों को पूर्वानुकूल कारक कहते है। यह कारक रोगोत्पति के लिए अनुकूल वातावरण तैयार कर देते हैं। ऐसे कारकों में पशु की आयु, गर्भावस्था, ब्यांतकाल, दुग्धावस्था, मौसम की अस्थिरता, प्रदूषित वातावरण, थका देने वाले कार्य, लम्बी यात्रा, कुपोषण, कम जगह में अधिक पशुओं को रखना एवं पशुपालन व्यवस्था में आकस्मिक परिवर्तन आदि आते हैं। ब्यांतकाल के दौरान पशु की रोग प्रतिरोधकता शक्ति में कमी होने के कारण कई रोगों का दुष्प्रभाव तेजी से प्रकट होने लगता है। पशुओं के पहले से रह रहे अनेक रोगाणु सामान्यतः रोग उत्पन्न कर पाने में असमर्थ होते हैं परन्तु मौसमी परिवर्तनों से अचानक उपजी तनावपूर्ण

स्थितियों, अधिक ठंड, वर्षा या ओले पड़ने के कारण रोगोत्पादन में सफल हो जाते हैं।

भेड़ों में होने वाली प्रमुख बीमारियाँ–

विषाणुजनित रोग : खुर–मुँह पका, भेड़ माता (चेचक), पीपीआर, जाड़िया, निमोनिया, निर्लसना रोग, आंत्रशोथ आदि।

जीवाणुजनित रोग : जैसे जोन्स रोग, गलघोंटू, इन्टरोटोक्सीमियॉ, निमोनिया, टिटेनस, खुरगलन, आंत्रशोथ, स्तनशोथ एवं गर्भपात आदि।

परजीवी जनित रोगः काक्सीडियोसिसता, खूनी पेचिस, गोल–कृमि, फीताकृमि, षर्णकृमिकों का संक्रमण, खाज, खुजली, जूएँ, चीचड़े, मक्खियों का संक्रमण, नाक में लेटा का प्रकोप आदि।

पोषक तत्व संबंधी रोगः सूखा रोग, रतौंधी, आंत्रशोथ, अफरा, अपच, दुग्ध ज्वर।

विषाक्तता संबंधी रोग : सायनाइड, नाइट्रेट, कीटनाशी की विषाक्तता।

कवक जन्य रोगः अविषाक्तता, चर्मरोग

अन्य रोगः शरीर के विभिन्न अंगों में होने वाले रोगः पीलिया, घाव, हड्डी टूटना आदि।

बीमारी फैलने/संक्रमण के मुख्य स्रोत हैं :–

बीमार पशुओं को चाटने व खुजलाने से।

खराब भोजन व जल द्वारा।

वायुजन्य संक्रमण।

रक्त चूसक परजीवियों द्वारा।

संक्रमित पशुओं के सम्भोग द्वारा।

बीमार पशुओं के आहार व पानी द्वारा।

- रोगी पशु के सम्पर्क में आने वाले मनुष्य से।

पशुओं में होने वाले विभिन्न रोग, उनके कारण, लक्षण, उपचार और रोकथाम के उपायों के बारे में व्यवहारिक ज्ञान पर आवश्यक जानकारी होना अति आवश्यक है जिससे भेड़ पालक रोगों द्वारा होने वाली हानि से बच सकता है। भेड़ों में होने वाली प्रमुख बीमारियों का संक्षेप विवरण यहाँ दिया जा रहा है जिसको ध्यान में रखकर भेड़ पालक अपने रेवड़ में आयी बीमारी की पहचान कर अपने निकटतम पशु चिकित्सक से सलाह लेकर सही समय पर उचित उपचार करवा सकता है :

(1) भेड़ चेचक (माता)

यह एक विषाणुजनित रोग है जो रोगी भेड़ के संपर्क में आने से फैलता है। बीमारी के विषाणु सामान्यतया बीमार पशुओं से स्वस्थ पशुओं के मध्य सीधे सम्पर्क से मिलते हैं। रोग का अधिकतर प्रकोप शीत काल के अंतिम दिनों में प्रारम्भ होकर ग्रीष्मकाल के दौरान गंभीर रूप धारण कर वर्षा के प्रारंभ तक रहता है। इस रोग में शरीर के ऊपर दाने निकल आते हैं। बीमार भेड़ों को बुखार हो जाता है साथ ही कान, नाक, थनों, दूध के नीचे व शरीर के अन्य भागों पर गोल–गोल लाल रंग के चकते हो जाते हैं जो फफोले के रूप लेकर अन्त में फूट कर घाव बन जाते हैं। भेड़ चारा खाना कम कर देती है तथा उसका उत्पादन कम हो जाता है। कहीं पर यदि पानी रखा हो तो जानवर अपना मुँह पानी में डालकर रखता है। अन्य जीवाणुओं के संक्रमण होने से रेवड़ में मृत्यु दर बढ़ जाती है। गर्भवती भेड़ों में गर्भपात हो सकता है। रोग के प्रकोप से बचने के लिए प्रतिवर्ष सर्दी के आगमन पर रोग प्रतिरोधक टीके लगवाने चाहिए। बीमारी होने पर एंटीबायोटिक्स का प्रयोग करना चाहिए जिससे दूसरे जीवाणुओं का प्रकोप रोका जा सके। बीमार पशुओं को स्वस्थ पशुओं से अलग रखना चाहिए तथा मृत पशु को जला देना या जमीन में गाड़ देना चाहिए।

(2) पी.पी.आर.

पी.पी.आर. भेड़ बकरियों में तीव्र गति से फैलने वाला विषाणुजनित संक्रामक एवं घातक रोग है। इसमें तीव्र बुखार के अलावा आँख एवं नाक

से स्राव, मुखशोथ, दस्त एवं दुर्गन्धी सांस के साथ निमोनिया देखने को मिलता है। इस बीमारी का विषाणु शरीर की प्रतिरोधक क्षमता को क्षीण करता है जिसके उपरान्त पाश्चुरैल्लोसिस जैसे कुछ जीवाणु जनित रोग के फैलने की संभावना बढ़ जाती है। यह बीमारी नजदीकी सम्पर्क में रहने वाले पशुओं में श्वास के द्वारा फैलती है। आमतौर पर यह बीमारी बकरियों में गंभीर अवस्था में मिलती है परन्तु कभी–कभी इसकी गंभीरता भेड़ों को भी प्रभावित करती है। बीमारी की तीव्र अवस्था में 41 डिग्री सेल्सियस का बुखार होता है जो कि 3–5 दिन तक रहता है। प्रभावित पशु सुस्त एवं कमजोर हो जाने के बाद चारा नहीं खाता है तथा मुँह सूखा हो जाता है। आँख एवं नासिका स्राव गाढ़ा एवं मवादयुक्त हो जाता है। बीमारी के तीव्र प्रकोप को सहन कर लेने वाले पशु दो सप्ताह तक बीमार रहते हैं। बुखार विकसित होने के चार दिन बाद मसूड़े लाल हो जाते हैं और मुँह में घाव बनने के कारण अधिक लार स्रावित होने लगती है। बीमारी की अंतिम अवस्था में पतले खूनी दस्त विकसित हो जाते हैं तदोपरान्त बीमार पशु खाँसी एवं निमोनिया से ग्रसित हो जाता है। द्वितीयक जीवाणुओं के संगठन द्वारा बीमारी की जटिलता को कम करने के लिए एण्टीबायोटिक दवाईयाँ इस्तेमाल की जाती है। इस बीमारी की रोकथाम के लिए बाड़ों में साफ–सफाई का उचित प्रबंध रखना चाहिए। (मृत पशुओं एवं विषाणु प्रभावित सामग्री को मिट्टी में दफनाकर अथवा जलाकर नष्ट कर देना चाहिए)। बीमार पशुओं को स्वस्थ पशुओं से तुरन्त अलग करें। महामारी प्रभावित क्षेत्र के बीमार एवं सभी स्वस्थ पशुओं को तीन वर्ष में एक बार टीकाकरण करना बीमारी की रोकथाम में मददगार होगा।

(3) खुर–मुँह पका रोग

यह भेड़ों का एक संक्रामक रोग है जो छुआछूत से फैलता है। इस रोग के विषाणु रोगी पशुओं के सम्पर्क से, संक्रमित आहार व जल ग्रहण करने से स्वस्थ भेड़ों में प्रवेश करते हैं। इस रोग में भेड़ों के मुँह व खुर में छाले पड़ जाते हैं तथा मुँह से लार टपकती रहती है और भेड़ इससे चारा नहीं खा पाती है। पैरों में जख्म हो जाने से भेड़ें लगंडा कर चलने लगती है। चारा न खा पाने के कारण भेड़ें कमजोर हो जाती है तथा

इनका शारीरिक भार व उत्पादन भी कम हो जाता है। रोगी पशुओं को दूसरे स्वस्थ पशुओं से अलग कर देना चाहिए। इस रोग से प्रभावित भेड़ों के अंगों को फिटकरी या लाल दवा के घोल से धोने के बाद घावों पर किसी एन्टीसेप्टिक मल्हम जैसे–हिमेक्स, लोरक्सन आदि का प्रयोग करें ताकि मक्ख्यिाँ आदि न बैठ सके तथा उनके द्वारा रोग का संक्रमण न हो सके। मुँह के छालों को लाल दवा (पोटेशियम परमेगनेट) का घोल लगाने पर लाभ रहता है। वर्षा ऋतु से पहले और बसन्त के आरम्भ में भेड़ों को रोग प्रतिरोधक टीका लगा देना चाहिए।

(4) मुँह का आना (जाड़िया)

यह संक्रामक बीमारी है जो वर्षा तथा बंसत ऋतु में अधिक फैलता है। यह रोग मेमनों के दूध पीते समय भेड़ों के स्तनों को भी लग जाता है। यद्यपि इससे पशु की मुत्यु तो नहीं होती है परन्तु मेमनों की शारीरिक वृद्धि पर बुरा प्रभाव पड़ता है। रोग के लक्षण कभी–कभी समीपी अंगों जैसे नासिका, मुँह के अंदर, श्वसन नाल तक फैल जाते हैं। इस रोग के विषाणु प्रतिकूल परिस्थितियों में भी जीवित रहने के कारण लगातार कई वर्षों तक बाड़े में रोग फैलाते रहते हैं। इस रोग से पीड़ित पशुओं में सबसे पहले दोनों होंठ, जीभ की ऊपरी सतह तथा जबड़ों के कोनों पर लालिमा प्रकट होती है तथा बाद में इन स्थानों पर पीले रंग की मवाद भर जाती है। कुछ ही दिनों में यह घाव सूख कर खुरंड का रूप धारण कर लेते हैं और 10–15 दिन के भीतर गिर जाते हैं। शुष्क खुरंड को उतार कर उस पर नीली दवा का घोल लगाना चाहिए।

(5) नीलसना रोगः यह विषाणु जनित रोग संधिचाप कीटों (मच्छरों) से रेवड़ में फैलता है। नमीयुक्त गर्म मौसम तथा बसंत ऋतु में इस रोग का अधिक प्रकोप होता है। तीव्र ज्वर, होठ, जीभ, मुख तथा नाल की श्लेष्मा का लाल होना, मुँह में छालें होना, मुख के कोनों पर इसका एकत्रित होना, मुँह पर सूजन आना, श्वास लेने में कठिनाई होना, जिह्वा का रंग नीला होना, अगले पैरों में झड़कन होना, पशु का गर्दन टेढ़ी कर गोल–गोल घूमना, लंगड़ापन होना, गर्भपात होना, जन्मजात विकलांगता में वृद्धि होना प्रमुख लक्षण है।

प्रभावित पशुओं को अलग कर भोजन–पानी की उचित व्यवस्था करनी चाहिए। अन्य जीवाणुओं का संक्रमण रोकने हेतु एन्टीबायोटिक दवा पशु चिकित्सक की सलाह से देवे। रोगी पशु का मुँह लाल दवा के घोल से धोना चाहिए। रेवड़ को मच्छरों के आक्रमण से बचाने के लिए बाड़े के आस–पास सुबह–शाम धुँआ करना चाहिए।

(6) फड़किया: (इन्टेरोटाक्सिमियाँ)

भेड़ों की यह एक प्रमुख बीमारी है जिसे अचानक मृत्यु का सबसे पहला कारण माना जाता है। रेवड़ में भेड़ों के आहार में अचानक परिवर्तन तथा अधिक प्रोटीनयुक्त हरा चारा खा लेने से यह रोग तीव्रता से बढ़ता है। क्लास्ट्रीडिया वंश के जीवाणुओं द्वारा आँतों में उत्पन्न विषमता के कारण तथा मानसून के दौरान व रबी कटाई पश्चात् खेतों में चरने से यह रोग होता है। रेवड़ का स्वस्थ तथा सबसे मोटा–ताजा पशु (ज्यादा खाने से) इस रोग से सबसे पहले प्रभावित होता है। प्रभावित पशु की मांस पेशियों में खिचाव (ऐंठन), उत्तेजित होकर कूदना, सिर को दीवार से टकराना, भूमि पर गिर कर गर्दन, टांगों व सिर को खिचाव की अवस्था में रखना, मुँह से झाग निकलना, मांस पेशिया में फड़कन होना, लेटे–लेटे साइकिल चलाने की तरह टांगे चलाना प्रमुख लक्षण है। इस रोग में पशु लक्षण प्रकट होने के 3–4 घंटे में मर जाता है। इस रोग से बचाव हेतु वर्षा का मौसम शुरू होने से पहले 3 माह से ऊपर की सभी भेड़ों को इसका रोग निरोधक टीका लगवा देना चाहिए। पहली बार टीका लगे पशुओं को बुस्टर खुराक हेतु 15 दिन के अन्तर पर फिर टीका लगवा देना चाहिए रेवड़ में इस रोग का दूसरा प्रतिरोधी टीका 6 माह पश्चात् खेतों में चराने से पहले लगाना चाहिए। उत्तम रख–रखाव तथा अचानक चारे में परिवर्तन न होने देना, इस बीमारी से बचने में सहायक होते हैं।

(7) टिटेनस (ताण की बीमारी): इस रोग के जीवाणु मिट्टी, खाद, मल आदि में पाये जाते है। नवजात मेमनों या प्रसव काल के दौरान रोगाणु का संक्रमण होने से इस रोग से मेमनों की मृत्यु होती है। यह रोग पशुओं के साथ–साथ मनुष्यों को भी प्रभावित करता है अतः जन स्वास्थ्य की दृष्टि से भी इसका विशेष महत्व है। जन्मकाल के समय नाभिनाल उपचारित न

करने, बधिया करण, ऊन कतरन आदि के समय उत्पन्न घावों का उचित ध्यान न रखने से इस रोग की संभावना बढ़ जाती है। रोग के दौरान शारीरिक जकड़न, कान खड़े होना, पूँछ में खिचाव होना, सिर व गर्दन में खिंचाव होना, जबड़ों का आपस में बुरी तरह भिंच जाना, श्वास लेने में कठिनाई होना, जमीन पर धनुषाकार अवस्था में लेट जाना व 3–10 दिन में मृत्यु होना प्रमुख लक्षण है। बाड़ों की उचित सफाई, घावों के समुचित उपचार व नाभिनाल का सही उपचार द्वारा रोग के संक्रमण की संभावना कम की जा सकती है। इसके अतिरिक्त भेड़ों में गर्भावस्था की अंतिम अवस्था में टेटेनस टॉक्साइड का टीकाकरण भी किया जा सकता है।

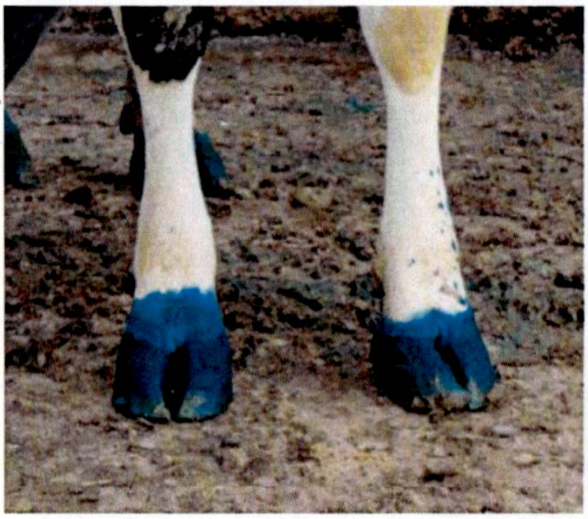

फूट बाथ

(8) खुर गलनः वर्षा ऋतु के दौरान भेड़ों में खुर गलन व लंगड़ापन होना एक आम समस्या है। अत्याधिक नमी वाले मौसम में गीला, कीचड़युक्त चरागाहों में चरने एवं खुर तथा खुरों के मध्य की चमड़ी का विलायति बबूल के काँटों से एवं पत्थरों/कंकरों से घायल होने से रोग की संभावना ज्यादा हो जाती है। रोगी पशुओं में लंगड़ापन, शारीरिक वजन में कमी, सही चारा–पानी नहीं खाना, घाव में मवाद पड़ना व दुर्गंध आना प्रमुख लक्षण है। रोग के प्रकोप से बचाव हेतु वर्षा काल के दौरान 10 प्रतिशत जिंक, सल्फेट या 5.8 प्रतिशत कॉपर जिंक, सल्फेट (नीला थोथा) के घोल से पशुओं के खुरों को धोना चाहिए। बाड़े की साफ–सफाई व पानी का निकास सही होना चाहिए, चरागाह में जाते समय पथरीले व काँटों युक्त रास्तों से रेवड़ को नहीं ले जाना चाहिए।

(9) जोन्स रोग

यह रोग भेड़ों के जीवाणु संदूषित चरागाह पर चरने से व मेमनों में दूध पीने से फैलता है। इस बीमारी के प्रमुख लक्षण पशु का दिन प्रतिदिन अधिक दुर्बल होना, उसकी हड्डियाँ दिखाई देना एवं रूक–रूक कर पतले दस्त होना है। रोगी पशु में प्रोटीन की कमी से गलसूजा होना, चलने–फिरने में असमर्थ होना आदि अन्य लक्षण है। इस रोग से प्रभावित पशु अच्छी खुराक चरने के बावजूद भी शारीरिक वृद्धि नहीं ले पाते है। इस बीमारी के लिए कोई टीका उपलब्ध नहीं है तथा अन्त में भेड़ मर जाती है। यह एक खरतनाक बीमारी है। जिस रेवड़ में यह बीमारी फैल जाती है, धीरे–धीरे रेवड़ को समाप्त कर देती है। इसलिए जैसे ही इस बीमारी से ग्रस्त पशु दिखाई दे उन्हें तुरन्त खत्म कर देना चाहिए। रेवड़ में अधिक भेड़ नहीं होने देनी चाहिए।

(10) जीवाणुज गर्भपात

जो भेड़ एक बार बच्चा गिरा देती है वह भेड़ पालक के लिए अगले बच्चे तक भार बन जाती है जिससे भेड़ पालक को आर्थिक हानि का सामना करना पड़ता है। गर्भपात एक संक्रामक रोग है जो ब्रुसलोसिस, साल्मोनेलोसिस, विब्रियोसिस, क्लेमाइडियोसिस आदि संक्रामक रोगों के मुख्य लक्षण हैं। रोगी भेड़ से जीवाणु बच्चेदानी के स्राव, मूत्र, गोबर, प्लेसेन्टा आदि द्वारा बाहर निकलते हैं तथा स्राव से सने हुए चारे खाने, पशु की योनि चाटने, सम्भोग से, स्वस्थ पशु रोग ग्रसित होकर बार–बार बच्चा गिराता है। रोगी भेड़ के सम्पर्क द्वारा यह रोग मेंढ़े की जननेन्द्रियों को प्रभावित करके उनको रोग ग्रसित कर देता है जो कि इस रोग के संवाहक बन जाते हैं। इस बीमारी के इलाज व बचाव के लिए रोगी पशु को एकदम अलग कर देना चाहिए। उनके बाड़े साफ रखने चाहिए। रोगी भेड़ के पिछले भाग को कीटनाशक दवाईयों, जैसे लाल दवा आदि से साफ करते रहना चाहिए तथा बच्चेदानी का उचित ईलाज करवाना चाहिए। उचित निदान के बाद रोग ग्रसित नर व मादा को समूह में नहीं रखना चाहिए तथा साथ ही इनका प्रजनन हेतु प्रयोग नहीं करना चाहिए।

(11) निमोनिया

निमोनिया रेवड़ को प्रभावित करने वाला सबसे महत्वपूर्ण रोगों में से एक है। यह सभी उम्र के पशुओं में होता है। बच्चे विशेषकर निमोनिया के लिए अतिसंवदेनशील होते हैं। कम स्थान में अधिक पशु रखे जाने पर, पानी, चारा–दाना, वायु में संदूषण होने एवं सघन आपसी सम्पर्क के कारण रोग शीघ्रता से फैलता है। रोग के जीवाणुओं में पाश्चुरेल्ला नामक जीवाणु का प्रकोप अति घातक होता है। तनावजन्य परिस्थितियों में रोग का प्रकोप ज्यादा होता है। इस रोग में पशु के फेफड़ों व श्वसन तंत्र में सूजन आ जाती है जिससे उनके श्वास लेने में कठिनाई आती है। इस रोग के कारण भेड़ों में तथा उनके बच्चों में मृत्युदर अधिक होती है। पशु को तेज बुखार आता है, उसके मुँह नाक से पानी जैसा द्रव्य निकलता है तथा खांसी आने लगती है। भेड़ खाना–पीना छोड़ देती है तथा समूह से अलग सुस्त सी खड़ी रहती है। छोटे बच्चों को यह रोग विशेष रूप से प्रभावित करता है। यदि भेड़ों में जीवाणु द्वारा निमोनिया का जल्दी पता चल जाए तो एंटीबोयाटिक उपचार से इस रोग का निदान हो सकता है। वायरस जनित रोग में एंटीबायोटिक देने से दूसरे सामान्य जीवाणुओं को बढ़ने से रोका जा सकता है। अच्छा प्रबंधन निमोनिया के लिए आवश्यक है। भेड़ों के आवास व वातावरण का उचित प्रबन्ध तथा पूर्ण आहार देने से रोग की सम्भावना कम हो सकती है। भेड़ों व खास कर बच्चे को अधिक ठंड व वर्षा से बचाने का उपाय करना चाहिए। बीमार भेड़ों को अलग रखकर उपचार करना चाहिए।

(12) दस्त

यह रोग मुख्य रूप से बच्चों में 2–3 सप्ताह की उम्र में होता है। इस रोग का मुख्य कारण इकोलाई नामक जीवाणु होता है। मौसम में नमी तथा धूप की कमी होने पर रोग की संभावना बढ़ जाती है। बच्चों में इस रोग के कारण बुखार आ जाता है और उनको तेज दस्त पीले या भूरे रंग के हो जाते हैं तथा खाना–पीना छोड़ देते हैं जिससे उनमें रोग–प्रतिरोधक क्षमता कम हो जाती है। भेड़ों को प्रसव के समय एक ही बाड़े में लगातार रखने से यह रोग बड़ी तेजी से फैलता है अतः प्रसवकाल में

भेड़ों को दो या तीन बार अलग–अलग बाड़े में रखना चाहिए तथा बाड़े में वर्ष में दो बार चूने का छिड़काव करने से इस रोग के प्रकोप से बचा जा सकता है। इस रोग में जैविक दवाएँ व जीवन रक्षक घोल से उपचार करने पर शीघ्र लाभ होता है। रोगी मेमेनों को सीमित मात्रा में दूध पिलाना भी रोग की तीव्रता कम करने मे मददगार है।

परजीवी जनित रोग

भेड़–बकरियों में अनेक प्रकार के आंतरिक व बाह्य परजीवी पाए जाते हैं। पशुओं पर परजीवी रोगों का प्रभाव मौसम व जानवर की उम्र आदि के अनुसार होता है। सामान्यतया शारीरिक रूप से कमजोर व कुपोषण की दशा में परजीवियों का प्रभाव अधिक दिखाई देता है। आंतरिक परजीवी शरीर के अंदरूनी अंगों (जैसे आहारनाल, यकृत, फेफड़े) खून व ऊतकों में तथा बाह्य परजीवी शरीर के ऊपर त्वचा पर आक्रमण करके न सिर्फ पशु को बीमार करते हैं परन्तु विभिन्न प्रकार के रोगों को फैलाने में भी सहायक होते हैं।

आंतरिक परजीवी

भेड़ों की जमीन से सटकर चारा चरने की आदत से इनमें अंतःकृमियों का संक्रमण अत्यधिक होता है तथा सामान्य भाषा में भेड़ों को परजीवियों का संग्राहलय भी कहा जाता है।

गोल कृमिः पशुओं के पेट एवं आँतों में विभिन्न प्रकार के गोल कृमि पाए जाते हैं। ये कृमि पशुओं का रक्त चूसने के साथ–साथ अंगों में सूजन व जलन पैदा करते हैं जिससे पशु की खुराक कम हो जाती है तथा शरीर का वजन दिन–प्रतिदिन कम होने लगता है। शरीर में रक्त की कमी, जबड़े के नीचे व गले में सूजन (गलसूजा), दाँत किटकिटाना, शरीर में खनिज तत्वों की कमी होने से पशु द्वारा मिट्टी या अन्य खाने वाली वस्तुएँ (जैसे कागज, पॉलिथीन, चमड़ा आदि) खाना प्रमुख लक्षण हैं। राजस्थान सहित पूरे भारतवर्ष में सबसे अधिक हानिकारक गोलकृमि द्वारा पशु का अत्यधिक रक्त चूसने के कारण आँखों की प्रतिक्रिया सफेद (एनिमिया) हो जाती है।

इन कृमियों से होने वाले नुकसान से बचने हेतु इनका प्रभावी नियंत्रण आसानी से किया जाता है। यह पाया गया है कि भेड़ पालक एक वर्ष में 3–4 बार अंतःकृमिनाशक दवा पिलाते हैं जो कि एक अनावश्यक खर्च है। भा.कृ.अ.प. केन्द्रीय भेड़ एवं ऊन अनुसंधान संस्थान द्वारा राजस्थान में किए गए सर्वेक्षण, अनुसंधान व प्रदर्शन के नतीजों के आधार पर सभी भेड़ पालकों को सलाह दी जाती है कि गोल–कृमियों के प्रभावी नियंत्रण हेतु वर्ष में एक बार मानसून के मध्य में सही प्रकार की अंतः कृमिनाशक दवा, सही मात्रा में सही तरीके से पिलानी चाहिए। मानसून की अवधि ज्यादा होने पर मिंगनियों की जाँच के आधार पर रेवड़ की कुछ ही भेड़ों को सर्दी शुरू होने के वक्त दवा पिलाने की आवश्यकता हो सकती है। अतः इस व्यवस्था को अपनाने से अंतःकृमियों पर किए जा रहे अनावश्यक खर्च से भेड़ पालक अपने आप को बचा सकते हैं।

यकृत कृमि (लीवर फ्लूक): ये कृमि पत्ति के आकार के होते हैं तथा पशु के यकृत (जिगर/लीवर) में पाए जाते हैं। पानी में मिलने वाले घोंघे इस रोगाणु के फैलाव के लिए आवश्यक होते हैं। तालाब व नदी के किनारे पर उगी हुई घास पर चरने से इनका संक्रमण तेजी से बढ़ता है। इन कृमियों द्वारा पित्त की नलिका में सूजन व यकृत को जख्मी करने से रोगी पशु को भूख का न लगना, शरीर में खून की कमी होना, पीलिया होना, शारीरिक वजन कम होना तथा गलसूजा होना प्रमुख लक्षण हैं। प्रभावित रेवड़ में लक्षण दिखाई देने पर मेंगनी की जाँच करवाकर, स्थानीय पशु चिकित्सक की सलाहनुसार आक्सीक्लोजेनाईड, रेफोक्सानाईड, ट्राईक्लेबेन्डेजोल आदि दवा एम्फिस्टोमस के लिए मार्च–अप्रैल माह में तथा यकृत कृमि के लिए अक्टूबर माह में देनी चाहिए। रोग की रोकथाम हेतु पशुओं को दलदली व तालाब के पास वाले चरागाह में विशेषकर सुबह व शाम के समय नहीं चराना चाहिए।

रक्त कृमि: ये धागे नुमा कृमि पशु की आँतों की रक्त नलिकाओं में पाए जाते हैं तथा इनका संक्रमण, त्वचा द्वारा या संक्रमित चारे–पानी से होता है। त्वचा द्वारा संक्रमण होने पर पशु के मुँह व नाक पर छाले के समान घाव हो जाते हैं। वयस्क कृमि द्वारा प्रभावित भेड़ में पीलिया के लक्षण

दिखाई देते हैं। पशु के पेशाब का रंग लाल हो जाता है, मिंगनिया सूखी हुई होती हैं तथा यकृत में नुकसान होने से रोगी की मृत्यु भी हो जाती है। इन कृमियों के उपचार हेतु प्राजिक्विंटल नामक दवा का उपयोग पशु चिकित्सक की सलाहनुसार किया जा सकता है।

फीताकृमिः कपड़ा नापने के फीते समान लम्बे (कुछ धागे जैसे लम्बे) कृमि आमतौर पर पशुओं में चारे के द्वारा फैलते हैं। इन कृमियों का संक्रमण होने पर इनके टुकड़े कट–कट कर मेंगनी के साथ शरीर से बाहर निकलने लगते हैं। ये कृमि पशु की आँतों में निवास करते हैं जिससे पशु की आँतो द्वारा पोषक पदार्थों का अवशोषण करने की क्षमता में कमी हो जाती है तथा प्रभावित पशु विशेषकर मेमनें कमजोर हो जाते हैं तथा पेट के नीचे पानी भरा प्रतीत होने लगता है। इन कृमियों के उपचार हेतु सामान्य रूप से काम में लिए जाने वाली अंतः कृमिनाशक दवा जैसे बेनाजिमिडेजोल आदि काम में ली जाती है।

काक्सीडियोसिस

यह रोग मेमनों में विशेष प्रभाव दिखाता है जबकि वयस्क पशुओं में रोग के लक्षण उत्पन्न किए बिना रोगाणु आँतों की कोशिकाओं में रहते हैं। इस रोग के परजीवी संक्रमित चारा–पानी के साथ पशु के शरीर में प्रवेश कर जाते हैं। प्रभावित मेमनों में सुस्ती, कम भूख, पेट दर्द, दस्त, शरीर का पिछला भाग व पूँछ मल से सना होना तथा शरीर में पानी की कमी होना प्रमुख लक्षण होते हैं। उपचार हेतु पशु चिकित्सक की सलाह से सल्फामेजाथीन, एम्प्रोलियस, फ्यूरोजोलिडोन आदि कोक्सीडियारोधी दवाएँ कम से कम 5 दिन तक लगातार देनी चाहिए। रोग का संक्रमण रोकने हेतु बाड़े की नियमित सफाई करना तथा बाड़े में पशुओं की संख्या को सीमित रखना आवश्यक है।

कृमिनाशक दवा पिलाते समय निम्न बातों का ध्यान रखना चाहिएः

- अर्ध–शुष्कीय क्षेत्र में अधिकतम वर्ष में दो बार (वर्षा के दिनों में तथा वर्षा के बाद) व शुष्कीय क्षेत्र में एक बार (वर्षा के समय) कृमिनाशक पिलाना उपयुक्त रहता है।

- रेवड़ में साल भर एक ही तरह की दवा का प्रयोग करें। कभी भी दो प्रकार की दवा साथ–साथ नहीं पिलावें।
- दवा पशु चिकित्सक की सलाहनुसार, उनकी देखरेख में ही खरीदें।
- दवा की मात्रा तय करने हेतु भेड़ के वजन का सही आँकलन करना चाहिए।
- दवा पिलाने के लिए उपयुक्त समय हेतु पशु चिकित्सक की सलाहनुसार वार्षिक कार्यक्रम तैयार करें।
- कृमिनाशक दवा हमेशा पशु चिकित्सक से परामर्श करने के पश्चात् ही खरीदें।
- सभी दस्त लगने वाली भेड़ों में जरूरी नहीं है कि उसमें पेट के कीड़े हों। दस्त लगने पर भेड़ों की मिंगनियों की जाँच कराने के पश्चात् ही उचित कृमिनाशक दवा पिलाने का निश्चय करें।
- गलसूजा प्रायः विभिन्न परजीवियों तथा शरीर में पोषक तत्वों की कमी से होता है। अतः इस लक्षण वाली भेड़ों को उचित निदान के पश्चात ही दवा पिलावें।
- दवा पिलाने के दिन से 7 दिन पहले पशु को संभव हो सके तो सूखा चारा खिलना चाहिए तथा दवा पिलाने के 24 घंटे पहले पशु को खाना बंद करने से दवा अधिक देर तक प्रभावी होती है।
- सर्दियों में गलसूजा सामान्यतया भेड़ों के शरीर में प्रोटीन की कमी से होता है। अतः दूध देने वाली व कमजोर भेड़ों को सर्दी के समय प्रोटीनयुक्त आहार (सोयाबीन, ग्वार, बाजरा आदि) नियमित रूप से देने पर गलसूजा का प्रकोप कम किया जा सकता है।

बाह्य परजीवी

ये परजीवी भेड़ों की त्वचा पर निवास करते हैं जिससे त्वचा रूखी–सूखी हो जाती है तथा ऊन गिरने लगती है। इनसे प्रभावित पशु

सुस्त हो जाते हैं व परजीवी द्वारा रक्त चूसने के कारण पशुओं में एनिमिया, कमजोरी, बैचैनी, ठीक से चारा–दाना नहीं खा पाना, उत्पादन में कमी होना प्रमुख लक्षण हैं। भेड़ों में पाए जाने वाली प्रमुख बाह्य परजीवी जनित रोग निम्न प्रकार हैं:

खाज (खुजली/कराडी)

अत्यन्त छोटे–छोटे कीड़ों से उत्पन्न यह एक संक्रामक रोग है जो रोगी पशु से स्वस्थ पशु में संपर्क से फैलता है। इस रोग से ग्रसित पशु की त्वचा पर छोटी–छोटी लाल फुंसियाँ हो जाती है जो धीरे–धीरे सफेद व चिपचिपे खुरंड से ढ़क जाती हैं। रोगी के शरीर से ऊन गिरने लगती है तथा चमड़ी मोटी व खुरदरी हो जाती है। शरीर में अत्यधिक खुजली होने से प्रभावित पशु ठीक से चारा–पानी नहीं ले सकता जिससे वह लगातार कमजोर होने लगता है। कराडी के लक्षण चेहरे पर, नाक के ऊपर होते हैं जबकि शरीर की खाज पैरों से लेकर पूरे शरीर में कहीं भी हो सकती है। यदि रोग से शरीर का थोड़ा हिस्सा प्रभावित हो तो इस रोग से उपचार हेतु मेलाथियान, साइपरमेथ्रीन (0.05 प्रतिशत) को वेसलीन में मलहम बनाकर प्रभावित भाग पर सप्ताह में तीन बार लेप करना चाहिए। रोगी के पूरे शरीर में खाज होने पर उसे ऊन कतरने के 15 दिन पश्चात् कीटनाशक दवा के पानी से नहलाना ही उपयुक्त रहता है।

जूएँ

पशु के शरीर पर इनकी अधिकता से रोगी में खून की कमी (एनिमिया) हो जाती है तथा पशु की शारीरिक वृद्धि रुक जाती है। प्रभावित पशु की चमड़ी खुरदरी हो जाती है एवं जगह–जगह से ऊन गिरने लगती है। उपचार व रोकथाम हेतु पशु को मेलाथियान, साइथियान, साईपरमेथ्रिन के घोल से 15 दिन के अंतराल पर दो बार नहलाना चाहिए।

नाक में लटों का प्रकोप

यह रोग एक प्रकार की मक्खी द्वारा नाक के पास अंडे देने पर होता है। अंडों द्वारा लार्वा (लट) बनने के पश्चात् यह नाक के रास्ते सिर

की तरफ चढ़ती चली जाती है जिससे नाक में खुजली व जलन होने से प्रभावित भेड़ की नाक तेजी से बहती है। बार–बार छींके आती हैं व छींक के साथ कभी–कभी लटें भी जमीन पर गिरती है। लगातार बेचैनी के कारण पशु का स्वास्थ्य गिरता जाता है। रोग के उपचार हेतु रोफेक्सेनाईड़, क्लोसेटेल या आइवरमेक्टिन जैसी दवाओं का प्रयोग अप्रैल–मई माह में करना चाहिए।

चीचड़ों का प्रकोप

भेड़ों के शरीर पर पाए जाने वाली चींचड़ों का जीवनकाल अधिकतर पशु के शरीर पर व्यतीत होता है। प्रजनन क्रिया के पश्चात् मादा चींचड़ें पशु का खून चूस कर जमीन पर गिर जाती है तथा दीवारों पर, दरारों व जमीन के अंदर अंडे देती हैं इन अंडों से लार्वा निकल कर शरीर पर चढ़ जाते हैं। लगातार खून चूसने से पशु में बैचेनी व खून की कमी हो जाती है। इसके अलावा चींचड़ों द्वारा कई प्रकार की अन्य बीमारियाँ जैसे थिलेरियोसिस, वेबेसियोसिस आदि को एक पशु से दूसरे पशु में फैलाती हैं। चींचड़ों से छुटकारा पाने हेतु सायथियान (0.1 प्रतिशत), डाएजिनान (0.5 प्रतिशत), साइपरमेथ्रिन (0.025 प्रतिशत) आदि दवा का प्रयोग प्रभावित जगहों पर (पूँछ के नीचे, मूतनी के आस–पास, कान के अन्दर जाँघ की अंदरूनी सतह) पर करना चाहिए। इसके साथ ही बाड़ों में स्वच्छता बनाएँ रखें तथा दीवारों में दरारों को समय–समय पर बंद करें।

स्वच्छता एवं स्वास्थ्य संबधी सामान्य जानकारी

जिस प्रकार खेती उत्तम बीज, खाद, सिंचाई एवं रोगों से बचाव पर निर्भर करती है उसी प्रकार पशुपालन से संतोषजनक उत्पादन पशु की नस्ल, उनकी देखभाल, आहार एवं रोग नियंत्रण पर आधारित होता है। वस्तुतः पशुपालन का व्यवसायिक स्वरूप जहां कुछ मूलभूत सुधारों यथा नस्ल सुधार, उत्तम पोषण एवं स्वास्थ्य परिचर्या आदि पर निर्भर करता है वही उसकी उत्पादनशीलता को बनाए रखने में पशुपालन से जुड़ी अन्य छोटी–छोटी दैनिक व्यवस्थायें भी प्रत्यक्ष या परोक्ष रूप में उत्तरदायी होती है। पशुओं को उत्पादनशील एवं स्वस्थ बनाये रखने के

लिए संतुलित आहार, उचित आवास व रेवड व्यवस्था, शुद्ध पानी व वायु तथा रोगों से बचाव उनकी पहली आवश्यकताएँ मानी जा सकती है। पशुधन से सन्तोषजनक उत्पादन प्राप्त करने के लिए अच्छा चरागाह, हवादार पशु आवास, आसपास की स्वच्छता तथा रोगों से बचाव व उपचार आदि प्रमुख आवश्यकताएँ है।

रेवड़ स्वास्थ्य कार्यक्रमों का आधार

रेवड़ स्वास्थ्य परिचर्या कार्यक्रम तैयार करने तथा उन्हें लागू करने से पहले रेवड़ में पशुओं की संख्या, नस्ल, प्रजनन–व्यवस्था, पशु उत्पादों से होने वाली वार्षिक आमदनी एवं रेवड़ व्यवस्था संबंधी अन्य जानकारियों को एकत्रित कर उनका विश्लेषण कर लिया जाना चाहिए। दो–चार भेड़–बकरी रखने वालों को लेकर इस कार्यक्रम की उपयोगिता सिद्ध नहीं की जा सकती है परन्तु इसका यह अर्थ कदापि नहीं है कि रेवड़ के सैकड़ों पशुओं की रूग्णता के प्रति असावधानी बरती जाये। ऐसा होने पर कई रोग बड़ी तेजी से फैलकर रेवड़ के अनेक पशुओं को प्रभावित कर देते है। अतः रेवड़ के इक्का–दुक्का रूग्ण पशुओं को तत्काल अलग करके समुचित उपचार किया जाना चाहिए ताकि रेवड़ के अन्य पशुओं में

भेड़ों में स्वास्थ्य प्रबंधन

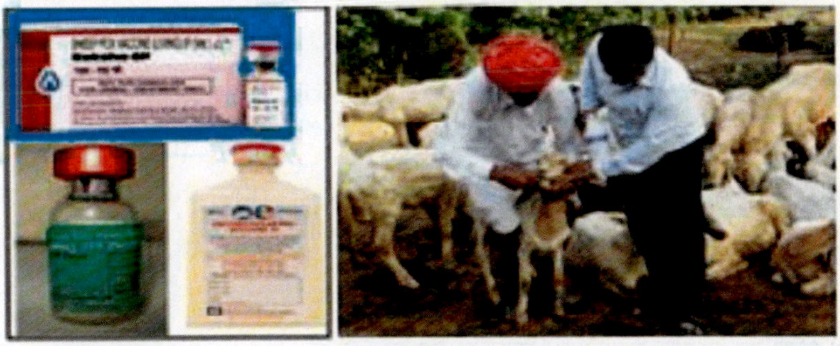

टीकाकरण — **अन्त: परजीवीकृमिनाशक दवा पिलाना**

रोग का फैलाव न हो सके। क्षेत्र में पाली जा रही नस्ल के उत्पादकता संबंधी जानकारी, अन्य नस्लों से तुलना का आधार बनती है और इसी आधार पर भविष्य के लिए अच्छी नस्ल का चुनाव करके प्रजनन कार्यक्रमों

की रूपरेखा तैयार की जा सकती है। अनियमित प्रजनन, गर्भवती एवं नवजात के स्वास्थ्य से भी सीधा संबंधित होता है। बड़े पशुओं की अपेक्षा मेढ़ा व बकरा खुला रखा जावे तो भेड़–बकरी पूरे वर्ष ग्याभिन होती रहती है जिसके परिणामस्वरूप पूरे वर्ष भर नवजात जन्म लेते रहते हैं। एक–एक नवजात की सार–संभाल में अत्यंत कठिनाई होती है। इसके अतिरिक्त शीतकाल में उत्पन्न नवजात श्वसन तंत्र के रोगों जैसे निमोनिया से प्रभावित होकर मर जाते हैं। इसी प्रकार कम चराई या सूखे महीनों मे पैदा होने वाले नवजातों का जन्मभार कम होता है तथा उन्हे माँ से दूध भी कम मिलता है फलस्वरूप उनकी वृद्धि दर प्रभावित होती है। शारीरिक कमजोरी से नवजातों की प्रतिरक्षा शक्ति का पूर्ण विकास न हो पाने के कारण वह अल्पायु में ही अनेक रोगों के प्रति संवेदनशील हो जाते हैं जिससे आगे चलकर उनका स्वास्थ्य प्रभावित होता है।

पशु पालन व्यवस्था संबंधी अन्य पहलुओं में नवजातों की देखभाल, उनमें मृत्युदर, गर्भवती की देखभाल, रोगों के उपचार एवं बचाव की प्रचलित विधियों, ऊन कतरण का समय, दूध, मांस, ऊन एवं जीवित पशुओं के विपणन व्यवस्था की जानकारी भी योजना की तैयारी में महत्वपूर्ण योगदान करती है। व्यवसायिक प्रतिष्ठानों की भाँति पशुपालन में भी रोगोपचार एवं रोग से बचाव हेतु उपलब्ध साधनों का चुनाव एवं मूल्यांकन पशु विशेष से होने वाली आय–व्यय को ध्यान में रखकर करना चाहिए। पशु का महत्व एवं उसकी उपयोगिता, उस पर किए जाने वाले व्यय के निर्धारण मे सहायक होती है अच्छी नस्ल का नर रेवड में विशेष स्थान रखता है। बीजू नर के स्वास्थ्य की देखभाल और रोगोपचार में असावधानी बरतने पर रेवड़ की मादा प्रजनित नहीं हो पायेगी, अतः नवजातों की आने वाली फसल से वंचित रह जाने के कारण पशुपालक को आर्थिक हानि उठानी पड़ेगी।

पशु पालन से जुड़े लोगों की सामाजिक एवं आर्थिक स्थिति एक समान नहीं है जबकि विकसित देशों के पशु पालक प्रगतिशील व प्रतिष्ठित वर्ग में आते है। हमारे देश मे पशु पालकों का बहुत बड़ा वर्ग गरीब, अनपढ़, रूढ़िवादी एवं असंगठित है। यह वर्ग किसी नई तकनीकों

को अपनाने में न केवल सबसे पीछे रहता है बल्कि नवीन विधियों के प्रति अरूचि दिखाकर, नयी पीढ़ी को हतोत्साहित करके अवरोध खड़ा करने का भी प्रयास करता है। अतः पशु पालकों को चाहिए कि नई तकनीकी में से पशु स्वास्थ्य एवं रोग नियंत्रण कार्यक्रमों को चुनकर समस्याओं के निदान व निराकरण कराएँ। इसके अतिरिक्त टीकाकरण द्वारा रोग से होने वाली हानि तथा अंतः परजीवियों के संक्रमण का उपचार व बचाव, प्रभावी अंतः कृमिनाशक दवा पिलाकर पशुपालकों में स्वास्थ्य कार्यक्रमों के प्रति विश्वास पैदा किया जा सकता है। उपरोक्त वर्णित बीमारियों का सही नियंत्रण करने से रेवड़ में मृत्यु दर 5–7 प्रतिशत तक कम की जा सकती है। सम्पूर्ण स्वास्थ्य कार्यक्रम लागू करने की कीमत वर्तमान में प्रति भेड़ 50/– रू. प्रतिवर्ष लगता है। 100 भेड़ों में रेवड़ में स्वास्थ्य कार्यक्रम अपनाने से कुल खर्चा 5000/– रू. प्रति वर्ष कर के एक भेड़ पालक 5–7 भेड़ बचा कर लगभग 15–20 हजार रूपया बचाकर कुल 10–15 हजार की अतिरिक्त आय प्राप्त कर सकता है।

पशुओं का प्राथमिक उपचार

प्राथमिक उपचार का मुख्य उद्देश्य दुर्घटनाग्रस्त पशुओं की सहायता व कुछ ऐसी बीमारियों का उपचार करना है, जिनसे देशी औषधियों का प्रयोग करने से प्राथमिक लाभ मिलता हो। कभी–कभी ऐसी दुर्घटना हो जाती है जिससे अधिक रक्तस्राव, हड्डी का टूटना इत्यादि होता है, तो ऐसी स्थिति में उन्हें तुरन्त सहायता की आवश्यकता होती है। यदि पशु पालक को प्राथमिक उपचार की जानकारी हो, तो पशु की स्थिति नहीं बिगड़ती है और इस बीच पशु चिकित्सक से भी सम्पर्क करने का समय मिल जाता है, जिससे पशु को कष्ट भी कम होता है एवं उसकी जान भी बच जाती है। इसी तरह कुछ बीमारियाँ ऐसी भी उत्पन्न हो जाती हैं जिससे पशु को पीड़ा तो होती ही है, साथ ही तुरन्त उपचार न मिलने की स्थिति में दर्दनाक मृत्यु भी हो जाती है। अतः सर्वप्रथम पशु रोग की पहचान करना अति–आवश्यक है। पशु की सामान्य अवस्था में थोड़ा भी परिवर्तन होने पर पशु पालक को पशु को सन्देह की दृष्टि से देखना चाहिए। मुख्यतः किसी बीमारी की दस्तक देने के समय पशु को बेचैनी,

चारा छोड़ देना, पानी न पीना, दूध न देना या दूध कम कर देना, पेशाब पीला व गोबर में परिवर्तन, पशु की चाल स्वभाव एवं आवाज में परिवर्तन तथा सुस्त रहना इत्यादि लक्षण महसूस किये जा सकते हैं और कुछ ही घन्टों में लक्षण साफ–साफ पहचाने जा सकते हैं। अगर बीमारी पाचन तंत्र से सम्बन्धित है तो पशु खाना छोड़ देता है और गोबर पतला या कड़ा हो सकता है। पेट में गड़गड़ाहट और पेट का फूलना इत्यादि लक्षण हो सकते हैं। बीमारी अन्तः परजीवियों से सम्बन्धित है तो पतले बदबूदार दस्त, खाल का रूखापन, आँखों से कीचड़ व पानी आना, दाँत किटकिटाना व बालों का गिरना, पेट में दर्द होना, जानवर बोल नहीं पाता लेकिन दर्द होने पर उसका बार–बार उठना बैठना, पेट की तरफ देखना और अत्यधिक दर्द होने पर जमीन पर पलटना, अत्यधिक पसीना आना एवं पेट में लातें मारना इत्यादि करने लगता है। त्वचा के रोगों को पशुपालक देखकर ही पहचान सकते हैं फिर भी जब जानवर अपना शरीर किसी दीवार, पेड़ या किसी अन्य वस्तु से रगड़ता है तो खुजली का होना बतलाता है। यदि पशु को ठन्ड लग गई है तो उसके नाक से पानी आना, शरीर गर्म होना, सांस जोर से लेना, सांस लेते समय आवाज होना इत्यादि लक्षण प्रतीत होते हैं। पशु पालक को इस स्थिति के लिए तैयार रहना चाहिए क्योंकि इस स्थिति में निमोनिया भी हो सकता है। इसके साथ–साथ अगर पशु का शरीर गर्म है एवं नथूने सूखे हुये हैं तो उसे बुखार है। जो किसी भी जीवाणु, विषाणु और रक्त में परजीवियों से हो सकता है। अगर जानवर की पेशाब लाल या गाढ़ी पीली है, आखों में पानी या अन्दर की तरफ धंस रही है तो ये खून के अन्य परजीवियों द्वारा उत्पन्न बीमारी हो सकती हैं। ऐसी स्थिति में शीघ्र ही पशु चिकित्सक से सम्पर्क करना चाहिए। जब किसान भाइयों को यह पता चल जाये कि यह जानवर बीमार है तो उसे सबसे पहले स्वस्थ पशुओं से अलग कर देना चाहिए। और उसे शान्त वातावरण एवं हवादार स्थान पर रखना चाहिए और शीघ्र घरेलू उपचार शुरू कर देना चाहिए। जरा भी स्थिति काबू से बाहर नज़र आये तो शीघ्र ही पशु चिकित्सक से सम्पर्क स्थापित करना चाहिए। प्राथमिक चिकित्सा वह चिकित्सा पद्धति है जो किसी रोग की विस्तृत चिकित्सा से पूर्व की जाती है। इससे कभी–कभी जानवर स्वस्थ

भी हो सकता है या बीमारी विकराल रूप धारण नहीं कर सकती तथा पशु चिकित्सक को बुलाने का समय भी मिल जाता है। पशु चिकित्सकों को पशु के उपचार में आसानी हो जाती है।

प्राथमिक चिकित्सा के सामान्य सिद्धान्त

1. सर्वप्रथम दुर्घटना के कारण का पता लगाया जाए।
2. दुर्घटना के कारण को तुरन्त हटाया जाए।
3. रक्त स्त्राव को सबसे पहले बन्द किया जाए।
4. दुर्घटनाग्रस्त पशु को ताजी हवा प्रदान की जाए।
5. सदमा ग्रस्त पशु के तापमान तथा श्वसन प्रक्रिया को सामान्य बनाया जाए।
6. पशु को जिस स्थिति में अधिक आराम मिले उसी में रखा जाए।
7. पशु के पास से शोर–शराबा या भयावह वस्तुओं को अलग रखा जाए।
8. जख्मों की मरहम पट्टी की जाए।

प्राथमिक चिकित्सा के लिये आवश्यक वस्तुएँ

1. स्वच्छ रूई, पट्टियाँ, सर्जिकल गाज, पुराना सूती कपड़ा।
2. मजबूत पतली रस्सी।
3. कैंचियाँ, चाकू, चिमटी, थर्मामीटर, ट्रोकार एवं कैन्यूला।
4. जीवाणुनाशी रसायन, जैसे पोटैशियम परमैंगनेट, डिटॉल, सेवलान, सलफानिलैमाइड पाउडर, फीनॉल आदि।
5. अरण्डी का तेल अफारा के उपचार के लिए।
6. मैग्नीशियम सल्फेट, नीला थोथा, आदि विष के उपचार के लिए।
7. गुड़ या राबा।

8. तारपीन का तेल (अफारा के लिए)।
9. टिंक्चर आयोडीन, टिंक्चर बैन्जाइन, घाव पर लगाने तथा रक्त स्राव बन्द करने के लिए।

प्रमुख प्राथमिक उपचार

अस्थि का टूटना एवं डिस्लोकेशन

इस स्थिति में असहनीय पीड़ा व सूजन हो जाती है। कभी–कभी टूटी हुई हड्डी बाहर दिखाई देने लगती है। इस स्थिति में बाँस की खपच्चिंयों द्वारा दोनों तरफ निवार से पट्टी बाँध देना चाहिए तथा शीघ्र ही पशु चिकित्सक की सहायता लेनी चाहिए। इस बात का विशेष ध्यान रहे कि पशु का प्रभावित अंग हिलने न पाये अन्यथा हड्डी के टूटे भाग के हिलने से ऊतकों को और अधिक हानि हो सकती है एवं पीड़ा भी बढ़ जाती है। शरीर में खरोंच, कट व घाव आदि के कारणों से अक्सर पशुओं में चोट लग जाती हैं या कट जाता है, अतः इसे नीम की पत्तियों को गर्म पानी में डालकर उबालने के बाद ठन्डा करके खरोंच या कटे हुए घाव को उससे धोकर साफ कपड़े से पोंछना चाहिए और इसी पानी से घाव को दिन में दो बार धोना चाहिए। नीम के पत्तों को पीस कर सरसों के तेल के साथ लगायें या नील खुरी को पीस कर लेप कर सकते हैं। बबूल की पत्तियों को पीस कर लगाने से भी लाभ होता है। यदि यह न कर पायें तो कोई भी एन्टीसैप्टिक क्रीम को लगाया जा सकता है जिससे घाव को शीघ्र ठीक किया जा सके। कई बार जानवर के ऊँचाई से गिरने, कूदने या दुर्घटना के कारण हडिड्यां अपने जोड़ों से खिसक जाती हैं। इसकी आसान पहचान पैर एक दूसरे से छोटा या बड़ा दिखता है। इसमें पैर को खींचकर अपनी जगह लाते है और फिर बाँस की खपच्चियों को दोनों तरफ लगाकर निवार से बांध देते हैं इस अवस्था में पशु को आराम की सख्त आवश्यकता होती है। पशु को दूध, गुड़ के साथ में हल्दी डालकर पिलाने से आराम मिलता हैं।

थनों का जख्म

दुग्धपान के समय बच्चे के दाँतो, पक्के फर्श या किसी अन्य

कारण से थन पर घाव हो जाते हैं। घाव पर एन्टीसैप्टिक क्रीम लगानी चाहिए या गाँवों में किसान भाई लौनी लगा सकतें हैं, या लौनी में सुहागा (7:1) मिलाकर लगा देना चाहिए। थनों को लाल दवा के 1:1000 के अनुपात के घोल से साफ करना चाहिए। फर्श को फिनायल के 2 प्रतिशत घोल से साफ किया जाना चाहिए।

रक्तस्राव एवं अंग का फटना

रक्तस्राव वाले स्थान को तुरन्त हाथ से दबा देना चाहिए एवं उस घाव के 5–10 सेमी ऊपर कस कर पट्टी बाँध देना चाहिए। रक्तस्राव वाले स्थान को बर्फ एवं ठण्डे पानी से धोना आवश्यक है। उसके बाद फिटकरी में फोवा भिगोकर रक्तस्राव वाले स्थान पर रखना चाहिए। अगर खून की कोई नली कट गई हो तो पशु चिकित्सक को बुलाना चाहिए। रक्तस्राव को आँक का दूध लगाकर भी रोका जा सकता है। इसके अतिरिक्त यदि शरीर का कोई हिस्सा फटकर बाहर निकल आया है जैसे कि किसी वाहन दुर्घटना या जानवर के सींग मारने से अक्सर हो जाता है, तो उसे डिटॉल या लाल दवा 0.1 प्रतिशत घोल से साफ करके अन्दर ज्यों का त्यों रख देते हैं, एवं ऊपर से उसे बाँध देते हैं तथा अविलम्ब पशु चिकित्सक से सम्पर्क स्थापित कर पूरा इलाज कराना चाहिए।

जलने पर

सर्वप्रथम आग बुझा कर जले हुए भाग को शीतल जल में डुबोना चाहिए या शीतल जल व बर्फ उस भाग पर लगाना चाहिए और फिर जैतून तथा नारियल के तेल का लेप लगा देना चाहिए। जले स्थान पर बुझे हुये चूने का पानी एवं अलसी का तेल बराबर मात्रा में लेकर लगाना चाहिए जो अति लाभप्रद रहता है। घावों को रगड़ने से बचाया जाये एवं अविलम्ब पशु चिकित्सक की सहायता लेनी चाहिए।

जहर से पीड़ित होने पर

जहरीले पौधे, कीटनाशक औषधियों, यूरिया, चूहे मार दवा, साइनायड युक्त चारे जैसे ज्वार इत्यादि खाने से पशु जहर से पीड़ित हो जाता है। बड़े पशु जैसे गाय और भैसों में उदर नलिका द्वारा अधिक से अधिक पानी

पेट में डालते हैं और फिर निकालते हैं। यह क्रिया बार–बार करते हैं और उदरनलिका की सुविधा न हो तो अधिक से अधिक पानी पिलाना चाहिए। छोटे पशुओं में गुनगुने पानी में नमक या पिसी सरसों डालकर पिलाने से उल्टी हो जाती है जिससे आमाशय में भरा जहर बाहर आ जाता है। आँतो के विष बाहर निकालने हेतु दस्तवर औषधियों का प्रयोग भी करते हैं जैसे मैगनीशियम सल्फेट बड़े पशु को 250 ग्राम व छोटे पशु को 100 ग्राम घोलकर पिलाते हैं या अलसी/अरन्डी का तेल 500 ग्राम पिलाते हैं तत्पश्चात शीघ्र ही उपचार हेतु पशु चिकित्सक को बुलाना चाहिए। आंवला का सत, जमाल घोटा या जुलाब देने से तुरन्त दस्त हो जाता है तथा जहर बाहर निकल जाता है।

साँप व पागल कुत्ते के काटने पर

जिस स्थान पर साँप ने काटा है उसके कुछ ऊपर कस कर बाँध दें और फिर उस स्थान पर नये ब्लेड से चीरा लगा देना चाहिए जिससे रक्त के साथ–साथ विष भी बाहर आ जाये। अगर पैर में काटा हो तो जानवर को खड़े अवस्था में रखने का प्रयास किया जाये एवं पशु को शान्त वातावरण में रखा जाये। जब तक कि पशु चिकित्सक वहाँ पहुँचकर सर्प विष प्रतिरोधी दवा नहीं दे देता तब तक पशु को चाय या काफी का पानी पिलाते रहना चाहिए जिससे पशु सो न पायें। कुत्ते के काटने के स्थान को लाईफबॉय या कपड़े धोने के साबुन से कई बार धोना चाहिए और यदि कारबोलिक एसिड मिल जाय तो उससे घाव को जला देना चाहिए। पशु को मनुष्यों एवं जानवरों से दूर करें तथा अविलम्ब पशु चिकित्सक से मिलकर टीके अवश्य लगवायें।

सर्दी व लू लगने पर

पशु को मोटे कम्बल आदि से ढकना चाहिए। गुड़ एवं गुनगुना पानी बार–बार पिलाते रहना चाहिए और अजवाइन, अदरक व गुड़ की ओटी बनाकर पिलाते रहना चाहिए। तारपीन या सरसों के तेल में कपूर डालकर उसके छाती की मालिश करते रहना चाहिए। कपूर व बफारे वाली औषधियों का बफरा देना अति लाभप्रद है। पशुओं को अदरक, सौंठ,

मुलेठी, अजवाइन, अरूशा को गुड़ में मिलाकर देना बहुत फायेदमन्द रहता है। लू लगने पर जानवर को ठन्ड़े स्थान पर रखकर उसे चीनी या नमक तथा भुने हुए जौ का आटा पानी में घोल कर पिलाना चाहिए। शरीर को ठन्डे पानी से कई बार पोंछते रहने से लाभ मिलता है। प्याज तथा पुदीना का अर्क भी देना लाभप्रद है।

अफारा

यह बरसीम, मटर की फली, अधिक अनाज या दलहन वाले चारे लोबिया इत्यादि के खाने से हो जाता है। इससे उत्पन्न गैस बाहर नहीं निकल पाती है और पेट फूलने लगता है। ऐसी स्थिति में पानी बिल्कुल न दें और पशु की जीभ पकड़कर हिलाते रहें। पशु के मुँह में लगाम की तरह गोल लकड़ी बाँध दें एवं जीभ लकड़ी के ऊपर रहे जिससे मुँह खुला रहे। बाँयी कोख पर मालिश करें और अगले पैर ऊँचे स्थान पर रखें, यदि पशु चिकित्सक के आने में विलम्ब हो रहा हो और उसे अधिक गैस के कारण सांस लेने में अधिक कठिनाई हो रही हो तो तुरन्त धारदार चाकू से बाँयी कोख के बीचों बीच छिद्र कर देना चाहिए। जिससे गैस बाहर निकल सके अन्यथा इस कार्य के न करने से पशु की अकाल मृत्यु भी हो सकती है। इसके अतिरिक्त 5 से 10 ग्राम हींग और इसी मात्रा में काला नमक, 15 मि.ली. तारपीन का तेल एवं 30 मि.ली. अलसी का तेल मिश्रित करके पिलायें।

कब्ज

पशुओं में कब्ज होने के कई कारण होते हैं। यह मुख्यतः ज्यादा सूखा चारा देने पर, दाने की अधिक मात्रा देने पर, गला सड़ा चारा व बासी चारा देने पर, खुराक अधिक मात्रा में देने पर, या पशु के चारे में अचानक परिवर्तन होने पर कब्ज होने की सम्भावना अधिक रहती है। कब्ज होने पर पशु के चारे एवं दाने की मात्रा कम कर देनी चाहिए। उचित यह होगा कि पशु को रसीला या नर्म चारा दिया जाय। पशु को 30 ग्राम काला नमक, 50 ग्राम सादा नमक, 10 ग्राम हींग, 10 ग्राम सौंफ, सभी को 250–500 ग्राम गुड़ में मिला कर दें। इसके अतिरिक्त 50–100

ग्राम मैगनीशियम सल्फेट या 250 से 500 मि.ली. अरन्डी का तेल दे सकते हैं।

अतिसार

जब अधिक दस्त हो जाता है तो शरीर से पानी भी दस्त के द्वारा निकल जाता है, पशु कमजोर होने लगता है तथा त्वचा सिकुड़ने लगती है। शरीर की त्वचा खींचने पर अपने स्थान पर आने में 6 सेकण्ड से ज्यादा समय ले तो समझ जाना चाहिए कि पशु खतरे की तरफ बढ़ रहा है। अतः उसे तुरन्त चीनी एवं नमक का घोल बनाकर ज्यादा से ज्यादा पिलाना चाहिए। अतिसार होने पर पानी की अधिक मात्रा में आवश्यकता होती है। अतः आधी बाल्टी पानी में 250–500 ग्राम गुड़, 250 ग्राम जौ का आटा, 4–6 चम्मच सादे नमक को मिलाकर पशु को पिलायें। इसके अतिरिक्त 500 ग्राम चावल के मांड में 50 से 100 ग्राम खड़िया तथा 20 से 30 ग्राम कत्था मिलाकर पशु को दें या 1/2 कि.ग्रा दही में 50–100 ग्राम खड़िया या 50 ग्राम इसबगोल की भूसी मिलाकर खिलाने से पशुओं को लाभ मिलता है। अगर स्थिति अधिक बिगड़ गई हो या बिगड़ने जा रही हो तो तुरन्त पशु चिकित्सक से सम्पर्क स्थापित करना चाहिए।

प्राथमिक उपचार के लिए आवश्यक दवाईयों की पहचान एवं उपयोग

पोटेशियम परमैगनेट

यह एक गहरे बैंगनी रंग का दाने दार चूर्ण (पाउडर) होता है जिसमें किसी प्रकार की गंध नहीं होती है। पानी में यह बहुत शीघ्र घुल जाता है। इसका घोल अधिक देर तक रखने से खराब हो जाता है, इसलिये इसे प्रयोग करने के लिए सदैव ताजा घोल तैयार करना चाहिए। पशुओं के शरीर पर किसी औजार से या और किसी प्रकार चोट लग जाने के कारण खाल कट जाती है और बिना कोई दवा लगाये खुली रहने से तथा आसपास की गंदगी से अनेक प्रकार के जीवाणु कटी खाल/चोट में प्रवेश कर जाते है और मवाद बना देते हैं। इन्हीं जीवाणुओं को मारने के लिए यह दवा उपयोग में आती है।

टिंचर बेन्जोइन

पशुओं के घावों या जख्मों से बहते हुए खून को रोकने के लिए इस दवाई का प्रयोग किया जाता है। पशुओं के आपस में लड़ने से कई बार उनके सींग टूट जाते हैं जिससे काफी मात्रा में खून बहने लगता है। अतः खून को बन्द करने के लिए टूटे हुए सींग पर टिंचर बेन्जोइन का फाहा रखकर पट्टी से बाँध देना चाहिए।

टिंचर आयोडीन

यह एक कीटाणुनाशक दवा है जो जख्मों में पोटेशियम परमैगनेट के घोल से धोने के बाद लगाई जाती है ताकि कीटाणु जख्म या घाव को पका न सकें। घाव पर लगते ही दवाई घाव के अन्दर चली जाती है और कीटाणुओं का विनाश करके घाव को सुखाने का कार्य करती है। दाद और खाज में भी टिंचर आयोडीन लगाने से लाभ होता है।

आयोडीन मलहम

यह मलहम आयोडीन, पोटेशियम आयोडीन तथा वैसलीन को 1:2:20 के अनुपात में मिलाने से बनता है। यह सूजन को ठीक करता है। कच्चे फोड़ों को पकाने के लिए इसे दिन में दो बार फोड़े पर लगाया जाता है। कई बार फोड़ों के पक जाने के बाद भी उसके चारों ओर के अंग सख्त (कठोर) रहते हैं। इस स्थिति में फोड़ों को साफ करने के बाद इस मलहम को फोड़े के चारों ओर लगाया जाता है जिससे कि सम्बंधित अंग मुलायम हो जाता है।

जिंक ऑक्साइड मलहम

जिंक ऑक्साइड भूरे या पीले रंग का चूर्ण (पाउडर) होता है। इसमें न तो कोई गन्ध होती है और न ही कोई स्वाद होता है। यह पानी में नहीं घुलता है। अधिक समय तक रखे रहने से हवा की नमी को सोख लेता है। इसका अन्य दवाई के साथ मिलाकर जख्मों का मलहम आदि बनाने में उपयोग किया जाता है। जिन पशुओं के शरीर पर लाल चकत्ते पड़ जाने से जलन होती है और खुजलाने से पानी जैसा पदार्थ (स्त्राव) निकलता रहता है, उन चकत्तों पर जिंक आक्साइड का चूर्ण एक भाग

तथा वैसलीन आठ भाग मिलाकर लगाने से लाभ होता है। कन्धों तथा थनों के चटकने पर भी जिंक ऑक्साइड का मलहम लगाना बड़ा उपयोगी होता है।

तारपीन का तेल

पशु के घाव में कीड़े पड़ जाये तो तारपीन का तेल घाव पर लगाना चाहिये। तारपीन के तेल को हींग और मीठे तेल में मिलाकर पशुओं को पिलाने से अफारे के समय आराम मिलता है। मीठे तेल में तारपीन का तेल बराबर मात्रा में मिलाकर पशुओं के प्रभावित अंगों में मालिश भी की जा सकती है।

मैगनिशियम सल्फेट

मैगनिशियम सल्फेट (विलायती नमक) पशुओं के उपचार में सदैव काम आता रहता है। जिन बड़े पशुओं का गोबर रूक जाता है और कब्ज हो जाता है, उनको 400 ग्राम मैगसल्फ में 200 ग्राम खाने वाला नमक तथा एक छटांक सोंठ के चूर्ण को पानी में घोल बनाकर एक साथ पिलाने से पशु को 24–48 घण्टों में दस्त आ जाते हैं।

गन्धक के चूर्ण का मलहम

यह मलहम गंधक के चूर्ण तथा वैसलीन को 1:8 के अनुपात में मिलाकर बनाया जाता है। इसे पीला मलहम भी कहा जाता है। खुजली करने वाले जीवाणुओं को नष्ट करने तथा पशु के शरीर के किसी अंग पर खाज, खुजली आदि होने पर उस अंग का पहले पोटेशियम परमैगनेट के घोल से साफ करके इस पीले मलहम को लगाया जाता है। यह मलहम पशु की चमड़ी पर अधिक देर तक लगा रहने से हानि पहुँचाता है। अतः इस मलहम को लगातार तीन दिन लगाने के बाद बन्द कर देना चाहिये।

बोरिक एसिड (बोरिक चूर्ण)

बोरिक एसिड चूर्ण हल्का कीटाणुनाशक है और शरीर के नाजुक अंगों पर भी लगाया जा सकता है। पाँच भाग बोरिक चूर्ण को 100 भाग पानी में इसका घोल बनाकर घावों को धोने के काम आता है। घावों पर

बोरिक चूर्ण छिड़क कर भी इसे लगाया जाता है। इस चूर्ण के एक भाग को 100 भाग पानी में मिलाकर इसके घोल को आँखों में भी डाला जाता है। गुनगुने पानी के साथ इसके चूर्ण को मिलाकर इससे आँखों की सफाई भी की जाती है।

कॉपर सल्फेट (तूतिया)

कॉपर सल्फेट को तूतिया के नाम से जाना जाता है। इसका रंग हल्का नीला होता है। इसे सूखा दिया जाये अथवा आग पर गर्म किया जाये तो इसका रंग सफेद हो जाता है। यह भी एक जीवाणुनाशक दवा है।

अरण्डी का तेल

इस वनस्पति तेल का उपयोग आँख से कचरा निकालने के लिए किया जाता है। जब पशु खुली जगह पर होते हैं, तब प्रायः तेज हवा या आँधी आने की स्थिति में उनकी आँखों में मिट्टी के सूक्ष्म कण आदि चले जाते हैं। ऐसी स्थिति में आँखों से पानी बहने लगता है। इस स्थिति में 1–2 बूंद अरण्डी का तेल आँखों में डाला जाता है। इससे सूक्ष्म कण बाहर निकल जाते हैं और यह तेल आँखों को ठंडक पहुंचाकर आँख की झिल्ली के दर्द को भी कम करता है। इस तेल की एक औंस की मात्रा में बछड़ों को पिलाने से कब्ज में लाभ पहुँचता है। अतिसार की बीमारी की प्रारंभिक अवस्था में 2–3 मि.ली. अरण्डी का तेल बच्चों को पिलाने से भी लाभ होता है।

विसंक्रमणः– इसका अर्थ रोग पैदा करने वाले जीवाणुओं को मारना है। जिससे वह स्थान इनसे मुक्त हो सके। रोगाणुनाशक जीवाणुओं को बढ़ने से रोकते हैं या उनको मार देते हैं। मुख्य रोगाणुनाशक है सूर्य की रोशनी, गर्मी व रासायनिक पदार्थ आदि। बाड़ा ऐसा होना चाहिए कि जिसमें दिन में कुछ समय तक सूर्य का प्रकाश अवश्य पड़े। भाप व आग जलाकर भी बाड़े को रोगमुक्त किया जा सकता है। इस बात को ध्यान में रखना चाहिए कि सारे जीवाणु एक ही रोगाणुनाशक से नहीं मरते। सफाई करना अति आवश्यक है। दीवारों को रोगाणु मुक्त कराने से पूर्व उन पर से

गोबर हटाना चाहिए। फर्श, दीवारों तथा खुरली आदि को रगड़ कर पानी से साफ करना चाहिए। यदि बाड़ा कच्चा हो तो ऊपर की 3–4 इंच मिट्टी निकाल कर, चूना मिली नई मिट्टी डालनी चाहिए।

पक्के स्थान को धोने के लिए कपड़े धोने के सोडे का घोल प्रयोग करना चाहिए। रोगाणुनाशक छिड़कने के 24 घंटे के अंदर पशु वहाँ नहीं बंधने चाहिए। इसके बाद भेड़ों को चरने के लिए नए चरागाह में डालना चाहिए।

ऊन कल्पन व्यवस्था

अन्य बाल वाले पशुओं के विपरीत भेड़ों के बाल बराबर रहते हैं और उनके बालों का उपयोग मोटा या बारीक कपड़ा बनाने में किया जाता है। ऊन साल में एक से दो बार कतरी जाती है। नेल्लोर, मांडया और केनगुरी जैसी दक्षिणी भारत की कई नस्लों की भेड़ों से ऊन की कुछ भी उपज नहीं होती। ऊन का रेशा लचीला, टिकाऊ, आर्द्रताग्राही और गर्मी को संरक्षित करने वाला होता है और इसमें आग आसानी से नहीं लगती। यह प्राकृतिक रूप से जल का संरक्षण भी करता है। ऊन से तैयार किए गए कपड़ों में तह रहती हैं और ब्रश से उनको काफी हद तक साफ भी किया जा सकता है। बाल मोटे होते हैं, इस कारण वे लचीले नहीं होते और उनकी रंगाई मुश्किल से होती है। इनसे बना सूत घटिया किस्म का होता है। ऐसे रेशों के सूत की ऐंठन अपने आप खुल जाती है और इसके परिणामस्वरूप रेशे अधिक टिकाऊ नहीं होते। असली ऊन का रेशा जालीदार होता है उसमें ऊपर बताई गई कमियाँ नहीं होती। अच्छी ऊन के रेशे बारीक और लचीले होते हैं और ऊन से मुलायम सूत तैयार होता है। रोएदार मोटे रेशों की अपेक्षा उनमें रंग को सोखने की और संरक्षित करने की विशेषता बहुत अधिक होती है।

भेड़ों की ऊन घुंघराले रूप से उगती है। बढ़िया ऊन में क्रिम्स अधिक होती है। ऊन की मोटाई 12 से 70 माइक्रॉन तक होती है। बढ़िया ऊन के तन्तु का व्यास 15–25 माइक्रॉन के बीच होता है और मेरीनो तथा रेम्बुए नस्ल की भेड़ों से प्राप्त ऊन इस किस्म की होती है। देशी भेड़ों की ऊन के रेशों का व्यास 30 से 70 माइक्रॉन तक होता है। ऊन की बनावट निश्चित करने में रेशों की लम्बाई का महत्वपूर्ण स्थान है। बारीक रेशे और पर्याप्त लम्बाई वाली ऊन को अधिक बारीक सूत कातने के लिए प्रयोग किया जा सकता है।

भेड़ों से ऊन उतारने का काम सदियों से चला आ रहा है। यह काम भिन्न–भिन्न स्थानों पर विभिन्न विधियों तथा समय पर किया जाता है। इस क्रिया के तकनीकी, सामाजिक एवं आर्थिक महत्व को देखते हुए, यह निश्चित किया जाना चाहिए कि ऊन कल्पन कब और कैसे सम्पन्न किया जाए ताकि भेड़ पालकों को अधिक से अधिक आर्थिक लाभ मिल सके। ऊन के व्यवसाय तथा उद्योग से देश भर में लगभग बीस लाख मजदूरी दिवस के बराबर रोजगार उपलब्ध होता है।

भारतीय भेड़ों में आमतौर पर साल में दो बार ऊन कतरी जाती है। जबकि कुछ स्थानों पर यह एक या तीन बार भी उतारी जाती है। ऊन कतरने/उतारने की क्रिया वहाँ की जलवायु पर निर्भर करती है। भारत के उत्तरी भागों में यह क्रिया आमतौर पर मार्च–अप्रैल तथा अगस्त–सितम्बर में की जाती है। उत्तरी पश्चिमी भागों में, उदयपुर डिवीजन को छोड़कर जहाँ 50 से 55 प्रतिशत ऊन दो बार कतरी जाती है, रेवड़ों में साल में तीन बार उतारी जाती है बाकी यह क्रिया जनवरी से मार्च, जून–जुलाई तथा अक्टूबर–नवम्बर में सम्पन्न होती है। गुजरात में ऊन उतारने का काम फरवरी–मार्च तथा जुलाई–सितम्बर में होता है। कुल मिलाकर देशभर में लगभग 75 प्रतिशत भेड़ों से ऊन साल में दो बार तथा 20 प्रतिशत से साल में तीन बार तथा 5 प्रतिशत से साल में एक बार कतरी जाती है।

ऊन उतारने की विधियाँ

ऊन उत्पादन में ऊन कतरने की क्रिया का महत्वपूर्ण स्थान है। अध्ययनों में प्रायः देखा गया है कि ऊन उत्पादन, ऊन कतरने की विधि तथा कतरन के समय से बहुत प्रभावित होता है। प्राचीन काल से ऊन हाथ से चलने वाले ब्लेड तथा कैंचियों से उतारी जाती रही है। आजकल इनका स्थान हाथ, पेट्रोल, गैस तथा बिजली से चलने वाले क्लीपरों ने ले लिया है। यह क्लीपर बिजली से चलने वाली बाल काटने वाली मशीन की भाँति होते हैं जो तेजी से ऊन को समान रूप से काटते हैं और कतरी हुई भेड़ एक समान लगती है।

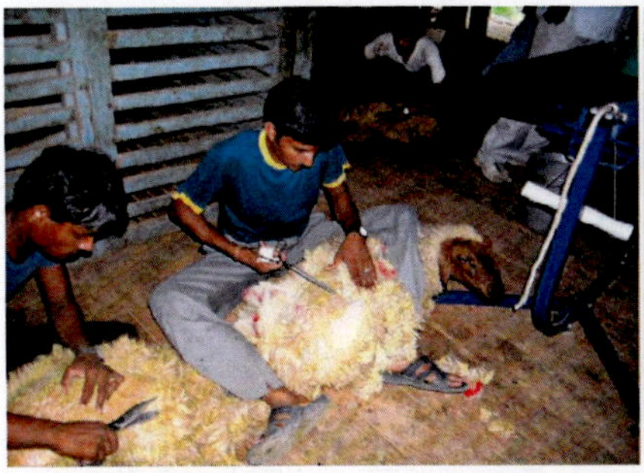
कैंची द्वारा ऊन कतरन

मशीन द्वारा ऊन कतरन

हमारे देश में अभी तक अधिकतम भेड़ें पुराने तथा घटिया किस्म की कैंचियों से कतरी जाती रही है। अभी हाल ही में इनमें कुछ सुधार लाए गए हैं जिससे ऊन को कतरने में आसानी के साथ–साथ सुधार भी आया है जो कि कतरी गई ऊन की किस्मों के गुणवत्ता से स्पष्ट प्रतीत होता है। आज–कल बिजली से चलने वाले क्लीपर भी प्रयोग में लाए जाते रहे हैं लेकिन अधिकतम ऊन पुरानी तथा सुधरी हुई कैंचियों या ब्लेड़ों से कतरी जाती है। हाथ तथा विद्युत से चलने वाले क्लीपरों से काटी गई ऊन पर 40 से 50 प्रतिशत कम लागत आती है जो कि एक महत्वपूर्ण बचत है। अभी हाल ही में सम्पन्न एक अध्ययन में दखा गया है कि ऊन कतरने के समय में बदलाव से ऊन उत्पादन तथा गुणवत्ता पर भी असर पड़ता है। देर से कतरी गई ऊन में पीलापन तथा रिक्तता आ जाती है। इन कारणों से भेड़ पालकों को 20 से 25 प्रतिशत तक का नुकसान उठाना पड़ता है। भेड़ों की ऊन समय पर न काटने पर आर्थिक नुकसान होता है क्योंकि बिना कतरी ऊन अपने आप झड़ने लगती है। तथा गर्मी के समय त्वचा की बीमारियों का भी भय रहता है। भेड़ों की ऊन साल में एक की अपेक्षा दो बार कतरने से ढाई सौ से साढ़े तीन सौ ग्राम तक ज्यादा ऊन प्राप्त होती है। ऐसा भी देखने में आया है कि मार्च में कतरी गई ऊन में सितम्बर में कतरी गई ऊन से ज्यादा काँटे होते हैं। एक और अध्ययन में यह देखा गया है कि ऊन कतरने के तुरंत बाद भेड़ 40 से 50 प्रतिशत ज्यादा चारा खाती है। यह क्रम लगभग एक महीने तक बना रहता है आरै भेड़ उत्पादन में लाभदायक सिद्ध होता है।

ऊन कब कतरें

ऊन उतरना बहुत हद तक देश की जलवायु, भेड़ की नस्ल तथा उसकी उत्पादकता पर निर्भर करता है। जहाँ तक भारत देश का सवाल है, भेड़ से ऊन साल में कम से कम दो तथा कुछ भागों में जहाँ पर चारा अधिक मात्रा में उपलब्ध होता है, तीन बार उतारी जा सकती है। जहाँ तक ऊन उतारने के समय की बात है साल में तीन बार ऊन उतारा जाता है तो उसके लिए फरवरी–मार्च, जून–जुलाई तथा अक्टूबर–नवम्बर लाभदायक सिद्ध हो सकते हैं क्योंकि ऐसा करने से ऊन की लम्बाई तथा गुणवत्ता बराबर नियंत्रण में रखी जा सकती है और आर्थिक नुकसान कम हो जाएगा। फरवरी–मार्च के कतरन में काँटे की मात्रा भी कम हो जाती है क्योंकि अक्टूबर–नवम्बर में उतारी गई ऊन के कारण भेड़ की त्वचा पर ऊन की लम्बाई कम रह जाती है जिस पर काँटा अधिक मात्रा में चिपक नहीं पाता तथा साथ ही साथ भेड़ पालकों को काँटा निकालने के लिए अतिरिक्त खर्च नहीं करना पड़ेगा।

भेड़ों को कतरते समय बरती जाने वाली सावधानियाँ

- कतरन साफ सुथरे स्थान, चबूतरे या बड़े तिरपाल पर ही की जानी चाहिए।
- ऊन कतरने से एक दिन पहले भेड़ों को सूखे चारे पर ही रखना चाहिए।
- गीली ऊन कभी नहीं कतरनी चाहिए।
- पेट की ऊन अलग कतरें।
- ऊन कतरते समय भेड़ को कभी भी जोर जबरदस्ती से अप्राकृतिक स्थिति में नहीं रखना चाहिए।
- कतरने के समय कम से कम आधा इंच ऊन भेड़ की त्वचा पर छोड़ें ऐसा करने से भेड़ कतरने के बाद वातावरण में होने वाले परिवर्तनों से होने वाली बीमारियों से बची रहती है।
- कतरन से कम से कम चार या पाँच दिन पहले या अगर

संभव हो सके तो एक सप्ताह या दस दिन पहले भेड़ों को अच्छी तरह नहला देना चाहिए। ऐसा करने से ऊन में चमक आ जाती है जिससे अच्छी कीमत मिलेगी साथ ही साथ ऊन कतरने में भी आसानी होती है।

- टाँग, मुँह तथा मल–मूत्र वाले हिस्से की ऊन कतर कर सबसे अलग रख लेनी चाहिए।
- कतरने से पहले कतरने में काम आने वाली ब्लैड, कैंचियाँ तथा क्लीपर्स की धार अवश्य लगवा लें अन्यथा काम में रूकावट और ऊँची–नीची ऊन कटने की आशंका बनी रहेगी। अगर जरूरत हो तो उनकी मरम्मत पहले ही करवा लेनी चाहिए।

पैकिंग

ऊन को पैक करते समय इस बात की सावधानी बरती जाये कि उसके प्राकृतिक गुणों पर कोई बुरा प्रभाव न पड़े और स्थान भी कम से कम जगह घेरे। इन बोरों का वजन इतना हो कि आसानी से उठाये जा सकें। अलग–अलग गुण वाली ऊन को अलग–अलग पटसन के बने बड़े–बड़े बोरों में भरा जाता है। ऊन को दबा–दबा कर भरा जाता है जिससे अधिक से अधिक ऊन बोरे में आ सके।

भण्डारण

भण्डारण, ऊन बेचने में बहुत महत्व रखता है। भण्डारण इस प्रकार करना चाहिये जिससे ऊन के गुणों पर वायुमण्डल के तापमान, नमी तथा रोशनी का कम से कम प्रभाव पड़े। ये तत्व ऊन को नुकसान पहुँचाते हैं। गर्म व नमी वाले स्थान पर रखी ऊन कमजोर पड़ जाती है। भारत में ऊन का भण्डारण वायुमण्डलीय तापमान पर किया जाता है, जिससे यह कपड़ा बनाने के प्रयोग के लिए बेकार हो जाती है।

ऊन पर कीड़ों का असर अधिक होता है। कपड़े खाने वाले एक जोड़े कीड़ों की संतान वर्ष भर में लगभग 40 किलो ऊन खा सकती है। यदि ऊन में डी.डी.टी. पाउडर डाल दिया जाये तो यह कीड़े नुकसान नहीं

कर पाते। इसके लिए 0.1 प्रतिशत डाइएलड्रीन का घोल भी उपयुक्त है।

ऊन का पीलापन

ऊन में पीलेपन की समस्या उस समय अधिक होती है जब वायु में नमी हो और तापमान बढ़ जाये, पीलेपन की समस्या अधिकतर राजस्थान, गुजरात, उत्तर प्रदेश, हरियाणा और पंजाब प्रांतों में पाई जाती है। पतझड़ में काटी गई इस भाग की 80–100 प्रतिशत ऊन मे पीलापन होता है। इस पीलेपन के कारण ऊन से आय कम होती है और उस पर पक्के रंग नहीं चढ़ाये जा सकते। देश को लगभग 1.5 करोड़ रूपये की हानि उठानी पड़ती है क्योंकि पीली ऊन विदेशों में भी कम मुद्रा अर्जित करती है।

ऊन पीला होना वर्षा ऋतु के शुरू होने से पहले ही शुरू हो जाता है। रेवड़ में भी पीलापन भारी व अधिक ऊन देने वाली भेड़ों में अधिक होता है। बढ़ रहे मेमनों में वयस्क भेड़ों की तुलना में पीलापन अधिक होता है। तीन वर्ष की आयु के बाद यह पीलापन कम होने लगता है। मेंढ़ों में भेड़ों की तुलना में अधिक पीलापन होता है। शरीर के विभिन्न भागों में भी पीलापन की मात्रा अलग–अलग होती है। यह टांगों से शुरू होकर शरीर के दूसरे भागों में फैल जाती है। राजस्थान में मारवाड़ी नस्ल में मालपुरा के मुकाबले अधिक पीलापन होता है। यह भी पाया गया है कि मोटी और कम लहरदार ऊन में पीलापन कम होता है। ऊन का पीलापन दो प्रकार का होता है–

- **सादा पीलापन**: यह धोने से निकल जाता है और इससे ऊन को विशेष हानि नहीं होती।
- **विशेष पीलापन**: इसको कैनरी पीला रंग भी कहते है। यह साधारण धुलाई से दूर नहीं किया जा सकता। इस पर विभिन्न रंग स्थाई रूप से नहीं चढ़ाये जा सकते।

पीलापन के कारण

- **जलवायु** : भेड़ों में ऊन का पीलापन उन महीनों में अधिक होता है जिनमें तापमान और आर्द्रता अधिक होती है। इसका प्रकोप

जून से शुरू होता है, जब तापमान 43.1 डिग्री सेन्टीग्रेड और आर्द्रता 57 प्रतिशत हो। यदि ऊन को 3.0 पी एच तथा 38 डिग्री सेन्टीग्रेड पर एक से दो हफ्ते तक गरम रखा जाये तो ऊन में पीलापन आ जाता है। यदि ऊन को क्षारीय घोल में 150 डिग्री सेन्टीग्रेड तक गर्म किया जाये तो भी उसमें पीलापन आ जाता है।

- **प्रकाश** : चोकला भेड़ों को शाम के 8.00 बजे से प्रातः 5.00 बजे तक जून से अगस्त माह में चराने पर दिन में चराये जाने वाली भेड़ों की तुलना में कम पीलापन पाया गया है। सफेद ऊन धूप में रखने पर पीली पड़ जाती है। यह भी पाया गया है कि यदि ऊन को पैराबैंगनी किरणों के सामने रखा जाये तो उसमें पीलापन आ जाता है।

- **नस्ल की भिन्नता/आनुवंशिक** : कुछ भेड़ों की ऊन में दूसरों की तुलना में अधिक पीलापन पाया जाता है। चोकला, हिसारडेल, सोनाड़ी, मालपुरा, जैसलमेरी, मारवाड़ी और मगरा में घटते क्रम में पीलापन पाया जाता है। भा.कृ.अ.प.–केन्द्रीय भेड़ एवं ऊन अनुसंधान संस्थान, अविकानगर (राजस्थान) में सबसे अधिक पीलापन नाली में पाया गया। मगरा, चोकला, पूगल, रेम्बुए x चोकला (50 प्रतिशत) में घटते क्रम में पीलापन पाया गया, बेलारी व बीकानेरी में कोई अन्तर नहीं पाया गया, मालपुरा भेड़ों से सोवियत मेरीनों के साथ उत्पन्न मेंमनें, मालपुरा नस्ल जैसा ही पीलापन लिये होते है। यहाँ यह बताना उचित होगा कि मालपुरा नस्ल की भेड़ों की ऊन में पीलापन कम होता है।

- **ऊन की चिकनाई**: ऊन में चिकनाई सर्दी ऋतु में अधिक होती है। बारीक ऊन में यह अधिक होती है। जिस ऊन में मोम की तुलना में सईन्ट अधिक होती है, वह अधिक पीली होती है। यदि ऊन में मोम की मात्रा अधिक हो तो वह ऊन को पीला नहीं कर सकता। विभिन्न नस्लों में पाये जाने वाले मोम की मात्रा अलग–अलग है। पहले यह पाया गया था कि नाली नस्ल की बसंत में उतारी

गई ऊन में मोम की मात्रा अधिक होती है।

- **जीवाणुः** जब ऊन में तापमान और आर्द्रता अधिक होती है तो उसमें रंग पैदा करने वाले जीवाणु पनपते हैं।
- **हरा चाराः** ऊन में जब पीलापन पाया जाता है तो उस समय हरा चारा पर्याप्त मात्रा में होता है। चारे का हरा रंग आँतड़ियों में शोषित नहीं होता इसलिए ऊन में पीलापन आने की सम्भावना बहुत कम है।

ऊन कतरने के समय को बदलनाः आमतौर पर भेड़ें मार्च व सितम्बर में कतरी जाती है। यदि इनको उस समय कतरा जाये जिस समय पीलापन शुरू होता है तो सफेद ऊन को पीला होने से बचा जा सकता है। इसलिए भेड़ों को वर्षा ऋतु के शुरू और अन्त में कतरा जाना चाहिए। इस प्रकार पीलापन से होने वाला नुकसान कम किया जा सकता है।

ऊन वर्गीकरण एवं विपणन

ऊन वर्गीकरण से भेड़पालक को उसकी उपज का अधिक लाभ मिलता है इससे ऊन को उसकी गुणवत्ता के अनुकूल उपयोग में लाया जा सकता है। उपभोक्ता अपने उत्पादन के अनुसार ऊन का चयन कर क्रय कर सकता है। वर्गीकरण से उपलब्ध ऊन का देश में सही उपयोग से भिन्न–भिन्न वस्तुएँ तैयार की जा सकती है जिससे देश को विदेशी मुद्रा मिल सकती है।

ऊन वर्गीकरण की विधियाँ

ऊन की गुणवत्ता के अनुसार उसको उपयोग में लेने के लिए भेड़पालक को उसकी ऊन का अधिक लाभ दिलवाने के लिये तथा ऊन उपभोक्ता को उसके अनुकूल उचित मूल्य पर ऊन दिलवाने हेतु ऊन का वर्गीकरण किया जाता है। इन उद्देश्यों की पूर्ति के लिए कई विधियाँ अपनाई जाती है। बारीक ऊन के लिए अन्तर्राष्ट्रीय विधि जो कि ऊन की मोटाई और स्टेपल की लम्बाई के अनुसार की जाती है। लेकिन गलीचे की ऊन के लिए कोई भी अन्तर्राष्ट्रीय मापदण्ड अभी तक नहीं हैं क्योंकि

हमारे देश की अधिकतम ऊन गलीचा उत्पादन के काम में ली जाती है इसलिए इसका वर्गीकरण भी भिन्न–भिन्न तरीकों से किया जाता है। जिसके निम्न कारण है–

- देशी ऊन एक सी नहीं होती, इसकी भिन्न–भिन्न किस्में हैं।
- विदेशों के विपरीत यहाँ भेड़पालक छोटे स्तर पर ऊन उत्पादन करता है।
- इस काम के लिए देशभर में कोई प्रशिक्षण कार्यक्रम नहीं है।
- अब तक कोई राष्ट्रीय व अन्तर्राष्ट्रीय मापदण्ड नहीं बनाये गये हैं।
- भारतीय भेड़पालक जागरूक नहीं है और वह परम्परा के अनुसार भेड़ पालन तथा ऊन विपणन करता है।
- उपभोक्ता अधिकतर अपनी जरूरत के अनुसार वर्गीकरण करवाते हैं।
- व्यापारी अपने साधन तथा परम्परा अनुसार वर्गीकरण करवाते हैं।
- देश का कानून व कोई सरकारी ऐजेन्सी वर्गीकरण के लिए किसी को बाध्य नहीं करती।

इन सब बाधाओं के बावजूद देश में ऊन का वर्गीकरण किया जाता है। देश में भेड़पालक छोटे स्तर पर ऊन पैदा करता है इसलिए वह भेड़ पर खड़ी ऊन को ही खटीक या व्यापारी को बेच देता है। कुछ भेड़पालक ऊन कतरने के बाद बेचते हैं वे भी ऊन का वर्गीकरण नहीं करते और ऊन को मिक्स लॉट में ही बेच देते हैं। हालांकि कुछ लोग मेमनें तथा भेड़ की ऊन को रंग के आधार पर वर्गीकरण कर विक्रय करते है पर ऐसे लोगों की गिनती बहुत कम है। इसी तरह बिचोलिये भी ऊन का वर्गीकरण नहीं करते। वह भी ऊन को उत्पादकता के आधार पर विक्रय कर देते है। कुछ ग्रामीण व्यापारी ऊन को उसके रंग के आधार पर अलग अलग कर बेचते हैं। मंडी में ऊन का वर्गीकरण भिन्न–भिन्न तरीके से किया जाता है। हर व्यापारी अपनी परम्परा या उपभोक्ता की मांग के अनुसार ऊन का वर्गीकरण करता है। यह जरूरी नहीं है कि हर व्यापारी

एक ही नस्ल की भेड़ की ऊन का एक समय पर वर्गीकरण करें। इस तरह देश में हर मंडी में अपने अपने तरीकों से ऊन का वर्गीकरण किया जाता है पर मूल रूप से सभी व्यापारी एक ही तरीका अपनाते हैं जो कि उस ऊन की गुणवत्ता के अनुकूल होता है। यह वर्गीकरण रेशे की मोटाई, रेशे की लम्बाई, ऊन में काँटे की मात्रा व ऊन के नमूने के आधार पर होते हैं। इन वर्गीकरणों के समय ऊन की किस्म, ऊन की गुणवत्ता, सफाई, लॉट साईज, उत्पादन क्षमता आदि का ध्यान रखा जाता है और ऊन का दाम इसी आधार पर निर्धारित किया जाता है। इस तरह का वर्गीकरण आमतौर पर मंडी में ही किया जाता है। कई बार ये व्यापारियों के ऐजेन्टों के माध्यम से उत्पादक के स्थान पर भी किये जाते हैं जो कि नहीं के बराबर ही है।

ऊन विपणन

हमारे देश में ऊन विपणन का काम 90 प्रतिशत व्यापारी वर्ग ही करता है सरकार पूरी ऊन उत्पादन का मात्र 5–10 प्रतिशत ही विपणन करती है। व्यापारी भेड़पालकों से अपने एजेन्टों या बिचौलियों के माध्यम से ऊन क्रय करते हैं। कई बार भेड़पालक स्वयं भी व्यापारियों को ऊन बेचने के लिए भेजते हैं। व्यापारी ऊन को साफ करके अपने तरीके से वर्गीकरण कर ग्राहकों को ऊचे दामों पर बेचते हैं। भेड़पालकों को ऊन कतरन से विपणन तक लगभग 15 से 16 रूपये प्रति कि.ग्रा तक खर्च करना पड़ता है, जो कि उसकी आय का 10–15 प्रतिशत ही होता है कमीशन एजेन्ट, दोनों भेड़पालक एवं व्यापारी से कमीशन लेता है। व्यापारियों को ऊन की सफाई, वर्गीकरण एवं विपणन पर लगभग 10 रूपये व्यय करना पड़ता है। व्यापारी अपनी ऊन एकत्रित कर श्रमिकों से साफ एवं वर्गीकरण करवाता है जिस पर 4–5 रू. प्रति बोरी दलाली लेता है। बिक्री के समय व्यापारी या दलाल उनका मूल्य तय करवाते हैं। इस प्रकार विपणन का कार्य सम्पन्न होता है। ऊन प्रति कि.ग्रा या क्विंटल की दर से विक्रय की जाती है। रंग के आधार पर, सफेद, मटमेली, कम पीली, मध्यम पीली, गहरी पाली, भूरी व काली में ऊन का वर्गीकरण होता है। कई व्यापारी ऊन व उसमें पाये जाने वाले धागे के काउंट के आधार पर

भी वर्गीकरण करते हैं। इन विधियों के अलावा ऊन का वर्गीकरण ऊन से बनाये जाने वाली वस्तुओं के आधार पर भी किया जाता है। सरकारी संस्थान ऊन का वर्गीकरण उसकी गुणवत्ता के आधार पर करते आये है। अब कुछ संस्थान व्यापारियों जैसी विधि अपना रहे हैं। भारत से निर्यात की जाने वाली ऊन का वर्गीकरण, ऊन की मात्रा, ऊन की किस्म, काँटे की मात्रा के आधार पर की जाती है।

ऊन वर्गीकरण के समय ध्यान रखने वाली बातें–

- ऊन कतरन के समय भेड़ की टांग, पूँछ, पेट की ऊन अलग रखनी चाहिए।
- जुड़ी हुई ऊन, गंदी ऊन अलग व अच्छी ऊन एक साथ रखनी चाहिए।
- मेमनों तथा भेड़ों की ऊन अलग रखनी चाहिए।
- ऊन में से काले रेशे की ऊन को अलग किया जाये क्योंकि इसके मिश्रण से धागे की गुणवत्ता बहुत अधिक प्रभावित होती है। काली ऊन को एकत्रित करके अलग से बेचने पर उचित लाभ मिल सकता है, क्योंकि काले कम्बलों के निर्माण में यह ऊन प्रयोग में लाई जा सकती है।
- अलग–अलग भेड़ों की नस्ल की ऊन अलग–अलग रखी जानी चाहिए।
- ऊन के मुख्य भाग में से काँटे वाले हिस्सों को अलग करना चाहिए इस प्रकार के ऊन को या तो अलग से बेचा जाए या इसमें से काँटा निकाल कर बेचा जाना चाहिए।

प्रचलित विपणन व्यवस्था

विभिन्न कृषि जलवायु क्षेत्रों में लघु रोमन्थियों की संख्या वहाँ के कुल पशुधन की संख्या का लगभग 12 से 86 प्रतिशत के मध्य पाई जाती है। राज्य के अजमेर, जयपुर, दौसा, टोंक, सवाईमाधोपुर, करोली, सीकर, भीलवाड़ा, नागौर इत्यादि जिले अर्ध–शुष्क क्षेत्र में आते हैं जहाँ पर

लघुरोमन्थी की संख्या लगभग 55 प्रतिशत है। राज्य सरकार द्वारा प्रदेश में लगभग 10 पशु मेले प्रतिवर्ष आयोजित किए जाते हैं जिसमें अधिकांश बड़े पशु जैसे गोवंश, भैंस वंश, अश्व और ऊँट आदि ही विक्रय के लिए उपलब्ध होते हैं। अन्य पशु मेले भी पंचायत या जिला स्तर पर वर्ष में एक बार आयोजित किए जाते हैं जिसमें उत्पादक और क्रेता दोनों बातचीत से पशु का विक्रय मूल्य निश्चित करते हैं। प्रदेश में संगठित पशुधन बाजार व्यवस्था नहीं है। इसके अभाव में किसानों को उनके उत्पाद का लाभकारी मूल्य नहीं मिल पाता है।

अविकानगर संस्थान, ने वर्ष 2009 में राज्य के अर्ध–शुष्क क्षेत्र में भेड़–बकरी पालकों का सर्वेक्षण कर लघुरोमन्थियों पर विपणन व्यवस्था की जानकारी प्राप्त की है। इस शोध कार्य के लिए प्रदेश के अर्ध–शुष्क क्षेत्र में अजमेर जिले का चयन किया गया और जिले की दो तहसीलों पीसांगन और मसूदा का चयन लघुरोमन्थियों के अधिकतम घनत्व के आधार पर किया गया। प्रत्येक तहसील से छः गाँवों का चयन कर भेड़–बकरी पालकों का सर्वेक्षण किया।

सर्वेक्षण के नतीजों से निम्नलिखित परिणाम ज्ञात हुए हैं–

- इक्यानवे प्रतिशत से अधिक भेड़–बकरी पालक अन्य पिछड़ा वर्ग से पाए गए जिनमें अधिकांश गुर्जर, जाट, रावत इत्यादि जाति से हैं एवं लगभग 87 प्रतिशत किसान भूमिहीन, सीमान्त, छोटे या अर्ध–मध्यम भू–स्वामित्व वर्ग से संबधित है।
- लगभग 60 प्रतिशत परिवार के मुखिया निरक्षर पाए गए और शेष 40 प्रतिशत शिक्षित मुखिया में से लगभग 74 प्रतिशत सिर्फ प्राईमरी स्तर तक शिक्षित थे। कोई भी मुखिया स्तानक नहीं पाया गया।
- भेड़–बकरी पालकों ने पशु–पालन को मुख्य और सहायक व्यवसाय के रूप में क्रमशः 31.0 और 70.0 प्रतिशत परिवारों ने अपना रखा है।
- भेड़–बकरी पालकों के परिवार का आकार बड़ा है जिसमें सदस्यों

की औसत संख्या लगभग 7 पाई गई और महिलाओं की संख्या 887 प्रति 1000 पुरूष पाई गई।

- लगभग 36 प्रतिशत किसानों के पास औसतन 1.57 हेक्टेयर सिंचित भूमि है जबकि 88.0 प्रतिशत से अधिक किसानों के पास औसतन 2.23 हेक्टेयर असिंचित भूमि है। परन्तु वर्षा के अभाव में कृषि से वांछित उत्पादन नहीं मिल रहा है जिसके परिणामस्वरूप किसान की आय पर विपरीत प्रभाव पड़ा है।

- चयनित परिवारों में से लगभग 50.0 प्रतिशत परिवार भेड़ और 85. 0 प्रतिशत परिवार बकरी पालन करते हैं। कुछ परिवार भेड़ एवं बकरी दोनों पालते हैं। रेवड़ में भेड़ों की औसत संख्या लागभग एक मेंढ़ा और 33 वयस्क भेड़, 5 नर एवं 10 मादा मेंमने 6–12 माह आयु वर्ग में और 6 नर एवं 7 मादा मेंमने 0–6 माह आयु वर्ग में पाए गए। रेवड़ में बकरियों की विभिन्न आयु वर्ग में औसत संख्या 0–6 माह, 6–12 माह और वयस्क आयु वर्ग में क्रमशः 2 नर एवं 3 मादा बच्चे, 2 नर एवं 4 मादा बच्चे और एक बकरा एवं 9 बकरियाँ पाई गईं। इनमें भेड़ एवं बकरी के रेवड़ का औसत मूल्य प्रति किसान क्रमशः 76,155 एवं 26, 240 रूपये पाया गया।

- भेड़ बकरी के अलावा किसान के पास गो–वंश और भैंस वंश की औसत संख्या प्रत्येक में 4.1 और 4.2 पाई गई जिनका मूल्य क्रमशः 13,709 और 51,804 रू. पाया गया। किसान के पास कुल पशुधन लागत में भेड़–बकरी, गौ वंश और भैंस वंश का हिस्सा क्रमशः 45.4, 15.6 और 30.9 प्रतिशत है।

- किसान अपने भेड़–बकरी पशुधन का बाजार मूल्य पशु के शारीरिक भार, उम्र, लिंग को ध्यान में रखकर तय करता है। इसके अलावा बकरियों का बाजार मूल्य उससे प्राप्त प्रतिदिन दूध उत्पादन और भेड़ का मूल्य उससे प्राप्त वार्षिक ऊन उत्पादन भी किसान के लिए विचारणीय घटक है। लगभग 80 प्रतिशत किसान शारीरिक भार को, 32 प्रतिशत से अधिक किसान पशु की आयु को एवं 29

प्रतिशत पशु के लिंग को ध्यान में रखकर बाजार मूल्य आँकते हैं। 13 प्रतिशत किसान बकरियों से प्राप्त दूध और 5 प्रतिशत किसान भेड़ से प्राप्त ऊन को ध्यान में रखकर उनका बाजार मूल्य तय करते हैं।

- सर्वेक्षण के नतीजों से ज्ञात हुआ है कि किसान अधिकाशतः अपनी घरेलू आवश्यकता के मद्देनजर मेमनों को तीन माह की आयु पर ही विक्रय कर देता है जिससे किसान को प्रति पशु औसत रू. 926.00 प्राप्त होता है। शेष बचे मेमनें 3–6 माह की आयु में रू. 1080.00 की दर से और 6–12 माह की आयु में रू. 1149.00 की दर से विक्रय किया जाता है। मादा मेंमनों का विक्रय साध ारणतया नहीं किया जाता है। परन्तु बीमार या अस्वस्थ मादा मेंमनों को स्थिति के अनुरूप विक्रय कर दिया जाता है। वयस्क मेंढ़ें और भेड़ों में अधिकतर बूढ़ी, अस्वस्थ या नकारा होती है। जिनका औसत मूल्य प्रति पशु क्रमशः रू. 1160.00 और रू. 1239. 00 प्राप्त हुआ। बकरी पालक भी अधिकांश नर बच्चे 3–6 माह की आयु में बेच देते हैं जिनका औसत मूल्य प्रति पशु रू. 1190. 00 प्राप्त हुआ। बहुत से बकरी पालक धन की आवश्यकता के कारण नर बच्चों को 3.0 माह की आयु से पूर्व भी विक्रय कर देते हैं जिसका औसत मूल्य प्रति पशु रू. 958.00 प्राप्त हुआ। 6–12 माह के नर बच्चों का मूल्य प्रति पशु रू. 2029.00 और मादा का मूल्य प्रति पशु रू. 1200.00 प्राप्त हुआ। साधारणतया किसान मादा बकरी को विक्रय नहीं करते हैं परन्तु स्वस्थ नहीं होने पर या धन की अति–आवश्यकता होने पर मादा बच्चों का विक्रय कर देते हैं। वयस्क बकरी का अधिकतम मूल्य 3500.00 रू. प्राप्त किया गया है जबकि औसत मूल्य रू. 1883.00 है जिसमें बूढ़ी, नकारा और अस्वस्थ बकरियाँ भी सम्मिलित हैं। वयस्क बकरे का अधिकतम मूल्य रू. 6750.00 तथा औसत मूल्य रू. 2155.00 प्राप्त हुआ है।

- लगभग 73 प्रतिशत भेड़ पालक और 74 प्रतिशत बकरी पालक

अपने पशु घर पर ही स्थानीय व्यापारी को बेचता है। स्थानीय व्यापारी अपने–अपने क्षेत्र में प्रतिदिन भ्रमण करते हैं और भेड़–बकरी पालकों से मिलते हैं। स्थानीय व्यापारियों ने किसानों को अपने फोन नम्बर भी उपलब्ध कराए हुए हैं ताकि आवश्यकतानुसार वह उससे संपर्क कर अपने पशु विक्रय कर सके। स्थानीय व्यापारी अपने क्षेत्र से पशुओं को खरीद कर पशुओं के अलग–अलग समूह बना लेता है। ये समूह भेड़–बकरी के आधार पर, विभिन्न आयु वर्ग एवं लिंग के आधार पर बनाकर साप्ताहिक पशु मंडी में या कसाई/उपभोक्ता को विक्रय कर देता है। लगभग 25 प्रतिशत भेड़ पालक और 23 प्रतिशत बकरी पालक अपने पशु कसाई को बेचते हैं। लगभग एक प्रतिशत भेड़–बकरी पालकों ने सीधे उपभोक्ता को पशु बेचे हैं। जबकि 2 प्रतिशत बकरी पालकों ने बाजार के व्यापारी को पशु विक्रय किए हैं।

- विभिन्न आवश्यकताओं के कारण किसान अपने पशु समय–समय पर विक्रय करता है। लगभग 84 प्रतिशत भेड़ पालक और 85 प्रतिशत बकरी पालक अपने पशु परिवार की आवश्यकताओं को पूरा करने के लिए विक्रय करते हैं। लगभग 18 प्रतिशत भेड़ पालक और 12 प्रतिशत बकरी पालक किसानों ने अनुत्पादकता या अधिक संख्या होने के कारण पशु विक्रय किए हैं। स्वास्थ्य के कारण 5 प्रतिशत भेड़ पालकों ने अपने पशु विक्रय किए थे। पशुओं के लिए दाना–चारा खरीदने के लिए 21 प्रतिशत भेड़ पालकों और 13 प्रतिशत बकरी पालकों ने अपने पशु विक्रय किए थे। कृषि फसल उत्पादन के लिए बीज, खाद, दवाईयाँ, डीजल इत्यादि खरीदने के लिए 2 प्रतिशत भेड़–पालकों और लगभग एक प्रतिशत बकरी पालकों ने अपने पशु विक्रय किए थे। अच्छी कीमत मिलने के कारण भेड़–बकरी पालकों में से प्रत्येक ने लगभग एक प्रतिशत पशु विक्रय किए थे। सर्वेक्षण नतीजों से इस निष्कर्ष पर पहुँचा जा सकता है कि भेड़–बकरी पालकों को अपने पशु परिवार की अथवा अन्य आवश्यकताओं को पूरा करने हेतु

मजबूरी में स्थानीय व्यापारी को विक्रय करने पड़ते हैं और उन्हें उनका उचित मूल्य नहीं मिलता है। तीन माह की आयु के पहले पशु विक्रय करने से प्रति पशु दर कम होने के कारण किसान को हानि उठानी पड़ती है। अतः किसानों को उनके उत्पाद का उचित मूल्य नियोजित या संगठित बाजार से संभव हो सकता है एवं उपभोक्ता को भी इसका लाभ मिल सकता है।

विपणन संरचना

लघु रोमन्थियों से प्राप्त उत्पादों का विपणन संगठित है जबकि कच्ची ऊन का विपणन दलालों और आढ़तियों की श्रृंखला द्वारा ऊन का प्रसंस्करण करने वालों तक कुछ हद तक संगठित है। हमारे देश में विभिन्न भागों में भेड़ और बकरी उत्पादों का उत्पादन एवं प्रसंस्करण असंगठित क्षेत्रों द्वारा किया जाता है। अतः देश की अर्थव्यवस्था में ऊन के योगदान का सही आँकलन कठिन है। इसलिए यहाँ उपलब्ध सूचनाओं और आँकड़ों के आधार पर कल्पित आँकडे प्रस्तुत करने का प्रयास किया गया है। वर्तमान परिस्थितियों में लघु रोमन्थियों के विपणन में कई आढ़तियों और दलालों का समावेश होता है। इसलिए विपणन संरचना में इनकी सही संख्या एवं कार्यशील श्रृंखला का पता लगाना कठिन है। अध्ययनों से पता चलता हैं कि हमारे देश में लघुरोमन्थी उत्पादों के लिए संगठित विपणन सुविधाओं की कमी है और जीवित पशु व्यापार में सरकारी, अर्द्ध–सरकारी या सहकारी समितियों की कोई भागीदारी नहीं है।

जीवित पशुओं के व्यापार में लिप्त दलाल पारिवारिक आपातकालीन स्थिति और सामाजिक बंधनों की पूर्ति हेतु किसानों को उनकी आवश्यकतानुसार धन उधार देते रहते है। धन उधार देते समय व्यापारी किसानों से उनके पशुओं तथा उत्पादों को निर्धारित कीमत पर खरीदने का मौखिक रूप से वचन ले लेते हैं। इस प्रकार के लेन–देन में प्रायः बाजार में बढ़ी कीमतों का लाभ दलालो की जेबों में जाता है जबकि कीमतों में कमी सीधे किसानों पर थोपकर उनके पशुओं का खरीद मूल्य कम कर दिया जाता है। इस प्रकार व्यापार से जुड़े हुए खटीकों को भी

बाजार में अचानक जीवित पशुओं की कीमतों में आई कमी का लाभ होता है क्योंकि माँस की घटी हुई कीमत जीवित पशुओं की तुलना में कम होती है।

स्थानीय संस्थाओं एवं प्राइवेट ट्रस्टों द्वारा साप्ताहिक बाजारों एवं हाटों में भेड़–बकरियों का भारी संख्या में विपणन होता है। इन बाजारों में छाया, चारा एवं पानी जैसी वांछनीय सुविधाओं का अभाव होता है। बाजार में एकत्र हुए पशु स्थानीय व्यापारियों या शहरों में स्थित उद्योग गृहों के नामित व्यक्तियों द्वारा खरीदे जाते हैं। अधिकांश बाजारों में पशु की शारीरिक संरचना एवं अनुमानित माँस उपज के आधार पर व्यापार होता है। साप्ताहिक बाजारों में स्थानीय व्यापारी पशुओं को एकत्र करके एक समुचित स्थान पर रखता है और जब पर्याप्त पशु एकत्र हो जाते हैं तब उन्हें सड़क परिवहन द्वारा शहरों में लाया जाता है। शहरों में बड़े व्यापारी निर्यात किए जाने वाले पशुओं का चुनाव करके रख लेते हैं जबकि अन्य पशुओं को शहरी उपभोग हेतु स्थानीय खटीकों/कसाइयों को बेच दिया जाता है। बड़े व्यापारी चयनित पशुओं को समुद्र के रास्ते निर्यात हेतु निर्गमन बिंदु पर पहुँचाते हैं। भौगोलिक दृष्टि से मध्य पूर्व देशों का बाजार भारत के निकट होना लाभकारी है। हमारे देश के पश्चिमी घाट से यह बाजार डेढ़ घंटे में हवाई जहाज द्वारा और 8–10 घंटे में समुद्री रास्ते द्वारा सुगम होता है। मध्यपूर्व देशों में पशु उत्पादन का ढाँचा नगण्य है। यह देश अपनी माँस की आपूर्ति हेतु आस्ट्रेलिया एवं न्यूजीलैंड से भेड़ें तथा भारतीय उपमहाद्वीप एवं अफ्रीका से बकरियाँ आयात करते हैं। विद्यमान धार्मिक मान्यताओं के कारण स्थानीय उपभोक्ता वधकर्ताओं से ताजा माँस पसंद करते हैं जबकि बर्फ में रखकर आयात किया माँस उपभोक्ताओं की दूसरी पसंद होती है। भारतीय उपमहाद्वीप के देशों से पशु आयात करने में मध्य पूर्व देशों के उद्योग गृहों की रूचि होती है जबकि निहित स्वार्थ के कारण विकसित देशों द्वारा अविकसित देशों के पशुओं के स्वास्थ्य तथा माँस की गुणवत्ता के बारे में दुष्प्रचार इन विकसित देशों से होने वाले जीवित पशुओं के निर्यात को प्रभावित करता है। यहाँ लोग पैक किए हुए भोजन का उपभोग करते हैं। इस प्रकार मध्य पूर्व के देशों में तैयार भोजन की विपुल संभावनाएँ हैं। यह माना जाता है कि माँस या जीवित पशुओं

को निर्यात के बजाय गुणवत्तायुक्त तैयार माँस भोजन बनाने हेतु उद्योग स्थापित किए जाएँ ताकि स्थानीय रोजगार उत्पन्न करने के साथ–साथ विदेशी मुद्रा अर्जित की जा सके।

जीवित पशुओं पर स्थित ऊन स्थानीय व्यापारियों को बेच दी जाती है। जिसे खरीददार स्वयं या किराए पर कतराता है। कतरी गई ऊन व्यापारियों द्वारा स्थानीय मंडियों में बेच दी जाती है। स्थानीय व्यापारी किसानों से सीधे जुड़े होते हैं तथा विपणन में जुड़े दलालों की श्रृंखला में प्रथम कड़ी होते हैं। कुछ व्यापारी सह लघु रोमन्थी पालन पद्धति अपनाते हैं जिसमें चयनित किसान को विश्वसनीयता एवं घर में कार्य करने वाले व्यक्तियों के आधार पर एक निश्चित संख्या का रेवड़ उपलब्ध कराया जाता है। किसान को रेवड़ पालने के बदले में ऊन, दूध एवं खाद के रूप में होने वाली आय प्राप्त होती है जबकि नर मेंमनें निवेशक के होते है तथा मादा मेमनें किसान एवं निवेशक के आधे–आधे होते है। सैद्धान्तिक रूप से मूल रेवड़ निवेशक की संपत्ति होती है। दूसरे प्रकार के लघुरोमन्थी पालन प्रबंधन में निवेशक द्वारा दूध छुड़ाए गए मेंमनें खरीद कर चरवाहे किसान को निश्चित मजदूरी पर माँस की उपयुक्त अवस्था तक पालन हेतु दिए जाते हैं। उपभोक्ता प्रकार की लघुरोमन्थी पालन व्यवस्थाओं में निवेशक एवं किसान को परस्पर लाभ होता है।

भारत वर्ष में कच्ची ऊन का विपणन असंगठित है इसलिए विपणन की संरचना, विभिन्न स्तरों पर आदान–प्रदान संबंधों का विश्लेषण और व्यापार को प्रभावित करने वाली बाजार ताकतों को समझना आवश्यक है। प्राथमिक रूप से प्राचीन परम्पराएँ, ठेकेदारी के अन्तरसंबंध तथा सूचनाओं में समानता आदि, कच्ची ऊन की कीमतों को निर्धारित करती है। देश के पश्चिमी अर्ध–शुष्क एवं शुष्क क्षेत्रों में ऊन की मुख्य मंडियाँ बीकानेर, ब्यावर एवं केकड़ी में स्थित है। देश के उत्तरी भागों में ऊन की मंडियाँ फजिलका, पानीपत, अमृतसर एवं लुधियाना में है जहाँ ऊन वस्त्रों एवं कंबल बनाने वाले उद्योगों के बढ़ने के कारण ऊन बाजार विकसित हुआ है। देश के दक्षिणी भागों में बालयुक्त ऊन उत्पन्न करने वाली भेड़

नस्लों के कारण ऊन के संगठित बाजारों की कमी है। नीलगिरी पहाड़ियों के क्षेत्रों में कुछ ऊन उत्पन्न होती है जिसे उत्पादक द्वारा पारम्परिक वस्त्र आदि बनाने में प्रयोग कर लिया जाता है।

उत्पादित ऊन की अधिकांश मात्रा का विपणन स्थानीय एवं क्षेत्रीय मंड़ियों में किया जाता है जबकि शेष ऊन का विपणन सरकारी क्षेत्र, समितियों, निगमों एवं संघों द्वारा किया जाता है। ऊन के प्राइवेट व्यापार में स्थानीय व्यापारी गाँवों में अपने अभिकर्ता नियुक्त करते हैं। इन अभिकर्ताओं को खरीदी गई प्रति कि.ग्रा ऊन पर एक से दो रूपये का लाभांश अदा किया जाता है। उत्पाद की प्राप्ति सुनिश्चित करने के लिए अभिकर्ता उत्पादक को पेशगी के रूप में पैसा देता है। प्रथम कड़ी के रूप में खरीददार में जुड़ा कमीशन एजेन्ट एकत्र की हुई ऊन को स्थानीय व्यापारियों या उद्योगों के अभिकर्ताओं को बेचता है। सहकारी समितियाँ एवं संघ भी अपने सदस्यों से पूर्व निर्धारित मूल्य पर ऊन एकत्र करते हैं। एकत्रित ऊन को प्रमुख ऊन मंड़ी में नीलाम किया जाता है। ऊन की कीमतों में अंतर मुख्यतः ऊन की मोटाई, लंबाई एवं स्वच्छता के कारण होता है। देश के विभिन्न हिस्सों में परंपरागत रूप से दो–तीन बार ऊन कतरी जाती है। कम गुणवत्ता के कारण बरसात के बाद कतरी गई ऊन का कम मूल्य मिलता है। विद्यमान विपणन पद्धतियों में ऊन मंडियों में यदाकदा अभिकर्ताओं एवं व्यापारियों के बीच गुप्त संकेतों द्वारा वजन में हेराफेरी और असंगत मानक घटोत्तरी करके गरीब किसानों को ठगा जाता है। किसानों को पशु के शरीर पर खड़ी ऊन बेचने की तुलना में इसे कतरकर संगठित मंडियों में ऊन बेचने से 42 प्रतिशत अतिरिक्त आय होती है। किसान इस अतिरिक्त आय का 55 प्रतिशत कतराई, परिवहन, मंडीकर, अभिकर्ता को लाभांश एवं अन्य मदों में खर्च करता है। इस प्रकार किसानों को मंडी में ऊन बेचने से अतिरिक्त आय का 45 प्रतिशत बचता है।

यद्यपि भेड़ों एवं बकरियों की दुग्धावस्था काल एवं दैनिक दुग्ध उत्पादन के बारे में बहुत कम सूचनाएं उपलब्ध हैं फिर भी इनसे प्राप्त उत्पादों के उपलब्ध औसत आँकड़ों के आधार पर आर्थिक योगदान ज्ञात

किया गया है। देश के अधिकांश भागों में प्रायः भेड़ों का दूध मानव के उपयोग हेतु नहीं निकाला जाता है किन्तु राजस्थान, गुजरात एवं उच्च पर्वतीय क्षेत्रों में भेड़ों का दूध निकाला जाता है। देश के शुष्क एवं अर्ध–शुष्क क्षेत्रों में किए गए अध्ययनों से पता चलता है कि किसानों के रेवड़ में भेड़ की दूध देने की औसत क्षमता 400 से 500 मि.ली. प्रतिदिन है जिसमें से प्रतिदिन लगभग आधा 200 मि.ली. दूध ही निकाला जाता है। बकरियों की दूध देने वाली नस्लों में जमुनापारी, बरबरी, जखराना, सिरोही, मालबरी, बीटल एवं मारवाड़ी आदि प्रमुख है। इन नस्लों की प्रतिदिन दुग्ध उत्पादन क्षमता एक कि.ग्रा. से अधिक है। किसान इन बकरियों से प्रतिदिन 700–800 मि.ली. दूध प्रति बकरी निकालते हैं तथा प्रत्येक बकरी से एक दुग्धावस्था काल में 90–120 लीटर दूध का उत्पादन होता है। इस प्रकार दूध के रूप में प्रतिवर्ष प्रति बकरी लगभग 2500–3000 रूपये की आय होती है। आर्थिक दृष्टि से भेड़ एवं बकरियों से प्राप्त मेंगनी के योगदान के बारे में यद्यपि नियमित अध्ययन नहीं किए गए हैं फिर भी कुछ सर्वेक्षणों के परिणाम से पता चलता है कि प्रतिवर्ष पशु से 200 रूपये की मेंगनी प्राप्त होती है।

विपणन व्यवस्था

विपणन व्यवस्था के द्वारा किसान अपने पशुधन और उससे प्राप्त उत्पादों को नगदी में परिवर्तित करता है। किसी भी पशुधन प्रणाली में विपणन व्यवस्था बहुत महत्वपूर्ण है। उत्तम बाजार से जहाँ किसानों को उनके उत्पादन का लाभकारी मूल्य प्राप्त हो सकता है वहीं उपभोक्ता को उसकी पसंद या गुणवत्ता का सामान उचित मूल्य पर उपलब्ध हो सकेगा। अतः माँग और उत्पादन का संतुलन एक सफल बाजार व्यवस्था पर निर्भर करता है।

राजस्थान का अधिकांश क्षेत्र शुष्क एवं अर्ध–शुष्क है जहाँ सिंचाई के साधन सीमित है। अतः कृषि उत्पादन वर्षा पर निर्भर करता है। कृषि उत्पादन में अनिश्चितता के कारण यहाँ के निवासियों ने भेड़–बकरी पालन को मुख्य और सहयोगी व्यवसाय के रूप में प्रमुखता से अपनाया है। यहाँ के निवासियों में अधिकतर भूमिहीन, सीमांत, लघु एवं अर्ध–

मध्यम वर्ग के परिवारों के भरण–पोषण में भेड़–बकरी पालन व्यवसाय का प्रदेश में महत्वपूर्ण स्थान है। इस व्यवसाय में अधिकांश परिवार अन्य पिछड़ा वर्ग से हैं एवं परिवार के अधिकतर मुखिया निरक्षर हैं। साक्षर मुखियाओं में अधिकांश की शिक्षा का स्तर प्राथमिक शिक्षा तक ही होता है।

विपणन के प्रमुख मार्ग

किसी भी व्यवसाय के लिए विपणन की सफलता महत्वपूर्ण है। इस विषय को ध्यान में रखकर विपणन के विभिन्न चैनलों/मार्गों का अध्ययन, भा.कृ.अ.प. केन्द्रीय भेड़ एवं ऊन अनुसंधान संस्थान, अविकानगर ने अपनी परियोजना "राजस्थान में लघुरोमन्थी विपणन" के अन्तर्गत किया है। राज्य में वर्षा की अनिश्चितता, सूखा एवं अकाल पड़ते रहने के कारण विशेष रूप से पश्चिमी जिलों के भेड़ पालक अपनी भेड़ों को लेकर अन्य जिलों एवं समीपवर्ती राज्यों (हरियाणा, पंजाब, उत्तर प्रदेश, मध्य प्रदेश इत्यादि) में चारा व पानी की तलाश में निष्क्रमण पर रहते हैं। निष्क्रमण स्थाई एवं अस्थाई प्रकार का होता है। स्थाई निष्क्रमण पर जाने वाली भेड़ कभी अपने गृह स्थानों को नहीं जाती हैं और अस्थाई निष्क्रमण में भेड़ पालक दीपावली के बाद अपने गृह स्थान से निष्क्रमण पर निकलना प्रारम्भ कर देती है और वर्षा प्रारम्भ होते ही अपने गृह स्थान को वापस लौट आती है। वर्ष 2006–07 में लगभग 18.15 लाख भेड़ें निष्क्रमण पर गई थी। इस परियोजना में अनिष्क्रमण वाले भेड़–बकरी पालकों को ही सम्मिलित किया है। लघु रोमन्थी विपणन के प्रमुख निम्न मार्ग है–

किसान→स्थानीय→व्यापारी→टरमिनल बाजार का व्यापारी बूचर/कसाई→उपभोक्ता

इस मार्ग के अध्ययन से यह ज्ञात हुआ है कि किसान अपने पशु स्थानीय व्यापारी को अपने घर पर विक्रय करता है। लगभग 73 प्रतिशत भेड़ पालक और 74 प्रतिशत बकरी पालक अपने पशुओं का विक्रय स्थानीय व्यापारी को करते हैं। स्थानीय व्यापारी अपने 100–125 किमी. क्षेत्रफल में आने वाले ग्रामों के भेड़–बकरी पालकों से सम्पर्क में रहता है

और पशु विक्रय के इच्छुक किसान से पशु खरीद कर अपने गृह स्थान पर इकट्ठा करता रहता है। पर्याप्त संख्या होने पर पशुओं की संख्या और मंडी को ध्यान में रखकर पशुओं को मंडी में ले जाने के लिए वाहन (पिकअप/मिनी ट्रक/ट्रक/ट्रैक्टर) का चुनाव करता है। अजमेर मंडी (टरमिनल बाजार) सप्ताह में दो दिन, मंगलवार और शनिवार कार्य दिवस है और जयपुर मंडी (टरमिनल बाजार) सप्ताह में कार्य दिवस दिन खुलती है। स्थानीय व्यापारी अति शीघ्र क्रय किए गए पशुओं को विक्रय करने का इच्छुक होता है जिससे पशुओं की देखभाल पर होने वाले खर्च को कम किया जा सके और पशुओं में मृत्यु एवं शारीरिक भार में होने वाली कमी से होने वाली हानि से भी बचाव हो सके। अतः स्थनीय व्यापारी अपने पशुओं का विक्रय टरमिनल बाजार में अन्य व्यापारी को करता है।

टरमिनल बाजार का व्यापारी, स्थानीय व्यापारी से प्रति पशु एक रुपया प्रवेश शुल्क और 4 से 5 प्रतिशत तक कमीशन विक्रय राशि पर प्राप्त करता है और शेष राशि का नगद भुगतान उसी दिन सायं तक करता है। टरमिनल बाजार के व्यापारी से स्थानीय कसाई/बूचर अपनी आवश्यकतानुसार पशु खरीदते हैं और इन्हें किसी भी प्रकार का शुल्क नहीं देना पड़ता है। कसाई/बूचर उपभोक्ता की माँग के अनुसार पशु का वध करके उससे विभिन्न अवयव जैसे माँस, खाल, सिर एवं पैर, आँतें, लीवर, वसा इत्यादि अलग करके उपभोक्ता को विक्रय करते हैं।

- अधिक ग्राहकी स्थानीय बाजार में बकरे के माँस की है। अतः भेड़ की तुलना में बकरों की मांग अधिक है। भेड़ की माँग जम्मू–कश्मीर और अहमदाबाद तथा मुम्बई में अधिक है। टरमिनल बाजार का व्यापारी स्थानीय बाजार की माँग पूरी होने के पश्चात शेष पशुओं को उसी दिन रात्रि में बड़े ट्रकों द्वारा मेगा बाजार (दिल्ली, मुंबई, अहमदाबाद, कोलकत्ता, इत्यादि) में ले जाते हैं और वहाँ के व्यापारी के द्वारा अपने पशुओं को विक्रय करता है।
- एक दूसरे महत्वपूर्ण चैनल में किसान अपने पशु बूचर/कसाई को विक्रय करता है। लगभग 25 प्रतिशत भेड़ पालक और 22 प्रतिशत बकरी पालक अपने पशु बूचरों/कसाईयों को विक्रय

करते हैं। इससे स्थानीय ग्राहकों की मांग की पूर्ति होती है। यदि किसान के पास कोई पशु बीमार है या उसमें किसी कारणवश शारीरिक वृद्धि नहीं हो रही है, तो वह ऐसे पशुओं को स्थानीय बूचर/कसाई को अपने पशु विक्रय काफी कम मूल्य पर भी कर देता है। स्थानीय व्यापारी भी बीमार या कमजोर पशुओं को स्थानीय बूचरों को विक्रय करता है। ऐसे पशु टरमिनल बाजार में विक्रय के लिए नहीं ले जाए जाते है। इसमें पशुओं की मृत्यु के कारण हानि की संभावना अधिक रहती है। कभी–कभी उपभोक्ता किसान से ही अपने उपयोग के लिए पशु खरीद लेता है। लगभग 1.2 प्रतिशत किसानों ने उपभोक्ताओं को अपने पशु विक्रय किए हैं। किसान भी पशु क्रय करते हैं लेकिन उत्पादन के लिए करते हैं। ऐसे वे किसान है, जिन्हें अपना रेवड़ का आकार बढ़ाना है या रेवड़ के लिए अच्छे मेंढ़ों की जरूरत है या कोई किसान इस व्यवसाय से जुड़ना चाहता है।

- तीसरे चैनल में वे किसान जो इस व्यवसाय को छोड़ना चाहता है वह अपने पशुओं को अधिकाशतया टरमिनल बाजार में विक्रय के लिए ले जाते हैं क्योंकि वह पूरा रेवड़ का विक्रय करना चाहता है। अतः अधिक से अधिक लाभ के वास्ते वह स्थानीय व्यापारी को अपने पशु विक्रय नहीं करता है और अपने पशुओं को विक्रय करने के लिए बकरा मंडी में पशुओं को ले जाता है। टरमिनल बाजार से आगे पशुओं का विक्रय चैनल प्रथम में बताए अनुसार बूचरों/कसाईयों के द्वारा किया हैं। शेष पशुओं को मेगा बाजार में विक्रय के लिए ले जाया जाता है। टरमिनल बाजार में किसानों को व्यापारियों द्वारा उत्साहित नहीं किया जाता है। परन्तु स्थानीय व्यापारी को प्रोत्साहित किया जाता है। बहुत कम किसान इस माध्यम से अपने पशुओं का विक्रय करते हैं।

भेड़ पालन एक नजर में

देश के शुष्क, अर्द्धशुष्क व पर्वतीय क्षेत्रों में जहाँ फसल उत्पादन प्रायः व्याप्त कृषि–जलवायु परिस्थितियों के कारण लाभकारी नहीं है, किसानों की जीविका का मुख्य आधार भेड़–बकरी पालन ही रहा है। यदि भेड़ पालक एक योजनाबद्ध तरीके से भेड़ पालता है तो उसे निश्चित तौर पर अधिक लाभ प्राप्त होगा। भेड़ पालक को अधिक लाभकारी बनाने के लिए यह अत्यन्त आवश्यक है कि भेड़ पालन की उन्नत तकनीकों को भेड़ पालकों तक पहुँचाया जाए।

भेड़ पालन को लाभदायक बनाने के लिये जिन मुख्य तकनीकी महत्वपूर्ण सुझावों का ध्यान रखना जरूरी होता है उनका वर्णन यहाँ दिया जा रहा है–

- सबसे पहले भेड़ पालक को इस बात का ध्यान रखना चाहिए कि वह किस उद्देश्य के लिए भेड़ पालना चाहता है फिर उस उद्देश्य को ध्यान में रखकर ही उसे नस्ल का चयन करना चाहिए। विशेषतः भेड़ अपने प्राकृतिक जलवायु में ही अच्छा प्रदर्शन करती है क्योंकि विपरीत जलवायु की नस्ल पालने पर पशु अपना अधिकतम उत्पादन नहीं दे पाते हैं। रेवड़ स्थापित करने के लिए पशुओं की खरीद किसी प्रतिष्ठित सरकारी या निजी फार्म से ही करनी चाहिए। नये पशु नस्ल के गुणों के अनुरूप हो तथा उस रेवड़ में किसी संक्रामक बीमारी की प्रकोप नहीं हुआ हो (क्षेत्र की प्रमुख नस्लें मालपुरा, नाली, चोकला, मारवाड़ी, मगरा, जैसलमेरी, सोनाड़ी, खेरी, मुंजल, मुज्ज़फरनगरी और पाटनवाड़ी है)
- भेड़ पालक को अपने रेवड़ का आकार अपने आर्थिक साधनों को ध्यान में रखकर ही सुनिश्चित करना चाहिए। रेवड़ का आकार

सुनिश्चित करते समय भेड पालक को उपलब्ध श्रम, बिक्री साधन, समुचित चारा–दाना व दवाई खरीदने की क्षमता आदि को ध्यान में रखना चाहिए। रेवड़ में सभी आयु के पशु होने चाहिए। रेवड़ में प्रतिवर्ष कम से कम 20 प्रतिशत नये पशुओं को सम्मिलित करना चाहिए तथा बूढ़ी एवं अनुत्पादक पशुओं को रेवड़ से निकालते रहना चाहिए।

- भेड़ों के लिये आधा छपा व उससे दुगना खुला बाड़ा ही आदर्श बाड़ा होता है जिसमें आवश्यकतानुसार पशु छपे हुए भाग का उपयोग कर सकते है। भेड़ों का बाड़ा अन्य स्थान से ऊँचा होना चाहिए ताकि वर्षा का पानी जमा न हो सके। बाड़े में प्रत्येक पशु के लिए पर्याप्त स्थान (8–10 वर्ग फुट) होने के साथ–साथ बाड़े में हवा व प्रकाश का उचित प्रबंध होना चाहिए। बाड़े के आस–पास चारो तरफ घने छायादार वृक्ष लगाने चाहिए जो गर्मी के दिनों में ठंडक पैदा करते हैं तथा समय–समय पर चारे की आवश्यकता को पूरी करते है। भेड़ पालने का स्थान ऐसा होना चाहिए जहाँ पर समुचित मात्रा में चरागाह हो तथा बाजार से अधिक दूरी न हो। बाजार पास होने पर वह अपने पशुओं के उत्पाद को समय पर बेच कर अधिक लाभ ले सकता है।

- भेड़ों के बाड़े में पानी, चारा व दाने के लिए उपयुक्त व्यवस्था होनी चाहिए। बाड़े के अन्दर बीमार पशुओं, बच्चों व ब्याँने वाले पशुओं के लिए अलग से व्यवस्था होनी चाहिए ताकि उनकी उचित प्रकार से देखभाल की जा सके। इसके लिए बाड़े को लकड़ी के पट्टों या तार की जाली द्वारा अलग से आवश्यकतानुसार छोटे बाड़ों में बांट दिया जाता है। बाड़े की मिट्टी को साल में एक बार बदल देना चाहिए क्योकि उसमें बाह्य परिजीवी मौजूद रहते है। बाड़ें के फर्श में प्रति वर्ष 3–4 बार चूना व कीटनाशक मिला देना चाहिए ताकि बाह्य परिजीवियों की संख्या को कम किया जा सके।

- भेड़ों को प्रतिदिन 8–10 घण्टे चरागाह में चराई के लिए भेजना

चाहिए तथा चरागाह में वृक्षों, झाड़ियों एवं घासों का उचित समावेश होना चाहिए। तेज धूप के समय रेवड़ को दिन में छायादार स्थान पर आराम कराकर सुबह जल्दी व शाम को देर तक चराना चाहिए। चरागाह की पोषण स्थिति के अनुसार भेड़ों को विभिन्न अवस्थाओं पर शारीरिक आवश्यकतानुसार चराई के अतिरिक्त पूरक आहार देते रहना चाहिए जिससे भेड़ों को उचित मात्रा में पोषक तत्वों की प्राप्ति हो सके। लवण व विटामिन की पूर्ति के लिए साधारण नमक व खनिज लवण मिश्रणयुक्त ईंटें भी चाटने हेतु बाड़े में उचित ऊँचाई पर टांग देनी चाहिए।

विभिन्न उम्र के पशुओं के लिए पूरक आहार में दाने की प्रतिदिन मात्रा

1 माह तक	25—50 ग्राम
1 से 3 माह	75—200 ग्राम
3 से 12 माह	250—350 ग्राम
गर्भित भेड़ (गर्भकाल के अन्तिम 1.5 माह)	250—350 ग्राम
ब्याई भेड़ (प्रथम 90 दिन)	300—400 ग्राम
प्रजनक मेंढ़ें (प्रजनन काल में)	300—400 ग्राम

- पशुओं का चयन करते समय उनके रंग—रूप, बाहरी आकार, वजन, नस्ल की शुद्धता के साथ साथ पशुओं की स्वयं की उत्पादन क्षमता तथा उसके संबंधियों की उत्पादन क्षमता को भी ध्यान में रखना चाहिए जिससे वे स्वस्थ बच्चे को जन्म दे सके। प्रजनन के लिए उत्तम नर व मादा का चयन करना चाहिए जिससे कि भेड़ों का उत्पादन बढ़ाया जा सके। प्रजनन का समय ऐसा रखना चाहिए जिससे कि भेड़ों को गर्भावस्था के समय चराई के लिए काफी मात्रा में घास उपलब्ध हो। ऐसे समय पैदा होने वाने मेंमनों का जन्म भार अधिक होता है तथा मृत्युदर भी कम होती है। बेकार व कमजोर पशुओं को रेवड़ से निकाल देना चाहिए

ताकि इस तरह के पशुओं पर होने वाले अनावश्यक खर्च से बचा जा सके।

- प्रजनक मेंढ़े अच्छी नस्ल के होने चाहिए व उनकी आयु दो से चार वर्ष के बीच होनी चाहिए तथा रेवड़ में जनन हेतु नर मेंढ़ें लगातार दो वर्ष से अधिक उपयोग में नहीं लेना चाहिए। भेड़ पालक को ध्यान रखना चाहिए कि उनके रेवड में अन्तः प्रजनन न होने पाए क्योंकि इससे भेड़ों के उत्पादन स्तर व अन्य गुणों में कमी आ जाती है। इसके लिए यह भी ध्यान में रखे कि मेंढ़े का मिलान उसके निकट संबंधी से नहीं कराया जाए। रेवड़ में बाहर से चयनित मेंढ़े को खरीद कर उपयोग करने से रेवड़ का खून बदल जाता हैं और रेवड़ का उत्पादन स्तर बढ़ जाता है। अन्तःप्रजनन को रोकने के लिए भेड़ पालक अपने मेंढ़े को उपयोग करने के बाद किसी दूसरे रेवड़ के मेंढ़े से अपना मेंढ़ा बदल सकता है। प्रजनन काल में प्रत्येक मेंढ़े को 300–400 ग्राम दाना, चराई के अतिरिक्त देना चाहिए। रेवड़ के अन्दर ताव में आई भेड़ों को पहचानने के लिए प्रजनक मेंढ़े की जगह दूसरे किसी मेंढ़े को जिससे प्रजनन नही कराना, उपयोग करना चाहिए इससे प्रजनक मेंढ़े को आराम मिलता हैं तथा व्यर्थ में ही वीर्य की हानि नहीं होती।

- ग्याभिन पशु को बच्चा देने के 2–3 दिन पहले बाड़े के आस–पास ही चरने के लिए भेजना चाहिए तथा बच्चा देने के एक दिन पहले व तीन दिन बाद तक भेड़ को बच्चा जनने के कक्ष जो कि पहले से तैयार हो, में रखना चाहिए। लैम्बिंग पेन के बिछावन को प्रतिदिन बदल कर सूखा एवं मुलायम बिछावन ही प्रयोग करना चाहिए। ब्याने से पहले भेड़ के पीछे की ऊन काट देनी चाहिए ताकि योनी के आस–पास वाली जगह को साफ रखा जा सके।

- भेड़ के ब्याने के बाद बच्चें को साफ और सूखे कपड़े से साफ कर भेड़ के सामने चाटने के लिए छोड़ देना चाहिए, इससे बच्चे के शरीर में रक्त प्रवाह ठीक से होने लगता है तथा उसके शरीर में

फुर्ती आ जाती है। सबसे पहले बच्चे के नथुनों को अच्छी तरह साफ करना चाहिए जिससे वह ठीक प्रकार श्वास ले सकें। मेंमनें की नाभि को शरीर से 3–4 सेमी. नीचे कसकर बाँध देना चाहिए और उसके एक सेमी नीचे काटकर टिंचर आयोडिन लगा देनी चाहिए। पैदा हुए बच्चे को आधे घण्टे के अन्दर खीस अवश्य पिलाना चाहिए क्योंकि खीस से बच्चे में रोग–प्रतिरोधक क्षमता बढ़ती है। मेंमनों को जरूरत से ज्यादा दूध नहीं पिलाना चाहिए क्योंकि खीस दस्तावार होती है अतः इससे दस्त आदि लगने का डर रहता है। मेंमनों को दाना गोलियों के रूप में दिया जाता है, जिससे बच्चों में धसका आदि नही लगता तथा बच्चे इसे अधिक चाव से खाते है। साधारण नमक और खनिज लवण मिश्रणयुक्त ईंटें भी चाटने के लिए उपलब्ध करानी चाहिए। मेंमनों को शीघ्र बढ़वार के लिए चराई के अतिरिक्त शरीर भार अनुसार दाना देना चाहिए। इससे बच्चे मांस के लिए कम आयु में ही तैयार किए जा सकते है।

- समय–समय पर भेड़ों को संक्रामक रोगों (फडकिया, चेचक, खुर–मुँहपका) के रोग निरोधक टीके लगवाने चाहिए। अस्वस्थ पशुओं को नियमित रूप से पहचान कर समय रहते पशु चिकित्सक से उनका उपचार करवाना चाहिए। साल में एक या दो बार आवश्यकतानुसार अन्तः परजीवियों को समाप्त करने के लिए कृमिनाशक दवा (निलवर्म/पैनाकुर 0.5मिली. प्रति कि.ग्रा. शरीर भार की दर से) पशुओं को देना चाहिए। बाह्य परजीवियों से बचाव व उपचार के लिए वर्ष में दो से तीन बार सॉयथीयान या मैलाथीयन (0.2–0.4%) का घोल बनाकर भेड़ों को नहलाना चाहिए। अन्तः व बाह्य परजीवियों के नियंत्रण हेतु दवाईयों का प्रयोग पशु चिकित्सक की देखरेख या सलाहनुसार ही करना चाहिए अन्यथा हानि होने की संभावना रहती है।

- भेड़ से ऊन साल में कम से कम दो तथा कुछ भागों में जहाँ पर चारा अधिक मात्रा में उपलब्ध होता है, तीन बार उतारी जा

सकती है। ऊन उतारने के बाद भेड़ों के लिए अच्छी चराई की सुविधा होनी चाहिए क्योंकि ऊन उतारने के बाद भेड़ों को जीवशक्ति की काफी जरूरत पड़ती है। यदि उनको उस समय पौष्टिक चारा नहीं मिलता तो ऊन की बढ़वार व गुणवत्ता पर काफी बुरा प्रभाव पड़ता है। ऊन काटने के पहले भेड़ों को नहलाना चाहिए जिससे कि साफ ऊन प्राप्त हो। ऊन में गंदगी और कांटे मिले रहने से कीमत काफी कम मिलती है। ऊन को एकसार और जल्दी काटने के लिए तेज धार वाले यंत्र होने चाहिए। ऊन काटने के बाद बढ़िया व घटिया किस्म की ऊन को अलग कर देना चाहिए इससे बाजार में ऊन का अच्छा दाम मिलेगा तथा भेड़ पालक को अतिरिक्त लाभ होगा।

- पशु पहचानने के लिए कान में टैग, टैटुइंग एवं ब्रांडिंग सरल, वैज्ञानिक, टिकाऊ एवं व्यवहारिक पहचान की पद्धतियाँ है। इन सभी में कान पर टैग लगाना सबसे सरल तरीका है और किसान भाई कम लागत एवं जोखिम पर इसको अपना सकते है। पशुओं की पहचान संख्या जारी होने के बाद भेड़ पालक को सभी क्रियाओं का लेखा जोखा तैयार करना चाहिए जिससे भेड़ पालन में होने वाले लाभ हानि का पता लगाया जा सके तथा प्रत्येक पशु की उत्पादन क्षमता का पता चल सके और कम उत्पादन वाले पशु को रेवड़ से निकाल कर रेवड़ में होने वाले अतिरिक्त खर्चे से बचा जा सके।

भेड़ पालन से संबन्धित सवाल जवाब

प्रश्न– पशु पालन में भेड़ बकरी पालन क्यों ?

उत्तर– सामाजिक अर्थव्यवस्था और ग्रामीण सम्पन्नता के संदर्भ में भेड़–बकरियों का ग्रामीण अर्थव्यवस्था में योगदान कम आँका जाता है। जबकि भेड़ का छोटा आकार, शारीरिक आवश्यकता तथा बहुपयोगी होना, पशुधन में एक विशेष महत्व रखता है। देश की ग्रामीण अर्थव्यवस्था में भेड़–बकरी का उल्लेखनीय योगदान है क्योंकि इन पशुओं से निर्धन किसान जुड़े हुए है। इसलिए ग्रामीण गरीबों का आर्थिक स्तर सुधारने हेतु भावी पशुधन विकास कार्यक्रमों में भेड़–बकरियों के आशाजनक अवसर प्रतीत होते हैं। भेड़ पालन का पशुपालन व्यवसाय में महत्वपूर्ण स्थान है क्योंकि यह विकट परिस्थितियों जैसे फसल के नष्ट होने की परिस्थितियों में एक सफल जीवन रेखा का काम करता है। पिछले कई वर्षों में फसल विफलता से आंध्र प्रदेश के किसानों की आत्महत्या के दुःखद परिणामों के बाद देखा गया है कि आज वहाँ भेड़ बकरी पालन जीवनरेखा के तौर पर अपनाया जाने लगा है जिसके चलते आत्महत्या की घृण घटनाओं में कमी आई है। खेती के साथ–साथ भेड़–बकरी पालन न केवल आर्थिक रूप से लाभदायक है बल्कि अच्छा पर्यावरण बनाये रखने में भी सहायक है। अनुपजाऊ एवं बंजर भूमियों या घास–पातों को भेड़ों से ज्यादा और कोई पशु काम में नहीं ला सकता। भेड़ें मुख्य रूप से ऊन और मांस के लिए पाली जाती है। यद्यपि इनसे दूध और खाद भी प्राप्त होते हैं। अच्छी ऊन से गाँव में ऊन का काम करने वालों के रहन सहन की स्थितियों में सुधार होता है तथा उनको वर्ष भर रोजगार प्राप्त होता है। चलते–फिरते भेड़ पालक के लिए नर मेंमनें और बेकार भेड़ें चलते–फिरते बैंक स्वरुप होती है। एक किसान अपने भेड़ समूह को सिर्फ पशु के नजरिये से न देखकर बीमे के नजरिये से भी देखता है। कई बार देखा गया है कि

कठिन समय में जब कभी उसे पैसे की आवश्यकता होती है तो वह भेड़ों को बेच कर अपने परिवार की जरुरतों को पूरा करता है।

प्रश्न– क्या भेड़–बकरी पालन व्यवसाय लाभदायक है ?

उत्तर– जी हाँ, भेड़–बकरी पालन व्यवसाय लाभदायक है यदि भेड़ पालक एक योजनाबद्ध तरीके से भेड़ पालता है और विकसित की गई तकनीकों को उपयोग में लाता है तो उसे निश्चित तौर पर अधिक लाभ प्राप्त होगा। किसान भेड़ों में उचित प्रजनन व्यवस्था, आहार व्यवस्था, प्रतिकूल वातावरण से बचाव, स्वास्थ्य व्यवस्था, उचित चराई तथा अकाल के समय उचित पशु प्रबन्ध आदि अपनाकर उत्पादन बढ़ा सकते हैं जिसके परिणामस्वरूप भेड़ पालकों को निश्चित ही अधिक आय प्राप्त हो सकती है। भेड़ पालन को अधिक लाभकारी बनाने के लिए यह अत्यन्त आवश्यक है कि भेड़ पालन की उन्नत तकनीकों को भेड़ पालकों तक पहुँचाया जाए।

प्रश्न – देश में भेड़ों की कितनी वर्णित नस्लें हैं ?

उत्तर– भेड़ की लगभग 42 वर्णित नस्लें हमारे देश में मौजूद है जिनका वर्गीकरण क्षेत्रीय आधार, शारीरिक गुणों की विशेषता, उनकी उपयोगिता इत्यादि मापदंडों के आधार पर किया गया है। हमारे देश में भेड़ पालन सूखे व पहाड़ी स्थानों पर ज्यादातर होता है। हमारे देश की भेड़ व बकरियों की उत्पादकता विकसित देशों की अपेक्षा काफी कम है। उत्पादन क्षमता कम होने के कारण अनियंत्रित प्रजनन और नस्लों का अन्तःमिश्रण, अनुचित रख–रखाव, वर्ष के अधिकांश समय में पोषण का निम्न स्तर, विभिन्न रोगों के बचाव एवं उपचार की कमी, अधिक मृत्युदर, चरागाहों की कमी, और उनकी वहन क्षमता की तुलना में पशु–धन का अपेक्षाकृत अधिक घनत्व आदि है। हमारे भेड़ों के उत्पादन में कई गुणा वृद्धि सम्भव है। किसान भेड़ों में उचित प्रजनन व्यवस्था, आहार व्यवस्था, प्रतिकूल वातावरण से बचाव, स्वास्थ्य व्यवस्था, उचित चराई तथा अकाल के समय उचित पशु प्रबन्ध आदि अपनाकर उत्पादन बढ़ा सकते हैं जिसके परिणामस्वरूप किसान को अधिक आय प्राप्त हो सकती है।

प्रश्न – अधिक माँस उत्पादन व उत्तम ऊन उत्पादन के लिए कौन सी नस्ल पालें ?

उत्तर– अधिक माँस उत्पादन के लिए इस क्षेत्र में पूगल, मालपुरा, सोनाडी, पाटनवाडी जैसलमेरी, खेरी एवं मुज्जफरनगरी को पाल सकते है। उत्तम ऊन उत्पादन के लिए इस क्षेत्र में चोकला, नाली, मगरा, एवं मारवाडी, आदि पाल सकते है।

प्रश्न – रेवड़ में प्रजनन प्रबंध कैसा होना चाहिए ?

उत्तर– भेड़ों में नस्ल सुधार उचित प्रजनन प्रबंध कर ही संभव है। रेवड़ में नर–मादा का अनुपात सही रखना चाहिए। किसी भी गुण विशेष के सुधार के लिए आनुवंशिकी एवं प्रजनन विज्ञान में सबसे महत्वपूर्ण नियम है, कम गुणवत्ता वाले पशुओं की छँटनी तथा अच्छी गुणवत्ता वालों का चयन। रेवड़ में उन्नत नस्ल के नर व मादा पशुओं को ही अगली संतती पैदा करने का अधिक अवसर देना चाहिए। मेंढ़ा रेवड़ का आधा हिस्सा होता है। अतः रेवड़ में उन्नत नस्ल का श्रेष्ठ मेंढ़ा रखना चाहिए जिससे रेवड़ की बढ़ोतरी निश्चित रूप से होगी। रेवड़ में प्रजनन का समय ऐसा होना चाहिए जब गर्भित भेड़ों के लिए चरागाह में चारा पर्याप्त मात्रा में उपलब्ध हो इससे पैदा होने वाले बच्चे का जन्म भार अधिक होगा और उसमें मृत्युदर भी कम होगी तथा भेड़ों में अधिक दूध उतरेगा। रेवड़ से बेकार व कमजोर पशुओं को निकाल देना चाहिए ताकि इस तरह के पशुओं पर होने वाले अनावश्यक खर्च से बचा जा सके। रेवड़ में प्रतिवर्ष कम से कम 20 प्रतिशत नये पैदा हुए पशुओं को सम्मिलित करना चाहिए तथा बूढ़ी व अनुत्पादक पशुओं को निकालते रहना चाहिए। इससे रेवड़ का उत्पादन स्तर बढ़ेगा तथा रेवड़ में एकरूपता आयेगी। मेंढ़े को रेवड़ में 1–2 वर्ष तक ही उपयोग करना चाहिए इसके बाद मेंढ़े को बदल देना चाहिए। रेवड़ में अन्तः प्रजनन नहीं होना चाहिए इसके लिए मेंढ़ा आवश्यकता होने पर बाहर से खरीद कर उपयोग करना चाहिए।

प्रश्न– भेड़ में प्रजनन की उपयुक्त आयु क्या है ?

उत्तर– पालन–पोषण की उचित दशा में भेड़ें औसत आयु के पहले ही

वयस्क हो जाती है। भेड़ों में वयस्क होने की आयु लगभग 12–14 माह में आ जाती हैं लेकिन इनको 15–18 माह की आयु में गर्भित कराना ठीक रहता है इस समय तक इनका जनन तंत्र पूर्ण रूप से विकसित हो जाता हैं तथा इस आयु तक मांसदायी भेड़ों का वजन 30–32 कि.ग्रा. हो जाता है। अध्ययनों से पता चला है कि कम शरीर भार वाली भेड़ से प्राप्त बच्चों का जन्म भार कम होता है तथा उनमें मृत्युदर भी काफी अधिक होती है। कम आयु व कम भार वाली भेड़ को गर्भित कराने पर उनमें असामान्य जनन होने की संभावना अधिक होती है तथा वे स्वस्थ बच्चे जनने में असमर्थ होती है। इसलिए भेड़ों को उचित आयु एवं शरीर भार प्राप्त करने पर ही गर्भित कराना चाहिए, जिससे वे स्वस्थ बच्चों को जन्म दे सकें। प्रजनन के लिए ऐसा समय होना चाहिए जिसमें कि बच्चे पैदा होने के समय अच्छी चराई उपलब्ध हो तथा बरसात व ज्यादा ठण्ड का मौसम ना हो, इससे भेड़ का स्वास्थ्य ठीक रहने के साथ–साथ दूध अधिक उत्पन्न होने से बच्चे की शारीरिक वृद्धि ठीक होगी तथा बच्चों में मृत्युदर कम रहेगी।

प्रश्न– गर्मी में आयी भेड़ के लक्षण क्या होते हैं ?

उत्तर– भेड़ों में गर्मी (मद) के लक्षण प्रत्येक मादा में एक समान नहीं होते। किसी–किसी पशु में मदकाल के लक्षण तीव्र होते हैं किन्तु संकुचित स्वभात की गादाओं में ये लक्षण स्पष्ट रूप से प्रदर्शित नहीं होते हैं। ऋतुमयी मादा अपनी पूँछ को बार–बार हिलाकर अपनी कामेच्छा को प्रकट करती है। यह लक्षण बकरियों में भेड़ की अपेक्षा काफी प्रबल होता है। यदि रेवड़ में नर उपस्थित है, तो ऋतुमयी मादा अपना मुँह बार–बार नर की ओर घुमाती है। मदकाल में आई भेड़ एक दूसरे को चाटती है तथा संभोग की तरह व्यवहार करती है। यदि नर ऊपर चढ़ता है तो उसे संभोग हेतू पूर्ण सहयोग देती है। ऋतुमयी मादा बार–बार मूत्र त्याग करती है, जननाँगों के बाहरी हिस्से में सूजन, योनि के बाहरी हिस्से का नम हो जाना, बाह्य जननाँगों में निरन्तर संकोच पैदा होना, जिसके साथ कभी–कभी वे अपनी पूँछ को भी ऊपर/नीचे करती है तथा बेचैन दिखाई देती है। ऋतु/मद काल के लक्षण मदकाल के समाप्त हो जाने पर

धीरे–धीरे कम होने लगते है। मदकाल की अवधि मुख्यतः भेड़ की नस्ल पर निर्भर करती है।

प्रश्न– चयन क्या है और रेवड़ में अच्छे पशुओं का चयन कैसे करें ?

उत्तर– चयन वह प्रक्रिया है जिसके अर्न्तगत कुछ उत्तम पशु भविष्य में प्रजनन के लिये रखे जाते है। बाह्य तथा अन्तः गुणों एवं आनुवंशिकी के आधार पर बेहतर उत्पादन क्षमता वाले जानवर का प्रजनन हेतु अवसर प्रदान करना ही चयन है। **प्राकृतिक चयन** प्रकृतिजनित होता है जिसमें प्रजनन क्षमता एवं शारीरिक विकास एवं संघर्ष करने की क्षमता के आधार पर किसी विशेष प्रजाति को प्रकृति किसी खास प्राकृतिक परिवेश में विकसित होने का मौका प्रदान करती है। **कृत्रिम चयन** इसमें विशेषज्ञ द्वारा किसी विशेष वांछित गुण, जाति एवं लक्षण के आधार पर नर एवं मादा का प्रजनन हेतु चयन करते हैं। इसके विपरीत कुछ पशु प्रजनन हेतु नहीं रखे जाते, इन पशुओं को रेवड़ से निकालने की प्रक्रिया को ही छँटनी कहते है। प्रतिवर्ष प्रजनन के लिये उम्दा नर व मादा चुनने चाहिये जिससे की समूह का आनुवंशिक उत्पादन स्तर बढ़ाया जा सके। पशुओं को चुनते समय उनके रंग, रूप, बाहरी आकार, वजन, नस्ल की शुद्धता के साथ–साथ पशुओं की स्वयं की उत्पादन–क्षमता तथा उसके वंशज व संबंधियों की उत्पादन–क्षमता को भी ध्यान में रखना चाहिए। हर साल बेकार व कमजोर जानवरों को रेवड़ से निकाल देना चाहिए।

प्रश्न– प्रजनक मेंढ़ों का चुनाव कैसे करें ?

उत्तर– किसी रेवड़ की आनुवंशिक प्रगति मुख्य रूप से मेंढ़ें पर निर्भर करती हैं क्योंकि एक मेंढ़े से ही कई सन्तानें होती है। इसलिये नर को रेवड़ का आधा भाग माना जाता है। अतः रेवड़ के लिये उन्नत नस्ल का मेंढ़ा चुनना अत्यन्त आवश्यक है। मेंढ़ा शारीरिक रूप से पुष्ट एवं उच्च शारीरिक भार वाला, पूर्ण स्वस्थ एवं मजबूत और प्रजनन क्षमता में उच्चकोटी का होना चाहिए। रेवड़ के लिए मेंढ़े का चयन उत्तम नस्ल गुणों के तथा अधिक बढ़ोतरी वाले बच्चों में से जो अधिक दूध देने वाली भेड़ के हों, करना चाहिए। शारीरिक पुष्टता के साथ–साथ प्रजनन काल में मेंढ़े के वीर्य का परीक्षण भी निकटस्थ प्रसार केन्द्र पर करवाना आवश्यक

है जिससे असामान्य वीर्य वाले मेंढ़ें को समय पर रेवड़ से निकाला जा सके। कृत्रिम गर्भाधान के लिए उत्तम आनुवंशिक वरीयता वाले मेंढों का ही चयन करना चाहिए। मेंढ़ें स्वस्थ, उचित मैथुन क्षमता एवं नैसर्गिक कामप्रवृति वाले होने चाहिए। स्वास्थ एवं शारीरिक परीक्षण से यह जाँच लें कि दाता मेंढ़ों में जनन व प्रजनन संबंधित विकार न हो तथा प्रजनन अंगों विशेष रूप से अंडकोश के आकार व रूप, शिश्न व मूत्रमार्ग की स्पर्श परीक्षा से जाँच कर लें। रेवड़ में 25–30 भेड़ों पर एक मेंढ़ा काफी होता है।

प्रश्न– अंतःप्रजनन क्या है एवं इससे कैसे बचा जा सकता है ?

उत्तर– औसत की अपेक्षा नजदीकी सम्बन्धों वाले पशुओं का संगम अन्तःप्रजनन कहलाता है। संगमित नर तथा मादा दोनों प्रणालियों के सम्बन्धी होने से अभिप्राय उनके एक–दो या अधिक पूर्वज का सम्मिलित होना है। अन्तः प्रजनन में अधिकतर 4–5 पीढ़ी के सम्बन्धियों का संगम कराया जाता है। रेवड़ में अन्तः प्रजनन नहीं होने देना चाहिये क्योंकि इससे भेड़ों के उत्पादन स्तर व अन्य गुणों में कमी आ जाती है। अतः प्रजनन को कम करने के लिए रेवड़ में मेंढ़ें का चयन करते समय विशेष ध्यान देना चाहिए जिससे कि मेंढ़ें को उसकी माँ से, चचेरे भाई–बहन से, उसकी पुत्री से कभी मिलान नहीं करवाये। रेवड़ में ऐसी स्थिति आने पर भेड़ पालक को चाहिए कि वह बाहर के रेवड़ से चयनित मेंढ़ें को खरीद कर अपने रेवड़ में प्रयोग करें जिससे रेवड़ का खून बदल जाता है तथा रेवड़ का उत्पादन स्तर बढ़ जाता है। रेवड़ में मेंढ़ें को 2–3 वर्ष तक ही प्रयोग में लेना चाहिए। ऐसे सभी नर जिनसे प्रजनन नहीं कराना है उनको 3 माह की आयु पर बधिया कर उचित शारीरिक भार प्राप्त करने पर बेच देना चाहिए। बधिया करने से उनमें बढ़वार अधिक होती है तथा उनसे प्राप्त मांस अच्छी गुणवत्ता का होता है।

प्रश्न–एक ब्याँत में एक से अधिक बच्चे कैसे प्राप्त कर सकते हैं ?

उत्तर–एक ब्याँत में एक से अधिक बच्चें निम्न प्रकार से प्राप्त किये जा सकते हैं– अच्छे भरन पोषण से प्रजनन पूर्व मादा में ज्यादा अण्ड उत्सर्ग किया जा सकता है जिससे जुड़वा बच्चें पैदा हो सकते है। वैज्ञानिक

प्रजनन नीति अपनाकर बहुप्रजता का गुण फेक–बी जीन गैरोल जैसी भेड़ से अन्य किसी देशी नस्ल में रोपित कर एक ब्याँत में एक से अधिक बच्चे प्राप्त किये जा सकते है व भेड़ पालन उद्योगों में क्रांतिकारी परिवर्तन लाया जा सकता है। भा.कृ.अ.प.–केन्द्रीय भेड़ एवं ऊन अनुसंधान संस्थान, अविकानगर में गैरोल को यहाँ की मालपुरा नस्ल के साथ मिलाकर एक बहुअजता माँस उत्पादक नस्ल के विकास का कार्य चलाया जा रहा है। भविष्य की आवश्यकताओं को देखते हुए अविकानगर में अनुसंधान के तहत फेक बी जीन धारक त्रिसंकर बहुप्रजनक (''गैरोल x मालपुरा x पाटनवाड़ी'') भेड़ का विकास किया जा रहा है।

प्रश्न– भेड़ की औसत आयु एवं अधिकतम उत्पादक आयु क्या है? आप भेड़ों की आयु का अनुमान कैसे लगाएगें ?

उत्तर– भेड़ की औसत आयु लगभग 10 वर्ष है लेकिन उसकी अधिकतम उत्पादक आयु 6–7 वर्ष ही हैं। प्रायः दाँतों को देखकर भेड़ों की आयु का अनुमान लगाया जाता है। दूध के दाँत (अदंत) बच्चे एक साल से कम उम्र के होते हैं। दो दाँत का पशु लगभग एक साल, चार दाँत का पशु लगभग दो साल एवं छह दाँत का पशु तीन साल का होता है। सारे दाँत का होना वयस्क पशु के लक्षण है तथा दाँत का घिसना एवं गिरना बूढ़े पशु की निशानी है।

प्रश्न– भेड़ों में प्रथम बार गर्भ धारण की क्या उम्र होनी चाहिए एवं उस समय उसका वजन कितना होना चाहिए ?

उत्तर– भेड़ों में प्रथम बार गर्भधारण की उम्र 15–18 माह तथा उसका वजन लगभग 30–32 कि.ग्रा. होना चाहिए।

प्रश्न– पूरक खिलाई का क्या महत्व है ?

उत्तर– भेड़ों के लिए आहार की पूर्ति मुख्य रूप से चरागाहों द्वारा ही होती है। हमारे देश में अच्छे प्रकार के चरागाहों की कमी है और जो चरागाह है उनमें वर्ष में अधिकतर समय कँटीली झाडियों, धूल एवं पत्थरों के अतिरिक्त कुछ भी नजर नहीं आता। भेड़ पालकों को चाहिए कि वे अपने पशुओं को चराई के अलावा कुछ न कुछ खाने को अवश्य दें जिससे

भेड़ों को उचित मात्रा में पोषक तत्वों की प्राप्ति हो सके व अधिक उत्पादन दे सकें। इस तरह की खिलाई को पूरक खिलाई तथा इस आहार को पूरक आहार कहते हैं। पूरक आहार सस्ता, सरलता से पचने वाला, स्वादिष्ट, सन्तुलित व आसानी से उपलब्ध होना चाहिए। जिन–जिन पोषक तत्वों की चरागाह में जितनी कमी होती है उसकी उतनी ही पूर्ति के लिए विभिन्न प्रकार के दाने जैसे मक्का, जौ, गेहूँ की भूसी, चने की भूसी, मूँगफली/सरसों की खली, वृक्षों आदि की पत्तियाँ एवं फलियाँ समुचित मात्रा में खिलाई जानी चाहिए। लवण व विटामिनों की कमी की पूर्ति के लिए साधारण नमक और खनिज लवण मिश्रणयुक्त ईंटें और हरा चारा भी देना चाहिए।

प्रश्न– उत्तम चारा वृक्ष कौन–कौन से हैं ?

उत्तर– भेड़े अरडू, बबूल, खेजड़ी, नीम, ककेड़ा, देशी बबूल, कचनार आदि की पत्तियों को बड़े चाव से खाती है। चारा वृक्षों की छँगाई वर्ष में दो बार हरे चारे के अभाव के समय नवम्बर–दिसम्बर व मई–जून में करें। छँगाई इस तरह करें कि वृक्ष की बढवार पर असर ना पड़े। अधिकतर ऊपरी शाखाओं को छोड़कर छँगाई की जाती है। पत्तियों को सुखाकर गर्मियों में चारे की कमी के दिनो में प्रयोग किया जा सकता है। कई चारा वृक्षों की फलियाँ, विशेषरूप से बबूल व खेजड़ी बहुत ही स्वादिष्ट एवं पौष्टिक होती है तथा प्रजनन योग्य भेड़ों के लिये चारे का एक अच्छा स्त्रोत है। बाड़े के आस–पास चारों तरफ घने छायादार चारा वृक्ष लगाने चाहिए जो कि गर्मी के दिनों में बाड़े को ठंडा रखने में मदद करते हैं तथा साथ ही समय–समय पर चारे की आवश्यकता को भी पूरा करते हैं।

प्रश्न– सस्ता एवं संतुलित रातिब मिश्रण घर पर कैसे बनायें ?

उत्तर– पशुओं से समुचित उत्पादन हेतु उन्हें विभिन्न अवस्थाओं जैसे बढ़वार, गर्भावस्था, दुग्धावस्था, प्रजननकाल आदि के दौरान संतुलित रातिब या दाना मिश्रण खिलाया जाता है। रातिब मिश्रण में विभिन्न खाद्य अवयवों को एक साथ समान रूप से मिलाया जाता है। अधिकतर भेड़ पालक पशुओं को या तो खरीदकर या उनके पास उपलब्ध खाद्य अवयवों में से एक या दो को बांटे के रूप में खिलाते हैं जो महगे होने के

साथ–साथ कम पौष्टिक भी होते हैं। जबकि स्वयं बनाया गया रातिब मिश्रण सस्ता एवं पौष्टिक होता है।

सामग्री	एक क्विंटल के लिए	पांच क्विंटल के लिए
गेहूँ/जौ/ज्वार/बाजरा	25 कि.ग्रा.	125 किग्रा.
मक्का/ गेहूँ	20 कि.ग्रा.	100 किग्रा.
गेहूँ की चापड/भूसी	18 कि.ग्रा.	90 किग्रा.
चावल की चापड़/भूसी	10 कि.ग्रा.	50 किग्रा.
मूँगफली/सरसों/तिल की खली	25 कि.ग्रा.	125 किग्रा.
खनिज मिश्रण	1 कि.ग्रा.	5 किग्रा.
साधारण नमक	1 कि.ग्रा.	5 किग्रा.

बनाने की विधि

सबसे पहले सभी खाद्य अवयवों की बताई गई मात्रा को तौल ले। इसके बाद बिना दले हुए खाद्य अवयवों को दल लेते हैं। अब सभी खाद्य अवयवों को ढेरीनुमा आकार में एक दूसरे के उपर तह के रूप में रखा जाता है। खनिज मिश्रण एवं नमक आदि को थोड़े दूसरे आहार में मिलाकर सबसे उपर की तह में डाला जाता है। अब ढ़ेर को एक सिरे से मिलाकर दूसरी तरफ पलटा जाता है इसी तरह दो या तीन बार पलटने से दाना पूरी तरह मिश्रित हो जाता है। इस प्रकार रातिब मिश्रण पशुओं को खिलाने हेतु तैयार हो जाता है। सभी पशुओं को उनकी आवश्यकतानुसार रातिब मिश्रण खिलाने से लाभ होता है। इस प्रकार से बनाया गया रातिब मिश्रण बाजार से खरीदे गए रातिब मिश्रण या बाटा से सस्ता एवं अधिक पौष्टिक होता है तथा पशुओं के उत्पादन की लागत कम हो जाती है।

प्रश्न– प्रतिदिन एक भेड़ की औसत आहार की आवश्यक मात्रा क्या होती है ?

उत्तर– सामान्यतया भेड़ों को अपने शारीरिक भार के आधार पर 2.5 से 3.0 प्रतिशत शुष्क पदार्थ की आवश्यकता होती है जिसे सूखे व हरे चारे

तथा दाने से पूरा किया जाता है उदाहरणार्थ 30 कि.ग्रा. देहभार वाली भेड़ को 750 से 900 ग्राम शुष्क पदार्थ की आवश्यकता होती है जिसे 30 प्रतिशत शुष्क पदार्थ वाले 2.5 से 3.0 कि.ग्रा. हरे चारे द्वारा पूरा किया जा सकता है। भेड़ों को विभिन्न अवस्थाओं जैसे ऊन उत्पादन हेतु, गर्भावस्था एवं दुग्धावस्था में शारीरिक भार का क्रमशः 3.0, 4.0 एवं 4.4 प्रतिशत शुष्क पदार्थ की आवश्यकता होती है। 3 से 6 माह की आयु वाले वर्धनशील मेंमनों को, जो 150 ग्राम प्रतिदिन की दर से बढ़ते है, और भी अधिक अर्थात शारीरिक भार का 4.5 प्रतिशत शुष्क पदार्थ की आवश्यकता होती है जबकि 100 ग्राम प्रतिदिन वृद्धि वाले मेंमनों को शारीरिक भार के आधार पर 3.5 प्रतिशत शुष्क पदार्थ की आवश्यकता होती है। सौ वयस्क भेड़ों के लिये वर्ष भर में लगभग 300–400 क्विंटल चारे की आवश्यकता होती है। 30 से 35 कि.ग्रा. वयस्क भेड़ वर्ष मे तीन से चार क्विंटल चारा खा जाती है। प्राकृतिक चरागाह में प्रति हैक्टयर 2 से 3 भेड़े ही मुश्किल से निर्वाह कर सकती है।

प्रश्न– ग्याभिन भेड़ों की ब्याते समय देखभाल कैसे करें ?

उत्तर– भेड़–बकरियाँ लगभग पाँच महीने में बच्चे को जन्म देती है इसके लिए पशु के ग्याभिन होने की तारीख लिखकर रखनी चाहिए जिससे ब्याने के समय का सही–सही पता लगाया जा सके। यदि पशु के ब्याने का ठीक पता नहीं होता है तो पशु के अचानक ब्याने पर मादा व बच्चे की सही देखभाल नहीं हो पाती जिससे कठिनाई आने पर माँ व बच्चे की मृत्यु होने की संभावना बढ़ जाती है। पशु पालक निम्न लक्षणों को देखकर पता लगा सकता है कि उसका पशु कब ब्याने वाला है।

1. एकान्त में सभी पशुओं से अलग खड़ी हो जाती है।
2. गर्भित पशु की योनि द्वार से लसलसा पदार्थ निकलता है।
3. योनि ढीली पड़ जाती है व सूजन सी आ जाती है।
4. पशु बेचैन सा रहता है, बार–बार उठता बैठता है।
5. प्रसव दर्द प्रारम्भ होने पर पशु मिमियानें लगता है।
6. बिछावन को पैरों से इधर–उधर करने लगती है।

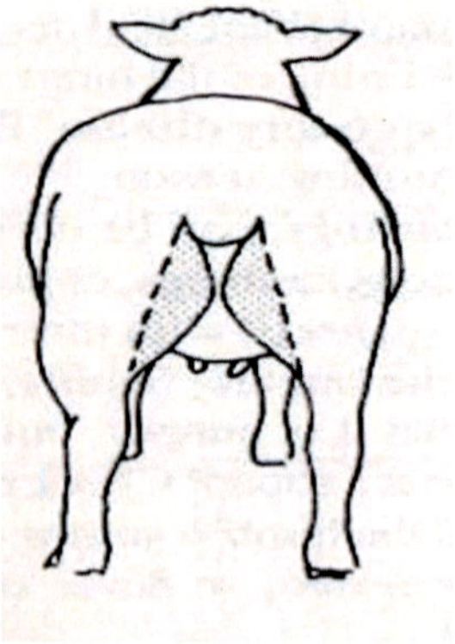

उपरोक्त लक्षणों व स्वयं के अनुभव के आधार पर ग्याभिन पशु को अन्य पशुओं से अलग कर पूर्व से तैयार किए गए कक्ष में रखना चाहिए। जनन कक्ष नमी रहित होना चाहिए तथा उसके फर्श में चूना आदि मिलाकर सूखा व मुलायम बिछावन डाल देना चाहिए। ब्याने से पहले पशु के पीछे के बाल काट देने से योनि के आस–पास वाली जगह को साफ रखा जा सकता है। ऐसा करने से जनन कक्ष में होने वाली गन्दगी व उससे होने वाली किसी भी प्रकार की बीमारी से पशुओं को बचाया जा सकता है। इस स्थिति में पशुओं को हल्का व उचित मात्रा में आहार प्रदान करना चाहिए।

जनन कक्ष को तेज सर्द एवं गर्म हवा के झोंकों से बचाने के लिए बोरे या पानी पूला आदि के अवरोधक लगाकर विपरीत मौसम से बचाना चाहिए क्योंकि ऐसे समय में नवजात बच्चा व मादा बीमारियों के प्रति अधिक संवेदनशील होते हैं तथा उन पर प्रतिकूल वातावरण का काफी प्रभाव, पड़ता है जिससे उनमें मृत्युदर बढ़ सकती है। देखने में आया है कि बच्चों में अधिक मृत्यु सर्दी के दिनों में या फिर लू चलने के समय होती है।

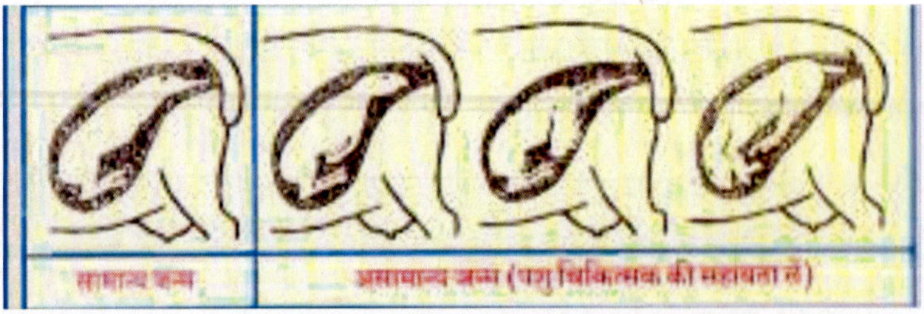

पशु के ब्याँते समय उसके साथ अधिक छेड़छाड़ नहीं करनी चाहिए। जब तक पशु को मदद की आवश्यकता न हो पशु से दूर रहना चाहिए तथा लगातार पशु के ब्याँने पर ध्यान रखना चाहिए। किसी भी कठिनाई के समय पशु विशेषज्ञ को ही बुलाकर दिखाना चाहिए। मेमना पैदा होने के समय जीवाणु नाशक घोल, साबुन, हल्का गर्म पानी, तेल, टिंचर आयोडीन, कैंची आदि सामान उपलब्ध होने चाहिए। पशु के ब्याँते समय सबसे पहले एक पानी की थैली योनिद्वार से बाहर आती दिखाई देगी जो एक गुब्बारे के आकार में दिखाई देती है। इसके बाद बच्चा जनने की क्रिया आरम्भ होती है। मेमनें का प्राकृतिक रूप से जन्म होने की स्थिति में उसकी अगली टाँगें पहले आती हैं और उनके बीच उसका सिर होता है। इस समय मादा पशु को डराना नहीं चाहिए क्योंकि इस स्थिति में पशु का ध्यान बच्चा जनने की क्रिया से आंशिक तौर पर हटने पर भी बच्चे व मादा को नुकसान पहुँच सकता है।

प्रश्न– नवजात मेमनों को खीस कब और कितनी बार पिलायें ?

उत्तर– नवजात मेमनों को जन्म के पश्चात एक घण्टे के अंदर खीस पिलायें एवं दिन में दो से चार बार अवश्य पिलाये। खीस वह अवयव होता है जो ब्याने के बाद पहली बार निकाला जाता है। खीस में रोगों से लड़ने की क्षमता रखने वाली प्रोटीन होती है जो माँ से मेमनों में प्रतिरक्षी प्रोटीन द्वारा प्रतिरोधी क्षमता को प्रत्यारोपित करती है। मेमनें के पैदा होने के एक से दो घंटे के बीच,

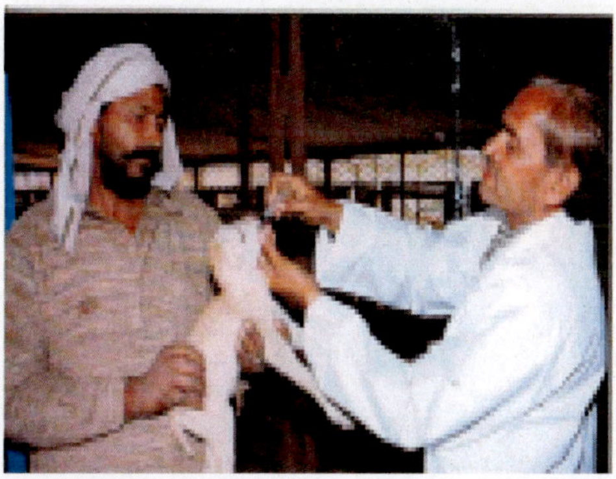

आंतो की अवशोषण क्षमता अधिकतम होती है और जब इस अवस्था में खीस पिलाते है तो उसे लगभग सम्पूर्ण रोग प्रतिरोधी क्षमता प्राप्त होती है। जन्म के चार से पाँच घंटे में मेमनों की आँतों में एंजाइम बनने लगते है जो रोग प्रतिरोधी क्षमता वाली प्रतिरक्षी प्रोटीन को अन्य अवयवों में तोड़ देते है। इसलिए ब्याने के 1–2 घंटे में पिलायी गयी खीस अत्यधिक

प्रतिरोधी क्षमता प्रदान करती है। इसके अलावा मेमनों को पैदा होने के कम से कम पाँच दिनों तक दिन में दो से तीन बार दूध अवश्य पिलाना चाहिए।

प्रश्न– नवजात मेमनों की देखभाल कैसे करें ?

उत्तर– नवजात मेमनों के जन्म के तुरन्त बाद मुँह व नाक की झिल्ली निकाल कर तथा साफ कपड़े से पोंछकर बच्चे को सूखे बिछावन पर माँ के सामने चाटने के लिए छोड़ देना चाहिए। इससे बच्चे के शरीर में रक्त प्रवाह ठीक से होने लगता है तथा उसके शरीर में फुर्ती आ जाती है। ध्यान रहे कि बच्चे को जन्म से 1–2 घंटे के अन्दर खीस अवश्य पिलाना चाहिए क्योंकि खीस से बच्चों की रोग निरोधक क्षमता बढ़ती है। बच्चे की नाभिनाल को शरीर से 3–4 सेमी छोड़कर धागे से बाँध देना चाहिए और उसके एक सेमी नीचे से काटकर टिंचर आयोडीन लगा देने से उसमें कीड़े आदि लगने का भय नहीं रहता है। बच्चे को 3–5 मिली तरल पैराफीन देने से उसका पेट व आँत साफ हो जाती है। बच्चा जनने के बाद जनन कक्ष का बिछावन बदल देना चाहिए तथा जनन कक्ष में सफाई का विशेष ध्यान रखना आवश्यक है। बच्चे को अधिक सर्दी व लू आदि से बचाना चाहिए। सर्दी के दिनों में बच्चों को धूप में साफ सुथरे, खुले स्थान पर माँ के साथ 2–3 दिनों तक बाड़े पर ही रखना चाहिए। बच्चे को जन्म के दिन 3 से 4 बार थोड़ा–थोड़ा करके माँ का दूध पिलाना चाहिए इससे बच्चे जल्दी संभल जाते हैं तथा वे अपनी माँ को पहचानने लगते हैं।

प्रश्न– मेमनों को दूध छुड़ानें व माँस के लिए पाले गये मेमनों को बेचने की उपयुक्त आयु क्या होती हैं ?

उत्तर– मेमनों को दूध छुड़ानें की उपयुक्त अवधि दो से तीन माह है। माँस के लिए पाली गयी भेड़ों को बेचने की उपयुक्त आयु पाँच से छः माह की होती है।

प्रश्न– अवर्णित नस्लों का आनुवंशिक सुधार कैसे करें ?

उत्तर–अवर्णित नस्लों का आनुवंशिक सुधार क्रमोन्नतीकरण से होता है।

क्रमोन्नतीकरण में किसी निश्चित नस्ल के मेंढ़ों को अज्ञात कुल की मादाओं और उनकी सन्तानों से पीढ़ी–दर–पीढ़ी संगम कराया जाता है। इसके फलस्वरूप 6–7 पीढ़ियों में ही अशुद्ध पशुओं का झुण्ड बिल्कुल शुद्ध जैसा हो जाता है। इस विधि से उत्पन्न प्रथम पीढ़ी की सन्तान में 50 प्रतिशत शुद्धता, दूसरी में 75 प्रतिशत, तीसरी में 87.5 प्रतिशत इस प्रकार 6–7 पीढ़ीयों में लगभग शुद्ध नस्ल तैयार हो जाती है। प्रजनन की यह विधि उन्हीं नस्लों के पशुओं में लागू की जाती है जो स्थानीय वातावरण में, भली–भाँति घुल मिल गए हों।

प्रश्न– भेड़ व्यवसाय में उत्पादन लागत कैसे कम करें ?

उत्तर– उचित प्रबंधन, टीकाकरण, खर्चे का लेखा–जोखा, घर के व्यक्तियों का भेड़ व्यवसाय मे योगदान तथा उच्च तकनीक के द्वारा भेड़ व्यवसाय में उत्पादन लागत कम कर सकते हैं। भेड़ पालन में कुल लागत का लगभग 70 प्रतिशत खर्च आहार व्यवस्था के रूप में हो जाता है। अतः स्वयं के साधन से चारा उपलब्ध कराकर व घर के सदस्य से पशुओं की चराई करा कर लागत को काफी हद तक कम किया जा सकता हैं।

प्रश्न– स्वास्थ्य संबंधित किन–किन बातों पर ध्यान दें ?

उत्तर– रोगों का समय पर टीकाकरण, रोगों के लक्षण की सही समय पर पहचान करके उपचार, बाड़े और आस–पास के क्षेत्रों की सफाई, बदलते विभिन्न मौसम में होने वाली बीमारियों की पहचान और उपचार, साल में दो बार कृमिनाशक दवा पिलाना आदि बातों का ध्यान रखना चाहिए।

प्रश्न– ऊन विपणन में क्या–क्या समस्यायें आती हैं ?

उत्तर– भेड़ पालक का शिक्षित न होना मुख्य समस्या है इसके कारण वे संगठित नहीं है तथा बिचौलिये उनका शोषण करते हैं जिससे उनकी भेड़ व ऊन का सही मूल्य नहीं मिल पाता। राज्य में भेड़ व ऊन को प्रति भेड़ की दर से खरीद लिया जाता हैं जिसका मूल्य काफी कम होता है। इसके लिये जरूरी है कि भेड़ पालक संगठित होकर समितियाँ बना ले तथा अपनी भेड़ व ऊन का उचित मूल्य प्राप्त करें। ऊन का सही मूल्य प्राप्त करने के लिए ऊन की धुलाई व वर्गीकरण (ग्रेडिंग) करना भी आवश्यक है।

प्रश्न– ऊन से अधिक मूल्य प्राप्त करने के लिए किन–किन बातों का ध्यान रखना आवश्यक है ?

उत्तर– भेड़ पालक साफ सुथरी, एक रंग की व लम्बी रेशे युक्त ऊन से अधिक लाभ कमा सकता है। ऊन कटाई से पूर्व भेड़ को अच्छी तरह नहला देना चाहिए जिससे ऊन पर लगी धूल मिट्टी, मेंगनी, काँटे आदि साफ हो जायेंगे। इससे ऊन कटाई का कार्य आसानी से सम्भव होगा तथा ऊन एक सामन कटेगी। समान कटी हुई ऊन की कीमत अधिक मिलती है। कटाई के समय काले, भूरे व अन्य रंग की ऊन को सफेद ऊन से अलग रखें। यदि काले व भूरे रंग की ऊन सफेद ऊन के साथ मिली रह गई तो ऊन की कीमत कम प्राप्त होगी। ऊन कल्पन के समय मुँह, टांग, पीछे के हिस्से तथा पेट की ऊन को भी अलग–अलग रखें। यह ऊन बहुत छोटी एवं मोटी किस्म की होती है जिसकी कीमत भी कम होती है। ऊन में काँटे की मात्रा अधिक होगी तो कीमत भी कम मिलेगी इसलिए काँटे वाली ऊन को अलग कर दें। ऊन का वर्गीकरण करते समय रेशे की लम्बाई का भी ध्यान रखना अति आवश्यक है क्योंकि लम्बी रेशे युक्त ऊन का मूल्य अधिक मिलता है। अतः ऊन को 5–6 सेमी से अधिक लम्बी ऊन व उससे कम छोटे रेशे वाली ऊन की श्रेणी में रखना चाहिए। इसके अलावा भेड़ पालक अपनी भेड़ से उत्पादित ऊन का उपयोग धागे बनाने, कम्बल, दरी गलीचे, नमदे आदि अपने गाँव में ही बनाकर बेचे जिससे अच्छा लाभ प्राप्त होगा।

प्रश्न–बीमारी से बचाव हेतु कौन–कौन से टीके एवं कब–कब लगायें?

उत्तर– बीमारी से बचाव हेतु निम्न टीके लगाये जाते है–

क्रमांक	बीमारी का नाम	लगाने का समय
1	फड़कीया (ई.टी)	3 माह की आयु से ऊपर के पशु
2	टीटेनस	कभी भी
3	गलघोटू	वर्षा पूर्व
4	गिल्टी रोग (एन्थ्रेक्स)	वर्षा पूर्व

5	भेड़ चेचक (शीप पॉक्स)	नवम्बर–जनवरी
6	पीपीआर (भेड़ महामारी)	चार माह की आयु में, फिर 3 वर्ष पर (मेमना), पहली बार कभी भी तथा फिर 3 वर्ष बाद (वयस्क)
7	खुरपका–मुँहपका रोग	6 माह की आयु तक तथा फिर 4 माह बाद बूस्टर डोज तथा उसके बाद प्रति वर्ष

प्रश्न– अंतः परजीवी कृमियों से बचाव हेतु क्या करें ?

उत्तर– इन कृमियों से होने वाले नुकसान से बचने हेतु इनका प्रभावी नियंत्रण आसानी से किया जाता है। यह पाया गया है कि भेड़ पालक एक वर्ष में 3–4 बार अंतःकृमिनाशक दवा पिलाते हैं जो कि एक अनावश्यक खर्च है। भा.कृ.अ.प.–केन्द्रीय भेड़ एवं ऊन अनुसंधान संस्थान द्वारा राजस्थान में किए गए सर्वेक्षण, अनुसंधान व प्रदर्शन के नतीजों के आधार पर सभी भेड़ पालकों को सलाह दी जाती है कि पेट के कीड़ों (गोल–कृमियों) के प्रभावी नियंत्रण हेतु वर्ष में एक बार (रक्षा बंधन के आस–पास) मानसून के मध्य में सही प्रकार की अंतः कृमिनाशक दवा पिलानी चाहिए। मानसून की अवधि ज्यादा होने पर मिंगनियों की जाँच के आधार पर रेवड़ की कुछ ही भेड़ों को सर्दी शुरू होने के वक्त दवा पिलाने की आवश्यकता हो सकती है। अतः इस व्यवस्था को अपनाने से अंतःकृमियों पर किए जा रहे अनावश्यक खर्च से भेड़ पालक अपने आप को बचा सकते हैं।

प्रश्न– भेड़ों को ब्याने के कितने दिन बाद पुनः गर्भधारण कराना चाहिए ?

उत्तर– भेड़ों को ब्याने के 2–3 महीने बाद पुनः गर्भधारण कराना चाहिए। ध्यान रहे कि प्रजनन का समय ऐसा रखना चाहिए जिससे कि भेड़ों को गर्भावस्था के समय चराई के लिए काफी मात्रा में घास उपलब्ध हो। ऐसे समय पैदा होने वाले मेमनों का जन्म भार अधिक होता है तथा मृत्युदर भी कम होती है।

प्रश्न– जाड़े के समय भेड़ों की देखभाल कैसे करें ?

उत्तर– बाड़े के खुले हुए भाग को त्रिपाल या जूट की बोरी से बने हुए चादर से ढ़क दे। फर्श पर सूखी घास का बिछावन कर दे तथा अधिक सर्दी पड़ने पर बाड़े में आग जलाकर तापने की व्यवस्था करें। बाड़े में खुला व ढ़का दोनों भाग हो ताकि सर्दी व वर्षा में पशु ढ़के हुए भाग का प्रयोग ठंड एवं वर्षा से बचाव के लिए कर सकें। बाड़े इस प्रकार बनाए जाएँ कि कम से कम धूप उनके उत्तरी हिस्से में और अधिक से अधिक धूप उनके दक्षिणी भाग में आती हो। इसके साथ ही उत्तरी तेज ठंडी एवं पश्चिमी तेज गर्म हवाओं से पशुओं की रक्षा होती रहे।

प्रश्न– भेड़ों के लिए बाड़ों का निर्माण एवं चयन करते समय किन बातों पर ध्यान दें ?

उत्तर– उन्नत भेड़ पालन के लिए रेवड़ को सर्दी, गर्मी एवं वर्षा से बचाने हेतु मौसम के अनुसार आवास व्यवस्था करनी अत्यन्त आवश्यक है। बाड़े बनाने का स्थान आम जगह से ऊँचा हो ताकि पानी के रूकने की सम्भावना न रहे। बाड़े का स्थान खुला, हवादार हो ताकि अन्दर का वातावरण साफ व सूखा रहे। बाड़े के आस–पास घने छायादार वृक्ष लगे होने चाहिए जो गर्मी में बाड़े को ठंडा रख सकें तथा समय–समय पर चारा उपलब्ध हो सके। बाड़े में खुला व ढका दोनों भाग हो ताकि सर्दी व वर्षा में पशु ढके हुए भाग का प्रयोग ठंड एवं वर्षा से बचाव के लिए कर सकें। बाड़े में बच्चे, ग्याभिन तथा बीमार पशुओं के लिए अलग–अलग गृहों की व्यवस्था होनी चाहिए। बाड़े में प्रत्येक पशु के लिए उपयुक्त स्थान होना चाहिए। बाड़े इस प्रकार बनाए जाएँ कि कम से कम धूप उनके उत्तरी हिस्से में और अधिक से अधिक धूप उनके दक्षिणी भाग में आती हो। शुष्क एवं गर्म वातावरण के लिए उत्तर पूर्व से दक्षिण–पश्चिम की तरफ बने हुए बाड़े उपयुक्त रहते हैं क्योंकि इस प्रकार के बाड़ों में सुबह की धूप का लाभ लिया जा सकता है। उत्तर–दक्षिण की तरफ बाड़ा बनाने से बाड़ा सूखा रहता है तथा सफाई में मदद मिलती है लेकिन बाड़े में अधिक धूप के कारण गर्मी से जानवरों को अधिक कठिनाई होती है। लम्बे आकार के बाड़े को पूर्व–पश्चिम दिशा में बनाने चाहिए ताकि सूर्य की

सीधी गर्मी से बचा जा सके। पूर्व–पश्चिम दिशा वाली पशुशाला का तापमान उत्तर–दक्षिण दिशा वाली पशुशाला की अपेक्षा कम रहता है।

प्रश्न– भेड़ पालन में लेखा–जोखा रखने का क्या महत्व है ?

उत्तर– कोई व्यवसाय तभी सफल हो सकता है जब हम उसका उचित प्रबंधन करते हैं और ठीक ढंग से लेखा–जोखा रखकर हम उचित प्रबंधन कर सकते हैं। लेखा–जोखा को सही तरीके से रखने के लिए शिक्षित होना बहुत जरूरी है। गाँव में रहने वाले किसान एवं पशु पालक भी शिक्षित बनते जा रहे हैं जिसके फलस्वरूप पशुपालन व्यवस्था में नई तकनीकों का प्रयोग एवं उनका समुचित लाभ संभव है। ग्रामीणों में शिक्षा का प्रसार, उनके द्वारा पशु प्रजनन के पारंपरिक तरीकों को अपनाने में मदद कर सकता है जिनका मूल ज्ञान होने के बाद इन्हें अपनाने में लागत शून्य के बराबर आती है। पशुपालक केवल एक या दो रजिस्टर का प्रतिवर्ष रखरखाव करके प्रजनन के अनेकानेक सिद्धातों का लाभ उठा सकते हैं। पशु प्रजनन के विशेषज्ञ पिछले कई वर्षों से चयन, छटनी एवं अन्तः प्रजनन से बचाव के महत्व को समझाते आ रहे हैं परंतु अगर पशुपालकों को अपने झुंड की स्थिति की जानकारी नहीं होगी तो किसी भी प्रकार से इन सिद्धातों का पालन नहीं कर पायेंगे। अतः सही लेखा–जोखा प्रबंधन के द्वारा ही पशुपालक अपने जानवरों की जानकारी रख सकते हैं और पशु प्रजनन के सिद्धांतों का पालन कर सकते हैं।

प्रश्न– नस्ल क्या है ? एक अच्छी नस्ल के क्या गुण हैं ?

उत्तर– संबंधित पशुओं का समूह जो कि आनुवंशिक व बाह्य रूप से लगभग समान होते हैं तथा आपसी प्रजनन कराने पर अपने जैसी ही संतान पैदा करते हैं नस्ल कहलाते हैं। अच्छी नस्ल के पशु वर्तमान जलवायु, उपलब्ध संसाधनो का उचित प्रयोग कर उत्तम उत्पादन करने में सक्षम होते है।

प्रश्न– भेड़ खरीदते समय किन बातों का ध्यान रखें ?

उत्तर– भेड़ खरीदते समय निम्न बातों का ध्यान रखें–

- भेड़ एक से दो साल या ज्यादा से ज्यादा तीन साल की हो।
- जननांग की जाँच कर, वही भेड़ ले जो स्पष्ट रूप से प्रजनन कर सके।
- अतिवयस्क एवं न ब्याई हुई भेड़ ना खरीदे।
- छः दाँत, टूटे हुये दाँत वाली भेड़ ना खरीदे।
- लंगडी, ऊन गिराने वाली, उदास भेड़ ना खरीदे।
- अगर ताजा ब्याई हुई भेड़ हो तो उसे बच्चे के साथ ही खरीदें।
- भेड़ों की आँखों की जाँच कर ले, ताकि अंधी भेड़ ना आये।
- भेड़ों के थन को हाथ लगाकर जाँच करे जिससे थनैला जैसी बीमारी की पहचान हो एवं अच्छी मादा की भी पहचान हो।
- भेड़ दिखने में एवं घूमने फिरने में चंचल हो।

प्रश्न– 100 भेड़ पालने के लिए औसत कितनी जगह की जरूरत होती है ?

उत्तर– बाड़ा इतना बड़ा होना चाहिए कि प्रत्येक पशु को पर्याप्त (8–10 वर्ग फुट) स्थान प्राप्त हो सके। औसतन 100 भेड़ पालने के लिए 800 से 1000 वर्ग फीट जगह की जरूरत होती है जो लगभग 20X60 फीट के बाड़ा बनाने की जरूरत होती है।

प्रश्न– अफारा क्या है एवं उसका उपचार बताएँ ?

उत्तर–यह भेड़ों में मुख्य रूप से पाया जाने वाला रोग है, इसमें गैसों के बनने व इक्ट्ठा होने से पेट फूल जाता है। यह रोग अधिकतर बरसात के बाद भीगी हरी घास या जब पशु जरूरत से अधिक चारा खा लेता है या सड़ा फफूँदयुक्त दाना या चारा खा लेता है जिससे अधिक गैस बनती हो तो हो जाता है। कई बार बहुत सी बीमारियों की वजह से पशु बहुत समय तक एक ही करवट लेटा रहता है तब उसकी पाचन क्रिया सही ढंग से नहीं हो पाती जिससे पेट में गैस इक्ट्ठी होकर इस रोग का कारण बनती

है। पेट में बनी गैस शरीर से बाहर न निकलने पर अन्दर अन्य भागों पर दबाव डालती है जिससे मुख्य रूप से फेफड़े प्रभावित होते हैं तथा पशु को श्वास लेने में परेशानी होती है। पशु काफी बैचेन हो जाता है तथा पेट का बाँयी ओर का भाग फूल जाता है। पेट पर हल्के–हल्के हाथ मारने पर ढप–ढप की आवाज आती है। पशु के मुँह से झाग आने लगते हैं तथा दर्द के कारण बैचेन होकर पेट पर लात मारता है। समय पर उपचार न होने पर भेड़ एक करवट गिर जाती है तथा कुछ समय पश्चात उसकी मृत्यु हो जाती है। भेड़ की आगे की टांगे ऊँचाई पर रखकर धीरे–धीरे पेट की मालिश करें जिससे गैस पेट से निकल जाती है तथा फेफड़ों पर दबाव कम पड़ता है। पशु को तारपीन का तेल 10–15 मिली. हींग 5 ग्राम व अलसी का तेल 70 मिली मिलाकर पिलाने से लाभ मिलता है। पिलाते समय ध्यान रखें कि तेल फेफड़ों में न जाने पाए। भेड़ों को हरा तथा भीगा चारा अधिक मात्रा में अकेले नहीं खिलाना चाहिए। अफारा से बचने के लिए पशुओं को सड़ा–गला चारा व अधिक मात्रा में दाना नहीं खिलाना चाहिए।

भेड़पालन में अक्सर प्रयुक्त होने वाली शब्दावली

नस्ल : संबंधित पशुओं का वह समूह जो कि बाहरी व आनुवंशिक रूप से लगभग समान होते हैं और आपसी प्रजनन कराने पर अपने ही जैसी औलाद पैदा करते हैं नस्ल कहलाते हैं। (Group of related animals, which are phenotypically and genetically similar and produce similar progeny as they are - **Breed**).

पशु प्रजनक : पशुओं से उत्पादन लेने हेतु प्रजनन व्यवस्था करने वाले व्यक्ति को पशु प्रजनक कहा जाता है। (Person involved in multiplication of animals for production –**Animal Breeder**).

प्रजनन : नर व मादा के बीच संभोग कराने की प्रक्रिया को प्रजनन कहते हैं। (Act of mating, for reproduction- **Breeding**).

प्रजनन काल : साल का वह मौसम जिसके दौरान पशु सर्वाधिक प्रजनन करते हैं। (Part of the year when maximum numbr of animals are mated - **Breeding season**).

टूटे दाँत : आमतौर पर बूढ़ें पशुओं में दाँत प्रायः कमजोर होकर टूट जाते हैं जिसके फलस्वरूप पशु ठीक से चर नहीं पाता है। (Some of the incisors are lost or badly worn because of the age, these animals are unable to graze effectively - **Broken mouth**)

गलीचा ऊन : दो प्रकार के रेशों के मिश्रण से गलीचा ऊन बनती है जिसमें लंबे बालनुमा रेशे वाली बाहरी परत तथा महीन रेशों की अंदरूनी परत होती है व गलीचा बनाने योग्य होती है। (Mixture of long, hairy fibers and fine coat of the wool best for carpet - **Carpet wool**).

बधियां करना : नर के अंडकोष को मशीन द्वारा व किसी अन्य विधि से नष्ट करने की प्रक्रिया को बधियांकरण कहते हैं। (Removal of the gonads by manual or other methods -**Castration**).

संकर प्रजनन : भिन्न नस्ल के पशुओं के बीच प्रजनन को संकर प्रजनन कहते हैं। (Crossing of two purebreds animals of different breeds -**Crossbreeding**).

पीछे की ऊन काटना : वर्षा या ब्यानें के पहले मक्खियों के आक्रमण से बचाव के लिए गुदा के चारों ओर ऊन या बाल काटने की व्यवस्था की जाती है ताकि मल या ब्यांत अवशिष्ट के साथ ऊन या बाल के गुच्छे न बने। (Before rainy season or lambing, removal of wool/hair from perineal region of sheep was done to protect agains fly attack and to avoid soiling due to afterbirth discharge or loose feaces leading to chances of maggot infections -**Crutching**).

छँटनी : रेवड़ से बूढ़े, अनुपयोगी व कम उत्पादक पशुओं को निकाल देना पशुओं की छँटनी कहलाता है। (Removal of old, unproductive and low producing animals from the flock -**Culling**).

पूँछ काटना : जन्म के 3–4 दिन के भीतर मेमनों की पूँछ के ऊपरी सिरे पर रबर का छल्ला लगाकर पूँछ काटना एक सामान्य प्रक्रिया है। (Cuting of tail in sheep to avoid the formatiton of maggots, it is performed at 3-4 days after birth in lambs by putting of hard rubber ring - **Docking**).

शुष्क अवधि : एक दुग्धकाल के अंत से दूसरे दुग्धकाल के प्रारंभ तक की अवधि शुष्क अवधि कहलाती है। (period between the end of one lactation and beginning of the ncxt lactation - **Dry period**).

भेड़ : वयस्क मादा भेड़ जो एक या अनेक बार ब्यां चुकी हो। (Adult female sheep that has given birth once or more - **Ewe**).

जनन क्षमता : पशु की गर्भधारण करने या गर्भवती होने की क्षमता, जनन क्षमता कहलाती है। (The capacitty of female to conceive or to induce conception **-Fertility**).

उत्तेजक आहार : नर व मादा को प्रजनन काल के पहले अलग से पौष्टिक आहार खिलाने की आहार व्यवस्था, जिससे वीर्य की गुणवत्ता तथा मादा में गर्भधारण दर बढ़ जाती है उत्तेजक आहार कहा जाता है। (In order to improve the semen quality and conception rate in female, increase in nutritional input as a feeding management, before the mating period - **Flushing ration**).

गर्भावस्था : पशुओं में अंड़ाणु के निषेचन होने से लेकर जन्म तक उसके पूर्ण विकसित होने की अवस्था को गर्भावस्था कहते हैं। (Period from the time of fertilization of the ovum to birth - **Gestation**).

मद की पहचान : गर्मी या मद में आई मादा पशु की पहचान। (Identification of female in heat or estrus -**Heat detection**).

अल्प वयस्क भेड़ : छह से बारह माह का नर या मादा भेड़। (sheep from 6-12 month of age - **Hogget**).

गर्भाधान : मद के दौरान मादा के जनंनागों में वीर्य जमा करने की प्रक्रिया, गर्भाधान कहलाता है। (Deposition of semen in the reproductive tract of the female during heat - **Insemination**).

दुग्धकालं : दूध देने की अवधि। (Lactation period of dam - **Lactation length**).

मेमनां : जन्म से तीन माह तक आयु के नर या मादा बच्चा मेमना कहलाता है। (A young one of sheep of either sex below 3 months of age - **Lamb**).

भेड़ प्रसव : भेड़ में बच्चा देने की प्रक्रिया। (Process of giving birth in sheep - **Lambing**).

चमकीला ऊन : प्रकाश में जिस ऊन से चमक उत्पन्न होती है उसे चमकीला ऊन कहते हैं, जैसे कि मगरा भेड़ से प्राप्त ऊन चमकीला होता है व ऊन को गलीचा बनाने के लिए सबसे अधिक पसंद किया जाता है। (Shining on the wool surface due to reflection of light and wool is preferrd in carpet making e.g. from Magra wool - **Lustrous wool**).

निष्क्रमण : चारा एवं पानी की खोज में सूखा ग्रस्त क्षेत्रों से रेवड़ को इच्छानुसार एक स्थान से दूसरे स्थान तक ले जाना निषØमण कहलाता है। (Movement of flocks from one place to other, in search of food and water - **Migration**).

मेंढ़ा : वयस्क बीजू नर जिसे भेड़ों को प्रजनन करने हेतु रखा जाता है मेंढा कहलाता है। (Adult male used for sheep breeding - **Ram**).

चक्राकार चराई : चरागाह के अदल बदलकर चराने की ऐसी व्यवस्था जिसमें घास को बढ़ने का समय मिल सके और अंतः कृमियों की संख्या भी कम करने का अवसर मिल सके। (Grazing in rotation to promote pasture growth and also to reduce the chance of helminthes infection - **Rotational grazing**)

ऊन कतरना : भेड़ के शरीर से ऊन कतरने की प्रक्रिया। (Removal of fleece from sheep - **Shearing**).

ऊन झाड़ना : ऊन को झाड़कर गंदगी निकालने की प्रक्रिया। (Removal of objectionable material from wool - **Skirting of wool**).

ऊन के रेशे की लंबाई : रेशे की लंबाई जो कि धागे की मजबूती व तनाव को प्रभावित करती है। (Length of fiber, which influence the strength and flexibility of yarn **- Staple length**).

पूरक आहार : वृद्धि, गर्भावस्था व दुग्धावस्था के दौरान पशुओं को दिए गए अतिरिक्त आहार को पूरक आहार कहते हैं। (Supply of extra feed to animals for special needs during growth, pregnancy and lactation etc.- **Supplementary feeding**).

त्रिजता : पशु के एक ब्यांत में तीन बच्चें पैदा करने वाली मादा के आनुवंशिक गुण को त्रिजता कहते हैं। (Prolific character in animals in which three offspring are born in same pregnancy **- Triplet**).

ऊन : भेड़ से प्राप्त प्राकृतिक रेशा जो गर्म हो और नमी सोखने का गुण रखता है उसे ऊन कहते हैं। (Natural fibers of animal origin, which is protein by texture, warm by nature and hygroscopic **- Wool**).

Glossary of Sheep Rearing

A

- **Abortion** - premature loss of a pregnancy.
- **Anemia** - a lower than normal number of red blood cells.
- **Anthelmintic** - a medicine which kills certain types of intestinal worms.
- **Antibiotic** - a drug that kills bacteria and other germs.
- **Artificial Insemination (AI)** - process whereby semen is placed within a female's uterus by artificial means i.e. other than sexual intercourse.

B

- **Banding** - the process of applying rubber bands to the tail or scrotum for docking and castrating.
- **Bottle jaw** - Edcma or fluid accumulation, under the jaw. A sign of infection with Haemonchosis in sheep.
- **Browse** - parts of woody plants, including twigs, shoots, and leaves.
- **Buck** - term for a male goat.
- **Burdizzo** - castration method that uses a large clamp to crush the blood vessels leading into the testicles.

C

- **Castrate** - removal of testicles or influence of testicles.
- **Cryptorchidism** - failure of one or both testes to descend.

- **Colostrum** - first milk a ewe gives after birth. High in antibodies, this milk protects newborn lambs against diseases.
- **Combing** - the straightening or parallelizing of fibers using combs. Also includes the removal of short fibers and other impurities.
- **Concentrate** - feed that is high in energy, low in fiber content, and highly digestible.
- **Conception** - in reproduction, the point at which a sperm fertilizes an egg.
- **Crimp** - the natural waviness of the wool fiber.
- **Culling** - the process that determines which animals in a herd will not be bred.
- **Creep feeding** - to provide supplemental feed to nursing lambs.
- **Crossbreeding** - the mating of animals of different breeds.
- **Crutching** - the removal of wool/hair from around the tail and between the legs of animals.

D

- **Dam** - mother.
- **Diarrhea** - increased frequency, fluidity, or volume of fecal excretion.
- **Docking** - to remove the tail or the shortened tail of a sheep.
- **Drenching** - a method of giving liquid medicine.
- **Dressing percentage** - the percentage of the live animal that ends up as carcass.

- **Dystocia** - difficulty in giving birth.

E

- **Elastrator** - instrument used to apply heavy rubber bands (elastrator rings/bands) to the tail and scrotum for docking and castration.
- **Embryo** - an animal in the early stage of development before birth.
- **Embryo Transfer** - implantation of embryos or fertilized eggs into a surrogate mother.
- **Estrogen** - female sex hormone produced by the ovary. Responsible for the estrus cycle.
- **Estrus** - the period when the female is fertile and receptive to the male. Also called heat.
- **Estrus Cycle** - the reproductive cycle of the female.
- **Ewe** - female sheep.

F

- **Feedlot** - an area where lambs are confined and fed carefully mixed, high-concentrate feed to fatten them.
- **Fleece** - the wool from a single sheep in the shorn grease state.
- **Fodder**- crops grown for animal feed.
- **Foot bath** - chemical and water mixture that sheep stand in, used for the prevention and/or treatment of foot rot and foot scald.
- **Forage** - grasses, small shrubs and other plant material that can be used as feed for livestock.

G

- **Genotype** - the genetic constitution of an individual.

- **Gestation** - the length of pregnancy.
- **Green chop** - freshly cut forage fed to livestock.
- **Gummer** - a sheep so old that it has lost all of its teeth.

H

- **Haemonchosis**- disease caused by nematode *Haemonchus* (esp. *H. contortus*)
- **Hand spinner -** a person who spins wool by hand.
- **Heat - estrus**. The period when the female is fertile and receptive to the male.
- **Heterosis/Hybrid vigor** - an increase in the performance of hybrids over that of purebreds.
- **Heritability** - the extent to which a trait is influenced by our genetic makeup.
- **Hogget** - a term for a yearling sheep that has not yet been shorn.
- **Hypothermia** - a condition of characterized by low body temperature.

I

- **Immunity** - a natural or acquired resistance to a specific disease.
- **Inbreeding** - Mating of individuals more closely related in the population.
- **Intramuscular (IM)** - into a muscle.
- **Intravenously (IV)** - entering through a vein.

J

- **Jug** - a pen where a ewe and her newborn lambs are put to bond.

- **Jugular -** vein in the neck that returns blood from the head.

K

- **Ked** - wingless fly that is an external parasite on sheep.
- **Ketone** - acidic substance produced when the body uses fat, instead of sugar for energy.

L

- **Lactation** - When the ewe is giving milk or the production of milk.
- **Lamb** - a young sheep.
- **Lambing** - To give birth to a lamb.
- **Legume** - a plant whose roots form an association with soilborne bacteria that can capture atmospheric nitrogen.
- **Libido** - sexual desire.
- **Linebreeding** - the mating of individuals within a particular line.

M

- **Macro mineral** - an element essential in large quantities. Includes Ca, Mg, P, Na, Cl, and K.
- **Mastitis** - Inflammation of the mammary glands.
- **Micro minerals** - an element needed in very small quantities. Also called trace minerals. Includes Fe, Co, Cr, Cu, I, Mn, Se, Zn, and Mo.
- **Micron** - one millionth of a meter. Measurement unit for wool fiber diameter.
- **Milliliter (ml)** - a unit of liquid volume in the metric system equivalent to one thousandth of a liter or

approximately .03381 fluid ounces in the English system.

- **Mixed grazing** - grazing by two or more species of grazing animals on the same unit of land . Also called multi-species grazing.
- **Morphology** - the size and shape of sperm.
- **Motility** -the ability of sperm to move by themselves.
- **Mottled**-faced - having spots or patches of color on the face.
- **Mutton** - the meat from an older sheep.

N

- **NAIS** - National Animal Identification System.
- **Necropsy** - a postmortem examination.
- **Nematode** - roundworm.

O

- **Organic matter** - the part of the soil that includes the decomposing remains of plants and animals, as well as the product of complete decomposition, known as humus.
- **Ova** - female sex egg. Also called ovum, oocyte.
- **Ovine** - of, pertaining to, resembling, or being a sheep
- **Ovis** - a taxonomic genus wthin the sub family caprinae of the sheep
- **Ovulation** - the release of mature eggs from the ovary.
- **Oxytocin** - a naturally secreted hormone that is important in milk letdown and the contraction of the smooth uterine muscles during the birthing process.

P

- **Paddock** - an enclosed area for grazing animals.

- **Parturition** - the act of giving birth.
- **Pedigree** - line of descent of a purebred animal.
- **Pelt -** the skin of a sheep with the wool on.
- **pH** - a value that indicates the acidity of something (e.g. rumen, soil).
- **Phenotype** - the observable characteristics of an individual.
- **Pneumonia** - an infection in the lungs.
- **Polled** - the absence of horns.
- **Progeny** - the offspring of an individual.
- **Prolific** - producing offspring in abundance.
- **Purebred** - wholly of one breed or line (as opposed to crossbred).

R

- **Ram** - uncastrated adult male sheep
- **Ram effect** - stimulating non-cycling ewes to ovulate by the sudden introduction of a ram or teaser ram.
- **Reticulum** - the second chamber of the ruminant digestive tract, used for sorting out fine plant particles for further fermentation.
- **RFID** - radio frequency identification. Refers to the technology that uses devices attached to objects that transmit data to an RFID receiver.
- **Rotational grazing** - grazing where animals are moved from one grazing unit to another.
- **Roughage** - feed that is high in fiber, low in digestible nutrients, and low in energy (e.g., hay, straw, silage, and pasture).

- **Rumen** - the first compartment of the stomach of a ruminant animal.
- **Ruminant** - an animal with a multiple stomach that is able to digest cellulose.

S

- **Safe pasture** - pasture that is not infected with worm larvae.
- **Scrotum** - pouch in which the male's testicles are suspended outside the body.
- **Selection** - choosing of favorable offspring as parents for future generations.
- **Selection differential** - the difference between the mean of the individuals selected to be parents and the mean of the overall population.
- **Selection index** - a linear combination of phenotypic information and weighting factors used for genetic prediction.
- **Semen** - the combination of sperm, seminal fluid, and other male reproductive secretions.
- **Shear** - the act of cutting wool.
- **Shed lambing** - Housing ewes and newborn lambs in pens or sheds to provide food, shelter, and medical care during and immediately after birth.
- **Silage** - fodder (livestock feed) prepared by storing and fermenting green forage plants in a silo.
- **Sire** - father.
- **Skirting** - removing the stained, unusable, or undesirable portions of a fleece.

- **Somatic cell count** - the number of white blood cells per milliliter of milk or measurement of the number of somatic cells present in a sample of milk.
- **Sperm -** male reproductive cells.
- **Spermatogenesis** - sperm production
- **Staple** - refers to the length of a lock of shorn wool; in the trade, "staple" refers to the longer length wools within a grade.
- **Stillbirth** - showing no signs of life at birth.
- **Stocking density** - the relationship between the number of animals and area of land at any given time.
- **Stocking rate** - the number of specific kinds and classes of animals grazing a unit of land for a specified period of time.
- **Straw** - the stems of wheat, barlely, or oat plants which are cut and baled and often used for animal bedding. Sometimes, straw is fed to animals.
- **Strip grazing** - confining animals to an area of grazing land to be grazed in a relatively short period of time.

T

- **Teaser** - ram that have been surgically altered in a way that prevents him from reproducing.
- **Testosterone -** a hormone that promotes the development and maintenance of male sex characteristics.
- **Total Digestible Nutrients (TDN)** - standard system for expressing the energy value of feeds.
- **Tup** - a term for an uncastrated adult male sheep.

U

- **Udder** - the milk secreting organ of a dam.
- **Uterus** - the organ in the female in which the fetuses develop. The womb.

V

- **Vagina** - the canal that forms the passageway from the uterus to the outside of the body. The birth canal.
- **Vegetable matter** - any material of plant origin found in the fleece, such as burrs, stickers, chaff and seed heads.

W

- **Weaning** - removal of young mammals from their source of milk.
- **Weed** - a plant that is growing where it is unwanted.
- **Wether** - a castrated male sheep.
- **Worsted -** wool yarn of long staple with fibers that have been combed prior to spinning.

Y

- Yearling - an animal between 1 and 2 years of age.
- Yeast - single-cell fungi that improve food digestion by stimulating microbial activity.

Z

- **Zero grazing** - a method of raising livestock in pens or small corrals where most of their fodder is grown elsewhere and carried to the pen.